国家社科基金后期资助项目
出版说明

　　后期资助项目是国家社科基金设立的一类重要项目,旨在鼓励广大社科研究者潜心治学,支持基础研究多出优秀成果。它是经过严格评审,从接近完成的科研成果中遴选立项的。为扩大后期资助项目的影响,更好地推动学术发展,促进成果转化,全国哲学社会科学工作办公室按照"统一设计、统一标识、统一版式、形成系列"的总体要求,组织出版国家社科基金后期资助项目成果。

全国哲学社会科学工作办公室

国家社科基金
GUOJIA SHEKE JIJIN HOUQI ZIZHU XIANGMU
后期资助项目

日本反垄断法的历史沿革与制度变迁（1947－2019年）

The Historical Evolution And Institutional Change Of The Antitrust Law In Japan

王玉辉 著

上海三联书店

目　　录

下 编 制 度 篇

序　言

　　作为维护市场经济竞争机制的基础性法律,反垄断法律制度在一个多世纪的发展中,对世界各国的市场经济发展起到了基础性保障作用,其在保障市场竞争机制的基础上,促进了社会整体经济效率的提高,增加了消费者福祉。被冠以"经济宪法"之称的反垄断法,可否以及如何适用于政府主导型的市场经济? 二战结束后,随着亚洲经济的发展,这一问题逐渐引起人们的关注。

　　作为政府主导型市场经济及法律移植的典范,日本在竞争法移植和本土化改造中一直走在世界前列。虽然日本1947年的《禁止垄断法》是在二战后顺应占领军要求,被迫通过继受美国法而制定出来的,但是历经70年发展,日本的反垄断法律制度已从被迫接受、逐渐磨合,发展到完全植入本国的法制土壤。进入21世纪后,日本更是经过2005年、2010年、2013年和2019年四次大规模修法,实现了本土化的理论创新,建立起扎根于本国经济、法治、文化土壤的竞争法律制度体系:(1)立足于本国寡占性的市场结构、二元式的经济构造、排他性的流通弊端,构建旨在解决本国经济结构突出问题的经济力集中规制制度和流通交易保障规则,形成自己独特的反垄断法规制制度体系。具体来看,日本《禁止垄断法》独特的规制内容可以被概括为三大行为、两大结构。三大行为是指私人垄断(私的独占)、不正当交易限制(不当な取引制限)和不公正交易方法(不公正な取引方法);两大结构是指垄断状态和企业结合的规制。(2)服务于国家依托竞争政策与产业政策两个车轮推动经济发展的目标,建立完善的反垄断法适用除外制度,以保障不同时期国家倚重不同的经济政策推动经济发展,实现产业政策与竞争政策的协调发展。(3)立足于本国官民协商、政府主导的法治传统,建立适合国情的"公正交易委员会中心主义",以及官民共治垄断的治理机制。(4)倚重量化立法,从本质属性入手,明确各类垄断行为的构成要件及制裁措施,明确法律适用标准,实现法律的量化规定和标准化适用,增加法律的确定性和可预测性,从而防止因自由裁量权运用所导致的执法不

1

统一和寻租问题。(5)健全正当程序,实现控权和保障。在反垄断法律制度的构建过程中,日本不仅注重实体规则的确定和规范的量化,而且注重程序规则的正当与保障。通过正当程序规则,日本保障了涉嫌违法行为人的正当程序利益,实现了对公正交易委员会的公权力行使之约束和规范。现今,日本将原产于西方的竞争法进行本土化改造的成功经验,已成为政府主导型的市场经济国家竞争法制移植及本土化改造的典范。日本将原产于西方的竞争法进行本土化改造的成功经验表明,一国引入反垄断法律制度,在借鉴市场经济共性的竞争法治规则的基础上,必须立足于本国的经济构造特点、法治体制、制度及文化传统来实现本土化改造,从而形成旨在解决本国市场经济竞争问题的竞争法规则体系。

笔者自 2001 年访学日本起开始接触反垄断法,至今已十九载。随后,笔者于十几年间多次赴日进行学术交流和访问及参加国际会议,并与公正交易委员会的执法官员、专家学者进行交流,受到日本竞争法领域的前辈、同仁的多方鼓励和支持,这更加激起了笔者研究日本反垄断法历史沿革与制度变迁的愿望,从而开始在该领域进行深入的系统研究。近几年来,随着我国反垄断法的实施和推进,笔者更是感触颇多。我国反垄断法治的发展背景和轨迹与日本在诸多方面存在相似性:政府主导型的市场经济、政府均倚重竞争政策和产业政策推进经济发展、行政主导的法治传统、相似的传统文化,等等。日本在反垄断法领域进行的本土化理论创新,更值得我国研究和借鉴。有鉴于此,笔者对日本反垄断法的历史沿革与制度变迁展开了系统研究。

本书在反垄断法视角下,以探明反垄断法律制度的共性原理及竞争法移植的客观规律为目的,以研究日本反垄断规制制度在实现本土化进程中的理论创新为重点,以日本反垄断法的历史沿革及制度变迁为主线,对日本反垄断法(1947—2019 年)70 余年的历史沿革与制度变迁展开系统研究。本书分为上下两编共十五章,上编为沿革史,下编为制度篇。上编以时间维度为视角,以日本反垄断法的"被迫引入期—放宽修改寒冬期—扎根本土强化期—经济宪法地位确立期—2010 年后最新发展期"为主线,系统论证了日本反垄断法从二战后被迫移植"美式反垄断法",到历时 70 余年的本土化改造、制度创新的五大历史进程;下编以日本反垄断法基本制度为视角,以"不正当交易限制规制制度—私人垄断、垄断状态规制制度—企业结合规制制度—不公正交易方法规制制度—经营者团体限制竞争行为规制制度—行政指导规制制度—反垄断法适用除外制度—公正交易委员会中心地位—反垄断法的责任体系"为主线,系统分析了日本反垄断法主要制度"严厉—宽松—严厉"的本土化变革过程,从而探索了日本反垄断法70年来的实施经验、竞争法治制度变迁的规律及对中国反垄断法治发展的启示。

本书是笔者研习日本反垄断法十九载的心得和总结。在我国反垄断法治加速发展的今天,笔者希望本书能够通过系统研究日本反垄断法(1947—2019年)70年间的历史沿革与制度变迁,阐明垄断规制的共性问题,探寻出反垄断法律移植的规律,从而对我国竞争法治的发展与完善有所帮助。同时,笔者也希望本书对我国学界全面了解日本反垄断法70年发展的全貌、深入探明政府主导型市场经济国家竞争法律移植的原理及垄断规制的共性规律,以开展后续研究有所帮助。由于笔者的学识及能力所限,本书的疏漏在所难免,诚请各位同仁及读者批评指正。

本书的出版得到上海三联书店和编辑宋寅悦老师的鼎力支持,在此深表感谢!

王玉辉

2020年3月9日

上编
沿革史

第一章 日本反垄断法的引入期(1947—1952年)

第一节 制定背景：二战前的统制经济

与世界上的大多数国家不同,日本反垄断法的制定和颁布,并不完全是市场经济条件下的市场诉求之产物。二战后,为了彻底瓦解日本因长期实施"统制经济"而形成的财阀势力,并巩固"经济民主化"成果,以美国为首的联合国军总司令部要求日本以美国的反托拉斯法为蓝本,制定原始的《禁止垄断法》。日本《禁止垄断法》的颁布,有着政治、军事等诸多方面的考量。

一、1931年：统制经济时代的开启

1858年,日本被迫与美国、荷兰、俄国、英国、法国五国分别签订《修好通商条约》[①],从而开始打开国门,开启了海外贸易自由化的时代。[②] 欧美的自由主义思想和自由主义经济理论传入日本,这在一定程度上促进了日本国内自由竞争的发展。[③] 1868年,日本通过明治维新确立了市场经济体制。19世纪80年代,以纸币改革为核心的"松方财政"政策正式实施,从而标志着日本正式进入自由市场经济阶段。[④] 但是,日本的自由市场经济时期极为短暂。

随着资本主义于20世纪走向垄断,资本主义的内在矛盾加剧。进入

---

① 《安政条约》,又被称为《五国通商条约》。
② 《修好通商条约》不是在平等友好的基础上签订的。条约规定,日本没有关税自主权原则,并应将关税限定在5%以下。
③ ［日］伊从宽:《日本竞争政策和竞争法》,《经济法论丛》2005年第十卷,第51页。
④ 王玉辉:《国家调节说的经济法体系之国际适用性研究—以日本的国家经济调节职能与经济法理论为例》,《河北法学》2008年第8期,第16页。

20 世纪 20 年代,日本自由市场经济的固有缺陷开始显现,国内危机四伏。1920 年,日本爆发经济危机,21 家银行关闭,数家银行于 1922 年随之倒闭。1927 年,日本爆发大规模金融危机,从而造成铃木商场倒闭,十五银行、近江银行等 32 家银行停业整顿的严重状况。1929 年,随着第一次世界性的经济危机从美国席卷至整个资本主义世界,日本再次陷入空前的窘境。1930 年,日本有 823 家公司破产。1931 年 3 月,在全日本的 774 家普通银行中,处于破产和停业状态的就达 58 家。① 在此背景下,日本重新审视了政府放任经济发展的做法,并开始对经济实行直接统制。一战后至二战前的这一时期,日本对本国经济实行直接统制,因此这一时期也被称为"统制经济时期"。

这一时期,日本一方面对经济实施全面统制,另一方面不断助推卡特尔②、企业联合的形成,具体体现为以下几个方面:其一,在产业统制方面,日本政府于 1925 年先后制定《出口行业法》及《重要出口产品工业行业法》来助长企业联合。为应对 1929 年经济危机,日本政府推行产业合理化政策。1931 年,日本以加强产业合理化为目的,制定《重要产业统制法》,其中首次明确了政府干预重要产业的权力。1932 年底,日本的企业联合团体数上升到了 108 个,并且重要产业领域均组建起了卡特尔团体。1931 年,日本政府颁布《物质动员计划》和《生产力扩充计划》,对军工产业给予特殊扶持。1941 年,日本政府颁布《重要产业团体令》,对电气业、渔业、外汇、制铁业等产业实施统制。其二,在物资分配方面,日本于 1927 年成立内阁资源局,专门负责战时资源统制。③ 其三,在金融、财政方面,日本于 1932 年实施"高桥财政",通过发行赤字公债来募集资金。1933 年,日本制定了《外汇管理条令》。1935 年,日本推行"马场(锳一)财政",明确提出财政政策应当与国家大力发展军需的产业政策相结合。在早期,经济统制是由财界自主统制为主,政府的干预仅处于经济实体的外部,国家对经济的统制一般局限于军工产业和具有国家战略性的产业,而其他产业领域并没有实施国家经济统制职能。④ 1935 年之后,日本开始实施以事业许可制和价格规制为主要内容的经济统制政策。1937 年,随着侵华战争的发动,日本开始采取全面、严格的战时经济统制体制。日本于 1937 年制定《进出口商品临时措施法》及《临时资金调整法》,于 1938 年制定《国家总动员法》,

---

① 〔日〕守屋典郎:《日本资本主义发达史》,青木书店 1960 年版,第 209 页。
② 1880 年前后,卡特尔开始在日本形成。
③ 〔日〕中村隆英、〔日〕尾高煌之助:《日本经济史 6:双重结构》,岩波书店 1990 年版,第 337 页。
④ 雷明:《日本战时统制经济研究》,人民出版社 2007 年版,第 35 页。

全面赋予了政府在重要产业部门的广泛统制权限。这一时期,日本政府对经济的统制范围涉及到进出口物资、资金、物价、企业经营等各个方面。所谓的统制团体(也被称为统制会、统制行业协会、统制公司等)也被列入国家整体主义的统制之中,从而得到了国家的推动。①

二、20世纪40年代:财阀的形成及弊害

自明治维新以后,日本把加强军备和将经济发展到欧美列强的水平作为本国经济政策的目标。为实现这一目标,日本政府采取多种方式发展经济。例如,日本政府引入西方的先进科学技术,大力发展国有企业,待国有企业发展成熟后,再将企业转让给民营企业;针对民营企业,日本政府直接采取扶持和保护政策,以促使民营企业迅速发展。在国家强有力的扶植政策下,日本开始逐步形成了近代型大企业,这些大企业又通过购买、合并等方式不断发展壮大,形成财阀组织。

在日本,财阀通常是指设有总公司作为最高组织机构,以同族支配为顶点,通过控股公司、兼任责任人、开展融资活动等方式进行持续性交易而形成的大型家族式集团。一般看来,财阀具有以下特征:其一,以同族的资本和同族的结合为财阀组织的中心;其二,各财阀对直系公司的投资强于对旁系公司的投资,并且其强化对投资对象的直系化;其三,各财阀并不限于固定的形态,而是以多种多样的企业集团的形式存在;其四,综合性商社处于财阀的中心位置,其与财阀组织的形成有着密切的关系;其五,财阀的各个子公司多以财阀本社的名字开头。这样,以同族支配为顶点,以控股公司形式为主体的财阀在通过强大的综合经济力支配着市场的同时,也逐渐和国家权力联成一体,从而使得财阀自身的市场支配力变得愈发不可动摇。

从1900年开始,财阀迅速在日本发展。二战前,日本形成了四大财阀(三井、三菱、住友和安田)和六个相对较小的财阀(日产、浅野、古河、大仓、中岛和野村)。经统计,在第二次世界大战结束时,四大财阀名下共计有企业761家,六个相对较小的财阀名下共计有企业1197家。上述财阀组织名下的企业资金总额占全日本财政总额的24.5%(金融业占49.7%,重工业占32.4%,轻工业占10.7%,详见表1)。② 在日本,由少数财阀支配绝大多数产业的"产业支配权的集中"现象使劳资间的半封建关系得以维持,从

---

① 另外,日本于1934年制定了《反不正当竞争法》,这部法律的制定目的是规制国外对日本企业实施的商标侵害行为,但直至二战结束后,《反不正当竞争法》才被实际运用。

② 资料出处:《日本反垄断政策20年史》(财),公正交易协会,第8页。

而妨碍了工会发展、企业创业、"中产阶级"的兴起,以及民主政治思想在日本的发展。在财阀的支配下,低待遇和低利润不断积累,从而使得日本国内市场变得愈加狭窄,进而引发了日本国内对提高商品输出重要性的认识,并最终导致日本走向了帝国主义战争。

表1　四大财阀(包括分公司)的资金总额及其在全日本财政总额中的占比

产业		三井	三菱	住友	安田	合计	在全日本财政总额中的占比(%)
金融业	银行业	148125	87675	53675	193361	482836	48.0
	信托业	15000	7500	5000	7500	35000	85.4
	保险业	6250	64700	6750	8550	86250	51.2
	小计	169375	159875	65425	209411	604086	49.7
重工业	煤矿业	481300	274275	111150	1000	867725	28.3
	金属业	270005	185000	550200	4150	1009355	26.4
	机制造业	838567	1207655	638660	95183	2780065	46.2
	造船业	58125	11647	1600	10000	81372	5.0
	化学工业	566169	1887455	167850	9080	930554	31.4
	小计	2214166	1866032	1469460	119413	5669071	32.4
轻工业	造纸业 窑业	4131 63496	10980 14750	— 11230	9000 —	24111 89476	4.5 28.4
	纤维工业	125273	10900	2000	85946	224119	17.4
	农林、水产、食品业	24113	6800	1322	—	32235	2.7
	其他	56685	29600	14760	22017	123062	9.7
	小计	273698	73030	29312	116963	493003	10.7
其他	海运业	179127	399922	6525	17500	603074	4.9
	其他	206764	204664	95960	46747	571625	—
公司合计		3061130	2703513	1666682	509537	7940859	24.5

三、二战后的经济民主化政策

二战后,作为战败国的日本被以美国为核心的联合国军占领与管制。在占领与管制期间,联合国军总司令部对日本采取了一系列经济民主化政策,从而推动日本确立了以市场导向为基础的经济体制。① 联合国军总司令部在日本大规模推行严厉的反垄断法等经济民主化政策,究其原因主要有以下三点:(1)日本财阀实力雄厚,且与日本政府关系密切,是日本发动战争的潜在威胁。联合国军总司令部认为,所有财阀都是军国主义的表现②,如果不加以规制,财阀会通过在战争期间掠取的巨大利益,对日本经济社会的发展造成负面影响③,进而造成社会动荡。因此,日本经济改革的首要任务就是解散财团、限制垄断④;(2)美国具有一定的反垄断传统和经验。美国自 1890 年起先后颁布了《谢尔曼法》《克莱顿法》《联邦贸易委员会法》等反垄断法律,并着力推行反垄断政策;(3)二战后,世界范围内掀起了民主化浪潮,打击日本国内的封建财阀势力是顺应世界民主化发展潮流的要求。⑤ 因此,联合国军总司令部制定的日本经济管理的基本原则是经济民主化。为了在实现经济非军事化的同时重建和平经济,联合国军总司令部在不同的领域采取了不同的措施,希望经济民主化原则能得到具体实施。在劳动部门,联合国军总司令部制定了《工人运动解放法》;在农业部门,联合国军总司令部实施了土地改革;在产业、金融部门,联合国军总司令部实施了财阀解体、排除经济力量过度集中、解散私人统制团体等措施。财阀解体、排除经济力过度集中等一系列的经济民主化改革的实施,为日本反垄断法律体系的建立奠定了良好的社会经济基础。

(一) 财阀解体

二战前,财阀在产业部门及金融部门拥有强大的经济支配力量。1946年下半年,仅三井、三菱、住友及安田四大财阀的资产就占全日本资产的24.5%,加上日产、浅野、古河、大仓、中岛和野村六大财阀,十大财阀的资产在全日本的资本中所占的份额高达 35.2%。二战后,联合国军总司令部从经济民主化、非军事化的观点出发,以削弱财阀对市场的支配力为重点,向日本政府提出了"对支配国家工商业大部分的产业大联合体和金融大联合体的解体计划"。在日本,财阀呈现出两个最为显著的特征:其一,家族性的统制形式,这使得财阀在内部更为稳固;其二,金字塔式的统制结

---

① 戴龙:《日本反垄断法实施中的竞争政策和产业政策》,《环球法律评论》2009 年第 3 期,第 122 页。

② [日]H. Iyori & A. Uesugi, *The Antimonopoly Laws and Policies of Japan*, P. 3. Federal Legal Publications, Inc. New York, 1994.

③ 杨栋梁:《日本近现代经济史》,世界知识出版社 2010 年版,第 216 页

④ [日]布村勇二:《经济法——公平竞争之法》,经草书房 1961 年版,第 114 页。

⑤ 江瑞平:《论战后日本反垄断政策的导入与经济高速增长机制的形成》,《日本研究》1992 年第 3 期,第 29 页。

构,即财阀总公司是作为统治机构的最高权力部门。有鉴于此,联合国军总司令部以对上述两方面进行消解为核心,实施了以下一系列针对性措施:首先,联合国军总司令部依据 1945 年 11 月制定的《公司解散限制令》,通过处分财产、解散公司等措施,对财阀的资产实施冻结。其次,日本政府于 1946 年 6 月组建了"控股公司整顿委员会",其根据《财阀同族支配力排除法》(1948 年 1 月),将三井、三菱、住友、安田四大财阀的总公司和隶属于他们的 83 个控股公司、4500 个子公司作为解体对象,将他们所持有的有价证券转让给控股公司整顿委员会,由控股公司整顿委员会进行处理。

(二) 经济力过度集中的排除

为了分散财阀的经济力量,避免过度集中,日本开始根据联合国军总司令部的要求对财阀进行分解。但是,当时的财阀解体只是从形式上将财阀的组织形式——总公司进行分解,从而实现斩断财阀与企业集团的资本结合以及财阀与企业中人员的结合。这种解体措施并未解决财阀的市场支配力问题,财阀所拥有的大企业仍然具备不可动摇的市场支配力。因此,为了从根本上解决经济力量过度集中的问题,联合国军总司令部于 1947 年推动日本制定了《经济力过度集中排除法》,希望通过该法来进一步排除垄断性大企业对市场的支配,防止阻碍效率的经济力量过度集中,从而产生公平、自由的企业活动,开展公平的竞争。《经济力过度集中排除法》的实施机关(控股公司整顿委员会)一开始共指定了 325 个大企业。但是,由于指定的范围过广以及之后美国对日本的占领政策发生了变化,因此《经济力过度集中排除法》的运用方针也随之发生了改变。日本随后又逐个取消了被指定的企业。最后,被分割的只有大日本啤酒等 11 家企业,被处分的只有日本运输等 7 家企业的部分工厂和股份(参见表 2)。

表 2　根据《经济力过度集中排除法》而进行的主要企业的改组之状况

产品名、在全日本的同类产业中所占的百分比、排名	方案的理由	指令方案的内容	决定指令	
			日期	内容
造纸	纸浆,58.9%,第1位;西洋纸,52.3%,第1位;报纸用纸,94.2%,第1位。	在造纸业中存在着垄断状态	解散旧公司,成立 6 家新公司。 1. 苫小牧造纸 8600 万日元; 2. 十条造纸 9300 万日元; 3. 新富士造纸 6200 万日元; 4. 大淀造纸 6200 万日元; 5. 九州岛造纸 9300 万日元; 6. 名古屋化成 300 万日元。	1949 年 1 月 7 日	旧公司解散、成立 3 家新公司。

	产品名、在全日本的同类产业中所占的百分比、排名	方案的理由	指令方案的内容	决定指令	
				日期	内容
日本制铁	生铁,85.9%,第1位;铜块,41.8%,第1位;大型铜材,74.9%,第1位。	在钢铁制造业中存在着垄断状态	解散旧公司,成立2家新公司: 1. 八幡制铁10亿日元; 2. 北日本制铁5亿5千万日元。	1948年12月17日	旧公司解散、成立2家新公司、新公司资金有变更。
大日本啤酒	啤酒,72.0%,第1位;饮料,32.0%,第1位。	在啤酒制造业中存在着垄断状态	A:解散旧公司,成立2家新公司 1. 5个中等饮料工场 2. 同上 B:分公司	1949年1月7日	按指令方案执行。
东洋制罐	罐头用罐,85.2%,第1位;加仑罐,32.8%,第1位;杂罐,17.8%,不明;瓶盖,9.2%,不明。	在制罐业中存在着垄断状态	解散小桶工厂,另成立1家新公司。	1949年7月4日	按指令方案执行。
北海道奶酪农民工会	黄油,78.2%,第1位;奶酪,84.5%,第1位;奶粉,51.8%,第1位;产乳量,63.3%,第1位。	在奶酪业中存在着垄断状态	A:解散旧公司,成立3家新公司 1. 北海道北部制酪所 2. 北海道南部制酪所 3. 札幌付近工厂 B:变卖工厂	1950年1月20日	1.旧公司存续,成立1家新公司。 2. 变卖工厂。
三菱重工业	新造船,23.0%,第1位;发电叶轮机,46%,第1位;发电锅炉,68.0%,第1位;空气制动器,50%,第1位;电力机车,18.0%,第4位。	在造船业及其他机械工业中存在着垄断状态	解散旧公司,成立3家新公司: 1. 横滨造船所等9家工厂; 2. 神户造船所等13家工厂; 3. 长崎造船所等9家工厂。	1949年6月4日	按指令方案执行。
日本运输	交易量,83.3%,第1位;作业量,80.5%,第1位。	在运输业中存在着垄断状态	A:向国营铁路、民营铁路转让车站、码头装卸设施; B:持有股份的处置; C:转让机帆船、浮船。	1950年1月20日	按指令方案执行。

13

（三）《经营者团体法》的制定

在日本，"经营者团体"①当时被称为"私人统制团体"。私人统制团体是在二战前因受日本政府直接扶持而形成、壮大的，其在战时物资供给和价格统制方面发挥着不可替代的作用。为了削弱日本的经济实力，联合国军总司令部于 1946 年 8 月和 12 月向日本政府发出了两份旨在消除私人统制团体的关键性文件，即《关于解散统制会并在政府机关和特定产业设立必要的统制团体的许可制度的文件》和《关于在临时物资供求调整法下统制方式的文件》。上述两份文件明确指出，要废除现有的一切限制竞争、助长垄断的统制团体和统制立法。为此，日本政府根据上述文件颁布了《临时物资供求调整令》《经济安定本部设置令》《物价统制令》等新的统制法令。② 同时，为了永久地消除私人统制团体，日本政府于 1948 年颁布了《经营者团体法》。

《经营者团体法》明确列举了以下共计 10 项经营者团体被允许的活动：任意收集和概括性地公开发表统计资料；公开、无歧视、自发交换和发表技术科学信息；为改善质量、规格，或者为提高生产和分配效率，可按照自我意志向政府机构提供协作；与工会组织的团体交涉；仲裁解决与外国企业者的纠纷；出具出口产品的原产地证明书，等等。与此同时，《经营者团体法》也严格规定了 18 项经营者团体的禁止性活动：向政府制定和提出生产、分配的计划，制定政府的原材料、商品、设施的分摊计划；不正当贸易限制和统制价格；交换影响定价的相关信息；限制经营者的数量；为认可、推荐或排斥特定经营者而散布宣传资料；强行要求经营者提供价格、交易条件、订单、库存、生产、工厂的设备力量等方面的信息，强行要求对企业的活动内容提出建议，进行监督和实施调查；限制成员经营者的机能或活动；拥有用于营业的设施、股份、公司债券；拥有研究设施、专利权，对支配、实施专利许可进行许诺斡旋；从事融资业务；进行生产、销售、加工、运输等营业活动的代理业务；开展集资业务；仲裁解决国内经营者之间的纠纷；实施对立法及政府的政策造成不良影响的活动；参与、干涉招投标，等等。③

---

① 在日本，经营者团体被称为"事业者团体"，类似于我国反垄断法所规制的行业协会。

② 江瑞平：《论战后日本反垄断政策的导入与经济高速增长机制的形成》，《日本研究》1992 年第 3 期，第 30 页。

③ ［日］和田健夫：《独占禁止法上的经营者团体活动》，《商学讨究》第 44 卷第 3 号，第 149 页。

第二节　1947年日本《禁止垄断法》的颁布

第二次世界大战后,为防止日本经济力再度集中,从而挑起世界争端,美国对日本经济采取了解散财阀、废除经济统制法和清除私人统制团体[①]、排除经济力量过度集中等一系列经济民主化措施。但是,上述一系列的经济民主化政策只是经济体制转变过程中的过渡性政策,为了永久性地实现日本经济民主化政策之目标,在以美国为首的联合国军总司令部的要求下,日本制定了《禁止垄断法》。

一、日本《禁止垄断法》的制定经纬

早在1945年11月,最高司令官制定的《关于解散控股公司》第六项就曾要求日本政府制定反垄断法。有鉴于此,日本通产省(MITI)于昭和二十一年(1946年)起草了《工业秩序法》,用以回应联合国军最高司令(Supreme Commander of the Allied Powers,缩写为SCAP)的要求。但是,由于《工业秩序法》与联合国军的经济民主化意图相差甚远,因此其遭到了联合国军总司令部的否决。于是,1946年12月,日本政府成立反垄断调查会,将总司令部提出的《关于促进、维持自由交易及公平竞争的法律案》(1946年8月)作为样板,开始了反垄断法的立法程序。经过总司令部的多次修正,日本政府于1947年3月中旬形成了《禁止私人垄断和确保公正交易法》(以下简称《禁止垄断法》)法案,该法案在经过联合国军总司令部和日本帝国议会的批准后,于1947年4月14日颁布。1947年,《禁止垄断法》中的内容并非全部开始生效实施,法案中的"组织规定"部分先于其他部分开始实行。1947年7月1日,《禁止垄断法》的执行机关——公正交易委员会正式成立。同时,《禁止垄断法》中的"组织规定"部分开始生效实施,其他部分也于1947年7月20日开始实施。

二、日本《禁止垄断法》的主要内容

日本政府于1947年制定的《禁止垄断法》也被称为原始的《禁止垄断法》,其是以美国的反托拉斯法为蓝本的。不过,从内容上看,日本的《禁止垄断法》是一部比美国的反托拉斯法更为严厉的法律。日本的《禁止垄断

[①]　[日]中村隆英、[日]尾高煌之助:《日本经济史6:双重结构》,岩波书店1990年版,第337页。

法》共十章一百条正文和十四条附则。第一章为总则,规定了日本反垄断法的目的和定义;第二章至第五章分别规定了集中的规制、卡特尔的规制和不公正交易方法的规制;第六章规定了适用除外;第七章规定了损害赔偿;第八章规定了实施机关——公正交易委员会的组织和权限;第九章规定了诉讼;第十章规定了罚则。作为整体,十章一百条正文和十四条附则构成了完整的反垄断法律系统。

(一)立法目的

日本《禁止垄断法》第 1 条①的规定体现了该法的立法目的。根据第 1 条的规定,日本《禁止垄断法》的最直接目的是"促进公平交易和自由竞争",而"确保广大消费者的利益,促进民主经济的健康发展"则是该法的最终目的。② 同时,《禁止垄断法》第 1 条开门见山地指出了该法规制的行为对象是私人垄断、不正当交易限制和不公正交易方法,并防止经济力的过度集中(企业结合)。纵观日本《禁止垄断法》的历史发展,其规制的行为对象随着社会发展在不断得到修正,但就立法目的而言,其仍然沿袭着最初的规定。

立法目的条款是对整部法律进行理解的基准性条款,而对日本《禁止垄断法》立法目的之理解,日本法学界存在着不同的学说和对立的意见,我们可以将其归纳为通说观点、反对观点和中立观点。通说观点认为,《禁止垄断法》的目的是为了实现公正、自由的竞争,因此可以说《禁止垄断法》是维持竞争秩序的法律。目前,公正交易委员会采纳这一观点。另一种观点认为,促进经济的快速发展才是《禁止垄断法》的最终目的,竞争政策只是实现最终目的之手段,只有当二者一致时,竞争政策才能更好地被实施,当竞争政策违背了"促进国民经济发展"这一最终目标时,其就会被其他经济政策取代。第三种观点即中立观点,持该观点的学者承认《禁止垄断法》是实现竞争政策之法,它维持竞争秩序以实现公正、自由的竞争,但持中立观点的学者同时也认为,为了实现"促进国民经济发展"这一最终目标,政府在一些例外的场合可以适当地调整竞争政策的效力。结合日本《禁止垄断法》的发展历程来看,中立观点更为适当。

---

① 日本《禁止垄断法》第1条:"本法律禁止私人垄断、不公平贸易限制和不公平交易行为,并防止过度集中控制业务(中文名称为'公司')。为了促进公平交易和自由的市场竞争,表明企业家愿意建立、促进经济活动,增加就业机会,提高国民收入的实际水平。确保广大消费者的利益,促进民主经济的健康发展。"

② [日]根岸哲、[日]舟田正之:《日本禁止反垄断法概述》,王为农等译,中国法制出版社2007年版,第40页。

(二) 日本《禁止垄断法》规制的主要内容

为了达成促进公平交易和自由竞争、促进民主经济健康发展之立法目的,日本《禁止垄断法》对限制竞争的行为和结构均进行了规制。具体来看,《禁止垄断法》的规制内容可以被概括为"三大行为、两大结构"。"三大行为"是指私人垄断(私的独占)、不正当交易限制(不当な取引制限)和不公正交易方法(不公正な取引方法),"两大结构"是指垄断状态和企业结合的规制。在上述规制对象中,仅垄断状态在日本于 1947 年制定的《禁止垄断法》中没有被之规定,其于 1977 年才被纳入《禁止垄断法》的调整范围,而其他四类对象均在 1947 年就被受到《禁止垄断法》的规制。

1. 对私人垄断的禁止

私人垄断,日本语称为"私的独占"。[①] 关于私人垄断的定义,日本《禁止垄断法》第 2 条第 5 款[②]进行了明确规定,并将私人垄断划分为"排他型私人垄断"和"支配型私人垄断"两种类型。依据《禁止垄断法》第 2 条第 5 款之规定,私人垄断是指经营者以单独或者与其他经营者相结合、合谋及其他方式,排除或者支配其他经营者的经营活动,违反公共利益,在一定交易领域实质性限制竞争的行为。这里的"排除"就是"排他性私人垄断",即通过进行排他性交易和拒绝供给,使竞争者的事业难以继续下去,或者使新的市场进入者的业务开展变得困难。"支配"则为"支配型私人垄断",即通过取得股票、派遣董事等力量关系取得成效,或者利用市场地位对其他企业的业务活动加以制约。

根据日本《禁止垄断法》的规定,单独的经营者以及经营者团体均可以成为私人垄断的主体。根据《禁止垄断法》第 7 条第 1 款之规定,公正交易委员会对私人垄断采取如下的排除措施:如果有违反第 3 条(禁止私人垄断和未经授权的贸易限制)或前条规定(国际协议、合同条款)的行为,公正交易委员会可以要求经营者提交书面报告,停止实施私人垄断行为,或者转移涉及私人垄断的部分业务,以及为消除违规行为采取其他的必要措施。[③] 从《禁止垄断法》第 7 条第 1 款的规定可以看出,在私人垄断的规制方面,日本采取了多种措施。

---

① 日本的"私人垄断"类似于中国反垄断法所规制的"滥用市场支配行为"。不同之处在于,日本《禁止垄断法》并不要求私人垄断的实施主体具有市场支配力。

② 1947 年日本《禁止垄断法》第 2 条第 5 款:"本法案中提到的'私人垄断'一词是指企业违反某些贸易领域的利益与其他企业关联或者串通,大幅限制其他经营者进行竞争,导致其他经营者的商业活动被企业本身排除或控制。"

③ 1947 年日本《禁止垄断法》第 7 条第 1 款。

2. 对不正当交易限制的禁止

在日本,经营者之间合谋限制竞争的垄断协议行为被称为"不正当交易限制"(不当な取引制限)。《禁止垄断法》第2条第6款规定,不正当交易限制是指经营者以合同、协议或其他方式,与其他经营者共同决定、维持或提高交易价格,对数量、技术、产品、设备、交易对象等进行限制,拘束对方经营活动,违反公共利益,在一定交易领域实质性限制竞争的行为。至于不正当交易限制的规制方法,公正交易委员会主要采取排除措施、征收课征金等手段,其旨在规制经营者的联合操控市场、限制竞争行为,以恢复公正、自由的市场竞争状态。

3. 对不公正竞争方法(不公正交易方法)的禁止

1947年,在以美国的反托拉斯法为蓝本制定《禁止垄断法》之初,日本继受了美国《联邦贸易委员会法》第5条"不公正的竞争方法"和《克林顿法》第2条(差别对价)及第3条(附排他性条件的交易和搭售)之规定,在法律条文中引入了"不公正竞争方法"。立法之初,日本完全学习了美国《联邦贸易委员会法》第5条的规定,将"不公正竞争方法"定位为违反公共利益、限制竞争的行为,从而导致了《禁止垄断法》在私人垄断和不正当交易限制条款上的重复立法。1953年,日本厘清了立法上的重复和混乱,将"不公正竞争方法"重新修订为"不公正交易方法"。

1947年立法之初的"不公正竞争方法"与1953年修订并一直沿用至今的"不公正交易方法"截然不同:其一,两者的性质和违法性判断标准完全不同。日本最初导入的"不公正竞争方法"是以限制竞争、危害公共利益为要件的,其是一种限制竞争的行为,而"不公正交易方法"是一种具有"公平竞争阻害性"的轻微的反竞争行为。其二,两者的功能不同。"不公正竞争方法"旨在规制排除限制竞争的垄断行为,以维护市场的自由竞争,而"不公正交易方法"则旨在预防"私人垄断""不正当交易限制"等垄断行为的发生。其三,两者的范围不同。"不公正交易方法"所覆盖的范围比"不公正竞争方法"要大,其还包括滥用优势地位、妨碍交易等行为。①

---

① 现行《禁止垄断法》第2条第9款规定,"不公正交易方法"是指符合下列任何一项的行为:(1)无正当理由与竞争者共同实施下列行为:拒绝向某一经营者提供商品或服务,或者限制向其提供商品或服务的数量或内容;要求其他经营者拒绝向某一经营者供货或者限制向其提供商品或服务的数量或内容(共同拒绝交易)。(2)根据地区和交易对象进行差别对价,持续性地提供商品或服务,可能导致其他经营者的经营活动陷入困境(差别对价)。(3)无正当理由以显著低于成本的价格提供商品或服务,可能使其他经营者的经营活动陷入困难(不当低价销售,即掠夺性定价)。(4)无正当理由对交易相对方附加下述限制性条件:①约束交易相对方销售商品的价格,限制交易相对方对该销售商品价格的自由决定(限制商品销售 (转下页)

4．对企业结合的规制

在日本,经营者集中被称为"企业结合"。《禁止垄断法》第4章第9条至第18条对企业间的牢固性结合予以了规制,其目的是预防市场集中以及非竞争性市场结构的出现。企业结合包括促成特定市场集中的结合和促成国民经济一般性集中的结合。促成特定市场集中的结合包含股份保有、合并、分割、共同股份转移、事业受让、职员兼任共六种形式。在上述六种企业结合方式中,结合越牢固,一体化越强,对竞争的危害就越大,法律对其也就规制得越严格。

在日本,《禁止垄断法》既进行行为规制,又进行结构规制。其中,私人垄断、不正当交易限制、不公正交易方法属于行为规制制度,而企业结合和垄断状态属于结构规制制度。但是,日本于1947年制定《禁止垄断法》时,并没有规定对垄断状态的规制。1977年,日本在修订《禁止垄断法》时,才引入了有关垄断状态的规制制度,从而形成了完整的结构性规制体系。

三、日本引入反垄断法的意义

财阀的解体、经济力集中的排除、私人统制团体的除去、旧经济体制领导者的放逐、《禁止垄断法》及《经营者团体法》的制定和积极的运用、统制的废除等一系列产业民主化政策,打破了战前的集权型、统制型、限制竞争型的体制,创设了分权的、自由的竞争体制。1951年初,日本的经济民主化改革结束;同年7月,作为负责处理财阀解体、经济力集中排除等过渡性措施业务的控股公司整理委员会解散。纵观日本的经济与社会发展,竞争政策的引入对于日本而言具有重大的意义[1]：其一,日本的竞争促进政策

（接上页)价格）;②约束交易相对方转售商品的价格,限制交易相对方对转售商品的自由决定（转售价格维持）。(5)经营者不得利用自己在交易上优越于对方的地位,违背正常的商业习惯,不当地实施下列行为（滥用优势地位行为）：①要求交易相对方继续购买该交易对象的商品或服务之外的其他商品或服务。②要求继续交易相对方为自己提供资金、服务或其他经济利益;③拒绝接收交易相对方的商品,收到交易对象商品后要求交易相对方收回该商品,延迟向交易相对方支付商品对价,或者减少付款额,或者以其他方式建立或改变交易条件,或者以不利于对方的方式进行交易。(6)除上述行为外,符合下列行为之一的,可能阻碍公平竞争的,由公正交易委员会指定的行为：①不当地差别对待其他经营者;②不当价格交易;③不当引诱或强制竞争者的顾客与自己进行交易;④附加不当拘束交易相对方经营活动的条件的交易（附拘束条件的交易）;⑤不当利用自己交易地位与交易相对方进行交易;⑥不当妨碍自己或自己担任股东、干部的公司和在国内存在竞争关系的其他经营者进行交易;或者在该经营者是公司的情况下,不当利诱、教唆、强制公司的股东或干部实施对该公司不利的行为。

[1]　日本的经济体制是以市场原理为基础的,只有在公平、自由竞争的前提下,市场才能充分发挥其原有的机能,而反垄断法的基本原则正是以维持和促进公平与自由竞争为目的的。此外,反垄断法适用于任何领域,它具有普遍性。对于日本经济来说,反垄断法是规定了最基本、最普遍的规则的重要法律。因此,反垄断法被称为"经济宪法"。

不仅改变了企业的活动,而且使日本的产业结构、市场结构和经济体制更具竞争性。其二,竞争政策的引入推动了日本企业的创新与市场竞争,促进了经济增长。日本的索尼、本田等新型企业诞生和发展,钢铁、石油化学、电子、汽车等部门出现了活跃的设备投资、技术革新、技术引进等现象。其三,《禁止垄断法》的制定还缓和了日本战前存在的小企业与大企业的二重构造关系。反垄断法与土地改革、劳动立法一起,共同推进了国民收入的平均化,增加了企业的自主性和自我责任感。[1]

四、日本国内对反垄断法引入的排斥

在《禁止垄断法》实施的初期阶段,日本社会各界对被迫从美国那儿移植过来的竞争法律制度较为抵制,从而导致强行被引入的《禁止垄断法》在日本"水土不服",未能很好地为社会各界所接受。究其根源,主要有以下几方面原因:

其一,日本当时并不具备制定反垄断法的经济基础。二战以后,作为战败国的日本经济几乎崩溃,恢复国民经济、整顿经济秩序是日本战后最迫切的需要,而依靠政府扶持和大企业的力量来实现经济复苏成为了日本的首要选择。一方面,日本政府希望从大型企业和行业协同行动中受益;另一方面,大企业和商界也希望依靠日本政府的扶持得到发展。但是,作为联合国军的占领政策之一的《禁止垄断法》,其制定的初衷并不完全是促进日本经济的发展,而是包含着遏制日本军事化发展的意图。为此,日本《禁止垄断法》的内容较美国反托拉斯法更为严厉。[2] 因此,针对联合国军力图通过实施严苛的《禁止垄断法》,以达到分散大企业和协同行为的目的之做法,日本政府和大企业必然十分排斥。

其二,反垄断法所倡导的竞争文化与日本的传统文化不相适应。日本的传统文化并不推崇竞争,而是推崇社会的协调发展。同时,日本长期形成的官民协调体制使得日本社会相信,社会的管理活动不是依靠法律而是依靠官僚进行的。[3] 二战前,日本实施的统制经济政策也促进了日本经济的高速增长,因此日本社会尚未形成依托竞争活化市场效率的竞争文化,而是仍然寄希望于传统的政府统制、社会协同发展的文化理念来恢复日本

---

① 资料出处:《反垄断政策 30 年史》,(财)公正交易协会,第 7 页。
② Brill and Carson, "U. S, and Japanese Antimonopoly policy and the Rxtraterritorial Enforcement of Competition Laws", *The International lawyer*, Spring. 2999, Vol. 33. No. 2.
③ 蒋岩波、宋艳华:《日本反垄断法的文化背景分析》,《全国外国法制史研究会学术丛书—混合的法律文化》,全国外国法制史研究会第二十届年会,2007 年 10 月 21 日。

经济。在此背景下,日本社会认为,反垄断法的实施会严重削弱日本的经济发展,因此人们生发出消极抵制的态度。在这样严重缺乏《禁止垄断法》实施的经济基础和社会环境的状况下,移植于美国的《禁止垄断法》遭到日本社会各界的抵抗,从而使得反垄断法在立法伊始就未在日本得到有效实施。

第三节　日本《禁止垄断法》与美国反托拉斯法的区别

一、两法的构成和目的

　　日本的《禁止垄断法》以美国的反托拉斯法为蓝本,其在很多方面参考了美国的反托拉斯法。但是,无论是在实体规定方面还是在实现手段方面,日本的《禁止垄断法》都有自己的独特之处。受到美国国家结构的影响,美国的反托拉斯法分为联邦的反托拉斯法和州的反托拉斯法,而日本只有国家层面的反垄断法。本节的比较只限定于联邦的反托拉斯法。

　　美国的反托拉斯法由司法部和联邦贸易委员会共同执行,其由1890年制定的《谢尔曼法》和1914年制定的《克莱顿法》及《联邦贸易委员会法》构成。其中,《谢尔曼法》和《克莱顿法》是美国司法部执法的主要依据,而《联邦委员会法》则是为了规范联邦贸易委员会执行反垄断法而制定的。在日本,仅存在公正交易委员会这一个核心执法机构。日本实施"公正交易委员会中心主义",因此其只有一个执法体系和一部反垄断法。

　　在反垄断法所规制的内容方面,《谢尔曼法》第1条规定的禁止联合限制竞争行为、第2条规定的禁止垄断化及企图和以垄断化为目的之结合与共谋,对应的是日本《禁止垄断法》第3条所规定的禁止私人垄断和禁止不公平交易限制,以及第8条第1款所规定的禁止事业者团体限制竞争;《克莱顿法》第7条所规定的禁止有垄断性或可能形成垄断性的企业合营和第8条关于任何人不得同时任两家或多家公司的董事之规定,对应的是日本《禁止垄断法》第10条、第13条、第14条、第15条及第16条所规定的可能会导致实质性限制竞争的股份持有、高层干部的兼任、合并及营业受让等;《克莱顿法》第2条、第3条及《联邦贸易委员会法》第5条,对应的是日本《禁止垄断法》第19条所规定的禁止不公正交易方式及《赠品表示法》所规制的行为。

　　在反垄断法的立法目的方面,根据日本《禁止垄断法》第1条之规定,日本反垄断法的直接目的是促进"公正而自由的竞争",最终目的是"促进国民经济的发展"和"消费者权益的保护"。与日本反垄断法的多元化目的相比,美国反托拉斯法没有对其目的进行规定。1890 年后,由于受到将经济效率视为唯一目的的"芝加哥学派"之影响,直至今日,美国的反托拉斯法仍然十分重视经济效率。但是,美国的反托拉斯法也逐渐表现出多元化的一面,如分散经济权利、企业竞争机会的自由和平等、公正的企业惯例、消费者合适的选择机会等。随着反托拉斯法的发展,其与日本《禁止垄断法》的目的正逐渐趋于一致。

二、实体规定的比较

《谢尔曼法》第 1 条规定的禁止联合限制竞争行为大致对应日本《禁止垄断法》第 3 条所禁止的不正当交易限制和第 8 条第 1 款所禁止的经营者团体的限制竞争行为。但是,《谢尔曼法》第 1 条的规制对象不仅包括处于竞争关系的竞争者间的水平性交易限制(价格协议、数量限制协议、市场分割协议、共同拒绝交易等),而且还包括处于交易关系的经营者间的垂直性交易限制(维持再销售价格行为、附排他性条件的交易、共同拒绝交易等)。在日本,《禁止垄断法》第 3 条规定的不正当交易限制的适用对象最初只包括水平性交易限制,并不包括纵向限制。

《谢尔曼法》第 2 条规定的禁止垄断化和为达成垄断化而结合,与日本《禁止垄断法》第 3 条的禁止私人垄断相对应。虽然《谢尔曼法》第 2 条规定的企图垄断化与日本《禁止垄断法》第 89 条第 2 款的处罚私人垄断未遂罪的部分内容相对应,但是基本上可以说这是《谢尔曼法》的独特概念。《谢尔曼法》第 2 条的垄断化的重要条件是,相关市场(日本将其称为"一定交易领域")中的垄断力之存在,以及获取和维持垄断力之企图。垄断力大致上等同于市场支配力。企图获取和维护垄断力量的核心并非是效率性的排除行为。在日本,作为私人垄断的实施手段除排他性行为外,还包括支配行为,后者是日本的独特概念。

《克莱顿法》第 7 条之 7(A)条的限制企业结合与日本《禁止垄断法》第 10 条、第 14 条、第 15 条、第 16 条中的限制股份持有、合并、营业受让等大致相对应,而且两者均将形成市场支配力的企业结合视为违法,并采用企业结合事前申报制和待机(禁止)期间制。但是,在企业结合规制方面,《克莱顿法》和日本的《禁止垄断法》还存在以下几个方面的不同:企业结合的申报标准不同;日本《禁止垄断法》在事前申报制和待机期间制的对象上排除了股份持有;《克莱顿法》没有采用日本《禁止垄断法》所采用的经过一定时期后执行机构不得采取禁止措施的措施期间制。在即便企业结合完成后也能采取禁止措施方面,《克莱顿法》和日本的《禁止垄断法》也是各自相异的。在干部兼职方面,日本《禁止垄断法》第 13 条禁止形成市场支配力的高层干部兼职;《克莱顿法》第 8 条禁止处于竞争关系的公司间的高层干部兼职。另外,日本《禁止垄断法》第 9 条禁止形成企业支配力过度集中的控股公司、第 9 条第 2 款的大型企业公司的持股总额的限制,以及第 12 条原则上禁止金融公司持有其他公司百分之五以上的股份,这些规定在反托拉斯法中均不存在。然而,在美国,《公益事业持股公司法》《银行持股公司法》《银行法》等法律却包含有与日本《禁止垄断法》第 9 条和第 11 条相对应的规定。

在日本《禁止垄断法》禁止的不公正交易方法中,包含着有可能妨碍竞争的多种行为。具体来看,各种行为与美国反托拉斯法的对应关系如下:不当的差别对价与《克莱顿法》第 2 条的限制价格歧视相对应;附带不正当条件的交易和搭售与《克莱顿法》第 3 条的限制附带排他条件的贸易和搭售相对应。《克莱顿法》第 2 条的限制价格歧视条款,原本是为了保护传统中小零售业者免遭大规模零售业者的侵害而制定的,该条款不仅具有很强的独特性,而且很严厉。然而,近年来,《克莱顿法》第 2 条由于保护的并非是竞争而是竞争者,因此被诟病为违反了反托拉斯法的基本精神,使得规制缓和甚至出现了消极化。日本《禁止垄断法》中的不当廉价销售可以构成《谢尔曼法》第 2 条所规定的垄断化及垄断化企图或者《克莱顿法》第 2 条规定的价格歧视的限制对象。但是,从日本《禁止垄断法》的角度来看,不当廉价销售被禁止的原因是,这种典型的低于成本价格的持续销售可能会给企业活动造成困难。然而,美国的反托拉斯法规定,不在排除竞争者后设定垄断价格,以弥补低于成本销售而带来的损失的行为,不构成禁止对象。由此看来,这两种规制标准存在相当大的差异。在日本《禁止垄断法》中原则上被视为违法的转售价格维持协议行为,对应的是美国《谢尔曼法》第 1 条的联合限制竞争行为。针对转售价格维持协议行为,日本《禁止垄断法》强调将"约束"作为转售价格维持协议的要件,而美国的反托拉斯法则规定"一致"是要件。另外,在日本,转售价格维持协议行为被当作垂直交易限制,一般不被视为《禁止垄断法》第 3 条中的不正当交易限制行为[1],其被当成是不公正交易方法来规制。在美国,法院通常是依据《谢尔曼法》第 3 条的联合限制竞争行为来判定转售价格维持协议行为的违法

---

① 　还包括垂直交易限制的地域限制、顾客限制等这些附带约束条件的交易。

性。日本《禁止垄断法》中的不正当交易拒绝和不当歧视行为,对应的是
《谢尔曼法》第 1 条的禁止联合限制竞争行为以及第 2 条的禁止垄断化和
垄断化企图。针对欺瞒性引诱顾客或基于获取不正当利益为目的引诱顾
客之行为,日本依照《禁止垄断法》中的不公正交易方法及作为特别法的
《景品表示法》来加以禁止,而美国则依据《联邦贸易委员会法》第 5 条,将
上述行为作为不公正交易方法及欺瞒性或不公正行为、习惯而进行规制。
在赠品规制上,日本禁止超过一定金额的附带赠品的销售,以及禁止妨碍
消费者进行合理的选择、阻碍公正竞争的赠品行为;而在美国,除有奖销售
外,赠品销售基本上是自由的。另一方面,在美国,由于《联邦贸易委员会
法》第 5 条规定了禁止欺瞒性或不公正行为、习惯,因此不管与竞争的关系
如何,其都可能实行直接保护消费者的多种规制,而日本却只能在不正当
吸引顾客、有妨碍公正竞争之虞的行为范围下保护消费者。日本《禁止垄
断法》中的不公正交易方法所包含的对竞争者实行的妨碍交易、扰乱内部
行为,在美国则根据《联邦贸易委员会法》第 5 条中的不公正竞争方法进行
规制。最后,针对滥用优势地位行为,日本将其纳入不公正交易方法进行
规制,而美国的反托拉斯法中未有与之直接对应的条文,但在作为反托拉
斯法补充法的《汽车销售保护法》(1956 年)和《石油销售商保护法》(1978
年)中有与之相对应的内容。

三、法的执行·运用比较

反托拉斯法的执行机关是司法部(反托拉斯局)和直接隶属于总统府
的有着独立行使职权的准司法机构——联邦贸易委员会这两个部门。[①]
《谢尔曼法》和《克莱顿法》由司法部执行,《克莱顿法》和《联邦贸易委员会
法》由联邦贸易委员会执行。由于《克莱顿法》在运用方面出现了竞合管
辖,因此双方采取的是分工合作的协调方式。针对违反《谢尔曼法》和《克
莱顿法》的行为,美国的司法部可以亲自进行审查,并随后要求法院发布禁
令。针对违反《谢尔曼法》的行为,美国的司法部可以要求刑事处罚,对个
人可处以三年以下监禁和三十万美元以下或获利额、损失额两倍以下的罚
金,对法人则可处以一千万美元以下或获利额、损失额两倍以下的罚金。
针对违反《克莱顿法》及《联邦贸易委员会法》的行为,联邦贸易委员会可以
亲自进行审查,并根据经过审判程序的判决结果来采取排除措施。针对违

---

① 李胜利:《美国反托拉斯执法机构的执法冲突和协调及其启示》,《法商研究》2014 年第 2 期,
第 143 页。

反《谢尔曼法》和《克莱顿法》的行为,美国的反托拉斯法赋予受害人(个人、联邦政府、州政府)向法院要求禁令及损失额三倍赔偿的权利。[①] 此外,在美国,多个人因为共同原因而受害但损失额较小的案件,一般采取集团诉讼制度,即以众多受害人中的某一位受害人为代表作为原告参加诉讼,诉讼结果的效力扩大到原告以外的所有受害人,而不是仅由参加诉讼的原告承担。在因违反反托拉斯法而要求三倍赔偿的诉讼中,法院采用的也是这种集团诉讼制度。

与美国不同的是,日本的反垄断法执行机构只有公正交易委员会。在反垄断法的执法体系上,日本实行"公正交易委员会中心主义",即反垄断法的执法以公正交易委员会的行政执法(主要为课征金)为主,以刑事制裁和民事责任为辅。针对刑事犯罪,公正交易委员会享有专属告发权,检察机关根据公正交易委员会的专属告发提起控诉。在民事损害赔偿方面,日本仅实行实际损害赔偿,其没有采取美国的三倍损害赔偿制度。同时,美国的民事损害赔偿采用的是司法部的民事公益诉讼或受害人提起的集团诉讼。

第四节　1949年日本《禁止垄断法》的修改

自日本于1947年以美国的反托拉斯法为蓝本制定《禁止垄断法》后,其国内的民众越来越发现自己无法适应这部过于严苛的反垄断法,加之国内反美情绪和企业界的反对,《禁止垄断法》在正式制定与公布后,并未真正实施及发挥其应有的功用。[②]

一、1949年《禁止垄断法》修改的历史背景

1949年,日本政府基于以下三方面原因对原始的《禁止垄断法》进行了修改:

一是原始的《禁止垄断法》过于严苛。在日本原始《禁止垄断法》的制定过程中,曾经参与美国罗斯福新政的人士希望能够借此机会弥补遗憾,将在美国未能实现的理想化反托拉斯法介绍到日本,以进行实验性探索。

① 洪莹莹:《美国联邦反托拉斯法中的三倍赔偿制度及启示》,《南京大学学报(哲学、人文科学、社会科学)》2015年第1期,第25页。

② 宾雪花:《日韩产业政策立法的演进及启示》,《东南亚纵横》2009年第12期,第111页。

受此影响,日本原始《禁止垄断法》的相关规定较美国更为严苛,如对控股公司的设立进行禁止,对公司间持股进行限制,对卡特尔行为在原则上禁止,等等。[①] 这种理想化、严苛的立法与战后日本迫切需要恢复国民经济的需求产生了巨大的冲突,因此日本社会各界要求修订《禁止垄断法》。

二是日本国内状况的变化。在日本 1947 年《禁止垄断法》制定之初,为了应对战败后的经济混乱局面,以及彻底实现财阀的永久性解体,日本不得已实施了更为严苛的规制制度。但是,此后随着经济统制政策的相继被废除,国内企业的经济活动逐渐繁荣,产业界开始要求规制缓和,因此日本对《禁止垄断法》进行了放宽修订。

三是联合国军总司令部占领政策的变化。随着国际形势的变化,美国对日本的经济政策在 1948 年以后出现了松动,联合国军总司令部也被迫改变了占领政策[②],并开始认识到部分接受产业界的要求是必然之举。要求放宽原始《禁止垄断法》的请求,主要是针对限制企业结合的规定以及限制国际协定的规定。当时,为了重建日本经济、为公司新增资金等目标,日本需要开展消化巨额证券及协调引入外资的活动,但是原始《禁止垄断法》中的上述规定之存在,使得这些活动的开展陷入了困境。

二、1949 年《禁止垄断法》修改的主要内容

1949 年 7 月 31 日,《禁止垄断法》修正法案首次出台。1949 年,日本政府对原始《禁止垄断法》进行了第一次修改,在内容方面主要是放松反垄断法对市场中某些领域或某些行为的规制,作为对国内民众要求缓和规制的回应。本次修改主要涉及以下五个方面:(1)在股份或公司债券保有方面,放弃了禁止企业保有其他企业股份和企业债券的原则性规定,增加了竞争关系的要求,将持有企业公司股份及公司债券的违法情形限定为导致一定交易领域实质性限制竞争、行使不公正竞争方法持有,或者持有竞争公司股份或债券三种情形。(2)在管理人员职务兼任方面,将原来关于"禁止管理人员兼任职务"的规定,修改为只禁止具有竞争关系的企业之间的管理人员兼任,允许没有竞争关系的企业之间的管理人员兼任。(3)在企业结合的程序设置方面,将企业合并、营业转让的事前认可制度修改为事

---

① [日]铃木满:《日本反垄断法解说》,武晋伟、王玉辉译,河南大学出版社 2001 年版,第 7 页。

② 为了保障其在太平洋的控制地位,美国改变了抑制日本经济发展的计划,其采取措施促使日本经济平稳而快速地靠拢西方资本主义模式。参见:Brill and Carson,"U. S, and Japanese Antimonopoly policy and the Rxtraterritorial Enforcement of Competition Laws",*The International lawyer*,Spring. 2999,Vol. 33. No. 2

前申报制度,并删除了对生产、销售及经营的合理化起不到作用的禁止规定。(4)将国际合作或贸易协定开展过程中的事前审批认可制度修改为事前申报制度,放松了对企业结合的监管力度。(5)删除了有关"禁止将限制交换与事业活动所需的科学技术有关的知识、情报作为内容"的规定。

1949 年的《禁止垄断法》修改放松了对企业结合的控制,这被许多学者认为是日本原始《禁止垄断法》本身的大幅"后退"。[①] 但是,本次修法正是日本在法律移植方面的第一次本土化改造。日本根据本国企业及当时经济的发展实态修订了原始《禁止垄断法》中较为严苛的企业结合控制制度,使之与日本企业及经济的特点相适应。本次修法对日本国内的经济结构产生了重要影响,为后来具有日本特色的企业集团和企业群之产生扫清了障碍。[②]

三、1949 年《禁止垄断法》修改后的实施情况

1949 年以后,在联合国军总司令部的推动下,日本《禁止垄断法》得到了较为积极且严格的运用。虽然日本《禁止垄断法》在美国的理想化构想下被制定得十分严苛,且与日本当时的经济发展不相适应,但是该法的实施仍然对日本国内的经济、政治以及文化产生了无法替代的影响。

首先,从经济发展方面来看,虽然《禁止垄断法》是被迫从美国强制移植而来的,并不是产生于日本自身经济发展的需要,但是就历史发展的进程而言,日本战后初期的传统军国主义、大财阀及大财团并不能顺应历史发展的潮流。《禁止垄断法》的实施及执行在遏制这些经济力量的不利影响方面确实产生了积极的作用,并且为二战后的日本确立市场经济体制和实现经济民主化奠定了制度基础。

其次,从政策制度方面来看,日本战后竞争政策的发展源头就是《禁止垄断法》的颁布。以《禁止垄断法》的颁布为开端,产业政策以外的经济发展政策出现,并开始对日本的经济发展施加影响,其也为日本的经济发展逐步摆脱政府的过度干预提供了契机。

最后,从文化思想方面来看,《禁止垄断法》的实施使日本逐渐形成了具有本国特色的竞争思想,并打破了日本传统文化中对竞争的排斥和战前"集中控制、限制竞争"思想的束缚,从而为日本的传统思想注入了新的内容。

---

① 戴龙:《日本反垄断法研究》,中国政法大学出版社 2014 年版,第 7 页。
② [日]正田彬:《经济法》,日本评论社 2003 年版,第 68 页。

第二章 日本反垄断法的寒冬期
(1953—1973 年)

第一节 1953 年日本《禁止垄断法》的缓和修改

　　虽然日本的《禁止垄断法》是以美国的反托拉斯法为蓝本,但是其规制标准却较美国更为严格,从而导致不能很好地适应日本当时的经济状况,而以美国为首的占领军也意识到了此种情况。1951 年,联合国占领军成立了"法令检查委员会",其提出了对日本过于严苛的反垄断法进行修改的建议。另外,随着朝鲜战争的结束,原来严苛的反垄断法律体系已不适合日本国情,德国新设立的特殊卡特尔豁免制度被引入日本。在上述国内外因素的共同推动下,日本对《禁止垄断法》进行了缓和性修正。

一、1953 年《禁止垄断法》修改的时代背景

　　20 世纪 50 年代,朝鲜战争爆发,日本成为美国战争物资的重要供应方。在此背景下,美国对日本的经济政策发生重大变化,即转变为支持日本经济复苏。1952 年 4 月,《靖和条约》①生效,以美国为首的联合国军的战略政策面临全面失效的境况。这一时期,日本国内要求反垄断法缓和适用的呼声高涨。因此,日本制定了大量财政金融法以及《产业振兴临时措施法》,并通过调整《禁止垄断法》的适用除外制度来保护产业政策法的有效实施。

　　随着朝鲜战争的爆发,依托战争对物资供给的强大需求,日本国内企业的生产积极性被大大调动,其经济的活跃度上升,国民经济增速得到提

---

① 《旧金山对日和平约约》由第二次世界大战的 48 个战胜国与战败国日本于 1951 年 9 月 8 日在美国旧金山签订,并于 1952 年 4 月 28 日生效。

高。这一历史阶段下的这种独特的经济现象被称为"特需景气"。然而，这种景气现象并没有持续太长时间。朝鲜战争结束后不久，"特需景气"日渐式微，日本国内生产过剩，经济危机加重。为了解决日益严重的危机，日本通产省于 1952 年开始通过提供外汇配额等手段来要求企业实施缩短工时、限制生产、停开机器设备等劝告措施，并通过行政指导方式来促导经营者实施联合限产等行为。1952 年，日本制定了《出口贸易法》和《中小企业安定临时措施法》，出口卡特尔和中小企业卡特尔不适用反垄断法。基于上述背景，日本于 1953 年对《禁止垄断法》进行了缓和性修订。

二、1953 年《禁止垄断法》缓和修改的主要内容

根据联合国军总司令部的指示，自 1951 年 5 月 1 日起，日本开始重新审查《禁止垄断法》等一系列法律法规。在政府和产业界的共同推动下，日本于 1953 年 9 月对《禁止垄断法》进行了修改。日本结合本国的经济实态和法治传统，对原有法律中与实际情况不相符的制度进行修订，从而实现了《禁止垄断法》的本土化改造。具体来看，1953 年《禁止垄断法》的缓和修改主要包括以下几方面内容：

第一，放宽了不正当交易限制的规制标准。1953 年《禁止垄断法》的缓和修改删除了"除对竞争有轻微影响的情形之外，全面禁止共同行为的原则"[1]，并引入了经济不景气卡特尔和合理化卡特尔的适用除外制度[2]；基于保护中小销售业者免受不当低价销售及恶意低价销售的侵害，日本引入了转售价格维持协议的适用除外规定。另外，日本产业管理部门还颁布了《关于稳定特定中小企业的临时措施法》（1952 年）、《进出口交易法》（1952 年）、《出口水产品振兴法》（1954 年）、《机械工业振兴临时措施法》（1956 年）等一系列适用除外的特殊产业法。在此状况下，除经济不景气卡特尔、合理化卡特尔、转售价格维持协议适用除外制度外，中小企业卡特尔、出口卡特尔、防止特定行业过度竞争的卡特尔也被除外适用反垄断法。

第二，放宽了对经济力集中的规制。首先，日本政府于 1953 年将企业集中的规制标准限定为"一定交易领域实质性限制竞争"或"使用不公正交易方法进行结合"，删除了原有"对保有公司股份的规定"，并将限制的金融公司的持股比例由原来的 5% 提高至 10%，且允许特殊情况下经过公正交

---

[1]　［日］根岸哲、［日］舟田正之：《日本禁止反垄断法概论（第三版）》，王为农等译，中国法制出版社 2007 年版，第 11 页。

[2]　1999 年，根据经济发展的新形势，日本废止了经济不景气卡特尔和合理化卡特尔。

易委员会批准可适当超过 10％的限制性规定。其次,日本政府删除了"不正当事业能力的差别"之条款。

第三,将"不公平竞争方法"修改为"不公正交易方法"。① 1953 年,日本在法律适用过程中逐渐厘清了因移植美国法律所造成的混乱,因此其对"不公正竞争方法"进行了本土化改革,将"不公正竞争方法"修改为"不公正交易方法",并对这一概念的性质及行为边界进行重新界定,从而使得不公正交易方法回归本源,成为一种具有"公平竞争阻害性"的轻微的反竞争行为。在此基础上,通过法律修订,日本的不公正交易方法的违法性判断标准与美国的"不公正竞争方法"完全不同。不公正交易方法成为了一种为预防私人垄断、不正当交易限制等垄断行为而设立的最低限度的反竞争行为,其是一种独立于私人垄断与不正当交易限制的新型制度。在 1953 年的法律修订工作中,日本通过对不公正交易方法的行为性质和功能进行重新定位,将其范围进行了扩大性调整,并将滥用优势地位、妨碍交易行为等违法行为也纳入不公正交易方法体系,从而使得依据不公正交易方法受到规制的行为更为广泛,《禁止垄断法》成为了流通领域中的经营者之行为基准。

第四,废止了于 1952 年 8 月进行缓和性修改的《事业者团体法》,并将其实质内容吸收到《禁止垄断法》中。② 《事业者团体法》的最初制定目的就是规制在战争期间作为战时经济统制的辅助实施者而被利用的私人统制团体,其规定了事业团体活动的正当活动范围以及禁止行为范围。这次废止大大减轻了《禁止垄断法》防止统制性卡特尔形成的作用,并强化了以持有股份为媒介的企业系列化,降低了对经济力集中的规制标准,从而使企业合并的可能性又重新出现在家族式的财阀企业之间。

这段时期,公正交易委员会的权限受到一定限制。公正交易委员会对《禁止垄断法》的执法进入低谷期,其每年处理的案件不超过 10 件,1958年与 1959 年的采取劝告之案件分别仅有 2 件。③ 在此期间,虽然日本政府不再进行直接统制,但是其却对进出口实行全面管制。由于日本政府掌握着决定国内竞争成败的外汇配额,并且垄断了企业融资的金融机构,所以企业盈利的最佳方式就是自觉配合政府并响应政府的"号召"。这一时期恰恰是"行政指导"开创的竞争(限制竞争)秩序的形成期,市场中存在着相

---

① 两者的不同在于:第一,非法的本质标准从"违法公共利益"变为"妨碍公平竞争的可能性",而后者被认为比前者的标准要低得多;第二,限制了日本公正交易委员会在不公正交易行为方面认定非法行为的权利,以前这种认定是非常广泛的。

② 吴小丁:《反垄断与经济发展—日本竞争政策研究》,商务印书馆 2006 年版,第 77 页。

③ 王长河、周永胜、刘风景译:《日本禁止垄断法》,法律出版社 1999 年版,第 7 页。

当活跃的因行政命令而引发的联合行为,如被视为合法行为的那些根据通产省的行政指导进行的生产削减活动。这一时期的竞争秩序不是内发形成的,而是在政府的外部介入下形成的。

三、1953 年《禁止垄断法》修改的影响

自 1947 年颁布以来,日本的《禁止垄断法》已实施了三年,但是其并未取得理想的效果。随着美国调整对日战略方针以及朝鲜战争的爆发,日本政府先后于 1949 年和 1953 年对最初的反垄断法律体系进行了重塑。1953 年的修订实现了反垄断法的规制缓和,并带来了如下几方面的影响:

(一)《禁止垄断法》出现消极化态势

1953 年的修正放宽了对垄断行为的规制。此后,以产业界和通产省为中心,基于防止过度竞争、强化产业基础、振兴出口等理由要求放宽《禁止垄断法》的呼声更为强烈。为了满足产业界缓和过于严格的反垄断法律制度的愿望,日本政府于 1958 年和 1963 年两次向国会提出大幅度缓和性修改《禁止垄断法》的方案,但由于中小企业、农林渔业、一般消费者团体的反对,两次修改方案最终都成了废案。尽管两次修改方案均未获通过,但是 1953 年的《禁止垄断法》修改却实际上造就了日本《禁止垄断法》的消极化态势。

这一时期,虽然直接统制的现象已经消失,但是通产省却通过行政指导之方式在间接控制日本经济。日本通产省通过一系列行政指导行为来劝告经营者压缩生产时间、冻结库存、限制生产或生产时停开部分机器,以实施限制竞争的措施。同时,公正交易委员会的反垄断法执法也进入低谷期,其每年处理的案件不超过 10 件,1958 年与 1959 年的采取劝告之案件分别仅有 2 件,1960 年为 1 件。[①] 在企业规制和限制股份持有方面,日本政府也相继允许了过去曾因《经济力量过度集中排除法》被分割的企业的复原式合并。一系列大型企业的合并事件层出不穷,如雪印乳业公司与 CLOVER 奶制品公司于 1958 年进行了合并,合并后的公司在市场上的奶酪占有份额将近三分之二,黄油占有份额超过二分之一。此外,在这段时间内,以三菱、住友、三井等旧财阀体系为中心的曾被分解的财阀集团通过互相持股而强化了彼此的联系,并且这些财阀集团以银行和综合商社为核心,再次形成了少数大规模的企业集团。[②]

---

① 王长河、周永胜、刘风景译:《日本禁止垄断法》,法律出版社 1999 年版,第 7 页。
② 吴小丁:《反垄断与经济发展—日本竞争政策研究》,商务印书馆 2006 年版,第 60 页。

(二)产业政策代替竞争政策

经过1953年《禁止垄断法》的缓和修改,日本政府于1955年开始实施刺激国内经济快速恢复和增长的措施。一方面,日本政府开始确立以产业政策为主导的经济发展模式,并采取一系列措施对市场经济的发展进行政府干预,以调整产业结构,促进以重化工业为主的产业之倾斜化发展。另一方面,日本政府充分发挥金融、财税等方面的政策之辅助作用,为大型企业提供资金支持和技术支持。尤其是针对一些重点企业,日本政府利用税收优惠政策来引导其实现倾斜式发展,并给予其相应的贷款政策支持。

这一时期,为了迅速恢复经济实力和刺激国内市场发展,日本政府推行产业政策。日本采取倾斜式发展方式,将重化工行业作为发展重点。针对重化工行业,日本政府除给予其金融、财税等方面的政策优惠外,还积极制定法律来有效保障重化工行业免于反垄断法规制。另外,日本政府在盐业、煤炭业、机械业、电子工业等领域制定专门的卡特尔适用除外规定,并出台了《盐业组合法》《煤炭业合理化临时措施法》《中小企业等协同合作法》《振兴机械工业临时措施法》《进出口贸易法》《振兴电子工业临时措施法》等30多部关于卡特尔豁免的法律,从而为重化工行业卡特尔的发展提供了法律保障。在日本政府的产业政策推动下,相关行业不断壮大,日本国内出现了规模经济。[1] 二战结束后至20世纪70年代是日本产业政策主导时期,日本的产业政策在这一时期一直处于优势地位,《禁止垄断法》没有发挥应有的作用,其频频被放宽修改,处于弱化边缘。

第二节　1953年《分包法》的颁布

一、《分包法》的立法背景

在日本,分包制度是俗称"下请"的分工生产体制[2],它是一种围绕特定产品的生产,由大型企业引领中小企业进行生产的制度。分包制度是日本社会特有的一种制度,其最早出现于日本明治维新时期。但是,由于当时经济发展水平较低,且国内市场的需求并不强烈,因此分包制并未被给予重视。1931年的"九一八"事变后,日本侵略中国,日本对战备物资的需

求急剧增长。日本制造商无法仅凭自己的生产能力来满足战备物资的供应需求,因此他们借助中小企业来完成相关生产。作为发包商,大型企业将自己的业务分包给中小企业。中小企业的加入使得产能迅速扩张,从而满足了战备需求。二战之后,朝鲜战争的爆发给日本带来了"特需景气",从而使得日本经济有所复苏,需求开始增长,分包制度重新焕发生机。但是,日本的大企业与中小企业之间存在着极大的规模差异,大企业滥用优越地位侵害中小企业的行为普遍发生。大企业推迟支付货款等压榨中小企业的交易行为严重影响了中小企业的长远发展,并且严重制约了分包交易的健康发展。为此,日本政府于 1956 年制定了《分包法》,以规范大企业的分包行为,从而保障中小企业的合法权益。

二、《分包法》的内容及特点

日本的《分包法》主要规制分包交易过程,其以分包商滥用优势地位行为为重点,对分包商推迟支付分包资金等行为予以制止。《分包法》所规制的分包交易行为包括制造委托、修理委托、信息成果物制作委托和服务提供委托。根据《分包法》第 2 条的规定,所谓制造委托,是指企业将其所销售或所承接生产的最终产品、半成品、零件、附属品、原材料、用于生产的模具或者进行产品修理所必需的零件、原材料的生产行为作为业务向其他企业进行委托的行为,以及企业将其使用或者消费的物品及其半成品、零件、附属品、原材料或用于物品生产的模具的生产行为作为业务向其他企业进行委托的行为。所谓修理委托,是指企业将所承包的物品的全部或部分修理行为作为业务委托给其他企业,以及企业将其所使用物品的部分修理行为作为业务委托给其他企业。所谓信息成果物制作委托,是指企业把作为业务提供或作为业务承包的最终信息成果物的全部或部分制作行为委托给其他企业,以及企业把所使用的信息成果物的全部或部分制作行为作为业务委托给其他企业的行为。所谓服务提供委托,是指企业把全部或部分服务提供行为作为业务委托给其他企业的行为。

《分包法》与《禁止垄断法》是一般法和特别法的关系,《分包法》是《禁止垄断法》的特别法[1],分包交易中的反竞争行为优先适用《分包法》。《分包法》在适用上具有以下几个典型特征:第一,《分包法》所规制的分包交易具有特定性,即只有资金超过 3 亿日元的发包人向资金在 3 亿日元以下的分包人委托物品的制造或修理时,发包人才有可能成为规制对象;第二,

---

[1]　［日］铃木满:《日本〈分包法〉详解》,高重迎译,法律出版社 2013 年版,第 26 页。

为了预防分包交易发生纠纷,《分包法》规定发包人有交付和保存发包契约的义务;第三,《分包法》明确了发包方滥用优势地位行为的具体情形;第四,公正交易委员会可以对违反《分包法》规定的发包人进行劝告,以使分包人因发包人的违法行为而蒙受的不正当损失得到补偿;第五,对不听从劝告者进行公布,而听从劝告者则不需要进入反垄断法的处理程序;第六,因不能期待发包人主动提出违法问题审查,因此《分包法》赋予国家(公平交易委员会及中小企业厅)调查权,国家可以积极地调查发包人的违法行为。①

三、1962 年的《分包法》修改

为了进一步改变中小企业的弱势地位,日本于 1962 年修订了《分包法》,此次修法包括以下几个方面的内容:首先,分包金支付日期法定化。针对分包金的支付日期,新法明确规定:(1)收货之日起 60 日内分包商应当将货款支付给接包方;(2)在没有明确约定支付日期的情况下,收货日将被视为支付日;(3)如果协议中有做出超过收货之日起 60 日支付的规定,那么关于该支付日期的约定无效,收货后第 60 日自动被视为支付日。② 其次,针对采购订单中的书面记载事项,新法增加了支付日期一项。最后,增加了有关分包商的三种规制行为(禁止行为),包括:(1)分包商不能刻意压低购买价格;(2)分包商不能强制购买接包商的产成品;(3)分包商不能因私而对接包商进行报复。

四、1965 年的《分包法》修改

日本经济在 20 世纪 60 年代后进入了高速发展阶段。为了保持这种增长速度,并掌控日本经济的增长命脉,日本政府开始了对竞争政策和《禁止垄断法》的限制过程。竞争政策受阻,产业政策大兴,国内矛盾加剧,不少日本中小企业纷纷倒闭。为了摆脱这种困境,中小企业推动日本政府对《分包法》进行第二次修改。1965 年的《分包法》修订主要集中在以下几个方面:其一,扩大了分包商的适用范围。如果分包商为逃避《分包法》制裁而成立资金在 1000 万以下的企业,那么其也将被纳入《分包法》的调整范围;其二,扩大了适用《分包法》的行为对象,除制造委托、修理委托等类型外,运输、土建等领域的委托也适用《分包法》。其三,分包金支付日期起算

① [日]铃木满:《反垄断法解说》,武晋伟、王玉辉译,河南大学出版社 2004 年版,第 95 页。
② [日]铃木满:《日本〈分包法〉详解》,高重迎译,法律出版社 2013 年版,第 34 页。

日的法定化。新法规定,分包金支付日期的起算日为分包商接收货物的日期,并且无论分包商是否对货物进行验货,该日期仅指收到货物之日期而非验货日期。其四,采购订单书面记载事项的法定化,即新法明确了需要记载的内容。其五,增加了分包商的法定义务内容。分包商不能对有偿提供的原材料费用提前结算,此处指分包商向接包商支付一般金融机构难以受理的贴现汇票。其六,将支付滞纳金新增为公正交易委员会的劝告对象。其七,明确了分包商不提交书面材料的,将被处以课征金的制度。1965年《分包法》的修订给正值寒冬期的日本反垄断法带来了一阵积极向上的新风,从而推动了《禁止垄断法》向强化执法之转变,帮助了反垄断法执法走出低谷。

第三节　1962年《景品表示法》的颁布

一、《景品表示法》的立法背景

　　《景品表示法》(全称为《防止不正当赠品及不正当表示法》)是一部规制不当赠品提供、夸大或虚假表示的法律。20世纪60年代,随着日本经济的发展,社会需求被激活,消费规模不断增长,众多的经营者为了提高销量而越来越倚重赠品的营销手段,因此附加赠品销售、不当表示的情形越来越多。在1960年的"假牛肉罐头事件"中,经营者将鲸肉与马肉混杂的罐头当作牛肉罐头进行出售,该不当表示、欺诈消费者的案件在日本社会引起了强烈不满。日本社会各界强烈要求政府依据《禁止垄断法》对不正当表示或不正当赠品行为予以规制,以保障消费者的合法权益。为此,公正交易委员会将不正当表示作为不公正交易方法——"通过不正当的利益引诱顾客"和"欺骗性引诱顾客"——纳入《禁止垄断法》中的"不公正交易方法条款"进行规制。① 为了进一步系统规制不当赠品销售行为和不当表示行为,日本政府于1962年颁布了《景品表示法》。《景品表示法》的制定目的除了保障被虚假表示或不当赠品侵害的消费者之权益外,最根本的还在于保护因虚假表示或不当赠品销售而丧失公平竞争机会的其他竞争者的权益,从而维护市场的公平竞争秩序。《景品表示法》属于日本《禁止垄

---

① ［日］根岸哲、［日］舟田正之:《日本禁止反垄断法概论(第三版)》,王为农等译,中国法制出版社2007年版,第14页。

断法》的特别法,其与《禁止垄断法》共同担负着维护市场竞争秩序的使命。

二、《景品表示法》的主要内容

《景品表示法》颁布于 1962 年,其是日本反垄断法律体系中颁布得最晚的法律。《景品表示法》旨在防止经营者以不当的赠品或虚假的表示引诱顾客,进而维护市场竞争秩序。作为《禁止垄断法》的特别法,《景品表示法》优先于《禁止垄断法》适用。1962 年的《景品表示法》共 12 条,明确了经营者在赠品销售和广告销售活动中的一般行为准则。具体来看,《景品表示法》的主要内容包括以下几个方面:(1)明确了法律禁止的不当表示的情形。《景品表示法》规定,经营者不得就提供的商品或服务做出下列不当表示:使消费者误认为其提供的商品或服务较之前自己提供的或者较其他竞争者提供的商品或服务显著优良;使消费者误认为其提供的价格等交易条件较之前自己提供的或者较其他竞争者提供的交易条件显著有利;公正交易委员会指定的其他情形。(2)明确了法律禁止的不当赠品的情形。《景品表示法》第 3 条规定,公正交易委员会为了防止经营者不当引诱顾客,在必要的情况下,可以对赠品的最高数额、总额、种类、提供方法等进行限制,或者禁止提供赠品。根据公正交易委员会的规定,一般性赠品之最高额不得超过 10 万日元,且不超过预定销售额的 2%;经营者共同实施的共同赠品之最高额不得超过 30 万日元,且总额不得超过预定销售额的3%。(3)明确了《景品表示法》与《禁止垄断法》的关系。《景品表示法》为特别法,在处理不当赠品销售和虚假表示行为时,优先适用。(4)明确了公正交易委员会的执法权限和制裁措施。《景品表示法》规定,针对经营者的不当赠品销售、不当表示行为,公正交易委员会可以采取排除措施命令来停止违法行为,并对违法行为进行公示。① 作为《禁止垄断法》的特别法,《景品表示法》在保护消费者权益之余,更是有利地保障了流通领域中的公平竞争,维护了流通领域的市场竞争秩序。

---

① 《景品表示法》第 6 条规定了公正交易委员会的排除命令,具体法律条文如下:(一)公正交易委员会根据第 3 条的规定进行限制或禁止,或者认为有第 4 条规定的违反行为时,针对该经营者,可以就其行为的制止或者为防止其行为的不再发生,命令发布必要的事项或有关这些事项的实施的公示以及其他必要的事项。该项命令,在该违反行为已经开始了的场合里,也能够进行。(二)公正交易委员会根据前款的规定进行命令(以下称排除命令)时,针对该经营者必须预先指定日期及其场所,并进行意见征询。意见征询之际,必须给予该经营者陈述意见与提供证据的机会。(三)公正交易委员会采取排除命令时,根据公正交易委员会规则的规定,必须告示。

第三章　日本反垄断法的强化期
（1974—1999 年）

　　20 世纪 50 年代至 20 世纪 70 年代，为了扶植本国经济发展，促导企业规模壮大，日本政府强化了产业政策，弱化了反垄断法实施，从而导致因经济寡占化而产生的限制竞争问题愈加突出。尤其是 1973 年，第一次世界范围的石油危机引发了日本国内通货膨胀，大企业集团大量囤积大豆、大米等国民生活必需品，从而引发了日本国内商品短缺、物价暴涨的混乱局面。为此，日本政府采取紧急措施，制定了《关于对囤积居奇与生活相关联的物质等的紧急措施法》《稳定国民生活的紧急措施法》《石油需给正当化法》等法律。与此同时，日本政府开始对经济寡占化进行规制。上述举措的实施促导了 1977 年《禁止垄断法》的第一次强化修订。总体而言，日本反垄断法的强化发展期主要可以划分为两个阶段。

第一节　1974—1980 年日本反垄断法的强化修订

一、本次修法的背景

　　20 世纪 60 年代，经济的高速增长使日本迅速成为世界第二大经济体，从而实现了战后经济的繁荣。这一时期，日本政府的经济政策呈现出以产业政策为主导，实行强政府干预，竞争政策服务于产业政策的典型特点。日本政府在这一时期实施的"竞争政策服从产业政策，反垄断服从生产集中"[①]的指导方针加速促导了大规模的企业合并，导致了市场寡占化，使石油、钢铁、汽车等产业涌现出许多巨型公司。

---

① 石俊华：《日本产业政策与竞争政策的关系及其对中国的启示》，《华东经济管理》2008 年第 10 期，第 133—136 页。

(一) 放宽规制催生的大型企业合并促导日本强化竞争政策

二战后,日本先后加入了国际货币基金组织(IMF)、GATT 协定和经济合作与发展组织(OECD)①,这使得日本经济实现了与世界经济的接轨。同时,世界贸易自由化也对日本工业企业的国际竞争力提出了新挑战。日本政府认为,从资本投入、销售量和总资产三大数据指标的横向对比中可以明显发现,日本企业在资产规模和经济影响力方面与美国的巨型企业存在天然差距。因此,日本政府为"防止过多过小的产业结构所带来的过度竞争,提升日本企业的国家竞争力,采取了通过合并促导企业规模扩大实现寡占化,通过适用除外制度实现对卡特尔容忍与促导的方针"。② 为了提升日本企业的经济规模,通产省于 1963 年提议制定《振兴特定产业临时措施法案》来放宽对经营者集中的限制,并设置卡特尔适用除外制度来保障特定领域的产业政策得以实施。③ 尽管《振兴特定产业临时措施法案》因产业界担心发生官僚统制危险而未被通过,但是这并未阻挡通产省推行了大量限制竞争的产业促导措施。20 世纪 60 年代中后期,在政府实施的合并促导政策下,日本企业的合并案件骤然增加,如 1963 年三菱重工实现复原性合并④、1965 年神户制钢所与尼崎制铁所合并、1966 年东洋纺织与吴羽纺织合并、1967 年日产自动车合并等。⑤ 同时,基于股权持有规制的消极性,以"三菱、住友、三井等旧财阀为中心的大企业,通过股权持有,形成了以银行、综合商社为核心的少数大规模的企业集团"。⑥

随着产业促导政策所催生的大量巨型企业之重新出现,限制竞争的问题日益严重,日本的公正交易委员会对企业合并的态度开始转变。其中,代表性的案件为"OJI、HONSHU、JUJO 三家新闻纸公司合并案"和"新日铁合并案"。在"OJI、HONSHU、JUJO 三家新闻纸公司合并案"中⑦,三家公司的市场占有率达 60%。虽然该合并计划因得到了通产省的全力支持和企业界的一致默许而成功在即,但是日本国内经济学家联合对该合并方

---

① 日本于 1952 年 8 月 13 日加入国际货币基金组织,于 1955 年 9 月 10 日加入关贸总协定,于 1964 年 4 月 28 日加入经济合作与发展组织。

② [日]根岸哲、[日]杉浦市朗:《经济法》,法律文化社 2002 年版,第 17 页。

③ 该法案将石油化学、钢铁和汽车产业作为国家扶植的三大振兴产业。

④ 三菱重工曾依据《经济力过度集中排除法》而被拆分。1963 年,在日本促导产业经济力集中的大背景下,三菱重工提出合并申请。对此,公正交易委员会并未否决三菱重工的复原性合并申请。

⑤ [日]后藤晃、[日]铃村兴太郎:《日本的竞争政策》,东京大学出版社 1999 年版,第 39 页。

⑥ [日]根岸哲、[日]舟田正之:《日本禁止垄断法概论》,王为农等译,中国法制出版社 2007 年版,第 13 页。

⑦ 徐士英:《日本反垄断法的理论与实践研究》,中南大学 2006 年博士论文,第 31—32 页。

案表示强烈反对,从而最终导致该合并计划未能通过。另一个在日本反垄断法历史发展中意义重大的节点案件是1969年的"新日铁合并案"。[1] 日本共有六家大型的钢铁公司,其中八幡制铁公司和富士制铁公司分居首位与次位,而这两家企业之前就同属一家钢铁企业。根据1947年颁布的《经济力过度集中排除法》,该钢铁企业被一分为二。1968年3月,位居日本钢铁制造业前两位的八幡制铁与富士制铁决定实施复原性合并,而先前在反垄断执法中一直消极被动的公正交易委员会向两家钢铁企业发出了非正式的事前约谈,告知两家企业的合并可能违反反垄断法。1969年3月,两家企业正式向公正交易委员会提交合并申请。公正交易委员会经审查认为,合并后的新日铁公司将独占铁路钢管用铁的市场份额,在钢板市场、食品罐用铁市场和铸件用铁市场将分别占据98.3%、61.2%和56.3%的市场份额,在该产品领域内具有支配地位,而这将导致在一定交易领域内实质性限制竞争之后果。公正交易委员会一改之前反垄断执法的消极态度,强硬地提出除非合并企业提供恢复市场竞争力的救济方案,否则不予批准合并方案。最终,上述两家企业接受公正交易委员会提出的合并条件。在采取了一系列结构性救济和行为性救济方案后,上述两家企业才获得合并批准。"新日铁合并案"极大地提升了竞争政策的地位以及公正交易委员会的社会影响力。

(二)卡特尔损害消费者利益促导日本强化卡特尔执法

1973年,第一次石油危机引发了日本国内严重的通货膨胀。当时,日本的消费者物价上涨了20%,零售物价上涨了30%。1974年,石油卡特尔事件更是使原油进口价格上涨了四倍多。日本全国陷入经济恐慌,石油危机固然是重要外因,但国内普遍存在的卡特尔组织却是根本性的内因。为化解企业经营压力,卡特尔组织联合推动日本国内产品价格上涨,从而严重损害了消费者利益。有鉴于此,公正交易委员会转而对卡特尔行为采取了较之前更严厉的规制态度。在此期间,公正交易委员会发布了67个针对卡特尔活动的决定,以实现对卡特尔的强化执法。[2] 同时,针对日本石油联合会及其四个代理商控制价格的行为,公正交易委员会向检察机关提出刑事控告。另外,经营者在这一时期实施的虚假宣传、不当利诱等行为日渐增多,这些行为严重侵害了消费者的选择权等相关权益。在此情况下,基于消费者权益保护的

---

① 〔日〕公正交易委员会于1969年10月30日同意审决,审决集第16卷第46页。

② 徐士英:《日本反垄断法的理论与实践研究》,中南大学2006年博士论文,第32页。

立场,日本政府开始决心强化反垄断法实施。①

(三) 经济危机卡特尔的普遍适用除外阻害了日本的市场效率

进入 20 世纪 70 年代后,为了解决产业结构不景气的问题,日本在一些因不景气而劳动率低下和产能过剩的铝、钢材、纺织等产业实施调整援助政策,其制定了《特定不景气产业安定临时措施法》(1978—1983 年)和《特定产业结构改善临时措施法》,并通过行政指导方式推进产业政策顺利实施。同时,为了推进不景气领域产业政策的实施,日本在反垄断法领域强化了经济危机卡特尔(不景气卡特尔)适用除外制度的实施,并使企业结成设备卡特尔、价格卡特尔和产量卡特尔得到容许。这一时期,适用除外涉及 28 个产业部门和 47 项适用除外制度。② 大规模的经济危机卡特尔适用除外制度的运行,造成了相关产业竞争效能与市场效率的低下。日本社会逐渐认识到,作为临时性措施,经济危机卡特尔在帮助产业解决市场产能失灵、合理度过危机方面具有一定的作用,但该项制度不能作为长期性政策存在,否则将严重减损市场经济效能。因此,日本开始重新定位经济危机卡特尔的适用除外制度,减少其适用领域,强化竞争政策执法。

(四) 规制缓和的推进和竞争政策作用的提升

进入 20 世纪 70 年代后,为了促进贸易自由化,公正交易委员会开始批判封闭式的市场结构,并在多方面实施积极的规制缓和改革。1982 年,日本提出了政府的规制缓改革应当以激活民间活力、促进经营者间的竞争为出发点来进行。③ 随后,日本在公共事业领域推进了民营化改革。同时,公正交易委员会也加强了竞争政策的执法。1973 年,反垄断法的执法力度不断加强,公正交易委员会全年共查处违反反垄断法的案件 69 起,执法活动所取得的成效对反垄断法的强化性修改提出了现实性要求。在此期间,公正交易委员会通过发布指南,加强了反垄断法执行的可操作性。④ 1974 年,除家用香皂、家用合成洗涤剂、牙刷、超过 1000 日元的化妆品以及与国民健康密切相关的医药品外,其他领域均取消了制定商品领域维持

---

① [日]根岸哲、[日]杉浦市朗:《经济法》,法律文化社 2002 年版,第 16 页。

② [日]伊从宽:《禁止垄断法の理論と実践》,青林書院 2000 年版,第 410 页。

③ [日]杉本和木(日本公正交易委员会委员长):《独占禁止法施行 70 周年に当たって》,2017 年 7 月,https://www.jftc.go.jp/soshiki/kyotsukoukai/kenkyukai/dk—kondan/kaisai_h29_files/208_1.pdf,访问日期:2019 年 1 月 25 日。

④ 1971 年颁布《关于对维持转售价格制度弊端等进行规制的基本方针》,1972 年颁布《纠正化妆品医药品维持转售价格的具体方针》。

转售价格的适用除外制度。①② 反垄断法执法的强化促使社会各界呼唤规制力度更为严格的新的反垄断法的出台。

1973年12月,公正交易委员会成立《禁止垄断法》修改研究会,开始研讨《禁止垄断法》的修改问题。经过13次会议的讨论,公正交易委员会于1974年9月向国会提交了《〈禁止垄断法〉修改草案要点》,但该草案由于种种原因而未获国会审核通过。1976年,福田就任日本首相,他明确表示,"希望能够得到执政党与在野党的一致同意,在第80届国会解决《禁止垄断法》的修改问题"。1977年4月,新的《禁止垄断法》修改草案再次提交国会审议,并于5月由国会正式通过。新法案体现了日本的《禁止垄断法》在历史上首次朝着严格的方向进行修改,它加强了反垄断法的规制力度,是日本反垄断法史上的一个重大转折点。③

二、1977年《禁止垄断法》的修改内容

(一) 课征金制度的引入与发展

1947年3月,在美国的指导下,日本以美国的反托拉斯法为蓝本制定了《禁止垄断法》。《禁止垄断法》的许多制度内容与美国法相似,如不公正交易方法、严格限制持有股份、对违反法律者的刑事制裁等。当时,由于美国的反托拉斯法以刑事制裁与民事损害赔偿为主要手段,行政处罚运用得不充分,因此日本于1947年制定《禁止垄断法》时并没有引入行政罚款制度。

在1977年《禁止垄断法》修改之前,日本的反垄断法仅包含三种责任形式,即排除措施、损害赔偿、刑罚。由于日本长期存在倚重行政执法来维护社会公共利益的传统,因此在上述三种措施中,只有公正交易委员会的排除措施命令表现得较为活跃,而民事执法和刑事执法均较少。但是,公正交易委员会的行政执法措施当时仅可对违法企业做出停止违法行为的决定,而不能没收违法企业的违法收入,因此其抑制垄断非法所得的效果甚微。1974年,日本发生了著名的"石油卡特尔案",其使得日本社会各界进一步看到了现行执法体系的弊端。在1974年的"石油卡特尔案"中,日

---

① 在日本,转售价格维持协议的适用除外制度适用于两种类型的行为:一种为制定商品的适用除外;另一种为图书的转售价格维持适用除外。从1953年指定商品转售价格适用除外制度被引入反垄断法至1959年,日本合计指定了洗涤剂、化妆品、杂酒、牙膏等九类商品的适用除外。之后,为了激活相关市场的经济效能,日本逐渐取消了指定商品的范围。1974年,日本将适用除外制度的范围限定在26种一般用医药品及1000日元以下的化妆品。

② [日]村上政博:《日本禁止垄断法》,姜珊译,法律出版社2008年版,第56页。

③ [日]铃木满:《日本反垄断法解说》,武晋伟、王玉辉译,河南大学出版社2001年版,第12页。

本石油联盟是一个由从事石油提炼、批发的多家企业组成的企业集团。1972 年 2 月 22 日,日本石油联盟的成员达成油价提价协议,决定在该年 3 月 1 日起共同提高石油销售价格。公正交易委员会据此认为,联合涨价行为违反了《禁止垄断法》第 8 条第 1 款第 1 项的规定,属于经营者团体"实质性限制竞争行为",因此其要求日本石油联盟废除该协议。日本石油联盟对此却提出,联盟是基于通产省的行政指导而实施的价格卡特尔和产量卡特尔行为。公正交易委员会不予支持。面对日本石油联盟的巨额获利,公正交易委员会无行政罚款权限,故其于 1974 年 2 月向检察总长提出刑事告发,以期通过罚金方式剥夺日本石油联盟的获利。[1] "石油卡特尔案"使得日本社会认识到,在刑事制裁之外,日本还应当在考虑到本国的法律制度、经济体制和法治文化传统之基础上,引入行政罚款制度,以剥夺违法企业的违法所得,因此日本于 1977 年修改《禁止垄断法》时引入了罚款制度(课征金制度)。

1. "课征金"制度及其意义

"课征金"这一术语是日本指称行政罚款的独有用语,其最早出现在 1947 年的《日本财政法》中。《日本财政法》第 3 条规定:"课征金是国家依据其国家权力征收的租税以外的金钱。"[2]日本在 1973 年颁布的《安定国民生活紧急措施法》中沿用了"课征金"这一术语。1977 年,在修改《禁止垄断法》时,日本引入了专门针对不正当交易限制的"课征金"制度。"课征金"制度旨在通过向实施"不正当地限制交易"行为的经营者征收一定数额的罚款,将其从限制竞争中所获得的不当利益收归国库,以此更有效地预防"价格协议等违法共同行为"。[3] 由此可见,"课征金"制度的引入旨在"剥夺由卡特尔而获取的不当得利"。[4] "课征金"制度的引入极大地提高了日本《禁止垄断法》执法的实效性,从而使日本社会认识到了反垄断法的严厉,日本的反垄断法也由此转向了强化实施阶段。[5]

---

[1] 虽然"石油卡特尔案"久经波折,但是在 1984 年 2 月,东京高等法院最终作出了有罪判决,这是日本反垄断法历史上首次对违反反垄断法的行为作出刑事处罚。日本最高法院第二小法庭判决,1984 年 2 月 24 日。

[2] 张森:《日本对金融商品交易规制与处罚的新发展》,《现代日本经济》2010 年版,第 23—27 页。

[3] 〔日〕今村成和:《独占禁止法》(新版),有斐阁出版社 1990 年版,第 345—354 页。

[4] 〔日〕村上政博:《日本禁止垄断法》,姜珊译,法律出版社 2008 年版,第 67 页。

[5] 〔日〕杉本和木(日本公正交易委员会委员长):《独占禁止法施行 70 周年に当たって》,平成 29 年(2017 年 7 月)https://www.jftc.go.jp/soshiki/kyotsukoukai/kenkyukai/dk—kondan/kaisai_h29_files/208_1.pdf,访问日期:2019 年 1 月 25 日。

2."课征金"征缴的客体范围

在日本,课征金的征缴对象并不适用于所有的垄断行为(私人垄断、不正当交易限制、经营者集中、不公正交易方法),而是仅适用于特定类型的行为。1977 年,日本在《禁止垄断法》中首次引入"课征金"制度时,将其征缴对象限定在价格卡特尔和产量卡特尔行为。之后,法律几经修改,日本逐步扩大了适用课征金的行为类型。①

3."课征金"的计算方法

课征金的计算方式为垄断行为实施期间所涉及商品的销售额乘以课征金征收比率。我们通过课征金的计算公式可以看出,"课征金"由"垄断行为实施期间""实施期间的销售额"和"课征金比率"三个因素决定。

第一,垄断行为的实施期间。垄断行为的实施期间之确定需要我们明确实施垄断行为的起始时间和终止时间。需要注意的是,起始时间并非是参与者达成垄断协议的时间,而是经营者开始实施垄断行为的时间。终止时间是以参与者在接到公正交易委员会要求实行排除措施之命令后,停止垄断行为的时间。

第二,实施期间的"销售额"。在如何确定违法行为人在实施垄断行为期间的销售额方面,目前主要有两种学说,即"交货标准说"和"契约标准说"。"交货标准说"主张销售额应当以实际交付给客户的产品数量为标准,合同约定数量与实际交付数量不同的,应以实际交付数量为准。针对产品价格,由于所交付产品的价格会根据市场调节而波动,因此公正交易委员会通常以该产品的一般市场价格予以认定。"契约标准说"则主张将协议内容所标明的销售额作为认定销售量的标准。② 在上述两种学说中,"交货标准说"更为适当,因此其被公正交易委员会采纳。

第三,"课征金"的比率。在 1977 年引入"课征金"制度时,日本以当时企业的平均利润率为标准,将课征金的比率设定为 1.5%。同时,日本的反垄断法还设定了征缴课征金最低限额为 20 万元的标准。从日本的规定来看,1.5%这一罚款比率仅能剥夺违法行为者的非法获利,其并不会使经营者遭受额外的不利益。因此,有日本学者认为,此时的课征金

---

① 2005 年,课征金的征缴对象扩展适用于不正当交易限制和支配型私人垄断。2009 年,在修改《禁止垄断法》时,日本又将课征金的征缴对象扩展适用于不正当交易限制、支配型私人垄断、排除型私人垄断和特定类型的不公正交易方法行为(联合抵制交易、差别对价、低价倾销、转售价格维持协议和滥用优势地位共五种类型)。

② 王为农、黄芳:《日本禁止垄断法中的征缴"课征金"制度》,《财经问题研究》2005 年 5 月,第91—94 页。

并不具有制裁功能,而是仅具有补偿功能。更有日本学者指出,从对垄断行为的抑制作用上看,不能否定课征金具有一定的制裁作用,但是课征金的基本任务是确保社会公正,剥夺违法垄断行为带来的不正当经济利益,抑制垄断行为的好处,防止其再发,所以它和刑事处罚在宗旨、目的、性质上都是不相同。① 东京高等法院在"ラツプ价格カルテル案"中指出,罚款是由国家从参加不正当交易限制的经营者中剥夺其通过违法行为获得的不正当利益之手段,它在确保社会公正的同时,力图抑制违法行为,是一种为确保禁止不正当交易限制之规定的时效性而采取的行政措施。② 公正交易委员会也认为,与着眼于不正当交易限制的反社会性和反道德性而苛以的刑事制裁措施相比,课征金的宗旨、目的、程序等要件均不同。因此,对违法行为人同时处以课征金与罚金并不违反宪法第 39 条"禁止双重处罚"的规定。③

　　1977 年修法时,日本没有规定课征金算定的最长期间,因此在涉嫌违法行为人被认定为实施违法行为时,公正交易委员会将以违法行为实际实施期间的销售额为基础对其算定课征金,从而使得课征金征缴的算定基础过大。1999 年,日本将课征金的算定期间设定为 3 年。经营者实施违法行为的期间超过 3 年的,以该违法经营活动结束之日起向前追溯 3 年的营业额为基础来征收课征金。这样,公正交易委员会对经营者征收的课征金之基础,最长为经营者 3 年的营业收入。2019 年,日本又将课征金算定的期间延长至 10 年。

(二) 对垄断状态采取的措施

　　1977 年,日本在修改《禁止垄断法》时强化了对经营者垄断状态的控制,具体规定体现为,当存在垄断状态时,公正交易委员会有权责令经营者转让部分事业或者采取其他为恢复该商品或服务的竞争所必要的措施。在责令采取前项措施时,公正交易委员会应基于下列事项:(1)资产、收支及其他财务状况;(2)干部及职工状况;(3)工厂、营业场所及办公场所的位置及其他选址条件;(4)经营设备的状况;(5)专利权、商标权及其他知识产权的内容和技术上的特征;(6)生产、销售等的能力和状况;(7)获得资金、原材料的能力及状况;(8)商品或服务的供应及流通状况。同时,在采取紧急措施时,公正交易委员会应当充分照顾到该经营者与相关事业活动的顺

---

① [日]丹宗昭信、[日]岸井大太郎:《独占禁止手続法》,有斐閣 2002 年版,第 119 页。

② [日]《ラツプ价格カルテル刑事事件东京高等法院判决》,《高裁刑集》1993 年第 46 号。

③ [日]根岸哲、[日]舟田正之:《禁止垄断法概说》,有斐閣 2002 年版,第 309 页。

利进行,以及经营者雇佣人员的生活安定性。

（三）限制大规模公司的股份保有额

1977年,日本明确了股份保有的违法判定标准,即"在一定交易领域内实质性限制竞争或者通过不公正交易方法保有股份"。从上述条文的修订可以看出,《禁止垄断法》并不禁止大公司之间互相取得股份的行为,其所禁止的是如下行为：第一,当大公司之间取得股份后所持有的股份额超出了一定比例,对相关市场构成实质性限制竞争。第二,大公司取得其他公司的股份必须是交易双方达成合意的结果,大公司不得利用其在相关市场上的地位强迫其他企业促成交易。如果大公司以不公正交易方法取得或所有其他公司的股份,那么其交易行为将被视为违法。公正交易委员会有权发出指令,督促大公司采取排除措施,消除违法影响。第三,大公司在一开始以合法手段取得其他公司股份,且持有股份比例适当,但情势变更使得该项股份保有构成《禁止垄断法》所认定的违法情形。

此外,日本还新设了价格同步上调的报告制度,该制度规定,经营者同步上调商品或服务价格的,应事先向公正交易委员会报告,以确定是否违法。1977年《禁止垄断法》的修改,是日本在历史上第一次朝着更为严厉的方向改进法律,其是日本反垄断法史上的一个重要的转折点。①

三、其他配套法令的颁布、修订

虽然经过1977年的修改后的《禁止垄断法》在课征金制度、垄断状态的规制、提价行为报告制度、公司保有股份的规制等方面构建了较为完善的规制制度,但是由于法条的规定过于原则,因此很多实施上的问题开始浮现。同时,《禁止垄断法》在1977年经过强化修订之后,公正交易委员会办理了大量的垄断案件,并积累了丰富的经验。在此基础上,公正交易委员会出台了一系列反垄断法指南。1979年,公正交易委员会颁布了《关于经营者团体活动在反垄断法上的指南》,其将经营者团体的行为分为黑色标准的"原则违法行为"、灰色标准的"可能违法行为"和白色标准的"原则上不违法行为"三大类别。1980年,公正交易委员会发布了《关于公司合并审查时的事务处理基准》;同一年,反垄断法研究会发布了《关于流通系列化在反垄断法上的处理方法》。

---

① ［日］铃木满：《日本反垄断法解说》,武晋伟、王玉辉译,河南大学出版社2001年版,第12页。

第二节 1981—1999年日本反垄断法的发展

一、规制缓和的经济背景

这一时期,日本反垄断法的强化主要基于国际和国内两方面经济形势的变化。在国际经济形势方面,进入20世纪80年代后,日本企业的出口贸易不断扩大,日美贸易顺差加大,两国贸易摩擦加剧。这一时期,日本优势产业的产品(如机械、半导体等)大量出口到美国,给美国产业造成了巨大冲击。同时,随着日美贸易顺差逐年加大,两国的贸易摩擦从最初的纤维产业扩展到多个领域,从而引发了美国政府对日本封闭式的市场结构与政府干预市场经济活动的做法之强烈不满。在国内经济形势方面,随着战后经济的重建与发展,日本企业的规模日益壮大。日本国内产业界也迫切希望能够实现资本的自由流通和贸易的国际化,并渴求政府放松对贸易的管制和实行市场自由化。在上述两方面的压力下,日本政府提出了"原则自由,例外干预"原则下的"规制缓和"之经济治理新思路。

1982年,新任的中曾根首相组阁后,开始着手贯彻规制缓和的治理思路。[1] 首先,在国有企业推进民营化改革。1984年,日本通过了《烟草专卖改革法》,将烟草国有企业改组为日本烟草工业股份公司(JT)。1985年,日本通过了《电信电话改革法》,将电信国有企业改组为日本电报电话股份公司(TT)。1986年,日本通过了《国铁改革法》,并于1987年将原有的日本国有铁路公司一分为七,形成了六家专营客运业务的公司和一家专营货运业务的公司(JR各公司)。[2]

1988年,日本召开第二次"临时行政改革推进审议会",提出了"重新调整经济构造"的主张,并将经济结构改造的目的归结为三点,即提升国民生活质量、加快产业结构转变升级、与国际贸易接轨。1988年12月,日本出台《规制缓和推进纲要》,第一次系统性地提出了规制缓和的指导方针。

在日本国内推进规制缓和改革的同时,美国对因日本国内市场的封闭性和排他性而导致两国巨大贸易逆差之结果感到极度不满,因此其强烈要

---

[1] [日]江腾胜:《规制规格与日本经济》,载日本评论社2002年版,第60页。

[2] 王玉辉:《国家调节说的经济法体系之国际适用性研究——以日本的国家经济调节职能与经济法理论为例》,《河北法学》2008年第8期,第18页。

求日本改变"封闭性、排他性的市场结构"。1989年9月,日美两国展开了《日美构造协议》①的磋商谈判,美国强烈要求日本政府放宽政府管制,强化反垄断法的执法。1990年6月,日美两国达成《日美构造问题协议的最终报告》,其中指出,日本存在价格形成机制、流通体系、排他性交易惯例、投资和储蓄模式等六大问题,因此美国强烈要求日本改变封闭性的市场结构,开放日本市场。基于美国的强大施压以及国内企业急需改革市场构造的现状,日本做出了采取必要措施强化反垄断执法之承诺。

二、反垄断法实践活动的日趋活跃

经过1977年的修订,日本《禁止垄断法》的反垄断执法力度大为加强。公正交易委员会对不正当交易限制、企业结合、不公正交易方法、私人垄断等行为采取了严厉的制裁态度。1977年,日本引入了企业提价行为的报告制度和课征金制度,并加大了刑事处罚的力度,因此反垄断法制裁的威慑作用进一步加强。

同时,公正交易委员会也转而对不公正交易方法行为采取严格的规制态度,其中的代表性案例有1982年的"丸悦案"和1984年的"东洋精米机案"。在1982年的"丸悦案"中②,公正交易委员会认为,销售多种类商品的零售店以低于成本的价格销售牛奶,这种不合理的做法将使小型牛奶专卖店在竞争中处于不利地位。以上行为明显违反《禁止垄断法》第19条所规定的不公正交易方法条款。1982年的"丸悦案"表明了公正交易委员会对不公正交易方法执法的强化。同时,在审理中,公正交易委员会也发现,《禁止垄断法》中有关不公正交易方法的规定过于原则,且存在许多不足。于是,公正交易委员会当年就修改了《不公正交易方法》,并于1984年颁布了适用于零售业者的有关低价倾销(不当廉卖)的规则,该规则明确了低价倾销的构成要件:第一,零售业者在相当一段时间内以低于该商品的成本销售商品;第二,廉价销售行为在商业上无正当理由;第三,廉价销售存在使具有竞争关系的其他零售业者经营陷入困境的可能性。在1984年的"东洋精米机案"中③,公正交易委员会认为,东洋精米机具有很高的市场

---

① 20世纪80年代末期,在出口贸易不断扩大,贸易顺差大幅增加,贸易摩擦日益严峻的背景下,日美两国从1988年开始就日本市场的封闭性、排他性等构造性问题展开协商。经过五轮磋商,日美双方最终于1990年6月28日达成协议,并发表《最终报告》,宣布各自改革市场结构的措施,该协议被称为1990年《日美构造协议》。

② 公正交易委员会劝告审决1982年5月28日,审决集29卷,第13页和第18页。

③ 东京高等法院判决1984年2月17日,行裁例集35卷2号,第144页。

份额,其采取排他性交易行为违反不公正交易方法的规定。因此,公正交易委员会要求东洋精米机立刻废止所附加的排他性交易条件的专卖合同,并返还已经收取的期票。东京高等法院在 1984 年的"东洋精米机案"中认定,"有没有阻碍公平竞争的可能性,应该由行为者从事的排他性交易行为对竞争对手的流通渠道造成何种程度的封锁状态来决定。东洋精米机市场占有率是根据其对批发商的销售量计算出来的。由于东洋精米机制造的中型精米机的一部分是通过批发商销售给大型精米工厂的,因此东洋精米机在大米零售店市场的占有率很可能小于公正交易委员会的计算结果。同时,东洋精米机的市场占有率并不很高,但并不能就此认为专卖店合同堵塞了相关市场内其他经营者的产品流通渠道和销售网络。在这种情况下,附排他性交易条件的行为并不必然具有阻碍公平竞争的可能性"。[①]虽然 1984 年的"东洋精米机案"最终否定了公正交易委员会的裁决,但是不可否认的是,公正交易委员会执行反垄断法的活跃程度有了显著提高。

三、反垄断法及配套指南的主要修订内容

这一时期,日本着力进行了反垄断法及其相关配套规则的制定与修改,以加强反垄断法实施的可操作性和可预测性。具体来看,变动的内容主要体现为以下几个方面:

(一) 课征金制度的修改

1991 年,日本对《禁止垄断法》进行了修改,提高了课征金的征缴比例,将课征金的征缴比率从 1.5% 提升到 6%。1991 年,鉴于本国企业平均利润率的提升,以及 1978 年到 1988 年资金超过 1 亿日元以上企业有 5.9% 的平均经营利润率,日本将罚款的比率提高到 6%,并对违法行为者征收违法行为实施期间所涉及的商品或服务的销售额 6% 的课征金。虽然日本此次提高了课征金的征缴比率,但是我们不难发现,此次提高征缴的课征金比率主要是基于企业平均利润率的提高。在 1977 年引入课征金制度时,日本的企业平均利润率为 1.5%,因此课征金的征缴比率被限定为 1.5%。进入 20 世纪 90 年代后,随着企业平均利润率的提高,日本再次提升了课征金的征缴比率。我们由此可以发现,此次课征金的修订仍然着眼于剥夺违法行为者基于违法行为的非法获利与不当获利,其并未使企业遭受额外的经济损失。这一时期,课征金仍然不具有制裁性,而是仅具有补偿性。另外,日本根据不同的产业领域和企业规模,设置了不同比率的

---

① [日]村上政博:《日本禁止垄断法》,姜珊译,法律出版社 2008 年版,第 47—48 页。

课征金^①,具体参见表 1。

表 1 1991 年课征金征收比率

经营规模	产业领域	课征金比率
大企业	制造业等	6%
	批发业	2%
	零售业	1%
中小企业	制造业等	3%
	批发业	1%
	零售业	1%

(二) 刑事制裁的强化

于 1992 年 12 月修改反垄断法之前,日本在追究不正当交易限制与私人垄断罪的刑事责任时,对经营者(经营者团体)和经营者(经营者团体)中实施了违法行为的自然人设定了相同的刑事责任,并实行上限相同的联动追责。于 1992 年 12 月修改反垄断法时,日本废止了上述做法,转而大幅度提高了法人的刑事责任,罚金从 500 万元调整至 1 亿日元(1993 年 1 月 15 日开始实施),而且不再与企业中的自然人同等追责。日本此次修订法律的原因在于,企业与自然人对罚金惩戒作用的敏感度不同,并且两者的主观恶性要求不同。自然人构成犯罪需以其主观故意为刑事追责要件,而企业构成犯罪只要具有主要过失即可。因此,日本于 1992 年改变了过去对自然人与法人同等追责的做法,大幅度提高企业的罚金。

在日本,公正交易委员会享有刑事案件的专属告发权。为了提高对反垄断法刑事案件的告发,公正交易委员会于 1990 年 4 月与法务省刑事局设立了"告发问题协议会"。同年 6 月,公正交易委员会发布《刑事案件告发方针》,明确对下列案件实施积极的刑事告发:(1)对国民生活产生广泛影响的恶性不正当交易限制案件,即价格卡特尔、数量卡特尔、市场分割协议、串通招投标、共同交易拒绝等;(2)通过行政处罚不能达到反垄断法目的的,反复实施违法行为或不服从排除措施的经营者实施的违法案件。^②截至 2000 年,公正交易委员会以价格卡特尔、串通招投标为中心,主要实施了 6 宗刑事告发案,即"业务用弹性胶卷价格协定刑事案"(1993 年 5 月

---

① 根据产业领域设置课征金比率的制度于 2019 年被废止,之后日本统一对所有产业改征 10% 的课征金。

② [日]铃木满:《日本反垄断法解说》,武晋伟、王玉辉译,河南大学出版社 2001 年版,第 116 页。

21 日东京高院判决)、"社会保险厅不干胶封印纸串通招投标案"(1993 年
12 月 14 日东京高院判决)、"下水道合谋刑事案"(1996 年 5 月 31 日东京
高院判决)、"东京都水表合谋刑事案"(1997 年 12 月 24 日东京高院判决,
2000 年 9 月 25 日最终判决)、"达可达伊尔铸铁管卡特尔案"(2000 年 2 月
23 日东京高院判决)、"防卫厅石油制品合谋案"(1999 年 10 月 14 日高法
审理)。

(三)《不公正交易方法》指导方针的明确化

在日本,公正交易委员会通过一般指定和特殊指定的方法来明确不公
正交易方法。即便如此,有关不公正交易方法"公平竞争阻害性"的判断仍
然不够清晰。为此,日本颁布了一系列有关不公正交易方法的指导方针,
以确保法律实施的统一性和安定性。1982 年,为使各种一般指定的行为
类型更加明确化,公正交易委员会依据近三十年来的典型案例和相关判
决,颁布了《不公正交易方法》,从而进一步明确了不公正交易方法的一般
指定的行为类型。《不公正交易方法》将"一般指定"扩展为 16 种行为类
型。随后,公正交易委员会又于 1991 年颁布了《关于流通与交易惯行的反
垄断法指导方针》,以增强对不公正交易方法的合法性之预测,该指南成为
了日本流通领域中的交易运行之基本准则。

(四)反垄断法适用除外制度的废止与消减

20 世纪 90 年代末,在"把经济社会建设成为国际开放性、立足于自我
责任原则和市场原理下的自由经济社会"这一思想的指导下,反垄断法作
为各产业经济活动基本准则的地位被确定下来,日本先后废止了与新型反
垄断法的立法宗旨相违背或无实际意义的适用除外制度。[①]

其一,1995 年 3 月,日本内阁颁布《推进规制缓和计划》,提出将基于
特别事业法令规定的适用除外"原则上加以废除"的修改方针。1997 年 6
月,日本内阁颁布《关于整理禁止私人垄断及确保公正交易法适用除外制
度法》,将原有的 28 部适用除外法律缩减为 20 部,将原特别事业法令中的
47 种适用除外制度缩减为 35 种。

其二,1998 年 3 月,日本内阁修改《推进规制缓和计划》,提出废除经
济危机卡特尔、合理化卡特尔的适用除外及《适用除外法》。1999 年 6 月,
日本众议院通过《关于反垄断法适用除外制度的整理法案》,废除《适用除
外法》及与该法相联系的原《禁止垄断法》"基于特别事业法令的正当行为"
"经济危机卡特尔"和"合理化卡特尔"的适用除外。因此,在 20 世纪 90 年

---

① 〔日〕長谷川俊明:《独占禁止法と規制緩和》,東京布井出版 1995 年版,第 63 页。

代,卡特尔适用除外的案件数量明显减少。其中,1992年被豁免的卡特尔有221件,1995年有53件,1999年仅有15件,而在卡特尔适用除外的鼎盛期,仅1966年就有1079件。[①]

其三,进入20世纪90年代后,随着技术革新,铁道、电气等原自然垄断行业的自然垄断属性日渐减弱,社会各界认为在这些产业领域继续实行特别事业法的严格管制必将存在一定弊端,因此政府应当放松管制、引入竞争机制、推进民营化改革。为此,日本国会于1999年废除原《禁止垄断法》第21条"自然垄断固有行为的适用除外规定"。公正交易委员会与经济产业省于1999年和2000年联合颁布《合法电力交易指南》(2002年修订)和《合法燃气交易指南》;2001年,公正交易委员会与总务省颁布《促进电气、通讯事业领域内竞争的指南》(2002年修订);1999年,日本参议院颁布《活用民间资金促进公共设施维护法》(2001年修订),共同推进自然垄断行业的民营化改革。

日本反垄断法适用除外制度的修改具有以下几方面的意义:(1)推进了规制制度的改革;(2)解除了日本政府对适用除外制度的依赖;(3)确立了反垄断法的统一规则;(4)使反垄断法的适用范围得以明确化;(5)适合于国际性的变动。

(五) 其他反垄断法指南的颁布与修改

1981年,公正交易委员会颁布了《关于医师协会活动在反垄断法上的指导方针》和《关于公司的股份持有事务的处理标准》。1982年,日本颁布了《不公正交易方法》。1984年,在最高法院对"石油卡特尔案"作出终审判决后,公正交易委员会发布了《公共工程中从事建筑业的经营者团体活动在反垄断法上的指导方针》。1987年,公正交易委员会发布了《反垄断法对不正当退货的指导方针》和《在电气通讯领域中存在的竞争政策的课题》。1989年,公正交易委员会发布了《在特许、著作权契约中关于规制不正当交易方法的运用基准》和《以竞争政策的观点对政府规制进行改革》。1990年,反垄断法涉外问题研究会发布了《关于廉价销售的规制和竞争政策的关系》。1991年,公正交易委员会颁布了《关于流通与交易惯行的反垄断法指导方针》。1993年,公正交易委员会颁布了《关于共同研究开发的反垄断法上的指导方针》。1996年,公正交易委员会实行机构改革。1997年,公正交易委员会对控股公司的有关解释进行修改。

---

① [日]日本公正交易委员会: The numbers of exempted cartels,[EB/OL]. 2005年3月1日,http://www.jftc.go.jp/e—page/aboutjftc/role/q—3.htm,访问日期: 2010年3月10日。

第四章　日本反垄断法的经济宪法地位之确立期(2000—2010 年)

第一节　2005 年日本《禁止垄断法》的修订

一、2005 年《禁止垄断法》修改的历史背景

进入 21 世纪后,欧美国家均强化了竞争政策的实施,这在一定程度上推进了日本《禁止垄断法》的修订。在国内,日本经济于 1990 年初遭遇泡沫,全国经济发展持续低迷。为扭转上述局面,日本政府着手对经济制度进行改革,其积极推进宽松的货币政策,放宽对市场经济的管制,希望通过竞争政策来促导相关产业领域的竞争,以提升市场经济效能。在此背景下,日本着手对《禁止垄断法》中的一些相关制度进行修改。例如,日本于 2000 年在反垄断法领域引入了经营者请求停止侵害制度。再如,日本于 2002 年修改了公正交易委员会的审查和审判制度,并将刑事罚金从 1 亿日元提高至 5 亿日元。但是,上述制度的修订并未能解决反垄断立法上的完整性和协调性问题,因此,日本将对《禁止垄断法》进行体系化的大规模修订提上了日程。

2003 年,为"保证自由的经济活动,加强企业的国际竞争力",日本再次决定对《禁止垄断法》进行修订。2002 年 10 月,公正交易委员会内设的反垄断法研究会召开会议,研讨《禁止垄断法》的重大修订工作。2003 年 10 月,反垄断法研究会发表了《反垄断法研究会最终报告书》。2004 年 4 月 1 日,公正交易委员会发布了《反垄断法概要》。2004 年 10 月,日本通过了《关于修正〈禁止垄断法〉的相关意见》。2005 年(平成 21 年)4 月,日本《禁止垄断法》修正案在国会上获得通过,并于 2006 年 1 月正式开始实施。2005 年日本《禁止垄断法》的修订,是日本历史上第二次对该部法律进行重大修订,此次修订创设、调整了许多反垄断制度规则,具有重要的意义。

二、2005 年《禁止垄断法》修改的主要内容

2005 年《禁止垄断法》的修订,是日本反垄断法历史上非常重要的一次修法活动,其主要内容体现为强化课征金制度、简化垄断案件的行政处罚程序(审判程序),以及强化刑事制裁的实施。对此,公正交易委员会委员长杉本和木在日本反垄断法 70 周年会议上讲话时指出,"2005 年的《禁止垄断法》修订,是对日本本国反垄断法律制度重要内容的修订,强化了日本本国的反垄断法执行体制"。①

(一) 课征金制度的重大改革

1977 年,日本在《禁止垄断法》中引入了课征金制度。1991 年,日本对课征金制度进行了小幅度修改,提高了课征金的法定征收比率(6%),并规定课征金征缴命令应从违法行为终止之日起 3 年内下达。但是,随着市场经济及竞争政策地位的日益强化,课征金制度仅着眼于剥夺不正当利益等方面的弊害日益显露。对此,日本于 2005 年对课征金制度进行了重大改革。

第一,扩大了课征金征收对象的行为类型,将课征金制度扩展适用于不正当交易限制行为及支配型私人垄断。② 最初被引入时,课征金制度仅适用于不正当交易限制行为。2005 年《禁止垄断法》修改时,鉴于私人垄断与不正当交易限制均以"在一定交易领域内实质性限制"为要件,而且两种行为在实际的经济活动中均产生限制竞争的效果,因此日本政府将罚款的适用对象扩展于对供给实施的支配型的私人垄断,并且将上述不正当交易限制与支配型私人垄断行为限定于以下情形:(1)与商品或服务的价格相关;(2)就商品或服务,实质性限制下列任何一项,从而可能影响其价格:A. 供给量与买入量;B. 市场占有率;C. 交易相对方。此次修订改变了原有"对价格有影响"要件的规定,将其扩展为"可能影响价格"要件,即只要私人垄断和不正当交易限制存在影响价格的高度盖然性,公正交易委员会就可以对其征收罚款。该方面修订的目的在于,加大对不正当交易限制及支配型私人垄断的制裁力度,从而实现有序的竞争秩序。

第二,提高了课征金的征收比率。(1)将课征金的基础征收比率由

---

① ［日］杉本和木(日本公正交易委员会委员长):《独占禁止法施行 70 周年に当たって》,2017年 7 月,https://www.jftc.go.jp/soshiki/kyotsukoukai/kenkyukai/dk—kondan/kaisai_h29_files/208_1.pdf,访问日期:2019 年 1 月 25 日。

② 支配型私人垄断是指经营者支配其他经营者的营业活动,这种支配的实质是控制对方的意识,使之按照自己的意思行动,具体表现为通过股份、管理层、知识产权等形式参与被支配公司的管理或者经营。

6％提高至 10％,从而使得课征金的征缴具有了惩罚的性质。(2)将根据不同产业领域及经营者规模设定的课征金征收比率分别提高 2％。其中,对生产领域中的大企业征收 10％的课征金,中小企业征收 4％的课征金;对批发业领域中的大企业征收 3％的课征金,中小企业征收 1.2％的课征金;对零售业领域的大企业征收 2％的课征金,中小企业征收 1％的课征金。① 针对支配型私人垄断,对制造业等领域中的大企业征收 10％的课征金,对批发业领域中的大企业征收 3％的课征金,对零售业领域的大企业征收 2％的课征金。

第三,引入课征金加罚制度。2005 年新修订的《禁止垄断法》规定,在一年内因垄断行为被征缴课征金的企业再次实施垄断行为的,加重征缴 50％的课征金。

第四,引入了针对提前退出者的课征金减轻制度。2005 年新修订的《禁止垄断法》规定,针对从事违法行为不超过 2 年,且从调查开始之日起 1 个月内主动脱离的企业,对其征缴的课征金数额减免 20％②(修订变化请参见表1)。

表 1   2005 年课征金征收比率③

修订前课征金征收比率				修订后	提前退出	再次违法
大企业	制造业等	6％	修订后	10％	8％	15％
	批发业	2％		3％	2.4％	4.5％
	零售业	1％		2％	1.6％	3％
中小企业	制造业等	3％		4％	3.2	6％
	批发业	1％		1.2％	1％	1.8％
	零售业	1％		1％	0.8％	1.5％

(二) 课征金减免制度(宽大制度)的引入

宽大制度(leniency policy)由美国于 1978 年首创④,其旨在通过给予

---

① 在生产领域,300 人以下或 1 亿日元以下的企业被视为中小企业;在批发领域,100 人以下或 3000 万日元以下的企业被视为中小企业;在零售领域,50 人以下或 1000 万日元以下的企业被视为中小企业。

② 提前退出者的减轻罚款制度,于 2019 年日本《禁止垄断法》修订时被废止。

③ [日]公正取引委员会:《独占禁止法改正案の概要及び独占禁止法改正案の考え方に对して寄せられた意见について》,2005 年 6 月 12 日,http://www.jftc.go.jp/pressrelease/04.august/040804.pdf,访问日期:2019 年 5 月 12 日。

④ 在美国被称为“罪责减免政策”,主要适用于刑事责任的减免,后适用于三倍损害赔偿的减免。

垄断行为人法律责任的减免,以激发违法行为人检举揭发自己参加的垄断行为,从而帮助执法机关发现、查处、制裁违法行为。当前,美国、加拿大、英国、德国、法国、意大利、日本等 20 多个国家已引入了宽大制度。1993年与 1994 年,美国分别颁布了《企业宽免方针》(*corporate leniency policy*)①和《个人宽免方针》(*leniency policy for individuals*)。1996 年,欧盟颁布了《关于卡特尔案件罚款减轻或免除公告》(*Commission notice on the non—imposition or reduction of fines in the cartel cases*),之后于2002 年和 2006 年经历了两次修订。②

在世界各国纷纷建立宽大方针以应对卡特尔执法困境的大趋势下,日本于 2005 年修改《禁止垄断法》时决定引入宽大制度。日本的宽大制度包括课征金减免制度和刑事责任减免制度两个方面。关于引入宽大制度的意义,公正交易委员会在《〈禁止垄断法〉改正案概要》中指出,该制度旨在:(1)奖励不正当交易限制参加者"背叛",谋求破坏既存的违法行为;(2)使行为者产生不安,防止不正当交易限制的再次形成;(3)使搜查当局的证据收集更为容易。③

根据 2005 年《禁止垄断法》的规定,符合法定条件的经营者(参加了不公正交易限制行为的经营者主动停止违法行为并向公正交易委员会提供相关信息)可免除或者减轻课征金。具体而言,课征金减免制度包括以下内容:(1)在公正交易委员会对案件启动调查程序前,首位主动揭发检举违法行为,提交相关证据资料,并在后续的调查中给予持续、真诚、全面协助的申请人,享受课征金 100％的免除,第二位申请人可以减免 50％的课征金,第三位申请人可以减免 30％课征金;(2)公正交易委员会启动调查程序后,给予申请者 30％的课征金减免。另外,日本《禁止垄断法》规定,无论公正交易委员会启动调查程序前还是启动调查程序后,课征金减免申请人的数量合计不超过 3 人。④

(三) 审判制度的改革

1947 年,在颁布《禁止垄断法》时,为了保障公正交易委员会准司法权的行使及具有准司法效力的行政处罚决定的正当性,日本确定了行政机关

---

① Corporate Leniency policy. http://www. usdoj. gov/atr/public/guidelines/lencorp. htm,访问日期：2019 年 5 月 12 日。

② 欧盟 1996 年宽大公告之规范,OECD/CLP. 48。

③ 〔日〕独占禁止法改正案的概要及び独占禁止法改正案的考え方に对して寄せられた意见について. http://www. jftc. go. jp/pressrelease/04. august/040804. pdf,访问日期：2019 年 5 月 12 日。

④ 〔日〕宫澤健一：《競争政策の方向と新独占禁止法》,日本学士院纪要,第六十三卷第一号,第 51 页。

审理垄断案件的审判程序制度。所谓审判程序,是指公正交易委员会就涉嫌违法行为人实施的垄断行为做出行政处罚决定的程序。审判程序没有采取《行政诉讼法》与《不服行政处罚法》中的普通程序之规定,而是遵循了具有准司法程序特色的正当程序。这一时期,审判程序的性质被定位为公正交易委员会做出行政处罚决定的事前审理程序。当时,通过审查程序确认违法行为存在时,公正交易委员会必须对违法嫌疑人发出采取排除措施的劝告。若相对人接受该劝告,则公正交易委员会可做出与劝告内容相同的"劝告审决";若相对人不予允诺,则公正交易委员会将依职权启动审判程序。在审判程序中,公正交易委员会将事前告知课征金缴纳内容,并给予涉嫌违法行为人进行陈述和提交证据的机会。公正交易委员会基于相关证据发出课征金缴纳的命令,并作出最终的审判审决。公正交易委员会依审判程序作出的审判审决具有准一审判决的效力[1],涉嫌违法行为人不服该审判审决的,不得向地方法院提起诉讼,而是应当向东京高等法院提出上诉。审判程序作为垄断案件行政处罚决定的"事前审理程序"的性质定位,有力地保障了垄断案件中的违法嫌疑人的正当程序利益,保证了垄断案件行政处罚决定具有准司法效力的正当性。但是,审判程序也造成了行政处罚周期过长,垄断案件的行政处理效率低下,从而导致"2005 年年底前,进入审判程序的案件中就有百十件审理期间超过两年"[2],进而使得因垄断行为而遭致破坏的竞争秩序难以快速回复竞争状态。

$$\boxed{劝告} \rightarrow \boxed{事前审判} \rightarrow \boxed{审判审决} \rightarrow \boxed{东京高院} \rightarrow \boxed{最高院}$$

图 1 2005 年以前垄断案件的行政处罚程序

2005 年(平成 17 年)底,为了实现垄断案件处理的迅速化、效率化,以尽快回复因垄断而遭到破坏的竞争秩序,日本在修改《禁止垄断法》时废除了原规定中因违法行为人不同阶段的不同承诺而适用不同类型审决的做法,将审判程序的性质定位由原来的"行政处罚的事前审理程序"修改为"对行政处罚决定不服进行事后救济的复审程序"。[3] 法律修订后,在垄断案件调查结束并发现违法行为存在时,公正交易委员会将事前告知涉嫌违法

---

[1] 所谓审判审决,是指在被审人不认同审判开始决定书中记载的事实和法律之情况下,公正交易委员会经过完整的审判程序对案件进行审理,进而做出的审决。

[2] [日]矢吹公敏:《独占禁止法の改正と審判制度》,《東京大学法科大学院ローレビュー》2008 年 3 期,第 272 页。

[3] [日]公正取引委員会:《独占禁止法改正案の概要及び独占禁止法改正案の考え方に対して寄せられた意見について》,http://www.jftc.go.jp/pressrelease/04.august/040804.pdf,访问日期:2005 年 6 月 12 日。

行为人采取排除措施、征缴课征金等行政处罚的内容,并限定涉嫌违法行为
人在一定期限内陈述意见和提交证据。公正交易委员会将根据自己搜集及
经营者提交的证据,直接做出采取排除措施、征缴课征金等行政处罚决定。
在行政处罚决定送达后 60 日内,若经营者没有提出审判请求,则该行政处罚
决定生效。如果经营者对行政处罚决定不服,那么其可以请求公正交易委员
会启动审判程序,以对原行政处罚决定进行复审。进入审判程序后,公正交
易委员会不得执行行政处罚决定。经过审判程序后,原行政处罚命令得到维
持的,公正交易委员会将对经营者追加课征金的利息。这一时期,审判程序
的性质是"不服行政处罚决定的救济程序"。针对审判程序的启动,公正交易
委员会不得再依职权进行,而是应当依当事人的申请来操作。

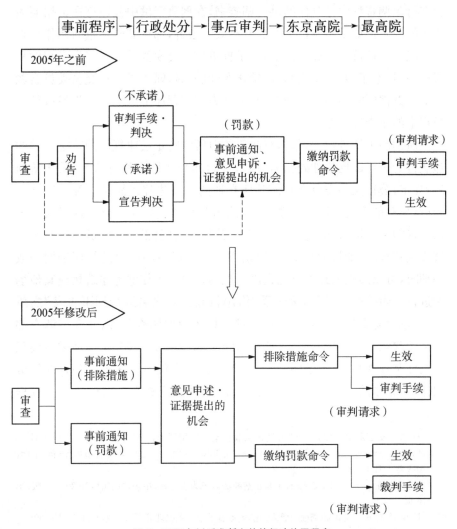

图 2　2005 年以后垄断案件的行政处罚程序

(四)公正交易委员会的刑事调查权限之引入

2005年,日本赋予了公正交易委员会对刑事案件的专属调查权。《禁止垄断法》规定,面对"私人垄断及不正当交易限制罪""违反国际协定、确定审决罪""违反经营者集中限制罪"和"违法呈报资料罪",公正交易委员会享有专属告发权。针对上述犯罪,如果公正交易委员会没有告发,那么检察机关不得提起公诉。不过,公正交易委员会的专属告发权自引入以来,并没有得到很好的运用。截至2005年底,由公正交易委员会告发,并由检察机关提起公诉的案件仅有16件,其中2005年仅为2件。[①] 造成上述状况的主要原因在于,公正交易委员会运用依靠行政调查权获取的证据进行刑事告发时,往往存在规避"令状主义"之嫌。[②] 同时,公正交易委员会在行政调查程序中制作的供述调查书,在刑事案件中往往存在证据能力不足的问题。如果检察机关要提起有效的公诉,那么其必须重新制作调查书方能进行追诉。在此背景下,为了推进公正交易委员会专属告发权的积极运用,日本于2005年底修订《禁止垄断法》时,赋予了公正交易委员会调查刑事案件所需的强制调查权限,从而力图在程序上解决专属告发权行使过程中的正当性问题。

所谓刑事调查权限,是指行政机关对所辖特定法律规定的特定种类的违法行为进行以刑法性处罚为目的之调查的权限。[③] 修订后的《禁止垄断法》规定,公正交易委员会在向其所在地的地方法院或简易法院申请许可令后,享有如下犯罪调查权限:(1)就相关案情质询违法行为嫌疑人或知情人;(2)可以进行现场检查或扣押相关物品,且公正交易委员会进行现场搜查或扣押时,如认为必要,可以请求警察予以协助;(3)进行现场搜查或扣押时,可以禁止未经许可之人进入现场;(4)进入住宅等建筑物或其他场所进行入内搜查。另外,为免受"借用行政调查之名进行刑事告发"之质疑,公正交易委员会在其审查局内部增设了犯罪调查部,以使刑事调查部门与行政调查部门相分离。《禁止垄断法》第101条及《公正交易委员会犯罪案件调查规则》第2条明确规定,犯罪调查官仅限于在犯罪调查部职员内指定,犯罪调查官不得被指定为行政案件的审查官。在行政调查过程

---

① [日]日本公正取引委员会:《独占禁止法改正案の实绩评价书》,[EB/OL].2006年7月29日,http://www.jftc.go.jp/pressrelease/06.july/06071902—02—besshi.pdf,访问日期:2019年5月12日。

② [日]根岸哲、[日]舟田正之:《日本禁止垄断法》,王为农等译,中国法制出版社2007年版,第16页。

③ [日]佐藤英明:《犯则调查权限导入に关する若干の论点整理》『ジュリスト』1270号2004年版,第47—52页。

中,即使审查官认定相关事实存在刑事犯罪之嫌,其也不得直接将上述情况告知犯罪调查官,而应当向审查局报告,再由审查局长向委员会汇报。公正交易委员会认为存在犯罪之嫌时,才可由其指定的犯罪调查官介入调查。这样一来,日本从犯罪调查人员的选任及信息反馈两方面实现了行政调查权与犯罪调查权的有效分离,从而积极推动了公正交易委员会对刑事案件的专属告发。

(五) 刑事罚金责任的大幅提高

2005 年,为了保障反垄断法刑事制裁制度的有效实施,日本强化了刑事罚金制度,具体体现为以下两个方面:(1)提高了妨碍调查罪的罚金额度。之前的日本《禁止垄断法》规定,妨碍反垄断法调查的,对法人处以 20 万日元以下的罚金,现在提高为对法人处以 300 万日元以下的罚金。2005 年之前,《禁止垄断法》规定,对妨碍调查的自然人处以 6 个月以下的有期徒刑和 20 万日元以下的罚金,现在提高为 1 年以下的有期徒刑和 300 万日元以下的罚金。(2)对实施低价倾销、滥用优势地位等不公正交易方法行为侵害中小经营者利益的经营者,拒不执行排除措施命令构成犯罪的行为人,以及构成违法拒不执行排除措施命令罪的法人设定了严苛的刑事罚金责任,将罚金额度由之前的 300 万日元提高为 3 亿日元。①

三、2005 年《禁止垄断法》修改的意义及评价

通过 2005 年的修订,日本《禁止垄断法》有效弥补了自身存在的不足和漏洞,进一步提高了课征金的威慑作用,增加了卡特尔案件的发现率,简化了反垄断法的行政执法程序。同时,2005 年的法律修订也强化了公正交易委员会对垄断案件的调查权和专属告发权,推进了刑事制裁的实施。其一,课征金减免制度的实施,极大地提升了公正交易委员会对不正当交易限制案件的发现率。从 2005 年引入宽大制度至 2009 年 3 月,公正交易委员会共计收到 264 件违法行为的主动申报。② 其二,课征金比率的提高极大地增加了反垄断执法的威慑作用。对此,日本律师联合会就给予了2005 年的法律修订高度评价,并认为在今后的反垄断法修法中,应当再次提高课征金的额度和违法行为的刑罚幅度。其三,对审判程序的简化修订

---

① 〔日〕公正取引委员会:《独占禁止法改正案の概要及び独占禁止法改正案の考え方に对して寄せられた意见について》,2005 年 6 月 12 日,http://www.jftc.go.jp/pressrelease/04.august/040804.pdf,访问日期:2019 年 5 月 12 日。
② 〔日〕宇贺克也:《日本における独占禁止法の法执行の変迁》,2010 行政管制与行政争讼学术研讨会系列,2010 年。

"一方面有效减少了垄断案件行政处罚的周期,提高了行政处罚效率,尽早回复了因垄断行为而遭到破坏的相关市场的竞争状态,另一方面也控制了进入审判程序的案件数量,并在行政资源有效的前提下确保了行政处罚的质量"。① "自改正以来,进入审判程序的案件就从原来的 17.6% 下降到 2.2%",在实践中达到了预期的效果。②③

第二节　2009 年日本《禁止垄断法》的修订

一、2009 年《禁止垄断法》修改的历史背景

2005 年日本《禁止垄断法》的修订具有划时代的意义,但是在此次修订中,课征金的征缴对象仅扩展至支配型私人垄断,而没有扩展至排除型私人垄断和不公正交易方法。同时,课征金与罚金并处、事后审判等制度也都引发了很大争议。基于以上因素的考量,公正交易委员会在 2005 年修订后的《禁止垄断法》附则第 13 条中规定:"政府于本法实施后两年内,应审查新法的实行状况、社会经济形势变化等,针对课征金制度、审查程序等加以检讨,并基于结果采取必要的措施。"④

基于上述原因,日本在内阁中设立了反垄断法基本问题恳谈会,展开了为期两年的反垄断法实施问题研讨,并于 2007 年 6 月 26 日发布《〈禁止垄断法〉基本问题恳谈会报告书》。⑤ 公正交易委员会于 2007 年 10 月 16 日发布

---

① ［日］酒井紀子、［日］垣内晋治:《独占禁止法の審査・審判手続における経験則》,www.jftc.go.jp/cprc/english/cr—0407.pdf,访问日期: 2008 年 3 月。
② ［日］矢吹公敏:《独占禁止法の改正と審判制度》,《東京大学法科大学院ローレビュー》2008 年 3 期,第 272 页。
③ 2009 年,日本欲修订《禁止垄断法》,其在再度就"审判程序"存废向社会各界征求意见时,除极少数学者主张现行审判程序需要修改外,日本社会各界大都认可审判程序事后救济、复审程序的性质定位,认为"无须再行修改"。
　　［日］根岸哲、［日］栗田誠、［日］正田彬等:《独占禁止法等の改正案に関する意見》,《法律时报》,2008 年 80 卷 5 号,第 94 页。
　　［日］競争法研究協会:《独占禁止法違反事件処理手続意見書》,http://jcl.gr.jp/colum009.html,访问日期: 2008 年 10 月 20 日。
④ 《禁止垄断法》附则第 13 条。
⑤ ［日］《独占禁止法基本問題懇談会報告書》,http://www8.cao.go.jp/chosei/dokkin/finalreport.html,访问日期: 2009 年 12 月 1 日。

《〈禁止垄断法〉修订的基本考量办法》①,于2008年3月向第169次国会提出《〈禁止垄断法〉修改法案》,于2009年2月向第171次国会提出修正案。2009年4月27日,修正案由参议院通过,6月3日由众议院通过,6月10日公布,2010年1月1日正式实施。②

二、2009年《禁止垄断法》修改的主要内容

(一) 课征金制度的调整

1. 扩大课征金征收对象的行为类型

2009年的《禁止垄断法》扩大了课征金适用的对象,将课征金的适用对象从原来的支配型私人垄断和不正当交易限制,扩展到排除型私人垄断和特定类型的不公正交易方法,具体包括联合抵制交易、差别对价、低价倾销、转售价格维持协议和滥用优势地位五种类型,并对各类行为征收不同比例的罚款数额(见表2)。

表2　2009年课征金的征收对象及算定率③

行为类型	产业领域		
	制造业	批发业	零售业
不正当交易限制	10%(4%)	3%(1.2%)	2%(1%)
支配型私人垄断	10%	3%	2%
排除型私人垄断	6%	2%	1%
低价倾销、差别对价、联合抵制交易、转售价格维持协议(不公正交易方法)	3%	2%	1%
滥用优势地位(不公正交易方法)	1%		

2. 扩大了课征金加罚制度的适用范围

2009年,日本在2005年对反复违法者设置的加罚制度之基础上④,又引入了对卡特尔、串通投标等行为中的主导作用者的加罚制度。新法规

---

① 〔日〕公正取引委员会:「独占禁止懇話会第178回会合」,http://www.jftc.go.jp/pressrelease/07.november/07110501.pdf,访问日期:2009年12月5日。

② 〔日〕公正取引委员会事务总局:《独占禁止法改正法の概要》,https://www.jftc.go.jp/dk/kaisei/h21kaisei/index_files/091203setsumeikaisiryou.pdf,访问日期:2016年12月28日。

③ 〔日〕公正取引委员会事务总局:《独占禁止法改正法の概要》,https://www.jftc.go.jp/dk/kaisei/h21kaisei/index_files/091203setsumeikaisiryou.pdf,访问日期:2016年12月28日。

④ 日本于2005年首次引入了加罚制度,规定对从调查开始时(原则上为进入检查时)起10年以内受到罚款处罚且再次实施不正当交易限制的经营者,多征收50%的罚款。

定,对在卡特尔、串通投标等违法行为中处于主导作用的经营者,额外再加征 50％的课征金。现今,日本的反垄断法课征金加罚制度主要适用于两个方面:一方面为 10 年内再次实施垄断行为者,另一方面为在卡特尔、串通投标等行为中的主导者。新法对上述主体均加罚 50％的课征金。

3. 课征金减免制度的扩大适用

第一,引入企业集团的共同申请制度。在课征金减免的申请主体方面,原则上,为了防止同谋行为人集体规避法律制裁,反垄断法宽大制度的适用主体一般仅限于单独提交申请的企业,不允许企业共同提交宽大申请。但是,企业集团等一些特定群体的共同意思表示往往属于企业集团内部的经营部署,本身并不存在实质性竞争关系,该类型的企业(如集团公司)在很多国家或地区均被视为“单一主体”。对此,2009 年修法时,日本将课征金减免制度的申请主体扩展至企业集团内部的母子公司以及子公司共同提交的宽大申请。

日本《禁止垄断法》第 7 条之二第 13 款对企业集团的共同申请情形做出了全面、具体的规定。《禁止垄断法》允许的公司共同申请宽大制度主要有以下几种情形:(1)共同申请者在提交该报告及资料时互为母子公司等,该种情形包括:A. 共同申请者为母子公司关系,即其中一个经营者拥有其他共同申请者半数以上的全体股东表决权(不可对可在股东大会上进行表决的全部事项行使表决权的股份的表决权除外);B. 共同申请者为同一母公司的子公司,即该共同申请者拥有同一家母公司。(2)共同申请者在实施该违法行为的整个期间互为母子公司等关系,该种情形仅限自该报告及资料提交之日起上溯 5 年内有效,超过 5 年则不视为母子公司关系。(3)共同申请者本不为母子公司关系,但是其中的申请者从与共同申请者有母子公司关系的其他经营者处受让或转让了事业,而对他们按照母子公司关系对待,该种情形包括:A. 其中一共同申请者从与其他共同申请者有母子公司关系的企业处受让或继承了与该违法行为相关的部分或全部事业,并且该申请者自该转让或分立之日起实施该违法行为;B. 其中一共同申请者通过转让或分立将自己的事业转让给其他企业,该企业与共同申请的其他企业具有母子公司关系,并且该行为是转让或分立前实施的。

根据《禁止垄断法》的规定,如果两个或者多个在同一企业集团的违法者联合向公正交易委员会申请适用课征金减免的,那么所有的申请者都被视为同一申请顺序而得到减免。共同申请制度是日本反垄断法宽大制度的重大制度创新,欧盟和美国的宽大制度对此均已做出明确规定。

第二,增加课征金减免申请者的数量。在日本,开始调查前后总共可以有 5 个申请者得到减免。其中,开始后提交申请的申请者,总数不得超过 3 人,且与调查前的申请者人数相加累计不得超过 5 人。日本的课征金减免制度所适用的申请企业,在数量上最多限定为 5 个。根据《禁止垄断法》第 7 条之二第 11 款的规定,公正交易委员会调查开始前提交减免申请的经营者,总申请人数不得超过 5 人;公正交易委员会调查开始后提交减免申请的经营者,总申请人数不得超过 3 人,且与调查开始前的申请者人数相加,累计不得超过 5 人。对此,日本《禁止垄断法》第 7 条之二第 12 款规定,公正交易委员会调查开始前对违法行为进行报告并提交证据者数量不足 5 人时,实施该违法行为的经营者符合下列所有条件(经营者在公正交易委员会开始调查之后,公正交易委员会规定日期之前,单独向公正交易委员会报告违法行为并提交公正交易委员会尚未掌握的、得以处罚该违法行为证据的;在向公正交易委员会报告及提交证据之日前停止违法行为的),且公正交易委员会调查开始后报告并提交证据的申请者总数不超过 3 人,且与公正交易委员会调查开始前报告并提交证据的申请者总数不超过 5 人的,公正交易委员会给予其应当征收的课征金 30% 的减免。

第三,增加课征金减免的幅度。根据 2009 年修订的《禁止垄断法》之规定,在公正交易委员会调查开始前首个进行报告并提交资料的申请者应当获得课征金的全部免除,第二个申请者应当获得课征金 50% 的减免,第三位、第四位和第五位申请者应当获得课征金 30% 的减免。在公正交易委员会调查开始后提交宽大申请的申请者,无论优先序位如何,均获得 30% 的课征金减免。

表 3　各类行为的课征金减免适用表①

	罚款减免申请	反复违法加征50%罚款	主导经营者加征50%罚款	提前退出减少20%罚款	制造业等	批发业	零售业
不正当交易限制	√	√	√	√	10%(4%)	3%(1.2%)	2%(1%)
支配型私人垄断	×	√	×	×	10%	3%	2%
排除型私人垄断	×	√	×	×	6%	2%	1%

---

① 根据日本《禁止垄断法》的规定,罚款减免的申请仅适用于不正当交易限制行为;对不正当交易限制、支配型私人垄断和私人垄断这三种垄断行为,如果经营者反复违法,适用加罚 50% 罚款的规定;不正当交易限制行为中的主导经营者,加罚 50% 罚款;主动提前退出垄断的经营者,减免 20% 罚款。

	罚款减免申请	反复违法加征50％罚款	主导经营者加征50％罚款	提前退出减少20％罚款	制造业等	批发业	零售业
低价倾销、联合抵制、差别对价、转售价格维持协议	×	×	×	×	3％	2％	1％
滥用优势地位	×	×	×	×		1％	

4. 延长课征金制度的除斥期间

在考察国内外相关制度规定的基础上,日本将排除措施命令和缴纳课征金的除斥期间从 3 年增加到 5 年[①],该除斥期间是从停止违法行为开始到执行命令为止的期间。

表 4　日本其他经济法律和域外竞争法对课征金除斥期间的规定[②]

法律	《国税通则法》	《金融商品交易法》	《公认会计师法》	美国的反托拉斯法对卡特尔等行为的规制	欧盟竞争法对卡特尔等行为的规制
刑罚	加算税 5 年重加算税 10 年	课征金 3 年	课征金 7 年	刑事罚 5 年	课征金 5 年最长 10 年

(二) 加重对不正当限制交易、私人垄断等行为的刑事处罚

日本于 2009 年修改《禁止垄断法》时提高了对不正当交易限制、私人垄断等行为的刑事制裁力度。日本将对从事垄断罪的自然人的处罚由原来判处 3 年以下有期徒刑或 200 万日元以下的罚金,提高至判处 5 年以下有期徒刑或 500 万日元以下的罚金。2009 年的《禁止垄断法》修订之所以提高了对自然人的刑罚,主要是基于以下两方面原因:一是要加大对卡特尔、串通投标等违法事项的惩处力度;二是对比国内其他相关法律及域外相关规定,日本有关不正当交易限制、私人垄断等行为的刑事制裁水平一直相对较低。[③] 例如,日本《金融商品交易法》规定对内幕交易罪处以 5 年以上有期徒刑,《专利法》对侵害专利权的犯罪专门设定了 5 年和 10 年的刑罚幅度,《不正当竞争防止法》对不正当竞争行为规定了 5 年的有期徒

---

① 对此,美国罚金的除斥期间为 5 年,而欧盟罚款的除斥期间为 5 年,最长为 10 年。

② [日]公正取引委员会事务总局:《独占禁止法改正法の概要》,https://www.jftc.go.jp/dk/kaisei/h21kaisei/index_files/091203setsumeikaisiryou.pdf,访问日期:2016 年 12 月 28 日。

③ [日]公正取引委员会事务总局:《独占禁止法改正法の概要》,https://www.jftc.go.jp/dk/kaisei/h21kaisei/index_files/091203setsumeikaisiryou.pdf,访问日期:2019 年 6 月 1 日。

刑,对窃取商业秘密行为设定了 10 年的有期徒刑。同时,域外法律规定对通谋行为的刑事制裁均比日本严格,如美国和澳大利亚规定了 10 年有期徒刑,加拿大反垄断法规定了 5 年的刑罚。因此,通过与国内其他法令和国外法律的对比,日本发现,本国反垄断法对实施不正当限制交易等行为的自然人设定 3 年有期徒刑显然过于宽松。为了达到惩戒违法行为人的效果,并增强反垄断法的威慑力,日本将对自然人的不正当交易限制的刑事处罚提高至 5 年有期徒刑。

表5 日本其他经济法律和域外竞争法对自然人罚金刑的上限规定①

法律	《金融商品交易法》		《专利法》		《不正当竞争防治法》		美国反托拉斯法	加拿大竞争法	欧盟竞争法
	内部交易罪	散布虚假信息	无特许权的侵害	有特许权侵害	不正当竞争行为	侵犯商业秘密	卡特尔等行为		
刑罚	5 年	10 年	5 年	10 年	5 年	10 年	10 年	5 年	5 年

(三) 企业结合规制制度的修改

在经济活动愈加全球化和企业重组日益多样化的大背景下,基于实现与国际经营者集中审查制度的接轨,减轻合并相关企业的负担,推动企业结合审查的效率化之立法目标,日本对企业结合的报告制度进行了重大修改。②

1. 在股份取得方面,引入事前申报制度并修改申报标准

其一,引入股份取得的事前申报制度。在 2009 年《禁止垄断法》修改之前,经营者在取得其他经营者的股份时,采用的是事后申报制度。事后申报制度的弊端在于,难以对企业的合并起到事先的审查,更无法对企业以不公正交易方法兼并其他企业的行为进行有力的监管。因此,日本政府在充分借鉴欧盟等主体的合并申报制度后,引入了有关股份取得的事前申报制度。股份取得的事前审查制度有效地加强了对大企业市场交易行为的监管力度,并且对垄断行为的发生起到了事前预防的作用。在此基础上,日本对通过股份取得、合并等形式形成的企业结合制度均采用了事前的申报审查制度。

其二,修改了股份取得的申报标准。在 2009 年修法之前,日本的股份

---

① [日]公正取引委員会事務総局:《独占禁止法改正法の概要》。https://www.jftc.go.jp/dk/kaisei/h21kaisei/index_files/091203setsumeikaisiryou.pdf,访问日期:2019 年 6 月 1 日。

② [日]公正取引委員会事務総局:《独占禁止法改正法の概要》。https://www.jftc.go.jp/dk/kaisei/h21kaisei/index_files/091203setsumeikaisiryou.pdf,访问日期:2019 年 6 月 1 日。

取得申报以总资产额为标准,即股份取得公司的母子公司的总资产达到100 亿日元的,以及股份发行公司的总资产超过 10 亿日元的,需要进行申报。2009 年修法之后,日本将国内总销售额作为申报标准,并规定股份取得公司的母公司及其所有子公司在日本国内销售额超过 200 亿日元的,以及股份发行公司和他的子公司的国内销售额超过 50 亿日元的,应当事前申报。但是,同一集团内部企业之间发生的股份取得将被免除申报义务。

其三,申报数值的简单化改革。日本将原先的三阶段数值改为两阶段数值。新法规定,取得股份的公司或集团在获得被收购公司股权 20%和50%以上的比例时,应提出申报。①② 以上申报标准的规定适用于外国公司。

其四,在存在相关困难的情况下,免除事前申报。根据公正交易委员会的规则,因分割、合并、无偿分配而取得股票的情况下,或者取得附条件的股票、附条件的新股预约权的情况下,或者经营者支付对价取得上述股票的情况下,免除事前申报。

2. 合并、分割、事业转让等情形下的申报基准之改革

在合并、分割的情况下,一方的国内销售额超过 200 亿日元,且其他任何一方超过 50 亿日元的情况下,需要进行事前申报,但是合并或分割的当事方同属于一个集团公司的,免除申报。外国公司适用同样的基准。

在事业转让的情况下,接受转让企业的销售额超过 200 亿日元,且与转让企业的销售额超过 30 亿日元的,应当向公正交易委员会进行申报,但是双方同属于一个集团公司的,免除申报。外国公司适用同样的基准。

3. 共同股份转移的实体规定,以及申报规则的完善

在共同股份转移的情况下,其中一方的国内销售额超过 200 亿日元,且其他任何一方的国内销售额超过 30 亿日元的,需向公正交易委员会进行申报。③

4. 排除措施和课征金缴纳命令适用对象的明确化

日本于 2009 年修改课征金制度时,对企业合并、分立、事业转让等情形下的排除措施命令和课征金缴纳命令之适用对象进行了明确规定。其中,在企业合并、分立、事业转让等情形下,公正交易委员会应当对承继了原经营活动的企业做出排除措施命令。一定情况下,在对分立、转让相关

---

① 之前的三阶段标准为超过 10%、25%与 50%的,需要事前申报。
② [日]藤井宣明、[日]稻雄克纪:《逐条解说:平成 21 年改正独占禁止法》,商事法务 2009 年版。
③ 后将其他任何一方的国内销售额提高至 50 亿日元。

事业中的违法行为征收课征金时,公正交易委员会应当对继受了原经营事业的企业征收课征金。

另外,2009年的法律修订也对《禁止垄断法》第17条之二的排除措施、第18条的合并无效诉讼、第91条的股份保有及职员兼任限制规定违反的犯罪进行了修改。

(四)其他修改

另外,2009年的修法还涉及以下几方面的内容:(1)引进了与海外竞争执法当局交换信息的规则。新规则允许公正交易委员会向外国执法机构提供相应的信息,但信息若对公正交易委员会的执法产生影响则不能提供。同时,出于司法管辖权和国家利益的考量,日本对信息交换进行了限制性规定。公正交易委员会向外国执法机关提供相关信息时,应满足以下条件:A.外国竞争委员会能够提供对等的相关信息;B.外国对信息的保护程度与日本相当;C.向外国执法当局提供的信息是用来帮助外国竞争当局查处案件、履行职责的。公正交易委员会应当采取措施确保交换的信息不被用于刑事程序。(2)改革了案件利害关系人查阅、复印审判案件记录的规定。新法规定,针对与违法行为没有关系的经营者的秘密或个人信息,在存在正当理由的情况下,经营者可以请求限制公开。(3)在请求停止违法行为的诉讼中,引入了提交文件命令的特殊规定。新法规定,私人针对不公正交易方法行为提起请求停止违法行为的民事诉讼的,除非存在拒绝提交文件的正当理由,否则法院可以命令其提交包含经营秘密的所有文件。(4)改革了民事损害赔偿诉讼中的损害赔偿额的征求意见制度。新法规定,在反垄断法民事损害赔偿诉讼中,法院应当就损害赔偿的额度向公正交易委员会征求意见。(5)提高了公正交易委员会职员违反保守秘密罪的罚金数额。日本《禁止垄断法》第39条规定,公正交易委员会现任、往届的委员长、委员及职员,不得泄露、盗用因其职务而知晓的经营者的秘密。日本《禁止垄断法》第93条规定,公正交易委员会委员长、委员及相关职员违反保密义务的,构成违反保密义务罪。2009年的修法将违反保守秘密罪的罚金从10万日元以下提高到100万日元以下。(6)废除了经营者团体的申报制度。①

另外,2009年的修法还就审判制度的修订展开了深入的探讨。在审判制度的存废方面,日本各界暂没有达成最终的共识。因此,关于审判制

---

① [日]公正取引委员会事务総局:《独占禁止法改正法の概要》,https://www.jftc.go.jp/dk/kaisei/h21kaisei/index_files/091203setsumeikaisiryou.pdf,访问日期:2016年12月28日。

度的改革,日本决定今后再予以讨论。①

三、2009年《禁止垄断法》修改的评价

2009年的修法是日本反垄断法历史上较为重要的一次大规模修法。在2009年的修法中,日本在立足本国国情的基础上,吸收借鉴了欧美的竞争法治经验,强化了反垄断法多元化的执法体系(行政、刑事、民事),加大了反垄断法的制裁力度(课征金的提高),活化了宽大制度的运用来提高垄断案件的发现率。2009年的修法展现了进入21世纪之后的日本强化反垄断执法的坚定立场。

其一,2009年的修法加大了反垄断法对私人垄断、不正当交易限制、不公正交易方法等垄断行为的制裁力度。(1)日本通过课征金征收对象范围的拓展,在对不正当交易限制和支配型私人垄断征收课征金的基础上,进一步对排除型私人垄断、特定类型的不公正交易方法行为(联合抵制交易、实行差别对价、实行低价倾销、转售价格维持协议和滥用优势地位)加征了课征金。2009年的修法扩展了课征金的适用范围,将反垄断法上的除经营者集中外的所有反竞争行为均纳入了课征金的惩戒范畴,实现了课征金征收对象的体系化与完整化。(2)通过课征金加罚制度和提高刑事责任,日本加大了对不正当交易限制行为的制裁力度。2005年的修法引入了加罚制度,从而加重了对10年内再度实施不正当交易限制行为的经营者的惩戒力度(加罚50%罚款);通过将不正当交易限制案件中的自然人的刑事责任由原来判处3年以下有期徒刑或200万日元以下的罚金,提高为判处5年以下有期徒刑或500万日元以下的罚金,日本提升了刑事制裁的威慑性。但是,在2005年的修法中,日本的课征金制度仍然采取的是针对不同产业、不同规模的固定比率制,该种模式限制了公正交易委员会的自由裁量权,避免了任意执法的问题,但也因行为类型、产业领域、企业规模等方面设置的课征金比率繁多,而在一定程度上阻碍了反垄断法的统一执法和公正交易委员会的执法效率。

其二,2009年的修法呈现了日本依托多元化的执法体系(行政、刑事、民事)来治理垄断问题的态度。在日本,对垄断问题的治理传统上倚重于通过行政执法来完成,因此日本形成了"公正交易委员会中心主义"。进入21世纪后,日本开始学习美国等国家,致力于活化反垄断法的刑事制裁与

---

① [日]根岸哲:《公取委の審判制度廃止は独禁法の命取り》,http://www.castlaw.com/antitrust/tsuredure/tsuredure81.html,访问日期:2010年3月5日。

私人执行制度。在2009年的修法中,日本实施了如下调整:(1)在刑事执法领域,提高了不正当交易限制行为的刑事责任。(2)在私人执行领域,引入了法院就损害赔偿额向公正交易委员会征求意见的制度,从而在诉讼上给予原告以帮助。(3)在请求停止违法行为的诉讼中,引入了强制要求垄断行为者提交相关文件的特殊规定。上述修订内容有效解决了受害人在垄断行为证明、损害额算定等方面的证明能力不足之问题,推进了反垄断法私人执行的实施。

其三,2009年的修法没有根据反垄断法修改报告书的建议对审判制度进行修改完善。为了提升反垄断法的执法效率,日本于2005年修订《禁止垄断法》时,将原审批程序的性质由"事前审理的程序"修改为"事后复审的程序"。虽然上述修订在一定程度上简化了反垄断法的行政执法程序,但是日本的审批程序仍然较其他国家繁琐、低效。因此,在2009年的修法中,日本学界和立法机构中的很多人主张废止审判制度,但2009年的修法并未涉及审判制度的任何改革,从而使该领域中的各种问题成为了日本今后反垄断法效率仍旧不高的主要原因,并发展为未来日本反垄断法修订之重点。

第五章　2010年后日本反垄断法的最新发展(2011—2019年)

第一节　2013年日本《禁止垄断法》的修订

进入2010年之后,日本共计进行了两次大规模的反垄断法修订工作。其中,第一次法律修订为2013年12月7日日本第185回临时国会通过的《禁止垄断法》修正案。2013年日本《禁止垄断法》的修订主要涉及以下三个方面的内容:其一,废除了公正交易委员会的审判制度;其二,修订了行政处罚决定的救济程序;其三,完善了公正交易委员会做出行政处罚决定的意见听取程序,以充分保障涉嫌违法行为人在行政处罚程序中的防御权限。

一、公正交易委员会审判程序的废止

(一)审判程序的演进过程

1. 行政处罚决定的事前审理程序:1947—2005年

自日本于1947年引入审判程序到2005年底修改《禁止垄断法》,审判程序的性质一直被设定为执法机关做出"行政处罚决定的事前审理程序"。这一时期,通过审查程序确认违法行为存在时,公正交易委员会将对违法嫌疑人发出排除措施的劝告。若相对人接受该劝告,则公正交易委员会就可做出与劝告内容相同的"劝告审决";若相对人不认可该劝告,则公正交易委员会将依职权启动审判程序。审判程序是公正交易委员会做出行政处罚决定的事前审理程序。在审判程序中,根据被审人的不同认知情况,公正交易委员会再分别做出"同意审决"和"审判审决"。其中,同意审决是指,认可审判开始决定书中记载的事实和适用的法律的被审人,以书面形式申请不经过后面的审判程序而直接接受审决,并提交记载排除或保证排

除违法行为或使处于垄断状态的商品或者劳务恢复竞争状态所应采取的具体措施的计划书。公正交易委员会认为被审人提交的排除违法行为或恢复竞争状态的计划书适当的,其将不经过后续的审判程序而直接做出与该计划书记载内容相同的同意审决。审判审决则是指,被审人不认同审判开始决定书中记载的事实和适用的法律的,公正交易委员会将启动审判程序对案件进行审理,从而对被审人做出命令采取排除措施、征缴课征金等内容的审决。

这一时期,审判程序是公正交易委员会做出行政处罚决定的事前审理程序。审判程序的"事前审理程序"之性质定位,一方面有力地保障了违法嫌疑人的程序利益,但另一方面也导致了行政处罚周期过长,行政处罚效率低下。截至"2005年年底前,进入审判程序的案件中就有百余件审理期间超过两年"①,从而使得因垄断行为而遭致破坏的竞争秩序难以快速回复。

2. 不服行政处罚决定的事后复审程序:2005—2013年

2005年底,为了提高垄断案件的处理效率,并尽快回复竞争秩序,日本将审判程序的法律性质由原"事前审查型的审判程序"修改为"不服审查型的审判程序",即不服行政处罚决定的事后复审程序。② 2005年修订《禁止垄断法》后,公正交易委员会在案件调查结束发现违法行为存在时,将直接做出行政处罚决定。违法行为人只有对该行政处罚决定不服,才可以请求公正交易委员会启动审判程序对原行政处罚决定进行复审。这一时期,审判程序只得依当事人的申请而启动,公正交易委员会不得依职权启动审判程序。

将审判程序修改为"行政处罚决定的事后复审程序"具有如下积极的作用和意义:一方面,有效缩短了垄断案件行政处罚的周期,提高了行政处罚效率,尽早回复了因垄断行为而遭到破坏的相关市场的竞争状态;另一方面,控制了进入审判程序的案件数量,从而在行政资源有效的前提下,确保了行政处罚的质量。③

为了进一步明确审判程序制度改革的实际效果,日本于2005年修订《禁止垄断法》时,在附则第13条规定,(日本)政府要在法律实施后的2年内,根据审判制度的实施状况、社会经济情况的变化等因素提出改善措施。有鉴于此,日本在内阁中专设了反垄断法基本问题恳谈会。"改正以来,进

①　[日]矢吹公敏:《独占禁止法の改正と審判制度》,《東京大学法科大学院ローレビュー》2008年第3期。

②　[日]諏訪園貞明:《平成17年改正独占禁止法》,《商事法務》2005年版,第142页。

③　[日]酒井紀子、[日]垣内晋治:《独占禁止法の審査・審判手続における経験則》,http://www.jftc.go.jp/cprc/english/cr—0407,访问日期:2008年3月12日。

人审判程序的案件从原来的 17.6% 下降到 2.2%",达到了很好的预期效果。① 反垄断法基本问题恳谈会于 2007 年 6 月 26 日发布《〈禁止垄断法〉基本问题恳谈会报告书》;公正交易委员会又于同年的 10 月 16 日发布《〈禁止垄断法〉修订的基本考量办法》②,提出维持当前不服审查型的审判程序是适当的,但在一定条件具备后,应当改革不服审查型的审判程序制度的意见。

2008 年 3 月,公正交易委员会向第 169 次国会提交了《〈禁止垄断法〉修改法案》,该法案附则第 19 条规定,(日本)政府对《禁止垄断法》中有关审判程序规定的改革要全面开展,在 2008 年度提出检讨内容,并根据检讨的结果提出改进措施。不过,2008 年 12 月,《〈禁止垄断法〉修改法案》未获得国会通过。2009 年 2 月,公正交易委员会再次向第 171 次国会提出《〈禁止垄断法〉修改法案》,该修正法案于 4 月 27 日由参议院表决通过,于 6 月 3 日由众议院表决通过,于 6 月 10 日公布。2010 年 1 月 1 日,《〈禁止垄断法〉修改法案》正式实施。③ 2009 年 6 月修订的《禁止垄断法》附则第 20 条第 1 项再次规定,(日本)政府对《禁止垄断法》中有关审判程序规定的改革要全面开展,在 2009 年度进行检讨,并根据检讨的结果提出改进措施。众议院经济产业委员会(2009 年 4 月 24 日)和参议院经济产业委员会(2009 年 6 月 2 日)在之前的附带决议中也提出,针对审判程序的规定,根据《禁止垄断法》附则提出的在 2009 年度根据检讨的结果提出改进措施,应当明确是继续维持现行的审判制度现状、回复到 2005 年修法前的事前审判制度,还是废止该项制度。

3. 废除审判程序制度:2013 年至今

公正交易委员会在 2010 年 3 月 25 日召开的"独占禁止懇話会第 185 回会合議"中指出,历经几年的调研研讨,日本基于以下原因,决定废除公正交易委员会的审判程序制度:其一,在行政审判程序中,公正交易委员会承担起诉和审判两项职能,兼具"检察官"和"审判官"两种身份。虽然公正交易委员会力图通过制度设计来确保"诉审分离",但是仍存在一定的问题,即不能完全消除涉嫌违法行为人对行政处罚程序及制度的不信任感。其二,从行政程序法的角度来看,将当事人不服的行政处罚决定交由同一

① [日]矢吹公敏:《独占禁止法の改正と審判制度》,《東京大学法科大学院ローレビュー》,2008 年第 3 期。
② [日]公取引委員会事務総局:公取委《独占禁止懇話会第 178 回会合》,http://www.jftc.go.jp/pressrelease/07.november/07110501.pdf,访问日期:2009 年 12 月 5 日。
③ [日]公正取引委員会事務総局:《独占禁止法改正法の概要》,https://www.jftc.go.jp/dk/kaisei/h21kaisei/index_files/091203setsumeikaisiryou.pdf,访问日期:2016 年 12 月 28 日。

行政机构进行复审救济,也不符合行政程序法的一般规定。其三,从世界各国反垄断法行政处罚的规定来看,现今已有100多个国家颁布了竞争法,但仅美国设立了行政审判制度。从竞争法的国际趋势来看,将不服行政处罚决定的复审交由第三方机构进行审查是国际趋势。基于上述三方面的原因,日本决定废除公正交易委员会的审判程序制度。①

　　2010年3月,公正交易委员会向第174次国会提交《禁止垄断法》的修正法案,其中提出废止审判制度,并将对行政处罚决定不服的审查交由东京地方法院通过抗告审程序(一审程序)审理。上述《禁止垄断法》的修正法案于2012年11月未获国会通过。之后,日本继续对审判制度的存废展开了深入探讨。2013年5月,公正交易委员会向第183次国会会议提交了《禁止垄断法》的修正法案,其中又一次明确提出废止审判程序。2013年12月13日,第二次提交的修正法案终获国会批准,日本的审判程序制度自此正式被废止。

表1　日本反垄断法审判程序的演进过程②

◎ 2005年(平成17年)修法之前
＊ 事前审查型的审判程序:行政处罚决定的事前审理程序
劝告 → 事前审判 → 审判审决(行政处罚) → 东京高院 → 最高院
◎ 2005年(平成17年)4月修法之后
＊ 不服审查型的审判制度:不服行政处罚决定的事后复审程序
● 事前程序 → 行政处罚 → 事后审判 → 东京高院 → 最高院
● 附则第13条: 日本政府在法律实施后的2年内,根据新法的实施状况、社会经济情况的变化等因素,根据课征金制度、违法行为排除措施命令的程序、审判程序制度的实施结果提出改善措施。
◎ 2005年7月—2007年6月
＊ 《禁止垄断法》基本问题恳谈会
● 根据2005年修订的《禁止垄断法》附则第13之规定召开
＊ 《禁止垄断法》恳谈会报告书发布
● 当前,维持不服审查型的审判程序是适当的
● 一定条件具备后,应当改革不服审查型的审判程序制度

---

① 〔日〕公正取引委员会:《独占禁止懇話会第185回会合議事録》,2010年3月25日,https://www.jftc.go.jp/soshiki/kyotsukoukai/kenkyukai/dk—kondan/kaisai—h20_h22_files/185.pdf,访问日期:2019年3月8日。

② 〔日〕公正取引委员会事务総局:《平成25年改正独占禁止法》,https://www.jftc.go.jp/dk/kaisei/h25kaisei/index_files/h25setsumei.pdf,访问日期:2016年12月20日。

◎ 2008 年 3 月

* 《禁止垄断法》修正法案向第 169 次国会提交——》2008 年 12 月未通过

● 附则第 19 条:(日本)政府对《禁止垄断法》中有关审判程序规定的改革要全面开展,在 2008 年度进行检讨,并根据检讨的结果提出改进措施。

◎ 2009 年 6 月

* 2009 年《禁止垄断法》修正法案颁布

● 附则第 20 条第 1 项:

日本政府对《禁止垄断法》中有关审判程序规定的改革要全面开展,在 2009 年度进行检讨,并根据检讨的结果提出改进措施。

● 众议院经济产业委员会(2009 年 4 月 24 日)、参议院经济产业委员会(2009 年 6 月 2 日)附带的决议:

(1) 针对审判程序的规定,根据《禁止垄断法》附则提出的在 2009 年度根据检讨的结果提出改进措施,应当明确是继续维持现行的审判制度现状、恢复到 2005 年修法前的事前审判制度,还是废止该项制度。

(2) 公正交易委员会的审查和意见听取程序,应当从经营者必要防御权的行使可能性角度,参考外国的事例,就本国的代理人选任、参与会议、供述调查书的提交,以及确保本国行政程序与刑事程序的整合性改革的视角进行检讨。

◎ 2010 年 3 月

* 《禁止垄断法》修正法案向第 174 次国会提交——》2012 年 11 月未通过

● 审判制度的废止

废止公正交易委员会进行的审判制度。对行政处罚决定不服的审查交由东京地方法院通过抗告诉讼审理。

● 修改排除命令等有关的意见听取程序

从完备行政处分前程序的观点出发,基于确保行政程序法所要求的听闻程序的程序保障水平,进行意见听取程序的完善。

◎ 2013 年 5 月

* 《禁止垄断法》修正法案向第 183 次国会会议提交——》2013 年 12 月 13 日通过

● 修改的内容为 2010 年《禁止垄断法》修正法案的内容

(二) 2013 年废除审判制度的内容

　　2013 年《禁止垄断法》修订前,由于审判制度的运行,经营者对公正交易委员会的行政处罚决定(排除措施命令和课征金命令)不服的,可以请求公正交易委员会启动审判程序对原行政处罚决定进行复审。这一时期,审判程序的性质为"不服行政处罚决定的救济程序(复审程序)"。该审判相当于日本行政诉讼中的一审程序,经营者只有对该审判程序的结果不服的,才可以向东京高等法院提起撤销行政处罚决定的诉讼。[①] 2013 年《禁止垄断法》修订后,由于审判制度的废除,对公正交易委员会处

---

① 王玉辉、张雅:《日本竞争法立方发展动态》,《中国与世界:竞争法发展研究报告(2017 年卷)》,法律出版社 2018 年版,第 264 页。

分不服的诉讼,将依据日本行政诉讼的相关程序进行,并交由东京地方法院通过抗告程序来审理。具体来看,日本在2013年主要对以下几方面的审判程序制度及相关配套权限进行了废除:

1. 废除原《禁止垄断法》第51条至第68条所规定的审判程序

自1947年至2005年,公正交易委员会的审判程序被定位为"行政处罚决定的事前审理程序"。2005年《禁止垄断法》修订后,审判程序被修订为"不服行政处罚决定的事后复审(救济)程序"。在事后救济程序中,日本《禁止垄断法》没有采取普通的行政复议救济程序的一般规定,而是采取了准司法程序的构造,并使公正交易委员会做出的行政处罚决定具有"准一审判决"的效力。同时,审判程序是确保反垄断法执法机构的准司法权正当行使之核心,也是日本反垄断法执法程序的一大特色。

虽然将垄断案件交由拥有经济、法律等相关方面知识的独立的公正交易委员会来查处与判断更有利于原告经营者的保护,也更有利于实现反垄断法执法的统一性,但是集审查、追诉、审判权限为一体的公正交易委员会将不可避免地遇到职能分离和公平审理的问题。例如,在"东芝KEMIKARU请求撤销裁决案"中[①],审判程序的委员由公正交易委员会的事务局审查部长担任,但是该委员同时为审查阶段的委员,并曾参与对东芝的裁决。东京高等法院由此认定上述事实违反宪法第31条和第32条的规定,从而撤销了公正交易委员会的处罚决定。除此之外,由于公正交易委员会的审判与一审行政诉讼具有相同的效力,因此其实际上限制了经营者的反驳,从而损害了经营者的救济权益。[②]

基于以上各种原因,日本于2013年废除了原《禁止垄断法》第52条至第68条的规定,从而终止了运行66年之久的审判制度。审判程序的废除,标志着公正交易委员会准司法权的丧失,以及法院权力的进一步扩大。

2. 废除了实质性证据规则条款(2013年修订前的《禁止垄断法》第80条)

之前,为了充分尊重公正交易委员会对垄断案件的专业性判断和事实认定,日本在《禁止垄断法》中创设了实质性证据规则和新证据提出限定规

---

① 〔日〕中川政直:《理想状态下的公正交易委员会及其行政审理程序——为实现公正且迅速的裁决和加强裁判公平性的法制度设计研究》,毛智琪、张琦、郑双十译,《经济法学评论》2010年第10卷。

② 〔日〕平林英胜:《公正交易委员会的审判废止所带来的影响》,《筑波法律评论》,2008年9月号。

则。[①] 在公正交易委员会审判程序被废除后,实质性证据规则和新证据提出限定规则也相应被废除。

根据修订前的《禁止垄断法》之规定,所谓实质性证据规则,是指在请求撤销公正交易委员会审决的行政诉讼中,如果有实质性证据证明公正交易委员会认定的事实存在,那么该事实对法院具有拘束力。实质性证据的有无,由法院进行判断。尽管如此,针对实质证据的认定,法院并非站在单独的立场上重新审视,而是仅审查该证据是否具有合理性。此时,若想推翻公正交易委员会提交的证据,则要么认定其违反经验法则,要么认定其与原告的证据形成反证。正是基于对公正交易委员会专业性的认可,在该规则上,日本法院并没有给予消极的抵制,而是予以了积极运用。日本最高法院也通过判例对其进行了明确解释,即在实质性证据规则下,"法院对公正交易委员会审决中认定的事实并非以独自的立场重新认定,而仅是就审判过程中根据证据推定事实的合理性进行审查"。[②] 2013 年,随着公正交易委员会审判制度之废止,实质性证据规则(原《禁止垄断法》第 80 条)也被废除。

3. 新证据提出限制制度的废止(修订前的《禁止垄断法》第 81 条)

所谓新证据提出限定规则,是指在取消公正交易委员会行政处罚审决的行政诉讼中,限定当事人提出新的证据。当事人仅在公正交易委员会无正当理由拒不采取该证据或者审判时没能提出该证据,且不存在重大过失的情形下,才可以向法院申请提出与案件有关的新证据。值得注意的是,即使当事人提出的新证据符合上述法定情形,法院也不能自行审理,而是只能将案件退回公正交易委员会,并由其在调取新证据的基础上重新做出审决。新证据提出限制制度的设置,旨在保障公正交易委员会对垄断案件事实的专属认定权。

我们通过上面的分析可以发现,实质性证据规则和新证据提出限定规则的应用,使法院的司法审查权限被限制,其中一部分司法权被真正移交给了公正交易委员会。实质性证据规则和新证据提出限定规则的初衷均是确保公正交易委员会认定的事实对法院具有拘束力,从而保障公正交易委员会对垄断案件事实认定的专属权。随着审判制度及上述两种规则的废止,公正交易委员会的事实认定专属权及准司法权也被消灭,日本将反垄断案件的复审权及垄断案件事实的认定权交给了法院行使。

---

① [日]根岸哲:《注释独占禁止法》,有斐阁 2009 年版,第 781 页。

② [日]《日本最高裁判所民事判例集》,1975 年 29 卷,第 899 页。

　　公正交易委员会审判程序的废止,对日本垄断案件数量造成了重要影响(如表 2 所示)。[①] 从 2010 年到 2014 年,日本违反《禁止垄断法》的案件数量逐渐增多,排除措施命令审判案件增长了将近 6 倍,课征金给付命令审判案件增长了将近 3 倍,这也从侧面表示,仅仅依靠行政机关的处罚已经不能对违反《禁止垄断法》的行为造成威慑,司法机关的规制迫在眉睫。2015 年后,审判案件数量持续下降,排除措施命令审判案件从 137 件下降至 2017 年的 123 件,课征金给付命令审判案件从 179 件下降至 2017 年的 122 件,均有明显的减少。由此可见,审判制度的废除对公正交易委员会处理的案件数量减少有着积极的影响。日本运用法律手段而非行政手段对垄断案件进行规制应当是今后日本《禁止垄断法》修订的新方向之一。[②]

表 2　2010—2017 年公正交易委员会处理的垄断案件

年度(年)	2010	2011	2012	2013	2014	2015	2016	2017
排除措施命令审判案件数量(件)	26	60	75	83	151	137	130	123
课征金给付命令审判案件数量(件)	50	79	95	99	156	179	130	122
合计(件)	77[③]	139	170	182	307	276	260	245

二、不服行政处罚决定的救济程序的修改

　　2013 年,日本废除了公正交易委员会对行政处罚决定不服进行审理的审判制度。对此,日本修订了相关配套规则,明确规定对公正交易委员会行政处罚决定不服的,将依据日本行政诉讼法的一般程序规则,由东京地方法院通过抗告程序进行审理。

　　1. 具有一审职能的地方法院成为受诉法院(新法第 85 条)

　　对公正交易委员会(排除措施命令、课征金命令)的行政处罚决定不服的经营者,可以向具有一审审判职能的东京地方法院提起抗告。日本的行政诉讼法修改后,垄断案件的行政诉讼程序与其他行政诉讼程序一样,也实行"三审终审制",后续的二审和三审分别由东京高等法院及最高法院

---

①　数据资料来自日本公正交易委员会网站历年年次报告,https://www.jftc.go.jp/soshiki/nenpou/index.html,访问日期:2019 年 6 月 30 日。

②　徐梅:《战后日本〈禁止垄断法〉的发展轨迹及特点》,《日本学刊》2017 年第 2 期。

③　其中一个案例是《景品表示法》违反审判案件,详见公正交易委员会平成 26 年年次报告,https://www.jftc.go.jp/info/nenpou/h26/index.html,访问日期:2019 年 6 月 30 日。

审理。

2. 法院专门性的确保(东京地方法院集中管辖)(新法第 85 条)

反垄断法中的违法案件均为复杂的经济案件,无论在经济上还是在法律上,专业性都非常强。因此,日本将针对公正交易委员会行政处罚不服的行政诉讼案件的一审管辖权交给了东京地方法院来行使,从而确保了审判的统一性,并推进了法院积累垄断案件的专门性知识。

3. 法院审慎审理的确保(新法第 86 条和第 87 条)

面对不服公正交易委员会行政处罚决定的抗告诉讼,东京地方法院通过由 3 名法官组成的合议庭进行审理。另外,东京地方法院也可以通过由 5 名法官组成的合议庭进行审理(在日本,地方法院审理一审案件时,原则上采取的是由 1 名法官进行的独任制审判)。在审理上诉案件时,东京高等法院通过由 5 名法官组成的合议庭进行审判(在日本,高等法院审理上诉案件时,原则上是通过由 3 名法官组成的合议庭进行审理)。上述规定反映出,基于垄断案件审理的复杂性,日本对反垄断行政诉讼程序做出了特殊的规定。

三、排除措施命令等意见听取程序的完善

2013 年,日本废除了公正交易委员会的审判程序。为了确保公正交易委员会行政处罚决定程序中的证据开示、质证等规定得到充分贯彻,从而保障当事人的正当程序利益,日本在《禁止垄断法》第 50 条至第 54 条中引入了"意见听取程序"。所谓意见听取程序,是指公正交易委员会在完成审查后,将预做出的行政处罚的内容告知涉嫌违法行为人,听取涉嫌违法行为人的意见与抗辩的程序。在履行完意见听取程序后,公正交易委员会再根据相关证据等信息下达排除措施命令及课征金征缴命令。2015 年 1 月 21 日,公正交易委员会又颁布了《关于公正交易委员会意见听取的规则》(《公正取引委員会の意見聴取に関する規則》,以下简称为《意见听取规则》)①,其中对公正交易委员会的意见听取程序进行了详细规定。具体来看,公正交易委员会的意见听取程序主要涉及以下几方面内容:②

(一) 意见听取程序的流程(参见图 1)

意见听取程序由通知程序、第一回意见听取程序和第二回意见听取程

---

① [日]公正交易委员会:《公正取引委員会の意見聴取に関する規則》,https://www.jftc.go. jp/dk/guideline/ikentyousyu/ikentyousyukisoku. html,访问日期: 2016 年 12 月 1 日。

② 王玉辉、张雅:《日本竞争法立方发展动态》,《中国与世界: 竞争法发展研究报告(2017 年卷)》,法律出版社 2018 年版,第 264 页。

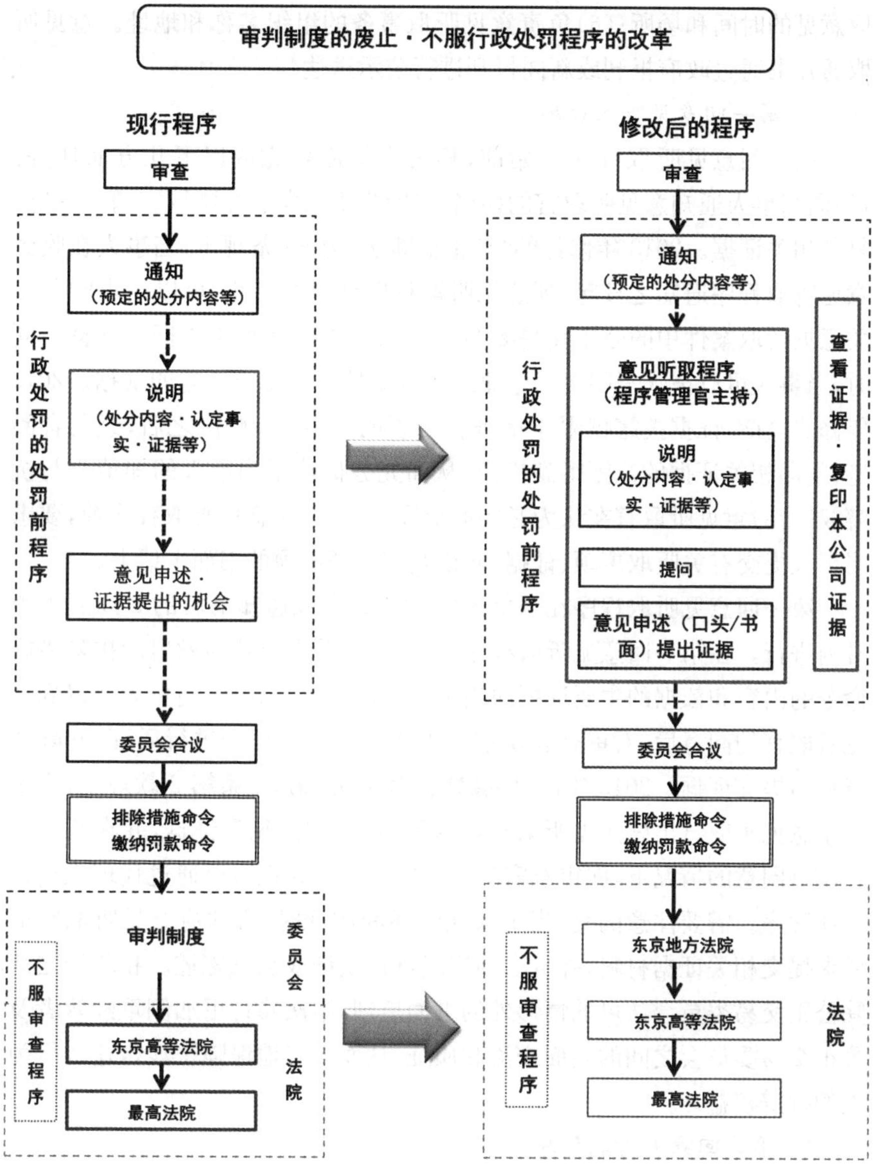

审判制度的废止·不服行政处罚程序的改革

现行程序

审查

```
行政处罚的处罚前程序
```

通知
（预定的处分内容等）

说明
（处分内容·认定事
实·证据等）

意见申述·
证据提出的机会

委员会合议

排除措施命令
缴纳罚款命令

审判制度　委员会

不服审查程序

东京高等法院　法院

最高法院

修改后的程序

审查

```
行政处罚的处罚前程序
```

通知
（预定的处分内容等）

意见听取程序
（程序管理官主持）

说明
（处分内容·认定事
实·证据等）

提问

意见申述（口头/书
面）提出证据

查看证据·复印本公司证据

委员会合议

排除措施命令
缴纳罚款命令

不服审查程序

东京地方法院

东京高等法院　法院

最高法院

图 1　2013 年修法后的行政处罚程序及其救济程序

序三个阶段构成。

1. 意见听取的通知程序

意见听取程序由"意见听取官"主导。首先,意见听取官需提前将意见听取通知书送达给当事人。意见听取通知书应当记载如下内容:(1)案件名;(2)预采取的排除措施命令的内容;(3)公正交易委员会认定的事实和适用的法律;(4)公正交易委员会认定事实的主要证据和证据目录;(5)听取意见的时间和场所;(6)负责意见听取事务的组织名称和地址。意见听取通知书通过政府报刊或新闻报刊进行公示送达。

2. 第一回意见听取程序

第一回意见听取程序开始前,相关人员需要完成以下几方面任务:(1)向当事人通知意见听取官的姓名。(2)当事人向意见听取官请求阅览、复印相关证据。2013 年修订的《禁止垄断法》第 52 条规定,当事人在收到意见听取程序通知之日起,到意见听取程序结束之日止,可以请求阅览有关意见听取案件中的公正交易委员会所认定之事实和所依据之证据。同时,当事人可以请求复印自己企业或者企业员工提交或供述的证据。2013 年修法之前,证据披露仅限于审查官的说明;2013 年修法之后,经营者阅览、复印相关证据的范围得到扩充,从而充分保障了当事人的知情权与抗辩权。(3)意见听取官在认为必要的情况下,可以在意见听取程序前,要求当事人提交有关听取事项、证据、向审查官质证事项的书面申请书。

第一回意见听取程序在当事人收到意见听取通知书后的 2 周到 1 个月内进行。在第一回意见听取程序中,审查官首先会就预做出的排除措施命令的内容和依据的主要证据向当事人进行说明。其次,当事人在得到意见听取官的同意后,对审查官认定的事实和提交的证据进行质证,并陈述意见与提交证据。2013 年修订的《禁止垄断法》第 54 条第 2 款规定,当事人于意见听取日出席意见听取程序,提出自己的意见和证据,并在征得指定职员同意的情况下,向审查官进行质问。当事人也可以通过代理人进行上述程序。需要注意的是,当事人在陈述和质证时,必须应意见听取官的要求提交相关证据材料,并且必须现场进行质证或意见陈述。相较于之前除公正交易委员会认可的情形外的书面审理,本次修订更加侧重经营者及公正交易委员会之间的当面交流和质证,从而更好地保障了涉嫌违法行为人的抗辩权益。

3. 第二回意见听取程序

第二回意见听取程序开始前,相关人员需完成如下几方面的任务:(1)意见听取官将制作好的调查书通知当事人。调查书应当记载当事人在意见听取日进行意见陈述的经过。(2)当事人向意见听取官请求阅览调查书。

第二回意见听取程序在意见听取官制作好调查书并送达给当事人的 2 周到 1 个月内进行。在第二回意见听取日,当事人必须到场将意见书面提交给意见听取官,并再次陈述意见和提交证据。自此,意见听取程序最终结束。之后,意见听取官会制作最终的意见听取的调查书和意见听取的报告书(新法第 58 条、《意见听取规则》第 22 条)。意见听取报告书必须整

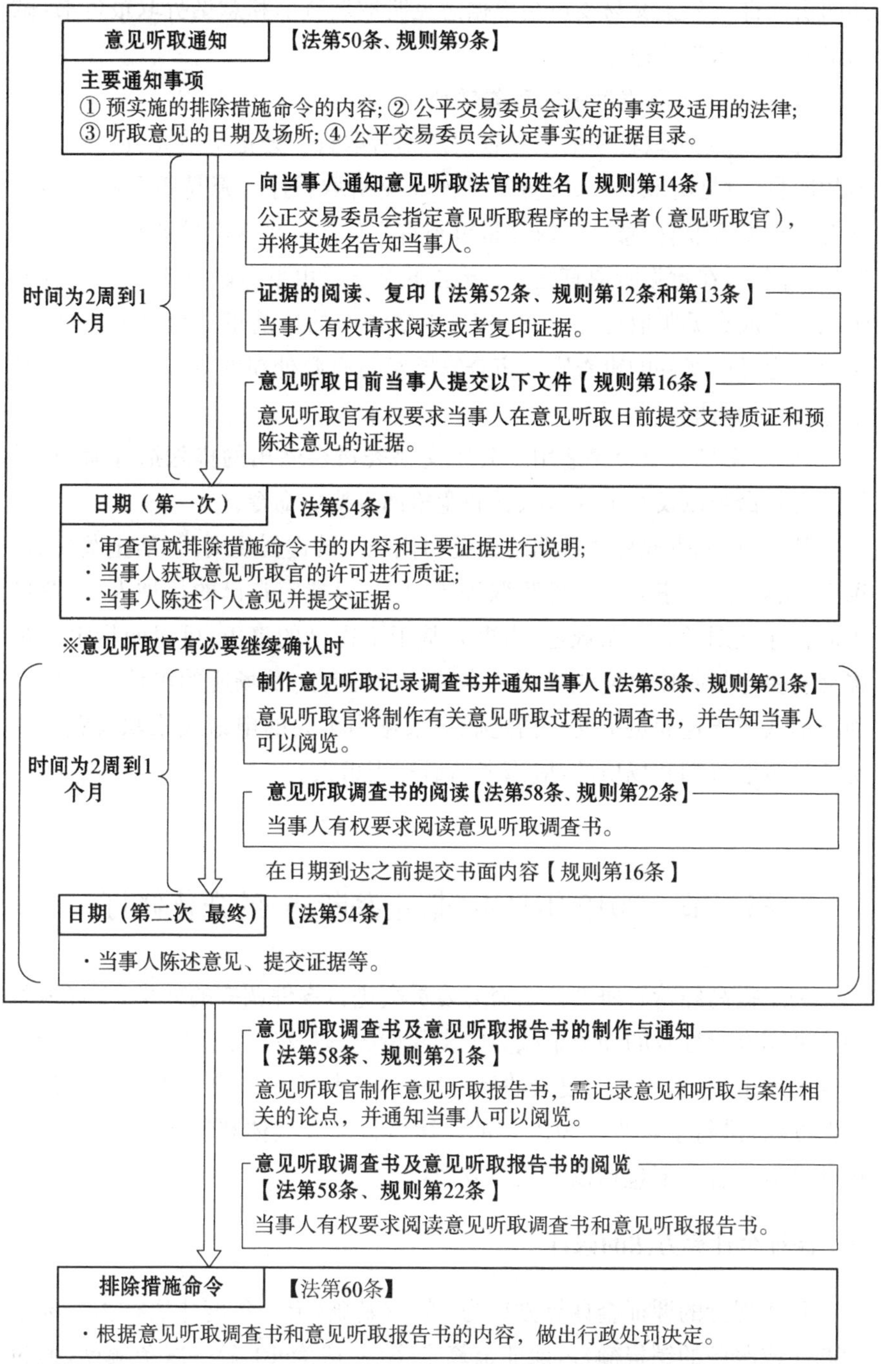

意见听取通知   【法第50条、规则第9条】

主要通知事项
① 预实施的排除措施命令的内容;② 公平交易委员会认定的事实及适用的法律;
③ 听取意见的日期及场所;④ 公平交易委员会认定事实的证据目录。

时间为2周到1 个月

向当事人通知意见听取法官的姓名【规则第14条】
公正交易委员会指定意见听取程序的主导者(意见听取官),
并将其姓名告知当事人。

证据的阅读、复印【法第52条、规则第12条和第13条】
当事人有权请求阅读或者复印证据。

意见听取日前当事人提交以下文件【规则第16条】
意见听取官有权要求当事人在意见听取日前提交支持质证和预
陈述意见的证据。

日期(第一次)   【法第54条】
·审查官就排除措施命令书的内容和主要证据进行说明;
·当事人获取意见听取官的许可进行质证;
·当事人陈述个人意见并提交证据。

※意见听取官有必要继续确认时

时间为2周到1 个月

制作意见听取记录调查书并通知当事人【法第58条、规则第21条】
意见听取官将制作有关意见听取过程的调查书,并告知当事人
可以阅览。

意见听取调查书的阅读【法第58条、规则第22条】
当事人有权要求阅读意见听取调查书。

在日期到达之前提交书面内容【规则第16条】

日期(第二次 最终)   【法第54条】
·当事人陈述意见、提交证据等。

意见听取调查书及意见听取报告书的制作与通知
【法第58条、规则第21条】
意见听取官制作意见听取报告书,需记录意见和听取与案件相
关的论点,并通知当事人可以阅览。

意见听取调查书及意见听取报告书的阅览
【法第58条、规则第22条】
当事人有权要求阅读意见听取调查书和意见听取报告书。

排除措施命令   【法第60条】
·根据意见听取调查书和意见听取报告书的内容,做出行政处罚决定。

图2 意见听取程序流程

理与记载该意见听取程序所涉及案件的论点,当事人可以再度请求阅览上述两份文件。公正交易委员会根据意见听取调查书和意见听取报告书,做出最后的排除措施命令。

(二) 意见听取程序中的有关规则

其一,意见听取程序的主导者为意见听取官。公正交易委员会指定特定的职员(意见听取官)来负责案件的意见听取程序。意见听取程序的主导者为意见听取官,意见听取官是审查官之外的从事该案件调查等事务的职员。同时,在意见听取官之外,新法还规定了由事务辅助者来辅助意见听取官完成意见听取程序。在 2013 年修法前的事前审查程序中,程序的主导人为经办案件的审查官。审查官既负责行政处罚的审查程序,又负责案件意见的听取。

其二,意见听取程序适用于公正交易委员会做出的排除措施命令、课征金交付命令以及有关独占状态的竞争回复措施命令。

其三,意见听取程序日期的变更和代理人的选任规则。《禁止垄断法》第 51 条规定,当事人在意见听取程序中,可以选定自己的代理人。《意见听取程序规则》第 10 条规定,当事人基于不得已的事由,可以向指定职员提交变更意见听取日期或场所的申请。变更时间及场所的申请需要以书面的形式向指定职员提交。指定职员根据当事人的申请或依职权做出变更意见听取日期和场所的,应当书面通知当事人。

第二节 2019 年日本《禁止垄断法》的强化修订

为了提高经营者协助公正交易委员会进行案件调查的效率,更好地阐明协助调查所导致的课征金减免的实际情况,以及扩大公正交易委员会的案件处理范围,从而应对复杂的经济环境,日本于 2019 年 6 月 19 日对《禁止垄断法》进行了修改。2019 年的法律修订涉及实体和程序两大方面,具体的修订内容主要包括以下几个方面:

一、课征金计算方法的修订

日本现行的课征金计算方法为:算定基础(上一年度违法行为所涉及的商品或服务的销售额)×课征金算定率(一般为 10%)—减免额度(通过减免制度计算)。在 2019 年的法律修订工作中,日本从多个方面对课征金制度进行了重大改革,从而提高了课征金的制裁力度,增强了反垄断执法的威慑力。

其一,课征金算定期间的延长。1999年,日本将课征金的算定期间设定为3年。经营者实施违法行为的期间超过3年的,从该违法行为的经营活动结束之日起向前追溯3年,作为课征金算定的实施期间。2019年,日本将课征金算定的期间延长至10年。如此一来,公正交易委员会对经营者征收的课征金之基础最多为经营者停止违法行为之日起前10年的营业额。另外,2019年的修法也将除斥期间由原来的5年延长至7年。上述修订体现了日本对垄断行为进行惩治与追查的力度之加强。

其二,课征金算定基础的增加。在日本,原有的课征金征收基础为经营者的违法所得(违法行为所涉及的商品或服务的销售额),其并不包括不当得利。2019年,为了强化课征金制度的威慑功能与制裁力度,日本将因违法行为而获得的不当得利追加为征收罚款的基础。具体来看,上述不当得利包括以下几种类型:(1)因不提供服务或者商品而得到利益(串通金);(2)与作为违法行为对象的商品或者服务密切相关的经营活动的销售额(因分包获取的利益);(3)从违法经营者那里获得指示或信息的一定的集团企业的销售额。此外,针对之前法律仅对公正交易委员会启动调查程序后继受违法经营活动的企业才征收课征金的现状,日本在2019年的修法中扩大了继受违法经营活动的经营者受处罚之范围,并将调查开始之前继受了违法经营活动的公司也规定为课征金的征缴对象,对其征收课征金。

其三,课征金算定率的大规模修订。2019年,日本对课征金的算定比率进行了大幅修改,具体体现为以下几个方面:(1)废除了按行业设定不同的课征金算定率的做法,统一按照基本算定率(10%)计算,从而实现了算定率的一体化。在2019年修改《禁止垄断法》之前,日本针对不同的产业领域设置了不同比率的课征金算定率。其中,在不正当交易限制案件中,日本对制造业、建筑业、服务业等领域中的大企业征收10%的罚款,对批发业领域中的大企业征收3%罚款,对零售业领域中的大企业征收2%的罚款。在私人垄断案件中,日本区分了排除型私人垄断和支配型私人垄断。其中,在支配型私人垄断案件中,日本对制造业、建筑业、服务业等领域中的大企业征收10%的罚款,对批发业领域中的大企业征收3%的罚款,对零售业领域中的大企业征收2%的罚款;在排除型私人垄断案件中,日本对制造业、建筑业、服务业等领域中的大企业征收6%的罚款,对批发业领域中的大企业征收2%的罚款,对零售业领域中的大企业征收1%的罚款。在不公正交易方法案件中,日本区分出两种类型的案件来征收课征金。其中,在低价倾销、联合抵制交易、差别对价、转售价格维持协议案件中,日本对制造业、建筑业、服务业等领域中的企业征收 3％ 的罚款,对批发业领域中的企业征收 2％ 的罚款,对零售业领域中的大企业征收 1％ 的罚款。在滥用优势地位案件中,日本统一征收 1％ 的罚款。2019 年修改《禁止垄断法》时,日本取消了根据制造业、批发业和零售业来分设课征金基本算定率的做法,将不正当交易限制和私人垄断领域的课征金追缴比率统一设定为 10％,并对其他行为也予以了统一。(2)明确《禁止垄断法》设定的中小企业算定率仅适用于实质性的中小企业。

表3　2019 年 6 月 19 日之前的课征金适用对象及算定率①

违法行为	产业领域		
	制造业	批发业	零售业
不正当交易限制	10％(4％)	3％(1.2％)	2％(1％)
支配型私人垄断	10％	3％	2％
排除型私人垄断	6％	2％	1％
低价倾销、差别对价、联合抵制交易、转售价格维持协议(不公正交易方法)	3％	2％	1％
滥用优势地位(不公正交易方法)	1％		

表4　2019 年 6 月 19 日之后的课征金适用对象及算定率②

违法行为	课征金比率
不正当交易限制	10％
支配型私人垄断	10％
排除型私人垄断	6％
低价倾销、差别对价、联合抵制交易、转售价格维持协议(不公正交易方法)	3％
滥用优势地位(不公正交易方法)	1％

其四,课征金加罚制度的修改。2019 年,日本对课征金加罚制度主要进行了如下修改:(1)扩大课征金加罚制度的适用范围。所谓加罚制度,

---

① [日]公正取引委员会事务総局:《独占禁止法改正法の概要》,https://www.jftc.go.jp/dk/kaisei/h21kaisei/index_files/091203setsumeikaisiryou.pdf,访问日期:2016 年 12 月 28 日。
② [日]公正取引委员会事务総局:《独占禁止法改正法の概要》,https://www.jftc.go.jp/dk/kaisei/h21kaisei/index_files/091203setsumeikaisiryou.pdf,访问日期:2016 年 12 月 28 日。

是指对特定行为和特定人员加征 50％的课征金。日本于 2005 年引入的课征金加罚制度,仅适用于 10 年内再次实施垄断行为者。2009 年,日本将课征金加罚制度扩展适用于卡特尔、串通投标等案件的主导作用者。2019 年修订《禁止垄断法》时,为推进公正交易委员会对垄断案件的有效调查与查处,日本又将加罚制度扩展适用于妨碍调查行为者。修订后的《禁止垄断法》规定,对妨碍公正交易委员会调查行为(隐蔽、伪装证据等)的经营者,加征 50％的罚款。(2)完善了 10 年内再次实施垄断行为的加罚制度的相关规定。修订后的《禁止垄断法》规定,10 年内再次实施垄断行为的加罚制度,追加适用于过去十年实施垄断行为的子公司的母公司,以及从违法行为者处继受违法经营事业的经营者。根据上述规定,如果子公司实施了垄断行为,那么其母公司 10 年内再次实施垄断行为的,对母公司加征 50％罚款。同样,经营者 A 实施垄断行为,经营者 B 从经营者 A 处继受了与经营者 A 原先实施的垄断行为相关的经营事业,且经营者 B 在经营者 A 实施原垄断行为之日起 10 年内实施垄断行为的,对经营者 B 加征 50％罚款。

其五,废除针对提前退出垄断行为企业设定的课征金减轻制度。2005 年,为了鼓励经营者提前退出卡特尔案件,以减轻卡特尔案件对市场秩序及消费者的损害,日本引入了针对垄断案件提前退出者的课征金减轻制度。此项课征金减轻制度规定,从事持续违法行为不超过 2 年,且从调查开始之日起 1 个月内主动脱离的企业,对其征缴的课征金额降低 2％。2019 年修订《禁止垄断法》时,日本对课征金减免制度适用人数进行了根本修改,即不设减免数量上限规定(后详述),并在此基础上废除了针对提前退出者的课征金减轻制度,从而保障了制度上的衔接。

上述修订带来了以下两方面的积极效果:(1)改变了过去公正交易委员会与经营者相对立的关系,使之转变为排除反垄断法违法行为的协作关系。(2)做到了对复杂经济环境征收课征金,提高了对反垄断违法行为的抑制力,有效保障了自由、公平的市场竞争和消费者利益的实现。

二、课征金减免制度的修订

2019 年修订《禁止垄断法》前,日本的课征金是统一计算和征收的,因此无论经营者在何种程度上与公正交易委员会进行调查合作,都将被给予统一比率的课征金减免。2019 年的法律修订引入了附加课征金减免制度,并扩大了减免申请者的数量,此举旨在增加经营者配合公正交易委员会调查和提交有效证据的动力,以提高公正交易委员会查处案件的效率与范围。2019 年的有关课征金减免制度的修法,使得经营者与公正交易委员会之前存在的对立关系转变为向着共同的方向查处垄断行为的协助关系。具体来看,2019 年的法律修订对课征金减免制度的调整主要体现在以下几个方面:

其一,废除了对申请者数量上限的限制,给予全部违法行为参加者检举揭发的机会。在 2019 年的修法之前,无论在调查程序开始前还是调查程序开始后,公正交易委员会总计会给予前 5 位申请者以课征金的减免。2019 年的法律修订废除了对申请者数量的限制,从而使全部违法行为参与者均有机会检举揭发,以获得课征金的减免。在 2019 年的法律修订工作中,日本不对课征金减免(宽大制度)的申请者数量进行限制之做法,旨在更为广泛地激发参与者运用该项制度,从而帮助执法机关获取证据资料和制裁垄断行为。当前,世界各国(美国、中国、韩国等)普遍对申请者数量进行了限制,因此日本的做法成为世界之首创做法。①

其二,在原有的针对申请序位设置的固定减免幅度之基础上,再针对申请者后续对案件查明的协助程度,创新性地引入附加减免制度。新修订的《禁止垄断法》规定,公正交易委员会根据经营者对查明案件实际情况的协助程度(经营者主动提交证据的价值),附加给予额外的课征金减免。其中,在启动调查程序前,执法机关根据经营者所提交证据对案件查明的协助程度,最高给予其 40%的课征金减免;在启动调查程序后,执法机关根据经营者的协助程度,最高给予其 20%的课征金减免。

其三,增加公正交易委员会与申请者之间就协助内容和附加课征金减免率进行确定的协商制度。新修订的《禁止垄断法》规定,在提交减免申请之后,经营者与公正交易委员会就协助内容和附加的课征金减免率进行协商。如果双方就相关内容达成合意,那么申请者应当根据协商内容提交相关证据,并实施相关协助行为;如果申请者按照协商内容实施了协助行为,那么公正交易委员会应当给予该申请者课征金的附加减免。需要注意的是,如果双方没有就相关内容达成合意,那么执法机关是不能将协商过程中所记录的申请者的说明内容当成证据使用的。同时,如果经营者存在不符合减免资格的行为,那么根据申请序位给予的课征金减免和根据协助程度给予

---

① 从世界各国的现行规定来看,宽大制度减免主体的数量规定主要有两种模式:一种是以美国、加拿大、澳大利亚等为代表的"只全免首位申请者"模式,即规定反垄断法执法机关只给第一个申请者以责任全部免除,其他序位申请者均无法享受任何宽大;第二种是以欧盟国家、中国等为代表的"分层级责任减免"模式。欧盟国家给予前三位申请者以责任减免,第一个申请者可获得完全宽大,第二位、第三位和第四位申请者所获得的减免幅度依次递减。同时,欧盟国家给予前三位申请者以罚款减免,第一位符合要件的经营者罚款减少 30%至 50%,第二位符合要件的经营者罚款减少 20%至 30%,第三位符合要件的经营者罚款可以减至 20%。

的额外课征金减免均不得适用。

此外,为了提高协商制度的明确预测性,日本还完善了有关协助内容(提交证据)评价方法的指导方针。指导方针明确了协助内容(经营者主动提供的证据等)对案件实际情况的证明程度之评价方法,并界定了根据证据内容对证明违法行为的相关信息(卡特尔、串通投标等涉及的对象商品或服务,参加的经营者、实施期间、实施状况等)的证明价值之评价方法。

其四,降低了原有的针对申请序位所设置的课征金减免幅度。基于2019 年的法律修订增加了根据协助程度额外施加的课征金减免措施,日本将原有的根据申请序位所设置的课征金减免比率进行了下调。其中,调查开始前的首位申请者仍旧享受课征金全额减免,第二位申请者的课征金减免率由原来的 50%下调为 20%,第三位至第五位申请者的课征金减免率由原来的 30%下调为 10%,第六位及以后的申请者则享受 5%的课征金减免。针对公正交易委员会启动调查程序之后的申请者,前三位申请者的课征金减免率由原来的 30%下调为 10%,第三位之后的申请者则享受 5%的课征金减免。尽管 2019 年的法律修订降低了原有的依申请序位设置的课征金减免幅度,但是考量到新增的根据协助程度实施的附加减免制度,两个减免率相加所获得的总减免幅度实际上是较之前的课征金减免幅度更大的,因此经营者也能享受到更多的课征金减免。^① 有关课征金申请优先序位及减免额度的修订,请参见表 5 和表 6。^②

表 5　2019 年 6 月 19 日之前的课征金减免率

调查开始	申请序位	基于申请序位的减免率
前	第一位	全额减免
	第二位	50%
	第三位至第五位	30%
	第六位及以后	无
后	前三位经营者	10%
	第三位以后	无

① ［日]公正取引委员会:《独占禁止法の一部改正法(概要)~課徵金制度等の見直し~》,https://www.jftc.go.jp/dk/kaisei/r1kaisei/index_files/r1gaiyou.pdf,访问日期:2019 年 6 月 30 日。
② ［日]公正取引委员会:《独占禁止法の一部改正法(概要)~課徵金制度等の見直し~》,https://www.jftc.go.jp/dk/kaisei/r1kaisei/index_files/r1gaiyou.pdf,访问日期:2019 年 6 月 30 日。

表6　2019 年 6 月 19 日之后的课征金减免率

调查开始	申请序位	基于申请序位的减免率	基于协助程度的减免率
前	第一位	全额减免	最大 40%
	第二位	20%	
	第三位至第五位	10%	
	第六位及以后	5%	
后	前三位经营者	10%	＋最大 20%
	第三位以后	5%	

三、课征金减免保障制度：经营者与律师秘密通信的保护制度

为了激励经营者与公正交易委员会进行合作,日本于 2019 年修定《禁止垄断法》时,在原有的课征金减免制度的基础上,增加了根据申请者协助程度给予附加课征金减免的规定。同时,为了推进课征金减免协助制度的有效实施,日本从保障程序正当、保护经营者与委托律师之间的秘密通信权益角度出发,在《禁止垄断法》第 76 条第 1 款中规定了经营者与委托律师之间的咨询法律意见等秘密受法律保护的制度。此外,日本还制定了《关于经营者与律师之间秘密通信的处理》("事業者と弁護士との間で秘密に行われた通信の取扱いについて")①,以对课征金减免协助制度进行指导。具体来看,秘密保护制度具有如下适用方面的特点：

其一,秘密保护制度仅适用于不公正交易限制案件的行政调查程序,不适用于刑事调查程序,并且该项制度的运用旨在活用日本于 2019 年新修订的根据经营者的协助程序(提交证据的情况)设置的附加课征金减免制度,因此该项制度仅在课征金减免所涉及的行政调查程序中适用。

其二,秘密保护所保护的有关法律意见的秘密文件包括经营者向律师提出的咨询文件、律师回复经营者的文件、记载律师对公司内部进行调查的法律意见的报告书、律师参加公司内部会议时所记载的与律师交换法律意见的内部会议记录等。需要注意的是,下述文件并不受保护：(1)向律师咨询前已经存在的文件,或者收集的作为咨询基础的事实资料(事实调查资料);(2)记载有关《禁止垄断法》中的不公正交易限制条款之外的规定

---

① 　[日]《事業者と弁護士との間で秘密に行われた通信の取扱いについて》,https://www.jftc.go.jp/houdou/pressrelease/2019/mar/keitorikikaku/190312besshi2.pdf,访问日期：2019 年 6 月 20 日。

或者其他法律法规的法律意见的材料。

其三,私密保护制度有如下适用条件:(1)提出命令时,经营者主动提出适用该项制度;(2)文件名、保管场所、维持秘密性等需要被适当保管;(3)提出命令之后,在一定时间内提交记载适用本项制度的文件的做成时间、制作者姓名、共有者姓名、属性等各项信息的概要文书;(4)在存在包含保护对象之外的文件的情况下,应当向公正交易委员会提交该物件的照片或报告相关内容;(5)不得出于违法目的而滥用本项制度。

其四,律师的范围。秘密保护制度所指称的律师是根据律师法成为律师,并以独立于经营者的身份为其提供法律服务的人,其与经营者不存在雇用关系。此外,日本还对企业的内部律师和外国律师做出了如下具体的规定:(1)原则上,企业的内部律师不在秘密保护制度的适用范围内,但是当发现违法行为时,若企业的内部律师不在其雇主企业的指示及监督下独立地进行工作,则其也适用本项制度;(2)在涉嫌违法的国际卡特尔案件中,记载外国律师与经营者之间的咨询内容的文件,不受《禁止垄断法》第47 条规定的提交命令的约束,其受秘密保护制度调整。

其五,判定程序。为了有效保障秘密保护制度的合理、适当及有效运用,日本专门设置了判定程序。(1)判定程序由专门人员——判定官负责审查。在审查官所在的部门之外,日本于官房专门设置了判定官,以确保审查的公正性。(2)针对适用秘密保护制度的物品,审查官在命令将其提交与查封时,就可以将所涉物品装入信封封存,并交由判定官来管理和审查。(3)判定官根据适用条件来判断是否适用秘密保护制度,以防止经营者滥用该项制度。为避免经营者滥用上述规定,判定官着重鉴别前述要件第(3)项和第(4)项的内容。审查后,判定官认为满足秘密保护制度条件的,应当立刻将物品返还给经营者;如果判定官认为不符合秘密保护制度条件的,那么交由审查官管理。(4)针对判定官的判断,经营者不得提起行政诉讼。

其六,与课征金减免制度的关系。在新的课征金减免制度下,有无秘密保护制度不是协助调查的评价条件,但滥用该项制度会构成《禁止垄断法》第 94 条所规定的妨碍检查罪。

其七,为了保障新修订的课征金减免制度的运用,日本规定秘密保护制度所涉及的物品或文件不适用于意见听取程序的质证环节。

同时,根据《〈禁止垄断法〉审查程序指南》(2015 年 12 月)的规定,申请课征金减免的经营者的职员在供述听取结束后可以当场制作笔录。另外,针对课征金制度的修订,日本并没有额外再增加新的公正交易委员会的调查权限。

另外,在 2019 年的法律修订工作中,日本还降低了课征金滞纳金的征收比率,提高了对法人等主体实施的妨碍检查罪的罚金数额,改革了公正交易委员会犯罪调查程序中收集电磁记录证据的程序,等等。

第三节　2013—2019 年反垄断法配套指南的最新发展

作为保证市场公平、自由地进行竞争的法律,竞争法对日本市场经济发展的促进作用越来越显著。自 20 世纪 90 年代以来,竞争法开始处于核心地位,日本愈发依托竞争政策的强化来推进与保障市场化改革和市场经济发展。尽管《禁止垄断法》于 2013 年进行了大修,但是随着《禁止垄断法》的实施,反垄断法执法过程中遇到了很多新的问题,因此公正交易委员会出台和修改了相关配套指南,以细化执法过程中遇到的问题。

一、2015 年反垄断法相关指南的立法与修法概况

2015 年 1 月 21 日,公正交易委员会颁布《公正交易委员会听取意见的规则》,以配套完善于 2013 年被新引入《禁止垄断法》中的意见听取程序。《关于公正交易委员会意见听取的规则》共 25 条,其对使用的语言、官方通知的时间、内容、文件的准备、听取意见的通知、代理、证据提交的程序、听取意见的程序等内容做出了详细的规定,并于 2015 年 4 月 1 日起开始实施。

2015 年 12 月 25 日,公正交易委员会出台《关于反垄断法涉嫌违法案件行政调查程序的概要》(《独占禁止法违反被疑事件的行政调查手续的概要について》)。2014 年 2 月,"反垄断法行政调查程序咨询小组会议"举行,并于 2014 年 12 月 24 日发布咨询小组报告。在上述报告的基础上,公正交易委员会从进一步确保行政调查程序的适当性角度出发,决定制定《关于反垄断法涉嫌违法案件行政调查程序的概要》。2015 年 6 月 30 日,公正交易委员会公布草案,并向社会广泛征询意见。随后,根据社会各方反馈的意见,公正交易委员会对上述草案进行了部分修改,并于 2016 年 1 月 4 日发布生效。该指南对案件行政调查程序进行了详细的规定。2015 年的指南明确了以下几方面的行政处罚程序规则:(1)明确公正交易委员会进入检查的对象为经营者的经营场所、财务场所等任何与涉嫌违法行为相关的场所。如果经营者职员的住宅可能藏匿与涉嫌违法行为有关的资料,公正交易委员会也可以进入检查。(2)将公正交易委员会的听取供述分为任意的供述听取和通过审查程序进行的供述听取。(3)明确了公正交

易委员会的报告命令规则。根据《禁止垄断法》第 47 条的规定,公正交易委员会可以要求经营者就涉嫌的违法行为进行报告。如果经营者不报告或者进行虚假报告,那么其行为构成《禁止垄断法》第 94 条所规定的犯罪。要求报告制度既包括根据《禁止垄断法》第 47 条进行的具有间接强制力的报告制度,也包括除此之外的其他任意报告制度。(4)2015 年的指南还明确了针对行政调查程序的申诉制度。通过上述规则的确立,日本能够确保行政调查程序的适当性和透明度,从而推动反垄断法执法的严格适度,以及能够保证和提升"公平自由竞争"来赋予经济活力,从而确保消费者利益。

二、2016 年反垄断法相关指南的立法与修法概况

2016 年,日本对相关领域中的反垄断法立法进行了修订,具体体现为以下几个方面:

(一)《禁止垄断法》的部分修订①

2016 年 12 月 9 日,公正交易委员会颁布了《关于环太平洋伙伴关系协定缔结伴生的相关法律改革的法律》。本次修法的一大特色,是公正交易委员会与经营者通过自主协商制度来解决垄断上的问题,并且引进了承诺制度。在公正交易委员会发现经营者有违反《禁止垄断法》的嫌疑,并告知其违反的法条时,如果经营者可以在 60 天内提交得到公正交易委员会认可的消除该行为后果的计划书,那么该经营者可以被免于行政处罚。价格卡特尔、串通投标等不适用上述制度。如果经营者事后没有具体实施其计划书中的排除违法行为的措施,那么公正交易委员会有权启动正常的调查程序,对其施加制裁。

(二)关于国际海运的反垄断法豁免制度的废止

2016 年 2 月 4 日,日本公正交易委员会颁布《关于国际海运的反垄断法的豁免制度审查》。②

1. 背景

在豁免制度设立后,日本政府应当根据经济情况的变化进行及时审查,以决定是继续实施还是废止该项制度。国际海运的反垄断法豁免制度

---

① ［日］《独占禁止法の一部改正を含む「環太平洋パートナーシップ協定の締結に伴う関係法律の整備に関する法律」の成立について》,2016 年 12 月 9 日,http://www.jftc.go.jp/houdou/pressrelease/h28/dec/161209_4.html,访问日期:2017 年 1 月 25 日。

② 日本公正交易委员会: *Review of the System for Exemption from the Antimonopoly Act for International Ocean Shipping*,(February 4,2016)http://www.jftc.go.jp/en/pressreleases/yearly—2016/February/160204.html,访问日期:2017 年 1 月 24 日。

是根据日本的《海运法》(1949 年第 187 号法)建立的,并在 1999 年、2006 年和 2010 年接受了三次审查。审查主要基于以下两方面理由:第一,豁免制度的国际一致性;第二,保护托运人的利益。根据审查的结果,日本决定豁免制度应当继续存在。2016 年,在调查有关国际海运服务汽车的案件①中,公正交易委员会通过对国际海运的条件以及反垄断法豁免的实际情况之研究,以实现对国际海运领域中的反垄断法豁免制度是否有效之审查,并最终和国土交通省进行协商,废止了《海运法》中有关国际海运中反垄断法豁免的规定。

2. 国际海运的实际情况

在国际海运已成为外贸重要运输手段的日本,国际海运主要有班轮运输和不定期航运两种类型。(1)班轮运输。班轮运输一般采用集装箱运输。班轮运输有两种类型的合同,即定期合同与现货合同。在实践中,托运人与船务公司的合同为定期合同,期限为 6 个月或 1 年。托运人一般根据以下标准选择船务公司(按优先顺序):运费水平、服务时间表/频率、空间的安全。(2)不定期运输。纯汽车运输船、干散货船、油轮、LNG 运输船等都被用于不定期运输,不同类型的货物用不同的船。但是,大多数向公正交易委员会发出的通知是关于纯车协议的通知。纯汽车运输公司的运输合同分为定期合同和现货合同。在实践中,托运人与船务公司制定 1 年或更长时间的定期合同。托运人在合同履行期间通常不与船公司核查货物的基本费率。托运人一般根据以下标准选择船务公司(按优先顺序):服务时间表/频率、级别运价、保证空间。国际海运分为货运和客运,而大多数被豁免的协议为货运。

3. 反垄断法豁免制度的必要性

反垄断法豁免制度是市场经济中的一个特殊制度,其应被限制在最小程度内,而豁免制度的国际一致性和保护托运人的利益已被列为维持这一制度的基础。(1)在豁免制度的国际一致性方面。在日本,反垄断法豁免协议的范围与美国、欧盟等主体是不同的。联盟协议、讨论协议、执行联合会协议、汽车承运人协议等文件在日本都被反垄断法予以豁免,而在美国,上述文件都不属于反托拉斯法的豁免范围。此外,任何联盟和关于班轮运输的讨论协议以及任何关于运输的协议也不属于欧盟竞争法的豁免范围。因此,上述协议被认为与国际一致性相违背,日本不应当对上述协议予以

---

① JFTC, *Cease and Desist Orders and Surcharge Payment Orders against International Ocean Shipping Companies* (March 18, 2014) http://www.jftc.go.jp/en/pressreleases/yearly—2014/March/140318.html.

豁免。(2)在保护托运人的利益方面,托运人更加重视运费水平,而不是其稳定性。希望稳定运费的托运人通过签订定期合同来解决这个问题。因此,通过联盟和讨论来保持运费的稳定性不是必要的协议内容。此外,由于会费和运价指南中存在关税,因此讨论协议对运费实际上几乎没有重大影响,我们很难声称联盟和讨论协议能够有效地稳定运价。因此,没有必要基于托运人的利益对联盟协议和讨论协议进行豁免。

执行联合会协议和汽车承运人协议往往会规定,通过交换或实施联合行动来包租一个或多个运输空间和调整运送服务计划、船运服务数量、海运路线等。为了方便托运人,在合理的必要范围内增加交通空间的合作基本上是没有什么影响的,除非其限制了船务公司提供的服务数量,因此没有必要使执行联合会协议和汽车承运人协议获得豁免。

联盟协议、讨论协议、执行联合会协议和汽车承运人协议是主要的被视为免除AMA的协议,这些协议都没有必要进行AMA豁免。因此,日本没有理由维持反垄断法豁免制度。公正交易委员会将与国土交通省合作讨论修订国际海洋管理协会的豁免制度,从而确保国际海运的竞争不受限制,并且日本经济作为一个整体不会受到任何负面影响。

4.国际远洋运输AMA豁免的主要内容

2014年,公正交易委员会收到212份关于国际海运的通知协议,这些协议大致可分为如下四类:(1)联盟协议,即船务公司之间关于安排运费的合作协议。联盟协议主要用于班轮运输和不定期航运(限于纯汽车运输公司),其主要功能是基于海洋路线与集装箱类型来定义运费和关税。(2)讨论协议,即航运公司之间关于讨论适当水平的运费率的合作协议。讨论协议用于班轮运输,其主要功能是制定无约束的运费率指南。(3)执行联合会协议,即航运公司之间关于服务的航运合作协议,该协议不涉及运费和收入。执行联合会协议主要适用于班轮运输,其功能是在联合经营的基础上,提供班轮运输服务的交流或租用。(4)汽车承运人协议,即船务公司之间关于航运服务的合作协议,该协议不涉及运费。汽车承运人协议适用于不定期运输(限于纯汽车运输公司),其主要功能是根据调整的航运服务时间表来实施联合作业。

(三) 修订《关于知识产权行使的反垄断法指南》[①]

2005年6月29日,日本颁布《标准化和专利安排指南》。2007年9月

[①] ［日］《「知的財産の利用に関する独占禁止法上の指針」の一部改正について》,2016年1月21日,http://www.jftc.go.jp/houdou/pressrelease/h28/jan/160121.html,访问日期：2017年1月25日。

28日,日本颁布《关于知识产权行使的反垄断法指南》。2016年1月21日,为了进一步明确知识产权正当行使的原则,公正交易委员会决定修订《关于知识产权行使的反垄断法指南》。

2016年的《关于知识产权行使的反垄断法指南》修改主要是强调了在制定标准时,标准化机构必须要明确关于FRAND宣言(即fair,reasonable,and nondiscriminatory terms[公平、合理和不带歧视性的条款])的必要事项。FRAND宣言的意义在于,促进在技术研发过程中的相关标准规格之普及利用。另外,《关于知识产权行使的反垄断法指南》还指出,在FRAND条件下,如果有企业有接受实施许可的意愿,而标准化机构拒绝许可或者对其提起侵权诉讼的,那么这种行为则可能违反《禁止垄断法》。公正交易委员会将修订后的《关于知识产权行使的反垄断法指南》广泛地通知到企业和行业协会,以防止他们违反《禁止垄断法》,并帮助他们开展适当的商业活动。

(四) 修订《关于适当的电力交易的指南》①

2016年3月7日,为了维护电力行业的公平、有效之竞争,以及适应电力产业的发展需要,日本政府基于以下几方面的情况,对1999年由其与日本产业经济省共同制定的《关于适当的电力交易的指南》进行了相应的修改:第一,电力批发市场的不正当内部交易问题凸显,市场交易的透明度遭破坏,从而损害公平竞争;第二,电力零售领域中的不正当低价销售、打折销售等问题日益严重,用电方不能顺利更换零售商,其合法权益不能得到有效保护;第三,在电力输送市场中,电力供求方对需求方实施差别对待,从而违背公平交易原则,不利于市场竞争。

本次《关于适当的电力交易的指南》之修订主要涉及以下几个方面的内容:其一,针对在电力批发市场中出现的内幕交易行为,为了保障批发领域的公正交易,并增加电力批发市场的透明度,修改后的法律提出,在电力运营的批发领域要构建内幕交易与行情操纵的内部性交易监视体制。其二,在电力零售领域,鉴于用电方与电力零售商方之间地位的不平等性,本次法律修订着重保障用电方的自由选择权,增加了保证用电方更换零售商的措施。同时,修订后的法律严格规制区域中的零售电力商对自身电器和其他商品实施的不正当打折销售之行为,以及对其套装进行不正当低价

---

① [日]公平交易委员会:《「適正な電力取引についての指針」の改定について》,2016年3月7日,http://www.jftc.go.jp/houdou/pressrelease/h28/mar/160307_1.html,访问日期:2017年1月25日。

设定之行为。其三,针对电力输送市场上出现的对需求者差别对待的问题,修订后的法律对其进行了纠正,并提出在电力需求者无特定身份时,供电方应当同等对待需求方,不得歧视。

此次《关于适当的电力交易的指南》之修订将促进日本电力市场走向完全自由化的竞争,并有利于解决市场交易中的信息不对称问题,从而进一步保障日本电力市场平稳向前发展,以及为电力市场的公平、高效之发展提供法律保证。同时,公正交易委员会将继续加强对《禁止垄断法》与《电力事业法》的适用。

(五) 发布《关于政府再生支援的竞争政策上的考量方法》①

在日本,根据各种政策目标提供各种形式的振兴支持之做法很普遍。然而,公众认为,振兴支持旨在帮助那些可能要退出市场的企业,因此其会干扰市场机制,并对市场竞争产生不利影响。有鉴于此,日本制定了《关于政府再生支援的竞争政策指南》,以确保政府在实施再生援助时,将尽可能符合竞争政策目标。

2014年12月,竞争政策和公共支持振兴研究小组发布的报告就曾指出,公正交易委员会应公布跨行业指南,包括政府支持振兴时,应考虑竞争政策。2016年3月31日,公正交易委员会根据上述报告制定了跨行业部门准则,其中包括支持组织在提供公共振兴支持活动时应考虑竞争政策;同日,日本制定了《关于政府再生支援的竞争政策上的考量方法》,该指南规定,应根据以下原则为振兴提供公共支持,以尽量减少对竞争的影响:一是辅助原则,即只有在私营部门的努力无法顺利振兴企业的情况下,政府才应提供对振兴的支持,以补充私营部门的职能;二是最低必要性原则,即当需要实现企业振兴以实现各种政策目标时,政府应尽可能减少实现相关业务复苏所需的规模、方法等;三是透明度原则,即政府应披露特殊案件的资料,以及一般事项(如支持标准)或程序的资料。

(六) 修订《关于促进电信领域竞争的指针》②

信息通讯技术的应用使世界产生了急剧的变化,电力通信领域在经济社会活动中的基础作用日益凸显。首先,由于电力通信事业具有不可缺少

---

① [日]公平交易委员会:《「公的再生支援に関する競争政策上の考え方」の公表について》,2016年3月31日,https://www.jftc.go.jp/houdou/pressrelease/h28/mar/160331_files/02.pdf,访问日期:2017年1月25日。
② [日]公平交易委员会:《「電気通信事業分野における競争の促進に関する指針」の改定について》,2016年5月20日,http://www.jftc.go.jp/houdou/pressrelease/h28/may/20160520_2.html,访问日期:2017年1月25日。

性和非替代性,因此其拥有其他经营者不得不依靠的设施,从而能够占据市场支配地位。若不受到有效规制,则此类行为无疑会阻碍竞争。其次,电信产业的充分竞争不仅能够为经营者提供利益,而且能够为消费者带来巨大效用,并进一步满足消费者的需求。

2016 年 5 月 20 日,为促进电信领域的长远发展,公正交易委员会对《关于促进电信领域竞争的指针》(2001 年制定)进行了修改。《关于促进电信领域竞争的指针》以顺应信息通讯技术为背景,以促进电信行业竞争为目的。2016 年的修改涉及以下几方面内容:一是针对市场上具有相对较高占有率的电气通信经营者,如果其实施拒绝连接移动通讯设备中特定设备的行为,那么可能违反《禁止垄断法》;二是针对市场上具有相对较高占有率的电气通信经营者,其在与其他经营者合作经营时,如果存在排他性的独家交易条款,或者在打包提供与电信服务相关的其他商品服务时设定显著低于供给成本价格,或者锁定终端,使之不能被其他电信经营者所用的行为,那么可能违反《禁止垄断法》;三是针对市场上具有相对较高占有率的电气通信经营者,如果其设定过于廉价的电力批发价格或者拒绝提供电力批发,那么可能违反《禁止垄断法》;四是针对市场上具有相对较高占有率的电气通信经营者,如果在其主动提供的信息中,有关自身或者与自己相关的经营者的信息涉及歧视,那么可能违反《禁止垄断法》;五是针对拥有相对较高占有率的电气通信经营者,如果其禁止终端机器制造商制造竞争对手的终端机器或者销售其指定经营者以外的商品,那么有可能违反《禁止垄断法》。

(七) 修订《关于防止延迟支付分包资金等法律的运用基准》①

《关于防止延迟支付分包资金等法律的运用基准》是滥用优势地位指南的特别法,其是《分包法》的一部分,重点规制分包业务领域中的滥用优势地位行为。2016 年 12 月 14 日,日本对《关于防止延迟支付分包资金等法律的运用基准》进行了修订,本次修法主要涉及以下几方面内容:(1)明确将违法行为划分为三类,即制造委托或修理委托、信息物制作委托、提供服务委托;(2)将违反行为案例从现行的 66 件增加至 141 件,并对分包领域中的滥用优势地位行为规定得更加详尽;(3)从防止违法行为发生的角度出发,追加了需要特别注意的违法行为类型,即降价后的新单价追溯适

① [日]公平交易委员会:《「下請代金支払遅延等防止法に関する運用基準」の改正について》,2016 年 12 月 14 日,https://www.jftc.go.jp/houdou/pressrelease/h28/dec/161214_1_files/161214_05.pdf,访问日期:2017 年 1 月 25 日。

用于已成立的分包交易的"减额",以及一方的燃料费及劳务费涨价的场合下的购买愿望。上述修订进一步改善了分包领域中的中小经营者之交易条件,加强了相关法规的实施运用。

三、2017年反垄断法相关指南的立法与修法概况①

2017年,日本积极推进竞争法的立法工作,以确保竞争政策和《禁止垄断法》的有效实施。具体来看,日本2017年的竞争法立法工作主要包括以下三方面的内容:(1)日本对八大领域中的竞争法进行了修订,即《关于滥用优势地位在反垄断法上的考量方法》的修订、《关于适当的电力交易的指南》的修订、《关于流通与交易惯行的反垄断法指导方针》的修订、《关于不正当低价销售在反垄断法上的考量方法》的修订、《酒类流通中的不正当低价销售、差别性价格等问题的对策》的修订、《家用电器流通中的不正当低价销售、差别性价格等问题的对策》的修订、《关于共同研究开发的反垄断法指南》的修订、《关于农业协会活动的反垄断法指南》的修订;(2)就《禁止垄断法》中的课征金制度的修改问题,公正交易委员会向社会公众广泛征集意见;(3)在广泛征求意见的基础上,公正交易委员会制定了《关于公正交易委员会确认手续规则》。

(一) 修订《关于滥用优势地位在反垄断法上的考量方法》②

首先,明确了滥用优势地位在法律规制方面的基本考量方法。《关于滥用优势地位在反垄断法上的考量方法》指出,如果一方的交易地位优于对方当事人,并且利用该种地位,向对方当事人施以正常的商业惯例所认为的不当的不利益,以在该交易中阻碍对方当事人自由、自主的交易判断,从而使该对方当事人在他的竞争者关系中处于不利的竞争地位,而自己却较自己的竞争对手处于有利的竞争地位,那么这种行为妨碍了公平竞争,构成了不公正交易方法之一的滥用优势地位行为,因此应当由《禁止垄断法》加以规制。在对妨碍公平竞争进行认定时,我们应当考虑不利益的程度、行为的广泛性等因素,并通过对具体案件进行具体分析来予以判断。

其次,明确了"优势地位"的判断方法及应考虑的因素。在确定经营者是否存在优越地位时,我们应当综合考虑以下因素:交易相对方对交易方的依赖程度、交易方在市场中的地位、交易相对方更换交易对象的可能性,

① 该部分内容来自于王玉辉、张雅:《日本竞争法立法发展动态》,《中国与世界:竞争法发展研究报告(2017年卷)》,法律出版社2018年版。
② [日]公正交易委员会:《優越的地位の濫用に関する独占禁止法上の考え方》,2017年6月16日,http://www.jftc.go.jp/hourei.files/yuuetsutekichii.pdf,访问日期:2018年4月27日。

以及交易相对方与交易方进行交易存在必要性应当考量的其他事实。

再次,明确了"按照'正常的商业惯例'认定不正当行为"的判断方法。仅仅符合一般的商业惯例,并不当然属于反垄断法视角下的正当行为。因此,在对"按照'正常的商业惯例'认定不当行为"进行判断时,我们需要从维护、促进公平竞争秩序的角度进行衡量。

最后,细化了滥用优势地位的行为类型及具体的违法性判定标准。《关于滥用优势地位在反垄断法上的考量方法》明确指出了滥用优势地位行为的主要类型及违法性判定方法,包括要求交易相对方购买原交易对象之外的商品或服务、要求继续交易方为其提供经济上的利益、使交易相对方处于交易条件上的不利益以及不正当干预交易相对方职员的任命。

(二)《关于适当的电力交易的指南》的修订

1. 修订背景

1999年12月,为了促进日本电力行业展开公正、有效的竞争,公正交易委员会同国际贸易和工业部(目前的经济产业省)共同制定了《关于适当的电力交易的指南》(《適正な電力取引についての指針》),以明确《禁止垄断法》和《电气事业法》上相关行为的合法性问题。迄今为止,《关于适当的电力交易的指南》已历经了七次修改。

在日本,电力行业的市场化改革主要体现为发电、输配电和零售电领域的市场化改革。最初,日本的电力市场由10个地区的电力公司垄断,他们在各自的区域内垄断当地的发电、输配电和零售电业务。在发电环节,日本于1995年开放了发电市场,创设了独立的发电业企业(Independent Power Producer,简称IPP),从而在发电环节引入了市场竞争。在电力销售市场中,日本于1999年创设了特定规模的电气事业者(Power Producer and Supplier,简称PPS),并允许其向2000千瓦以上的大中型用电客户售电;2004年,日本将电气事业者的供电范围扩大至50千瓦以上的用户。2016年,日本实现了电力销售全面自由化,家庭等零散用户也可以自由选择电力公司,原有的电力巨头在各自营业区域内的垄断经营彻底被打破。

在日本,以往的电力市场是根据既定的电力需求进行电力供应的,但是受2011年3月的东日本大地震所引发的核事故之影响,日本的电力供应趋于紧张。在此背景下,为了加强节能减排,日本开始倡导根据电力供应状况来引导消费(需求)。2015年,通用电力公司就着手进行了一定的抑制电力需求的工作(例如,在停电或发生系统事故导致供求不足时,通过电费折扣的方式来引导供需调整协议或抑制用电。在电价暴涨时,一些零售电商要求客户减少需求,并给予用户一定的补偿,以此抑制用电的需求量,从而使自己的零售电达到一般电力企业设定量的要求)。另一方面,日本能源基本计划的第二个阶段设定了"负瓦特经营者"商业实体,其委托零售商来要求需求者对需求进行抑制,从而按计划进行"负瓦特交易",以实现电力的稳定供应。作为环境整顿的一个环节,2015 年修改的《电力事业法》使需求方的需求得到抑制,其中的"特定批发供应"是零售供应电力事业者将相关零售供应用于批发供应,而普通输配电事业者进行电量调整供应(平衡供应)对象的定位对于特定批发供应发电的电来说是一样的。因此,从公正和有效竞争的角度出发,在负瓦特交易实施时,对负瓦特交易关系的当事人采取相关的必要措施是适当的。另外,作为特定地区的一般电力公用事业的电力生产者和负瓦特事业者在电力批发供应方面处于竞争关系,但一般电力业务不正当地阻碍电力生产者的谈判交易的行为可能导致负瓦特事业者的经营活动变得困难,而这在《禁止垄断法》下往往是有问题的。

在日本,转卖由于需求抑制所得到的电被称为"ネガワット取引",即"负瓦特交易"(Negawatt Trading)。[①] 日本经济产业省于 2016 年 2 月 22 日召开了综合资源能源调查会基本政策分科会,会上公布了为达成 2030 年理想电源构成而制定的"能源革新战略"的中期报告。中期报告提出,"为在 2017 年创立负瓦特交易市场,要在 2016 年制定交易规则"的策略。[②] 随着"负瓦特交易(特定批发供应)"被制度化,公正交易委员会和经济产业部共同对《关于适当的电力交易的指南》进行了修改,并于 2017 年 2 月 6 日颁布了修正案。

2. 修改的主要内容

2017 年,日本对《关于适当的电力交易的指南》的修改主要涉及在负瓦特交易领域内电力交易的合理性,包括以下三个方面的内容:(1)利用特定批发供应进行负瓦特交易的要件,包括对需求方适当地进行需求抑制的委托、为了电力稳定且合理的供应而建立适当的供求管理体制和信息管理体制、从保护需求方的角度出发建立适当的信息管理体制等;(2)当事人之间的协议,即在需求方与负瓦特经营者间的合同,以及在零售电力供应

---

① "负瓦特"这一概念早在 1989 年就由洛基山环境研究所(Rocky Mountain Institute)环境学家和能效专家洛温斯(Amory Lovins)提出,其核心思想是,在自然资源有限的情况下,采取节能措施而节约下的一瓦电力可以另作他用,这是最为廉价、清洁的能源方案。

② 参见中国电力电子产业网:(2016 年 3 月 8 日)日本经产省公布"能源革新战略"将重新构建可再生能源产业 http://www.p—e—china.com/neir.asp? newsid=78920,访问日期:2018 年 6 月 2 日。

商与负瓦特经营者间的合同中,当事人之间必须进行适当的协商;(3)保证公正且有效竞争的行为,该部分规定了负瓦特交易的公正和有效利用、合同缔结的事前说明以及合同缔结前后的交付问题、对用户咨询等适当迅速的应对和咨询窗口的设置、供求合同、在区域中作为普通电气经营者的零售电气经营者的行为、在区域中作为普通电气经营者的主体等。2017 年的修改还明确,针对在《禁止垄断法》上有规定但《关于适当的电力交易的指南》中没有规定的行为,若其违反《禁止垄断法》,则根据该法的规定适用排除措施,而《禁止垄断法》和《关于适当的电力交易的指南》中均有规定的行为属于"私人独占"。① 我们从 2017 年的《关于适当的电力交易的指南》之修改中可以看出,日本政府已决心创立负瓦特交易市场,并削减用户的受电量(负瓦特),以调整电力市场的供需关系。

(三) 修订《关于流通与交易惯行的反垄断法指导方针》②

在市场经济的发展进程中,日本形成了独特的分销体系和商业惯例。21 世纪之后,随着经济全球化的发展和技术的不断革新,日本的分销体系和商业惯例也发生了变化。为了促使经营者发挥独创性、进一步保护消费者的利益、促进公平自由竞争,以及使市场机制更好地发挥作用,公正交易委员会于 2017 年对《关于流通与交易惯行的反垄断法指导方针》进行了大幅度的修订,修订后的指南包括三个部分。第一部分是根据《禁止垄断法》,就经营者对限制贸易伙伴经营活动的行为予以规范,该类行为主要包括转售价格维持、垂直非价格约束和提供回扣。其中,垂直非价格约束又包括限制与竞争对手的交易、限制销售地区、限制经销商的贸易伙伴、选择性分销、限制零售商的销售方式、捆绑销售等。第二部分是规范经营者选择交易对象的行为,主要包括客户分配、联合抵制和单一企业直接拒绝交易。第三部分是对日本国内的独家经销行为进行规范,主要包括独家经销合同的主要限制性规定和不合理地阻挠平行进口。另外,2017 年的修改还将"市场上有影响力的经营者"的认定标准由原来的市场份额占 10% 以上提高到市场份额占 20% 以上,并取消了市场份额的排位标准。上述认定标准的修订放松了流通领域的规制,为市场份额在 20% 以下的经营者

---

① [日]公平交易委员会:《「適正な電力取引についての指針」の主な改定事項》,http://www.jftc. go. jp/houdou/pressrelease/h29/feb/170206_3. files/006. pdf,访问日期:2018 年 4 月 25 日。

② [日]公正取引委员会:《流通・取引慣行に関する独占禁止法上の指針》,制作时间:2017 年 6 月 16 日,网址 https://www. jftc. go. jp/en/pressreleases/yearly—2017/June/170616_files/170616_2_1. pdf,访问时间:2018 年 3 月 20 日。

设立了安全港。《关于流通与交易惯行的反垄断法指南》旨在指导经营者和行业协会开展适当的活动,其明确了在日本的分销体系和商业惯例中,何种行为可能妨碍公平自由竞争和触犯《禁止垄断法》,从而为经营者和行业协会预判自己行为是否违反《禁止垄断法》提供了明确的行为指引。

(四) 修订《关于不正当低价销售在反垄断法上的考量方法》

作为一种不公正的交易方法,不正当低价销售为《禁止垄断法》所禁止。《禁止垄断法》第 2 条第 9 款第 3 项明确了不正当低价销售行为的定义,即"在没有正当理由的情况下,以低于成本的价格连续提供商品或服务,可能给其他企业的相关业务造成障碍"的行为属于不正当低价销售。为了提高执法的透明度,并增强企业对不正当低价销售行为的预见性,公正交易委员会于 2009 年 12 月 18 日公布了《关于不正当低价销售在反垄断法上的考量方法》(《不当廉壳に関する独占禁止法上の考え方》),以下简称《不正当低价销售考量方法》),其重点关注构成不正当低价销售行为的条件。当然,《不正当低价销售考量方法》只阐述在认定不正当低价销售时所需考虑的事项,我们在实践中则必须根据个案的具体情况来加以判断。公正交易委员会于 2011 年对《不正当低价销售考量方法》进行了第一次修改,于 2017 年进行了第二次修改,并于 2017 年 6 月 16 日公布了最新的修改文本。

2017 年的修改进一步对不当低价销售的目的、构成要件、法律责任、与其他相关行为的关系等进行了系统规定。在市场经济中,自主定价是企业的一项重要权利,企业通过自身创新来开展价格竞争。从本质上看,低价销售商品正是竞争政策所要维护的效率竞争的核心内容。但是,企业实施的低价竞争如果不是以提高经济效益为目标,而是为了排挤竞争对手,那么这将会阻碍市场的良性价格竞争,因此该类行为应被纳入反垄断法的规制范围。不当低价销售的违法构成要件包括:(1)持续低于成本销售;(2)无正当理由;(3)造成其他经营者的经营活动存在困难或可能存在困难。

(五) 修订《酒类流通中的不正当低价销售、差别性价格等问题的对策》

作为一种特殊行业内的违法行为,酒类流通中的反竞争行为既受到《禁止垄断法》和《不公正交易方法》的规制,又需要遵循更为细致的特殊的规制规则之指导。2009 年 12 月 18 日,公正交易委员会公布了《酒类流通中的不正当低价销售、差别性价格等问题的对策》(《酒類の流通における不当廉壳,差別対価等への対応について》),该规定至今已经过了两次修改,第一次是在 2011 年 6 月 23 日,第二次是 2017 年 6 月 16 日。

最新公布的《酒类流通中的不正当低价销售、差别性价格等问题的应对》共分为以下三个部分：第一部分是不正当低价销售的应对，包括不正当低价销售的规制内容(《禁止垄断法》中的不正当低价销售、基于酒类交易实际情况的考量方法)和公正交易委员会的应对措施；第二部分是差别对价的应对，包括《禁止垄断法》中的差别对价的基本考量方法和公正交易委员会的处罚程序(明确调查开始标准、明确回扣等的提供基准)；第三部分则是关于低价销售的其他规制。①

（六）修订《家用电器流通中的不正当低价销售、差别对价等问题的对策》

与前述酒类流通中存在的反竞争问题类似，家用电器流通中也存在不正当低价销售、差别性价格等问题，该类问题不仅受《禁止垄断法》和《不公正交易方法》的规制，而且受一些特殊规则的规制。在日本，针对酒类流通和家用电器流通的相关规则的制定与修改是同步的。2009 年 12 月 18 日，公正交易委员会公布了《家用电器流通中的不正当低价销售、差别性价格等问题的应对》(《家庭用電気製品の流通における不当廉売，差別対価等への対応について》)，该规定至今也已经过了两次修改，第一次是在 2011 年 6 月 23 日，第二次是最近的 2017 年 6 月 16 日。

修改后的《家用电器流通中的不正当低价销售、差别对价等问题的应对》共分为以下三个部分：第一部分是不正当低价销售的应对，包括不正当低价销售的规制内容(《禁止垄断法》中的不正当低价销售、基于家用电器交易实际情况的考量方法)和公正交易委员会的应对；第二部分是差别性价格的应对，包括《禁止垄断法》中的差别对价的基本考量方法和公正交易委员会的处罚及程序；第三部分是关于家用电器流通中的不正当低价销售、差别性价格等问题的其他规制。②

（七）修订《关于共同研究开发的反垄断法指南》③

随着革新速度的加快，技术变得高度复杂，而且相关技术往往涉及跨领域的问题，因此研究开发所需要的费用和时间水涨船高。在此背景下，除了由单独的经营者进行的研究开发项目以及来自其他经营者的技术导

---

① ［日］公正交易委员会：《酒類の流通における不当廉売，差別対価等への対応について》，http://www.jftc.go.jp/dk/guideline/unyoukijun/futorenbai_sake.html，访问日期：2018 年 4 月 28 日。

② ［日］公正交易委员会：《用電気製品の流通における不当廉売，差別対価等への対応について》，http://www.jftc.go.jp/dk/guideline/unyoukijun/futorenbai_kaden.html，访问日期：2018 年 4 月 29 日。

③ ［日］日本公正交易委员会：《研究開発に関する独占禁止法上の指針》，http://www.jftc.go.jp/dk/guideline/unyoukijun/kyodokenkyu.html，访问日期：2018 年 4 月 30 日。

入项目之外,多个经营者的共同研究开发项目之数量也在增加。共同研究开发不仅能够降低研究开发的成本、分散风险、缩短研发周期,而且不同领域的事业者间技术等方面的互补还能够活跃研究开发活动,促进技术革新,从而产生促进竞争的效果。但是,由于共同研究开发是由多个经营者进行的行为,因此研究开发的共同化也可能使得市场竞争受到实质性限制。另外,即使共同研究开发项目本身没有问题,基于共同研究开发成果的技术也可能在实施中不正当地约束参加者的事业活动,从而在利用共同研究开发成果的技术市场和利用技术的产品市场中引发阻碍公平竞争的后果。为了规制以上这些情况,公正交易委员会于 1993 年 4 月 20 日颁布了《关于共同研究开发的反垄断法指南》(《共同研究開発に関する独占禁止法上の指針》)。自公布以来,《关于共同研究开发的反垄断法指南》共计进行了三次修改,第一次修改是在 2005 年 6 月 29 日,第二次修改是在 2010 年 1 月 1 日,第三次修改是在最近的 2017 年 6 月 16 日。

2017 年修订的《关于共同研究开发的反垄断法指南》明确了反垄断法对共同研究开发进行规制的必要性及指南的适用范围。《关于共同研究开发的反垄断法指南》适用于给日本国内市场竞争带来影响的共同研发,既包括日本人进行的共同研究,又包括与外国人进行的共同研究;从研发阶段角度来看,《关于共同研究开发的反垄断法指南》适用于基础研究、应用研究和开发研究三个阶段。针对判断共同研发行为是否违反《禁止垄断法》的时间点,《关于共同研究开发的反垄断法指南》规定应当从共同研发合同缔结的时间进行判断。《关于共同研究开发的反垄断法指南》取得共同研发成果的问题,如果缔结合同时没有确定,则以取得研发成果的时间为准。

《关于共同研究开发的反垄断法指南》将共同研发所引发的反垄断法违法问题分为两大类,并分别制定了违法的基本考量方法。第一类为研究开发的共同性所引发的反垄断法问题(不正当交易限制),我们应当根据参加者数量、市场份额、研究的性质、共同化的必要性、对象范围、期间等要素对该类问题的违法性进行判断。第二类为与共同研发相伴生的反垄断法问题(不公正交易方法),即当共同研发行为产生了公平竞争阻害性的市场后果时,其便构成了不公正交易方法行为。《关于共同研究开发的反垄断法指南》又将不公正交易方法行为区分为共同研究开发的事项、共同研究开发成果中技术的事项和利用共同研发成果的技术生产的产品中的事项。

（八）修订《关于农业协会活动的反垄断法指南》①

农业协会是根据《农业协同组合法》自主设立的合作社。作为小规模事业者的农业者通过相互扶助，在谋求提高经营效率和改善生活的同时，最大程度地为协会成员提供服务。在加入和退出农业协会，购买农药、肥料、饲料、农业机械等生产材料，以及销售生产的农畜产品时，是否利用农业协会的事业，应基于成员农民的自由意愿。因此，农业协会对协会成员强制使用农业协会的事业违反了农业协会设立的宗旨，妨碍了协会成员的自由与自主性交易判断，剥夺了有竞争关系的其他商事从事主体的交易机会，从而对农业领域的竞争产生了负面影响。此外，针对协会成员强迫农业协会从事经营活动的行为，以及与农业协会有竞争关系的商事主体和协会人员直接进行交易的行为，自 1989 年至 2017 年 3 月 31 日，公正交易委员会共计已处罚了 13 件。为了防止农业领域中出现违反《禁止垄断法》之行为，以确保联合会和单位农协的合理活动，公正交易委员会于 2007 年 4 月 18 日公布了《关于农业协会活动的反垄断法指南》（《農業協同組合の活動に関する独占禁止法上の指針》）。自发布以来，《关于农业协会活动的反垄断法指南》共进行了四次修改，第一次修改是在 2010 年 1 月 1 日，第二次修改是在 2011 年 6 月 23 日，第三次修改是在 2016 年 4 月 1 日，第四次修改是在 2017 年 6 月 16 日。第四次修改前，公正交易委员会就《关于农业协会活动的反垄断法指南》中存在的问题向社会征求意见，并根据反馈意见发布了《〈关于农业协会活动的反垄断法指南〉(原案)的主要意见概要及相关考量方法》。②

修改后的《关于农业协会活动的反垄断法指南》在内容上分为两大部分，第一部分规定了指南的宗旨和构成，第二部分《关于农业协会活动的反垄断法指南》是指南的主体部分，其规定了对农业协会不公正交易方法进行判断的方式。第二部分从以下五个方面进行了规定：第一是"反垄断法和农业协会"，具体规定了反垄断法的目的、规制对象、禁止行为及农业协会行为的适用除外制度、不公正交易方法等；第二是"有关农业协会成员企业的违法行为"，包括购买行为、销售行为、对成员滥用优势地位行为等；第三是农业协会联合会对成员农业协会的违法行为；第四是联合会或者农业

---

① ［日］公正交易委员会：《農業協同組合の活動に関する独占禁止法上の指針》，2017 年 6 月 16 日，http://www.jftc.go.jp/dk/noukyou/nokyogl.html，访问日期：2018 年 4 月 29 日。

② 公正交易委员会：「農業協同組合の活動に関する独占禁止法上の指針」(原案)に寄せられた主な意見の概要及びそれらに対する考え方，http://www.jftc.go.jp/dk/noukyou/shishin.files/noukyoupc.pdf，访问日期：2018 年 4 月 27 日。

协会对供应商的违法行为,包括滥用对采购方的优势地位行为、对进货前事业活动的不正当约束等;第五是联合会或农业协会对销售商的违法行为,包括对销售方事业活动的不正当约束和对销售地点与销售价格的约束。

四、2018 年反垄断法相关指南的立法与修法概况

(一)修订《关于农业协会活动的反垄断法指南》

为促进农业领域内的公正、自由之竞争,以及防止农业协会实施的反垄断法之行为,公正交易委员会于 2007 年 4 月 18 日制定了《农业协会活动的反垄断法指南》。2018 年 12 月 27 日,公正交易委员会对《关于农业协会活动的反垄断法指南》进行了修订,本次修改主要增加了对以下两类违法行为的规定:一是"在销售业务时歧视对待特定会员的行为",即农业协会实施的对该组织以外的经营者在销售业务的利用条件或开展方面不利的行为,属于不公正交易方法(一般指第 4 项中的差别待遇);二是"对组织会员滥用优越地位行为",即农业协会利用交易上的优越地位,按照正常的商业习惯,不当地与其交易对象进行交易之行为,属于不公正交易方法(第 2 条第 9 项第 5 号中的滥用优势地位行为)[①]。

(二)制定《关于保证程序的对应方针》及修订《关于企业合并审查程序的对应方针》

根据《关于缔结环太平洋伙伴关系协定及环太平洋伙伴关系总括性及缔结先进协定有关法律整备的法律》(2016 年法律第 108 号),为了防止反垄断法违法行为发生,日本引入了公正交易委员会和经营者协议解决问题的程序(以下简称"保证程序")。为了确保合同运用的透明性及经营者的可预见性,公正交易委员会于 2018 年 8 月制定了《关于保证程序的对应方针》,并修订了《关于企业合并审查程序的对应方针》。《关于保证程序的对应方针》和《关于企业合并审查程序的对应方针》是《关于缔结环太平洋伙伴关系协定及缔结环太平洋伙伴关系的总括性及缔结先进协定有关法律整备的法律》之整合,自后者生效日之日起生效。

一方面,与排除措施命令或缴纳课征金命令相比,保证程序应更早纠正反竞争行为,并扩大公正交易委员会和经营者协调解决问题的领域,从

---

① [日]公正交易委员会:关于《农业协会活动的反垄断法指南》的修改问题,2018 年 12 月 27 日,https://www.jftc.go.jp/houdou/pressrelease/h30/dec/181227.html,访问日期:2019 年 6 月 29 日。

而有效执行《禁止垄断法》;另一方面,保证程序明确了自身的对象和与其他保证程序之前置程序的关系。有鉴于此,从确保与承诺程序有关的法律运用之透明性及经营者之预见可能性的角度出发,公正交易委员会于2018年9月26日制定了《关于保证程序的对应方针》。

《关于企业合并审查程序的对应方针》的最明显变化是增加了审查次数,即将审查分为第一次审查和第二次审查。需要备案的企业向公正交易委员会提交企业合并计划备案书,公正交易委员会在受理后开始第一次审查。所谓"第一次审查",是指公正交易委员会在受理申报书并进行企业结合审查后,还需进行更详细的审查,于是对申报公司就《禁止垄断法》第10条第9项(包括《禁止垄断法》第15条第3项、第15条第2款第4项、第15条第3款第3项以及第16条第3项)规定的必要报告、信息或者资料的提出请求进行的企业联合审查。至于要求报告等之后进行的企业联合审查则被称为"第二次审查"。①

五、2019年反垄断法相关指南的立法与修法概况

(一)《关于适当的电力交易的指南》的修订

随着电力市场的改革,日本于2019年5月30日再次修改了《关于适当的电力交易的指南》,本次修订主要新增了以下三部分内容:

首先,在零售领域,增加了零售供应行为的"不得不当交涉机会的义务"。在希望和与自己缔结零售电力合同的用户或者其他零售电力经营者缔结合同的情况下,一个地区内的特定零售电力经营者应当首先与自己交涉,只有当自己不能提供满足该用户的交易条件,并能够解除合同时,该零售电力经营者才能与该用户缔结合同。在此情况下,该用户会不得不放弃与该零售电力经营者进行交易。上述情形在《禁止垄断法》上可能涉嫌违法,其将符合私人垄断、附拘束性条件的交易、附排他性条件的交易、妨碍交易等行为。

其次,在批发领域,大规模发电经营者投入持有的基荷电源、保障新加入的零售电力经营者以每年固定价格筹措电力的基荷市场、营造普通电力经营者的零售电气经营者在同样条件下能利用基本载荷电源的环境等规定,旨在使零售电气运营商可以平等获得基本载荷电源,从而激

---

① 〔日〕公正交易委员会:《关于保证程序的对应方针》的制定及《关于企业合并审查程序的对应方针》的部分修订问题,2018年9月26日,https://www.jftc.go.jp/houdou/pressrelease/h30/sep/180926kakuyaku.html,访问日期:2019年6月29日。

活零售竞争。假设发电经营者不向基本载荷市场投入足够量的电力,那么因电力自由化而新加入的零售电气经营者获取来自基本载荷市场的电力之行为将被妨碍,进而有可能使零售市场的竞争被阻碍。因此,为了达到使基本载荷市场实现充分竞争之目的,在电力市场投入充足的电量是适当的。

最后,还是在批发领域,针对零售电气经营者的批发供给违法行为,修订后的《关于适当的电力交易的指南》增加了"限制向基荷市场投入电力"的规定。如果作为普通电气经营者的发电经营者通过不正当手段向基本载荷市场投入电力或者限制数量,那么其他零售电气运营商将无法在基本载荷市场上筹措电力,其事业活动将陷入困难。上述行为有可能违反《禁止垄断法》,构成私人垄断、拒绝交易等情形。①

(二)《阻碍转嫁消费税行为等的消费税转嫁对策特别措施法、反垄断法及下请求法上的方针》的修订

为了保障《关于阻碍消费税转嫁行为的纠正等特别措施法》(2013年)(以下简称为《消费税转嫁对策特别措施法》)实施的统一性与透明性,公正交易委员会于2013年9月10日制定并公布《阻碍转嫁消费税行为等的消费税转嫁对策特别措施法、反垄断法及下请求法上的方针》(以下简称为"本方针")。2019年3月29日,为了进一步明确《消费税转嫁对策特别措施法》,公正交易委员会修改了本方针,本次修改主要涉及到如下三个方面:

一是公正交易委员会及其他相关省厅在其于2018年11月28日联名制定的《关于消费税率提高所产生的价格设定(方针)》之基础上,进一步明确了相关规定。例如,作为违法事例"10月1日以后降价N％"、实施标有"10月1日以后给予N％积分"等内容的促销活动追加了让客户负担其原资的情形("减额""买进"及"要求购买商品、利用劳务或者提供利益")。

二是减轻税率制度的明确化。针对适用标准税率的商品的价格,在2019年10月1日以后,减到适用减税率时的对价时("减额")和2019年10月1日前的对价时("抛售")被作为违法事例追加。另外,在不被认可为转嫁税率行为的具体例子方面,追加了"减税率的对象商品的对价加上

---

① 〔日〕公正交易委员会:《关于适当的电力交易的指南》的修改问题,2019年5月30日,https://www.jftc.go.jp/houdou/pressrelease/2019/may/190530denryokugl.html,访问日期:2019年6月26日。

标准税率上调部分的决定"。

三是明确过去案件的积累方法。将在公正交易委员会的劝告与指导中反复出现的违法行为、经营者容易认定为没有问题的违法行为,以及在提高消费税率之前以含税价格定价(即内税交易的情况)为理由,或者以没有要求提高客户的对价或提交价格谈判为由保持价格的违法行为进行了追加。①

表 7　日本反垄断法 70 年发展史②

年份	内容
1945 年	GHQ《关于控股公司解体的报告书》(财阀解体措施的开始)
1947 年	① 制定《禁止垄断法》 ② 设立公正交易委员会 ③ 制定《经济力过度集中排除法》
1948 年	制定《经营者团体法》
1949 年	《禁止垄断法》第一次修改
1953 年	《禁止垄断法》第二次修改
1962 年	① 制定《景品表示法》 ② 制定《消费者保护法》
1963 年	《特定产业振兴临时措施法案》(废案)
1968 年	公正交易委员会发表《关于引进国际技术时合同的认定基准》
1969 年	八幡制铁与富士制铁合并案
1977 年	《禁止垄断法》的修改(提高罚款额,对独占状态采取积极的措施,加强对价格卡特尔、公司的持有股份额及金融公司持有股份额的限制)
1978 年	制定《特定不况产业安定临时措施法》
1979 年	公正交易委员会发表《关于经营者团体在反垄断法上的指导方针》
1980 年	① 反垄断法研究会发表《关于流通系列化在反垄断法上的处理方法》 ② 公正交易委员会发表《关于公司合并审查时的事务处理标准》
1981 年	公正交易委员会发表《关于公司的股份持有的事务处理标准》

---

① [日]公正交易委员会:《阻碍转嫁消费税行为等的消费税转嫁对策特别措施法、反垄断法及下请求法上的方针》的修改问题,2019 年 3 月 29 日,https://www.jftc.go.jp/houdou/pressrelease/2019/mar/190329.html,访问日期:2019 年 6 月 28 日。

② 资料出处:1997 年之前的修订内容来自于《日本回顾反垄断法 50 年和今后的课题》,经济法学会年报第 18 号通卷 40,1998 年;1997 年之后的修订内容来自于公正交易委员会网站公布的资料,https://www.jftc.go.jp/dk/kaisei/index.html。

年份	内容
1982 年	① 修改《不公正交易方法》的(一般指定) ② 反垄断法研究会发表《关于不公正交易方法的基本思想》 ③ 公正交易委员会发表《政府规制制度和反垄断法适用除外制度的修改方案》
1984 年	① 石油卡特尔(价格协定)案件,最高法院判决 ② 公正交易委员会发表《公共工程中从事建筑业的经营者团体的反垄断法活动指导方针》
1987 年	① 公正交易委员会发表《反垄断法对不正当退货的指导方针》 ② 公正交易委员会发表《在电气通讯领域中存在的竞争政策的课题》
1989 年	①《日美构造问题协议》 ② 公正交易委员会发表《在特许、著作权合同中关于规制不正当交易方法的运用基准》 ③ 从竞争政策的观点对政府规制进行改革
1990 年	① 反垄断法涉外问题研究会发表《关于廉价销售的规制和竞争政策的关系》 ② 反垄断法适用除外范围的发表
1991 年	①《禁止垄断法》的修改(加强运用罚款制度) ② 公正交易委员会发表《关于流通与交易惯行的反垄断法指导方针》
1992 年	《禁止垄断法》的修改(加强运用刑事制度)
1993 年	公正交易委员会发表《关于共同研究开发的反垄断法指南》
1996 年	《禁止垄断法》的修改(公正交易委员会的机构改革)
1997 年	《禁止垄断法》的修改(控股公司的解禁)
2005 年	《禁止垄断法》的修改(提高课征金,引入宽大制度、刑事调查权限,修改审判程序)
2009 年	《禁止垄断法》的修改(调整课征金制度、宽大制度,修改企业合并申报制度,加重刑事制裁)
2013 年	《禁止垄断法》的修改(修改公正交易委员会职权,证据规则的变化,完善处分前的听证程序,修改审判程序)
2015 年	公正交易委员会出台《关于公正交易委员会意见听取的规则》与《日本反垄断法行政调查程序指南》
2016 年	《禁止垄断法》引进了承诺制度、公正交易委员会颁布《关于国际海运的反垄断法的豁免制度审查》、《关于分销系统和商业惯例的反垄断法指南》的修正案、《关于分销系统和商业惯例的反垄断法指南》的部分修正案、《禁止垄断法》下"知识产权使用指南"的部分修订、《关于适当的电力交易的指南》的修订、发布《对于政府再生支援的竞争政策上的考量方法》、《关于促进电信领域竞争的指针》的修订、《关于防止延迟支付分包资金等的法律运用基准》的修订

续　表

年份	内容
2017 年	《关于滥用优势地位在反垄断法上的考量方法》《关于适当的电力交易的指南》《关于流通与交易惯行的反垄断法指导方针》《关于不正当低价销售在反垄断法上的考量方法》《酒类流通中的不正当低价销售、差别性价格等问题的对策》《家用电器流通中的不正当低价销售、差别性价格等问题的对策》《关于共同研究开发的反垄断法指南》和《关于农业协会活动的反垄断法指南》的修订
2018 年	《关于农业协同组合活动的反垄断法指南》的修订、《垄断状态定义中关于事业领域的指南》的部分修改、《关于保证程序的对应方针》的制定及《关于企业合并审查程序的对应方针》的部分修订
2019 年	《禁止垄断法》的修改(宽大制度申请者数量不做限制、附加减免率、降低罚款减免幅度、协助内容和额外附加罚款减免率的协商制度、课征金计算方法的修订、关于公司与律师之间秘密通信的处理)

下编
制度篇

第六章 不正当交易限制规制制度

第一节 不正当交易限制的概念演进

在日本,经营者之间合谋限制竞争的垄断协议行为被称为"不正当交易限制"(不当な取引制限)。《禁止垄断法》第 2 条第 6 款规定,所谓不正当交易限制,是指经营者以合同、协议或其他方式,与其他经营者共同决定、维持或提高交易价格,对数量、技术、产品、设备、交易对象等进行限制,拘束对方经营活动,违反公共利益,在一定交易领域内实质性限制竞争的行为。从《禁止垄断法》的立法内容看,法律并未明确不正当交易限制的范畴。那么,不正当交易限制除竞争者之间的横向限制外,是否还包括交易者之间的纵向限制? 这一问题在日本曾存在过广泛的争议,并形成了如下的学说,即限定说和非限定说。其中,限定说认为,不正当交易限制仅限于竞争者之间的横向限制,不包括交易者之间的纵向限制;而非限定说则主张,不正当交易限制既包括横向限制,又包括纵向限制。

一、早期判例的限定性解释

从日本引入反垄断法的背景来看,《禁止垄断法》是日本迫于美国解散财阀的压力而制定的,该部法律是在美国的促导与帮助下完成的,所以日本的不正当交易限制的立法模式应当是借鉴了美国的概括性方式,也就是既包括横向限制,又包括纵向限制。在最早期的 1950 年 9 月 19 日的"北海道奶酪同意审决案"中,执法机构公正交易委员会就采用了美国式的扩充性解释,认为不正当交易限制包括纵向协议。[1]

后来,日本政府及民众一致认为,日本战后的首要任务是集中力量恢复

---

① 〔日〕《东宝、东宝事件》,《审决集》1951 年版,第 344 页。

经济,而非限制市场规模,因此日本转而采取规制缓和的竞争政策。通过昭和 28 年(1953 年)的"报纸买卖流通协议案",日本对《禁止垄断法》第 2 条第 6 款有关不正当交易限制的规定进行了限定性解释,该判例明确了《禁止垄断法》的不正当交易限制规制仅限于竞争者之间的横向限制,不包括纵向限制。

在 1953 年的"朝日新闻报交易流通协议案"中,公正交易委员会将报纸发行总社(5 家经营者)及东京都内 22 家报纸销售店的共同限制地域行为认定为违法。对此,东京高等法院指出,虽然法律并未明确规定经营者的类型,但是共同行为是经营者相互拘束彼此的经营活动,对每个经营者的经营活动共同设定限制是不正当交易限制的本质。因此,不公正交易限制的行为主体应当被界定为具有竞争关系的经营者。[①] 上述判例首次将不正当交易限制的主体限定为横向的竞争者,并且在 1953 年至 1993 年间,此学说成为了日本反垄断法的不正当交易限制裁判之依据。

二、1993 年"社会保险厅粘纸串通投标案"的"非限定"解释

在上述判例所做出的限定性解释下,不正当交易限制难以将纵向协议包括在内。在日本,受流通领域中的传统经济特点之影响,制造商通过与分销商达成限制竞争协议来实现操控市场价格的目的之现象极为普遍。不正当交易限制的限定说在很多情况下表现出和实态相违背的矛盾,从而导致了实践中的适用问题越来越多。当处于不同交易阶段的经营者参加转售价格协议时,执法机关不能依据限定说将全部的参加者在同一个协议中进行认定,而是只能根据他们各自所处的不同交易阶段,通过多个合谋分别进行认定。在此背景下,日本的执法机关及理论界开始重新考量不正当交易限制的适用范围问题,进而提出了非限定说。非限定说指出,不正当交易限制除包括竞争者间的横向协议(horizontal restraints of trade)外,还包括处于不同交易阶段的经营者间的纵向协议(horizontal restraints of trade)。如果属于不同交易阶段的经营者所达成的纵向协议,在一定交易领域内实质性地限制了竞争,那么其也应当被纳入《禁止垄断法》的规制范围。1991 年,公正交易委员会颁布了《关于流通与交易惯行的反垄断法指导方针》,对不同交易阶段的经营者共同实施的联合抵制交易行为予以禁止。[②③] 1993 年,"社会保险厅粘纸串通投标案"最终正式确定了非限定

---

① [日]佐藤德太:《企業とフェアネス—公正と競争の原理》,日本信山社 2005 年版,第 167 页。
② 在此期间,借助《禁止垄断法》第 2 条第 9 款和第 19 条不公正交易方法条款,公正交易委员会对维持转售价格协议等纵向限制竞争协议进行了规制。
③ [日]佐藤德太:《企業とフェアネス—公正と競争の原理》,信山社 2005 年版,第 167 页。

说的理论地位。

　　1989 年 8 月,社会保险厅公开进行粘贴标签业务的招标活动。在招投标过程中,日立情报系统公司、小林记录纸公司、托旁・穆阿公司、大日本印刷公司达成了如下几方面的串通合意:(1)预定其中一家企业为中标人;(2)共同商定中标价格,并明确其他三家公司实施陪标行为,配合预定中标人中标;(3)约定在中标后,中标企业将中标项目分包给其他三家企业,以共同分割高额的串通利益。① 之后,四家企业按照串通合意内容实施了相关的串通投标行为。通过调查,公正交易委员会认定四家企业存在串通投标行为,违反了《禁止垄断法》,因此其对四家企业进行了专属的刑事告发。在收到处罚通知后,日立情报系统公司提出,自己和其他三家企业属于纵向的交易关系,不属于不正当交易限制条款所规定的竞争者。法院在审理中认为,虽然日立情报系统公司和其他三家公司处于不同的交易阶段,不具有实质性竞争关系,但是这并不影响法院判定有纵向关系的经营者成为不正当交易限制的行为主体。②

　　1993 年的"社会保险厅粘纸串通投标案"的最终判决,从根本上否决了限定说所主张的将不正当交易限制限定在横向协议之做法。当前,在反垄断法学术著作中③,日本学者一般均将不正当交易限制行为分为横向协议和纵向协议两部分。④ 如今,无论是《禁止垄断法》中的不正当交易限制条款之官方适用,还是日本经济法学界的论著,都认为不正当交易限制包括两个方面,即横向限制和纵向限制。

第二节　不正当交易限制的构成要件

一、实施主体: 复数的经营者或经营者团体

　　不正当交易限制体现为多个经营者之间的合谋或经营者团体组织成

---

① ［日］《トッパンムーア入札談合事件》,《日本審決・審決集》1993 年 40 号,第 89 页。
② ［日］《トッパンムーア入札談合事件》,《日本審決・審決集》1993 年第 40 号,第 89 页。
③ ［日］樋口嘉重:《入札談合と禁止垄断法》,《ジュリスト》1999 年第 8 号,第 42 页。
④ ［日］今村成和:《禁止垄断法》,有斐閣 1978 年版。
　　［日］厚谷襄児:《禁止垄断法入门》,日本经济新闻版社 2001 年。
　　［日］根岸哲、［日］舟田正之:《禁止垄断法概说》,有斐閣 2000 年版,第 25 页。
　　［日］大槻文俊:《垂直的制限の反競争の効果》,经济法学会编:《公共調達と独禁法・入札契約制度等》,有斐閣 2004 年版,第 149 页。

员企业的合意,因此该行为的实施主体为经营者或经营者团体。在日本,经营者被称为"事业者",即从事工业、商业、金融业及其他经营活动的人。在日本,对经营者的判断不是依据主体的法律性质,而是依据其所从事的经营活动的性质,以及其所从事的事业是否是有偿活动。对此,日本学者指出,经营者从事的"事业"是与某些经济性利益的供给相对应,反复持续地接受相反方向的给付的经济活动,其本质要素是"有偿的活动"。① 对经营者的判断应当从其从事的事业是否为营利活动出发,因此日本在经营者界定中使用了"从事其他事业的人"的规定。所谓"从事其他事业的人",是指连续向他人提供商品或服务,并收取一定报酬的人,其并不限于营利性组织。"从事其他事业的人"之规定旨在将那些从事公益事业的主体所进行的经济事业活动也纳入《禁止垄断法》的调整范围。

在日本,通过1989年的"堵营芝浦与蓄场案"与1998年的"有奖贺年明信片案",最高法院明确指出,若国家、地方公共团体、公社、经营者团体、NHK等特殊法人从事了经济事业,则其将被视为经营者。② 另外,1977年颁布的《关于景品类等的告示的运用标准》还允许在参与经济事业的情况下,将从事社会福利事业、教育事业、宗教事业的主体作为经营者对待,并纳入《禁止垄断法》的调整范围。当前,根据日本判例及相关法令的规定,下列主体均可能被认定为经营者:(1)国家、地方政府经营的经济体;(2)公益经营者;(3)学校法人、宗教法人等从事公益事业、宗教事业的主体;(4)建筑师事务所、医院及医疗门诊所的开办者。另外,在符合相关规定时,为了经营者的利益而开展活动的干部、从业人员、代理人及其他人员也会被视为经营者。

经营者团体是实施不正当交易限制行为的另一行为主体。根据日本《禁止垄断法》之规定,所谓经营者团体,是指以增进经营者的共同利益为主要目的,由多个从事工业、商业、金融业及其他产业的经营者组成的结合体或联合体。在日本,经营者团体主要包括社团法人及其他社团、财团法人及其他财团、经营者构成的结合体等形式。需要注意的是,如果经营者的结合体或联合体自身就拥有资产,并以从事营利性活动为主要目的,而且正在进行该经营活动,那么其在日本将被视为经营者,而非经营者团体。日本的经营者团体与中国的行业协会类似,但两者仍存在如下不同:其

---

① [日]土田和博、[日]栗田诚:《独占禁止法条文释义》,有斐阁2014年版,第24页。
② [日]根岸哲、[日]舟田正之:《日本禁止垄断法概论》,王为农等译,中国法制出版社2007年版,第40页。

一,日本的经营者团体不一定具有法人属性,而中国的行业协会必须通过登记来取得法人资格;其二,在日本,经营者团体的组成成员并非一定来自于同一行业,来自相关行业的经营者所建立的组织也属于经营者团体。

二、行为要件 1:行为的共同性

日本《禁止垄断法》第 2 条第 6 款规定,不正当交易限制是经营者之间通过合同、协议或其他方式实施的共同行为。其中,合同与协议是指经营者之间达成的合谋限制竞争的合意(意思表示一致)。

除了通过口头或书面的协议方式实施不正当交易限制行为外,为了更好地逃避执法机关的制裁,经营者常常以默示的共谋行为方式来实施不正当交易限制行为,此种行为方式在日本被称为"共同遂行"[1],在中国则被称为"协同行为"。如今,"共同遂行"已成为日本最为常见的一种不正当交易限制的行为方式,其是执法机关的执法重点。至于协同行为,公正交易委员会在早期的审决中就已指出,协同行为的成立仅从表面上有行为一致的事实进行认定是不够的,还需要行为者间有意思联络的存在。[2] 在"东芝克米卡鲁股份经营者请求取消公正交易委员会审决案"中,东京高等法院做出如下解释:"意思联络是指复数经营者间相互认识到或者预测到将要实施相同内容或相同种类涨价的情况下,有意识地实施与之保持步调一致的行为。"[3]由此可见,意思联络是复数经营者间共同意识到、预测到相互将要实施相同内容的行为,并采取同一行动的意思表示。针对意思联络,我们既可以根据违法行为人之间的意思表示对其进行认定,又可以根据基于客观情况的证据推定来对其进行认定。[4] 如果经营者之间存在事前联络、信息交换等事实,那么我们就可以认定存在意思联络。

另外,日本的《禁止垄断法》还明确了以下行为属于不正当交易限制条款所规制的共同行为:固定价格、限制产量或销量、限制技术、新产品、限制设备、市场分割、串通投标。同时,若共同交易拒绝、转售价格维持协议、排他性交易等纵向协议在一定交易领域内实质性地限制了竞争,则其也构成不正当交易限制。

---

[1] 〔日〕今村成和:《禁止垄断法》,有斐閣 1978 年版,第 350 页。

[2] 木板串通招投标事件,昭和 24. 8. 30 审判审决。

[3] 〔日〕铃木满:《日本反垄断法解说》,武晋伟、王玉辉译,河南大学出版社 2004 年版,第 57 页。

[4] 〔日〕楠部亮太:《不正当交易限制における当事人的范围》,《慶應法學》2015 年第 3 號,第 81 页。

三、行为要件 2：对经营者的相互拘束

若不正当交易限制要具备违法性，则其必须对参加经营活动的经营者产生限制性后果，但此种限制不是单方面的限制，而是实施主体间的相互限制，即相互拘束。对此，日本学者舟田正之指出，"不正当交易限制的本质在于复数经营者实施的共同行为及经营活动的相互制约"。① 因此，如果复数经营者间达成的协议之内容仅拘束一方当事人，那么其将因欠缺相互拘束性而不构成不正当交易限制。公正交易委员会指出，不正当交易限制以经营者间共同、相互地拘束彼此的经营活动为要件。但是，这里所说的相互拘束并不要求内容一致。

在日本，《禁止垄断法》规制三类行为（私人垄断、不正当交易限制、不公正交易方法）与两类结构（垄断状态和企业结合）。在行为规制方面，私人垄断和不正当交易限制属于限制市场自由竞争的垄断行为，而不公正交易方法则属于具有"公平竞争阻害性"的轻微的反竞争行为。私人垄断和不正当交易限制的核心区别就在于，不正当交易限制具有相互拘束性。私人垄断是实施违法行为的经营者对参与违法行为之外的其他人实施的单向排除或支配行为，而不正当交易限制是违法行为参加者对该违法行为的其他参加者实施的共同限制，该种限制属于双向限制，违法行为人之间互付义务、互相拘束。

从对不正当交易限制的行为要件之规定来看，日本在界定不正当交易限制时，除了强调共同行为的外观表现形式（通过合同、协议、协同行为方式，针对价格、产量、技术、市场等进行合谋），更关注共同行为的相互拘束之行为实质。相比较而言，无论是在立法中还是在执法实践中，《中华人民共和国反垄断法》在对垄断协议进行界定时，忽略了相互拘束这一最为重要的特征。

四、后果要件：一定交易领域实质性限制竞争

（一）一定交易领域的界定

相关市场在日本被称为"一定交易领域"。一般来说，竞争是从多数交易当事者间连锁性的、相互的交易关系中产生的，仅仅进行一次的交易很

---

① [日]舟田正之：《公共調達と独禁法、入札契約制度等》，日本経済法学会编：《談合と禁止垄断法》，有斐閣 2004 年版，第 35 页。

难被确定为相关市场。① 所谓一定交易领域,是指成立竞争关系的市场,其既是进行竞争的场所,又是限制竞争的场所。在日本,1951 年的"东宝请求取消审决案"明确了一定交易领域的判断标准,即一定交易领域的范围应当根据成立竞争关系的条件(交易对象、地域、交易主体等)进行判断。

1. 交易对象。交易对象即产品市场,是指同种类或具有可替代性的商品或服务。(1)产品市场的范围。产品市场除商品、服务市场外,还包括技术市场和研发市场。在日本,产品市场最初仅仅被限定为商品或服务市场,并不包括技术市场和研发市场。1980 年,东京高等法院在"调整石油刑事案"中明确指出,原油生产工程不能成为交易的对象,原油处理不构成交易领域。② 后来,随着科技革命与技术革新的推进,日本于 1993 年颁布了《关于共同研究开发的反垄断法指南》(2017 年 6 月修订),其中开始将技术市场作为产品市场对待,并规定技术市场被视为是存在一定的交易领域。③ (2)同种类、可替代性产品的判断。在日本,人产一般以产品的功能为核心,并参考产品的性质、价格等因素,以对"合理的替代可能性"进行判断。

2. 地域市场。竞争关系还存在于进行共同性交易的特定地域范围内,而交易地域的共同性取决于卖方与买方在地理上的"移动可能性"。在衡量移动可能性时,我们一般需要考虑地区间经营情况的差异、运输成本、相近似产品的价格等因素。如果在经营者一方实施垄断行为后,买方或卖方转移至另一个地域进行交易,那么另一个地域也属于一定的交易领域。另外,在竞争者之间实施的垄断行为方面,地域市场体现为同一交易阶段的市场;然而,如果是具有交易关系的经营者间实施的垄断行为,那么我们需要从生产、流通等不同交易阶段出发,分别判断各自的地域市场。

3. 客户市场。一定交易领域还涉及对交易对手的客户市场之判断,即特定的经营者是选择公司、企业等组织体进行交易还是选择个人进行交

---

① "作为市场中全体的竞争"就是指在多数经营者间多次交易的连锁性。《禁止垄断法》并不认为多数经营者间的个别竞争行为(相互竞争)会立即对市场产生实质性竞争限制。此外,在不正当交易方法中,"有阻碍公平竞争的场合"并不以个别的竞争行为(相互竞争)为直接对象。但是,在出现"竞争相互抵消"时,是否存在一定的交易领域是一个值得探讨的问题。[日]今村成和:《私的禁止垄断法的研究》,有斐阁 1985 年,第 47 页。

② [日]根岸哲、[日]舟田正之:《日本禁止垄断法概论》,王为农等译,中国法制出版社 2007 年版,第 44 页。

③ [日]《关于共同研究开发的反垄断法上的指针》(《共同研究开発に関する独占禁止法上の指針》),https://www.jftc.go.jp/dk/guideline/unyoukijun/kyodokenkyu.html,访问日期:2018 年 6 月 3 日。

易,以及特定的经营者是将团购客户作为交易对象还是将散客作为交易对象。

(二) 实质性限制竞争的认定

实质性限制竞争既是日本的《禁止垄断法》在认定不正当交易限制、私人垄断、经营者团体行为、企业结合行为等情形是否具备违法性时的共同要件,又是日本独有的限制竞争判断标准。所谓实质性限制竞争,是指经营者或经营者团体形成、维持、强化支配市场价格及其他交易条件的力量,或者妨碍市场开放的力量。[①] 日本是在法院、公正交易委员会和日本学界一轮轮的争议与研讨下确定实质性限制竞争的认定标准的。具体来看,实质性限制竞争的判定主要涉及以下两大方面的标准,它们借助下述几个典型判例和法规被明确化。

1. 判断标准(1):形成、维持、强化支配市场价格及其他交易条件的力量

(1) 1951 年"东宝斯巴鲁案"判决:违法者视角

在日本,最早明确实质性限制竞争含义的,是东京高等法院于 1951 年作出的"东宝斯巴鲁案"的判决。东京高等法院在判决中认定,"所谓竞争的实质性限制,是指为减少经营者间的竞争,特定的经营者或经营者团体根据自己的意思,对价格、品质、数量及其他各种交易条件进行限制,从而产生支配市场的状态,或者至少将达到支配市场的状态"。[②] 我们从"东宝斯巴鲁案"判决对实质性限制竞争的认定中可以看出,"实质性"是指市场向限制竞争的方向发生质的变化之效果。所谓竞争的实质性限制,是指"具有支配市场价格或其他交易条件力量的状态"。那些对市场竞争所造成的弊害不严重,且没有形成此种市场支配力的状态,不能被认定为构成垄断。如果仅仅是具有"阻害公平竞争性"的市场弊害,那么其将被视为不公正交易方法行为,从而不构成垄断行为。

(2) 1953 年"东宝、新东宝公司案"判决:其他经营者视角

1953 年,在"东宝、新东宝公司案"中,东京高等法院在 1951 年"东宝斯巴鲁案"判决所确定的"形成、维持、强化支配市场力量"的判断标准之基础上,对实质性限制竞争的判定附加了其他竞争者视角的判断因素,即"经营者形成、维持、强化了支配市场价格等交易条件的力量",以及"在市场支配

---

① 〔日〕根岸哲、〔日〕舟田正之:《日本禁止垄断法概论》,王为农等译,中国法制出版社 2007 年版,第 47 页。

② 〔日〕《東宝请求取消审决案件》,《日本审决·審決集》1951 年 3 卷,第 184 页。

的状态中,已造成其他经营者受其意识约束,不能通过自己的自由选择决定价格、品质、数量等经营活动,并以此获得足够的利润来维持自己生存的状况"。随后,公正交易委员会在"八幡富士合并案"中接受了上述判断标准。

根据上述标准,如果市场中存在具有牵制力的竞争者,那么受支配的其他经营者就有机会不受约束地自由决定自己的经营活动,从而不会形成市场支配力量。上述判决受到了日本学界的广泛批判,日本学者指出,在寡占市场中,即使存在具有有效牵制力的竞争者,但由于经营者已形成了管理价格的地位,因此实际上也已经形成了市场支配力。公正交易委员会接受了日本学者的意见。目前,在实质性限制竞争的判断标准方面,日本仅采用违法行为人视角下的"形成、维持、强化支配市场的力量",从其他竞争者视角出发的判断标准被废止。

如今,日本在判断"形成、维持、强化支配市场的力量"时,一般以市场结构基准为主,以市场行为基准为辅,根据经营者的地位(市场占有率、市场中的排名、以往的竞争情况)、市场状况(竞争者的数量和集中度、市场进入退出的难度、贸易关系的封闭性和排他性)与其他要素(综合的经营能力、相邻市场的竞争压力、效率性)进行综合判断。[①]

2. 判断标准(2):形成、维持、强化妨碍市场开放的力量

在日本,判例还确定了实质性限制竞争的另一个判断标准,即是否形成、维持、强化了妨碍市场开放的力量。支持上述标准的观点认为,反垄断法不仅要考虑市场中既有经营者的自由竞争,还应当确保经营者参与竞争的机会,而市场的开放性是有效竞争的前提。因此,实质性限制竞争的判断标准除形成、维持、强化支配市场的力量外,还包括形成、维持、强化妨碍市场开放的力量。

基于上述观点,在 1956 年的"雪印乳业与农林中金案"、1972 年的"东洋制罐案"、2000 年的"北海道报业案"等一系列案件中,日本明确了只要具备"形成、维持、强化妨碍市场开放的力量"之情形,即可认定特定的经营者在排除型垄断行为中(排除型私人垄断、共同交易拒绝形成的不正当交易限制)存在实质性限制竞争之状况。

自提出以来,"形成、维持、强化妨碍市场开放的力量"的判断标准就受到了日本学界的质疑。一些学者指出,即使共同交易拒绝排除了新进入者进入相关市场或者将现有经营者排挤出市场,只要该市场内的现有经营者仍存在自由竞争,就不能认定此种情形实质性限制了一定交易领域的竞

---

① ［日］《关于企业结合的指导方针》,日本公正交易委员会,1998 年 12 月 21 日。

争。"形成、维持、强化妨碍市场开放的力量"的判断标准之运用,必须以一定交易领域现存经营者间不存在自由竞争为前提。

公正交易委员会接受了学界的观点,因此其在《关于流通与交易惯行的反垄断法指导方针》中,增加了共同交易拒绝构成不正当交易限制的如下判断因素:(1)使生产、销售价格、质量方面优良商品的经营者进入市场存在显著困难或者被排除出市场;(2)使采取革新的销售方法的经营者进入该市场存在显著困难或被排除出市场;(3)使综合经营能力强的经营者进入市场存在显著困难或者被排除出市场;(4)使经营者进入竞争不活跃的市场存在显著困难;(5)共同抵制想进入市场的新进入者,使得想进入的新进入者进入该市场存在显著困难。① 从《关于流通与交易惯行的反垄断法指导方针》的规定来看,共同交易拒绝必须使市场上经营能力较强(生产、销售质良价优商品的,经营能力强的,革新经营方法的,等等)的经营者进入市场存在困难或被排挤出市场,只有这样其才能够被认定为实质性限制竞争,仅仅是排挤小的经营者并不构成实质性限制竞争。由此可见,在实质性限制竞争的判断标准方面,共同交易拒绝的认定就实质而言与卡特尔的认定相同②,即均需要判断现存市场的自由竞争是否受到影响。如果经营者仅共同排挤了市场影响力较小的经营者,现存的市场内仍存在自由竞争,那么此种行为就不构成不正当交易限制。1997 年 4 月,在"日本游戏枪协同组合案"中,东京地方法院首次认定了共同交易拒绝构成不正当交易限制。③ 随后,在 1997 年 8 月的"扒口金专利案"中,东京地方法院明确提出根据"阻碍新进入者进入市场"和"该市场现存经营者间自由竞争被显著阻害"这两方面的事实来认定实质性限制竞争。

在依据"形成、维持、强化妨碍市场开放的力量"进行判断时,我们一般要综合考虑经营者的地位(市场占有率、排名、之前的竞争情况)、市场情况(竞争者数量、集中度、市场进入退出的难度)、商品或服务的特性等各方面的因素。如果某个行为阻碍了新进入者进入市场或将现存的经营者排挤出了市场,且使现存的市场内之自由竞争因某个行为而受到显著阻碍,那么其构成实质性限制竞争。

---

① [日]《关于流通与交易惯行的反垄断法指导方针》(流通・取引慣行に関する独占禁止法上の指針),第 2 章第 2 条,https://www.jftc.go.jp/dk/guideline/unyoukijun/ryutsutorihiki.html,访问日期:2019 年 2 月 1 日。
② 根据"形成、维持、强化支配市场价格及其他交易条件的力量"来判断卡特尔等垄断行为时,我们也同样需要考虑市场中的现存经营者之间是否存在自由竞争。
③ [日]根岸哲、[日]舟田正之:《日本禁止垄断法概论》,王为农等译,中国法制出版社 2007 年版,第 157 页。

　　另外需要注意的是,无论是"形成、维持、强化支配市场价格及其他交易条件的力量",还是"形成、维持、强化阻碍市场开放的力量",两者都不仅包括了已经具备"形成、维持、强化……的力量"的情形,而且包括了未来存在"形成、维持、强化……的力量"可能性的情形。例如,在共同交易拒绝中,如果排除行为尚未出现形成市场支配力的情形,但通过预期判断可知,共同行为存在形成市场支配力的可能,那么我们就可以认定该行为具备了实质性限制竞争的结果要件。由此可见,如果经营者实施的违法行为产生了"形成、维持、强化……的力量"的结果,或者预期判断其未来会出现"形成、维持、强化……的力量"的结果,那么我们可以认定该行为满足了实质性限制竞争的结果要件,因此其构成垄断。相反,如果某个行为没有产生"形成、维持、强化……的力量"的结果,且通过预判知晓其未来也不存在"形成、维持、强化……的力量"的可能,那么我们可以认定该行为不满足实质性限制竞争的结果要件,因此其不构成垄断。

五、公共利益的违反

　　在上述的主体要件、行为要件和市场效果要件的基础上,日本还额外规定了"公共利益的违反"这一要件。"公共利益的违反"这一要件在其他国家或地区的反垄断法中未被要求,其是日本反垄断法在认定私人垄断与不正当交易限制行为时的特有条件。[1] 针对何为反垄断法上的公共利益,日本法学界主要存在三种观点:一种观点认为,公共利益是指公正自由的竞争秩序,规制机关及大部分学者赞成此种观点;第二种观点认为,公共利益是指除反垄断法的直接目标——自由公平竞争秩序外的其他利益,即包括生产者与消费者在内的国民经济利益,日本的企业界赞同该种观点;第三种观点认为,公共利益还应当包括消费者、中小企业等主体的利益。其中,第一种观点在日本为通说。

　　在日本,从《禁止垄断法》的立法宗旨及其修改经纬来看,公共利益原则上是指反垄断法所直接保护的法益(自由竞争的经济秩序)。公正交易委员会对"公共利益"的解释也是采取了自由竞争的经济秩序之观点,即"公共利益是指自由竞争的经济秩序,对全体国民经济是否带来损失等并不是公共利益成立的要件"。[2]

　　之前,日本法院也一直认可通说。然而,在1953年的"石油价格卡特

---

① 经营者团体实施的不正当交易限制不以此为要件。

② ［日］《汤浅木材案件》,《判决集》1948年第1卷,第62页。

尔刑事案"中,日本最高法院否定了通说,其认为虽然公共利益原则上是指自由竞争的经济秩序——反垄断法所直接保护的法益,但是在权衡上述自由竞争秩序和该行为获得利益时,若该行为保障了一般消费者利益,并促进了国民经济民主与健康发展这一反垄断法的最终目标,那么作为"例外场合",这些行为应当排除适用"不正当交易限制"条款。[①]

上述观点提出后,受到了日本各界的批评。日本各界认为,上述观点会导致《禁止垄断法》的第 3 条私人垄断及不正当交易限制的缩小性适用,以及影响第 3 条、第 4 章与第 8 条经营者团体限制条款的平衡性,并且该观点与刑法的罪行否定主义相冲突。[②] 因此,公正交易委员会至今也没有改变在公共利益的认定方面之态度,即其仍旧采取自由竞争的经济秩序之观点。

第三节 不正当交易限制的行为类型

一、横向不正当交易限制

所谓横向限制,是指两个或两个以上因生产或销售同一类型产品或者提供同一类服务而处于相互直接竞争中的企业,通过共谋而相互实施的限制竞争行为。日本的《禁止垄断法》将横向竞争协议列为规制的重点。日本于 2009 年修订《禁止垄断法》时,对在卡特尔、串通投标等行为中起主导作用的经营者加征 50%的课征金。具体来看,横向不正当交易限制主要包括以下行为类型:

(一) 价格协议

在日本,固定价格主要涉及以下几方面的内容:(1)固定商品的价格、差价率或者利润率;(2)固定相近似的涨价或降价幅度;(3)固定商品的最高价格和最低价格;(4)约定价格的计算方法。

另外,价格卡特尔的成员往往通过控制产量来维持价格卡特尔协议的稳定性,主要表现为限制商品的产量、销售量、库存量等。根据价值规律的要求,商品的供求关系决定着商品的价格。因此,在市场需求不变的情况

---

① [日]《日本审判集》,1980 年第 3 卷,第 257 页。
② [日]根岸哲、[日]舟田正之:《日本禁止垄断法概论》,王为农等译,中国法制出版社 2007 年版,第 54 页。

下,市场上商品的供货量与价格之间客观上存在一种反比关系:商品的供给量越大,供过于求,商品的价格就越低;相反,商品的供给量越小,供小于求,商品的价格就越高。有鉴于此,经营者往往通过控制商品的数量来达到控制商品价格的目的,并通过最大限度地控制产品的供给量来取得稳定的高价。

日本对横向价格协议的规制主要体现在《禁止垄断法》中,该法第3条规定,禁止经营者实施不正当的交易限制。同时,公正交易委员会颁布的《关于流通与交易惯行的反垄断法指导方针》进一步明确,对市场危害性较大的价格卡特尔适用"原则违法"的规制方针。1977年,日本新设了有关价格同步上调的报告制度,该项制度规定,如果经营者同步上调商品或服务价格,那么其应当事先向公正交易委员会报告,以确定此行为是否违法。

(二) 市场分割协议

市场分割协议是一种严重限制竞争的行为,该协议使经营者在其被分配的地域内独享交易权,并且禁止协议外的其他相关经营者染指,从而严重地限制了相关市场的竞争。在市场分割协议中,处于同一交易阶段的竞争者自愿按照不同的标准分配各自的市场范围,每个竞争者只在事先指定的范围内进行经营,以消除彼此间的相互竞争,从而维持着共同的垄断利益。市场分割协议不仅破坏了市场的竞争秩序,而且使竞争者怠于技术革新,因此严重地阻碍了社会经济效率的提高。同时,因市场分割而遭受人为割裂的市场也使得消费者在产品、商家等方面丧失了更多的选择权,从而严重地剥夺与损害了消费者的合法权益。在日本,经营者达成的市场分割协议多表现为地域市场分割、客户分割、产品分割等形式。一般而言,日本对划分市场的态度就像对固定价格一样,即予以严格禁止。在日本,根据《禁止垄断法》中的不正当交易限制条款之规定,市场分割协议被禁止;同时,根据公正交易委员会颁布的《经营者团体指导方针》之规定,市场分割协议被认定为"原则违法行为",即"黑色标准的行为",因此其被严格禁止。①

(三) 共同交易拒绝

在日本,联合抵制交易被称为"共同交易拒绝"(共同の取引拒绝)。②共同交易拒绝行为在日本较为普遍,《禁止垄断法》和《关于流通与交易惯

---

① [日]铃木满:《日本反垄断法解说》,武晋伟、王玉辉译,河南大学出版社2004年版,第57页。
② 交易拒绝(boycott)是1880年的爱尔兰境内一个经常受到排斥的土地支配者的姓名,之后凡是有组织性的、集团性的不购买特定商品或拒绝某种交易的行为就被称为"交易拒绝"。
　　[日]铃木满:《日本反垄断法解说》,武晋伟、王玉辉译,河南大学出版社2004年版,第170页。

行的反垄断法指导方针》对其进行了明确且严厉的规制。

作为不公正交易方法行为的一种,共同交易拒绝最初被纳入了《禁止垄断法》的规制范围。《不公正交易方法》第1条规定,所谓共同交易拒绝,是指无正当理由与竞争者共同实施下列行为:拒绝向某一经营者提供商品或服务,或者限制向其提供商品或服务的数量或内容;要求其他经营者拒绝向某一经营者供货或者限制向其提供商品或服务的数量或内容。于1991年颁布,并于2017年最新修订的《关于流通与交易惯行的反垄断法指导方针》①对共同交易拒绝的性质重新做出了规定。《关于流通与交易惯行的反垄断法指导方针》第2章第2条规定,具有竞争关系的经营者共同拒绝与其他经营者进行交易,从而使其他经营者进入该市场存在显著困难或者被排除出该市场,并且实质性限制一定交易领域的竞争之行为,构成《禁止垄断法》第3条所规制的不正当交易限制行为。如果某个行为没有在一定交易领域实质性限制竞争,那么其属于不公正交易方法行为,受不公正交易方法条款之规制。

1. 实质性限制竞争的认定方法

我们从上述规定中可以看出,共同交易拒绝是否构成不正当交易限制,关键在于该行为是否产生一定交易领域实质性限制竞争的严重后果。如果共同交易拒绝在一定交易领域实质性限制竞争,那么其就构成不正当交易限制行为。

在日本,"实质性限制竞争"的核心判断标准是违法行为人是否"形成、维持、强化支配市场价格及其他交易条件的力量"。为了解决排除型垄断行为②实质性限制竞争的问题,日本在"形成、维持、强化支配市场价格及其他交易条件的力量"这一标准之外,又额外增加了"形成、维持、强化妨碍市场开放性的力量"的判断标准。不过,需要注意的是,"形成、维持、强化妨碍市场开放性的力量"这一判断标准不能被单独运用,我们必须依托"市场中现存经营者之间是否存在自由竞争"这一辅助因素来进行判断。

《关于流通与交易惯行的反垄断法指导方针》做出了明确规定,即共同交易拒绝符合下述几种情形的,即可被认定为构成"实质性限制竞争",并适用不正当交易限制行为之规定:(1)使生产、销售价格、质量方面优良商品的经营者进入市场存在显著困难或者被排除出市场;(2)使采取革新的

---

① [日]《关于流通与交易惯行的反垄断法指导方针》(《流通・取引惯行に关する独占禁止法上の指针》)于1991年颁布,历经多次修订,最新一次修订为2017年6月16日,https://www.jftc.go.jp/dk/guideline/unyoukijun/ryutsutorihiki.html,访问日期:2019年2月1日。

② 在日本,排除型垄断主要包括排除型私人垄断、共同交易拒绝形成的不正当交易限制行为等。

销售方法的经营者进入该市场存在显著困难或被排除出市场;(3)使综合经营能力强的经营者进入市场存在显著困难或者被排除出市场;(4)使经营者进入竞争不活跃的市场存在显著困难;(5)共同抵制想进入市场的新进入者,使得想进入的新进入者进入该市场存在显著困难。[①] 从《关于流通与交易惯行的反垄断法指导方针》的规定来看,共同交易拒绝必须使市场上经营能力较强(生产、销售质良价优商品的,经营能力强的,革新经营方法的,等等)的经营者进入市场存在困难或被排挤出市场,只有这样其才能够被认定为实质性限制竞争,仅仅是排挤小的经营者并不构成实质性限制竞争。由此可见,在实质性限制竞争的判断标准方面,共同交易拒绝的认定就实质而言与卡特尔的认定相同[②],即均需要判断现存市场的自由竞争是否受到影响。如果经营者仅共同排挤了市场影响力较小的经营者,现存的市场内仍存在自由竞争,那么此种行为就不构成不正当交易限制。1997年,在"日本游戏枪协同组合案"中,东京地方法院首次认定了共同交易拒绝构成不正当交易限制。[③]

2. 共同交易拒绝的类型

在日本,共同交易拒绝一般分为直接拒绝交易和间接拒绝交易两种类型。所谓直接拒绝交易,是指拒绝某一经营者的交易请求或者对有关交易的商品或服务的数量、内容等进行限制,该种共同交易拒绝也被称为"一次抵制"。直接拒绝交易既包括拒绝全部交易的情形,又包括进行部分交易的情形,该情形也具有完全拒绝交易的效果。例如,经营者共同拒绝与打折销售商(discounter)进行交易。所谓间接拒绝交易,是指使其他经营者实施前述行为,该行为也被称为"二次抵制"。例如,销售业者共同要求作为交易对手的经营者拒绝与打折销售业者进行交易。在日本,间接拒绝交易行为一般被认为并非是《禁止垄断法》第2条第9款第1项所规制的共同交易拒绝行为,而是第4项所规制的不当交易拒绝行为。

3. 共同交易拒绝的行为表现

《关于流通与交易惯行的反垄断法指导方针》规定,具有竞争关系的经营者实施下列行为的,构成不正当交易限制:(1)为排除低价流通业者,经

---

① ［日］《关于流通与交易惯行的反垄断法指导方针》(流通・取引慣行に関する独占禁止法上の指針),第2章第2条,https://www.jftc.go.jp/dk/guideline/unyoukijun/ryutsutorihiki.html,访问日期:2019年2月1日。

② 根据行为是否"形成、维持、强化支配市场的力量"来判断卡特尔等垄断行为时,我们也同样需要考虑市场中的现存经营者之间是否存在自由竞争。

③ ［日］根岸哲、［日］舟田正之:《日本禁止垄断法概论》,王为农等译,中国法制出版社2007年版,第157页。

127

销商拒绝或限制向低价的流通业者供货;(2)为了排挤新加入者,经销商拒绝向新进入者提供产品,或者经销商要求制造商拒绝向新进入者供货;(3)为排挤进口商品,制造商要求经销商不得经销进口产品,如果经销商经销进口产品,那么制造商将拒绝向经销商供货;(4)为防止竞争对手进入市场,产品制造商共同要求原材料供应商拒绝向新进入者供货,如果原材料供应商向新进入者提供原材料,那么产品制造商将拒绝与原材料供应商进行交易。

二、纵向不正当交易限制

(一)纵向限制协议的市场效果

针对纵向不正当交易限制对竞争所产生的影响,日本的理论及司法实践中主要出现了两种观点,为了方便起见,我们将认为纵向不正当交易限制基本上是一种促进竞争的行为的理论称为"搭便车理论",将认为纵向限制基本上是一种反竞争性行为的理论称为"反搭便车理论"。

在日本,大槻文俊等学者认为,纵向不正当交易限制并不是同行业竞争者之间达成的协议,实施纵向协议的经营者的共同目的不是共同限制产品生产销售的数量或者共同决定商品的价格,而是提高产品的产出,因此纵向协议的达成往往对社会财富的增加有一定的促进作用。大槻文俊等学者基于上述理由认为,纵向协议有利于防止搭便车行为,其是一种促进竞争的行为①,所以这种理论被称为"搭便车理论"。②"搭便车理论"最早是由美国学者特尔赛(Telser)提出的。1960年,特尔赛在 *Why Should Manufactures Want Fair Trade?* 一文中指出,发起转售价格维持行为的是生产商而不是销售商,该行为的目的是克服销售商间的搭便车现象。特尔赛的开创性论著之发表打破了长期以来全面禁止转售价格协议的传统做法,理论界开始重新审视纵向协议的正当性问题,执法机关也开始根据合理原则来分析此类案件的违法性。20世纪80年代,搭便车理论日趋完善。在"搭便车理论"的基础上,日本学者基于以下几方面缘由,认为纵向协议具有积极的市场效果:首先,纵向协议具有防止销售领域在服务提供方面的搭便车行为;其次,维持转售价格具有防止销售领域在品质保证方面的搭便车行为;最后,纵向协议还具有促进生产商实现销售策略、提高产

---

① [日]大槻文俊:《垂直的制限の反競争的效果》,经济法学会编:《公共調達と独禁法·入札契約制度等》,有斐阁2004年版,第149页。

② [日]大槻文俊:《垂直的制限の反競争的效果》,经济法学会编:《公共調達と独禁法·入札契約制度等》,有斐阁2004年版,第149页。

品销售量、便于新企业与新品牌进入相关市场等方面的作用。纵向协议其实是生产商将自己希望的服务方式通过销售商予以实现的一种有效手段。生产商实施纵向协议的原因还在于,生产商和销售商对促销的认识不一致。在一些情况下,销售商不乐于实施产品的促销活动,其结果往往是产品的销售量随之下降,所以为了防止该种情况发生,并提高产品销售量,生产商可以实施纵向协议。此外,纵向协议也在一定程度上推动着新企业与新品牌进入相关市场,从而增加了市场上的品牌间竞争。

　　不同于"搭便车理论","反搭便车理论"认为,反垄断法的价值目标除经济效率外,还应当包含市场竞争秩序和消费者利益。"垂直价格限制,若非卡特尔的强化,即为多种产品的经销商剥削制造者及消费者,迫使边缘消费者购买不想要的服务。"因此,在上述三重目标下,纵向协议通常会导致限制竞争、减损消费者福祉等消极效果,其防止搭便车的作用并不显著。总的来看,"反搭便车理论"主要基于下述几方面原因来认定纵向协议具有反竞争的市场效果:第一,纵向协议导致了消费者利益的减损;第二,维持转售价格导致市场效率降低。一般来说,纵向协议往往会导致以下两种市场情况的出现:(1)生产商利用再销售协议来提高产品的零售价,促使销售商提供高水准的促销服务;(2)因为提高了产品利益,所以销售商还会诱导消费者购买自己销售的其他产品。无论哪种情况,只要生产商用这种方法抢夺竞争对手的顾客,以提高销售额,那么其他生产商也会采取相同或类似的维持转售价格行为与之对抗,从而相互争抢顾客。如此一来,上述行为所产生的直接后果就是价格上涨,市场全体销售量的减少,以及市场效率的降低。另外,一些日本学者还认为,纵向协议妨碍了品牌内的竞争,延缓了一些新型销售方式的出现,损害了市场的动态效率,因此纵向协议具有反竞争的市场效果。

　　"反搭便车理论"在从上述两方面论证纵向协议具有限制竞争效果的同时,还从以下两个方面驳斥了"搭便车理论"。其一,针对"搭便车理论"认为同种产品价格不同是由于有些销售商将用于产品宣传的费用加入产品的销售价格之观点,以及有些销售商因搭便车无需支付宣传费用而致使销售价格较低之观点,"反搭便车理论"认为,该种观点要有一定的前提,即产品销售所需的其他经费(如运费等)在所有销售商中的成本是相同的。但是,事实并非如此,销售商之间的销售价格不同的主要原因在于销售商的经营效率而非服务。其二,即使纵向协议可以防止搭便车,并提高产品的供给量,总剩余量也未必增加。因为对于销售商而言,其所提供的服务一般仅限于特定的消费者,所以市场的整体需求并没有完全得到满足。况且,这种服务也往往会在相互争夺顾客中结束,从而对市场起不到实质性的促进效果。

通过上述对"搭便车理论"和"反搭便车理论"的对比,我们可以看出,关于纵向不正当交易限制的反竞争性效果,两种理论具有差异性的原因在于,它们对市场的不完全性之认识不同。

"搭便车理论"在认为市场的不完全性较小的基础上,进一步提出纵向不正当交易限制可以防止搭便车行为的发生,并且可以提高配置的效率性,因此不正当交易限制是一种促进竞争的行为。从消费者的利益和动态效率性的角度来看,我们应该认为不正当交易限制不具有反竞争性。"反搭便车理论"则在认为市场的不完全性较大的基础上,进一步主张"搭便车理论"所能解释的纵向不正当交易限制非常有限。从提高配置的效率性、动态效率性及确保消费者利益的角度上看,纵向不正当交易限制是反竞争性的。

关于纵向不正当交易限制是否具有反竞争性效果这个问题,如果仅以经济性目的为中心,那么除了对市场的实际情况的认识是最重要的决定要素外,"反垄断法的价值目的是什么"对于纵向不正当交易限制的价值判断和消费者利益而言也是评判竞争效果的关键因素。

(二) 纵向协议的类型

纵向限制竞争协议主要包括附排他性条件的交易、选择性交易协议和转售价格维持协议。

1. 附排他性条件的交易

在日语中,附排他性条件的交易被称为"排他条件付取引"。所谓附排他性条件的交易,是指不当地以交易相对方不与自己的竞争对手进行交易为条件,与该交易相对方进行交易,从而可能减少竞争者交易机会的行为。附排他性条件的交易限制了供货商或销售商与第三方经营者进行交易的自由,其也被通称为"排他性交易协议"。在日本,对排他性交易协议的认定要求制造商和销售商之间有不销售其他品牌的合意或拘束行为,如果不能认定存在合意或拘束行为,那么就不能认定存在排他性交易行为。在对垂直限制的合意和相互拘束进行认定时,我们不能简单地依赖签订的合同,而是必须根据回扣等间接证据进行证明。《关于流通与交易惯行的反垄断法指导方针》规定,在实施的累计性回扣对竞争性产品的交易产生限制时,我们可以对其进行认定,以判定该行为具有违法性。

在日本,公正交易委员会依据"是否能确保其他竞争者享有其他可代替性的销售途径"[1]之标准,对附排他性条件的交易之限制竞争效果予以

---

[1] 〔日〕铃木满:《日本反垄断法解说》,武晋伟、王玉辉译,河南大学出版社 2004 年版,第 170 页。

认定。在 1954 年的"Hokkaido Newspaper 公司案"中,东京高等法院就附排他性条件的交易阐明如下规则:"一般来说,若交易一方以对方不从其竞争对手处获得供应为交易条件,则这种行为本身是并不违法的,因为这种行为并不能阻止其他竞争者通过价格、质量或服务之竞争进入市场,其他的竞争者也可以找到另外的销售商。"由此可见,在认定附排他性条件的交易之市场效果时,日本采取的是"可替代性的销售渠道标准"。另外,在日本,构成排他性交易限制的责任主体一般都是在市场中具有竞争力的经营者,即市场占有率在 10% 以上,在同类商品中排名前三的经营者。①

2. 转售价格维持协议

在日本,转售价格维持(Resale Price Maintenance)被称为"再贩壳价格维持"。《关于流通和交易惯行的反垄断法指导方针》对转售价格维持做出了明确界定,即转售价格维持是指制造商无正当理由,采取一些人为的措施来确保销售商按照其指定的价格进行销售的行为,这些人为的措施包括制造商对不遵守其转售价格指令的销售商采取减少供货的措施,或者制造商对销售商实行直接的监督。

在日本,转售价格维持协议是作为不公正交易方法的一种被予以规制的,1953 年的《禁止垄断法》修改增加了对转售价格维持协议的规制。在日本的反垄断法中,"约束"是转售价格维持协议的构成要件,经营者之间只要有相互约束即可,经营者之间的约束内容不需要具有一致性;而在美国的反托拉斯法中,再销售价格的"一致"才是要件。另外,日本对转售价格维持协议采取了"原则禁止"的标准,只要行为存在即被认定为违法。但是,需要注意的是,以下两方面的转售价格维持协议在日本是适用除外的,即指定商品转售制度的适用条件和图书转售价格维持协议。

在日本,纵向限制一般是被当成不公正交易方法进行规制的,其一般被认为是一种"阻害市场公平竞争性"的轻度反竞争行为。只有当纵向限制达到在一定交易领域实质性限制竞争的程度时,才属于不正当交易限制行为,从而被施以排除措施、课征金,甚至刑事制裁。若纵向限制属于不公正交易方法,则不适用刑事制裁。由于纵向限制的行为表现与不公正交易方法一致,仅在市场效果上有所差别,因此转售价格维持协议、排他性交易等纵向限制行为将在本书的"不公正交易方法"一章得到详细介绍。

① 〔日〕铃木满:《日本反垄断法解说》,武晋伟、王玉辉译,河南大学出版社 2004 年版,第 67 页。

三、具有不正当交易限制内容的国际协定或国际条约

《禁止垄断法》第6条明确禁止经营者签订具有不正当交易限制内容的国际协定或国际条约。在对具有不正当交易限制内容的国际协定或国际条件的规制方面,日本具有如下特点:

其一,该该行为的规制对象是日本经营者与外国经营者或外国经营者团体的"缔约行为",而非不正当交易限制的实施行为。也就是说,只要当事人之间在国际协定或国际条约中约定了相互负有实施不正当交易限制的义务,即可构成违法,不论该约定能否实现。

其二,该行为的实施主体为日本的经营者、外国的经营者或外国的经营者团体。需要注意的是,由于反垄断法的域外效力之限制,执法机关真正制裁的只能是本国的经营者,除非该外国经营者或经营者团体在日本设立了分公司或营业场所。

其三,虽然日本的《禁止垄断法》设置了出口卡特尔的适用除外制度,但是当日本经营者与外国经营者或经营者团体签订了有关出口卡特尔内容的国际协定或国际条约时,该行为不得适用出口卡特尔的适用除外制度。在日本,日本经营者与外国经营者或经营者团体达成不向对方国家进行出口的国际协定,或者签定限定向第三方国家出口产品的数量、产品的品种、出口产品价格的国际协定之情况较为普遍。上述行为不仅限制了外国市场的竞争秩序,而且破坏了日本本国市场的竞争秩序,因此日本对其予以严格的规制。

其四,针对具有不正当交易限制内容的国际协定或国际条约,日本于2002年规定对其施加排除措施。另外,日本在1997年之前还曾规定,针对具有不正当交易限制内容的国际协定或国际条约,签订者应当事先向公正交易委员会报告,但该种做法后因涉嫌违反禁止内外差别对待原则而被废止。

第四节　串通投标行为

在日本,串通投标被称为"入札谈合"。日本是世界上较早确立招投标制度的国家之一。1889年,明治政府制订了《会计法》,其中首次确立了公共事业领域的招投标制度。1902年,日本的《会计法》增加了"以提高或者降低价格为目的的联合行为"之禁止性规定,从而明确地对串通投标行为

进行规制。如今,日本在依据《禁止垄断法》中的"不正当交易限制"条款对串通投标行为进行规制的基础上,先后颁布了《公共采购中经营者及行业协会活动的反垄断法指南》和《关于排除和防止串通投标等行为及处罚公务员妨害公平投标行为的法律》两部专门性法律,在立法上详尽规定了串通投标的行为类型、规制原则、制裁措施及防范体系。日本在串通投标领域所创设的规制原则不仅明确了本身违法行为和可能违法行为的范围,而且原则上规定了合法行为的边界。日本对公共采购领域的串通投标行为所实施的双重规制体系及完备的防范措施,在很大程度上抑制了纵向串通行为的发生,串通投标也由此成为公正交易委员会近几年查处最多的不正当交易限制案件。2017 年,公正交易委员会共针对 13 件案件做出了排除措施命令,其中 5 件为串通投标案件,5 件为投标调整案件。[①]

一、专门化的法律体系

在日本,规制串通投标的法律主要有《禁止垄断法》《行业协会反垄断法活动指南》《公共采购中经营者及行业协会活动的反垄断法指南》《关于排除和防止串通投标等行为及处罚公务员妨害公平投标行为的法律》及《刑法》共 5 部规范性文件。其中,《禁止垄断法》的规制条款是该法第 2 条第 6 款、第 3 条和第 8 条。经营者之间实施串通投标行为的,公正交易委员会依据《禁止垄断法》第 2 条第 6 款和第 3 条,将其作为不正当交易限制行为进行规制。行业协会组织成员企业实施串通投标行为的,公正交易委员会依据《禁止垄断法》第 8 条对其进行规制。1995 年颁布、2010 年修订的《行业协会反垄断法活动指南》旨在规制行业协会实施的垄断协议行为,该指南第 1 条第 3 款将行业协会组织实施的横向串通行为视为限制顾客、销售渠道行为之一种进行规制。

早在日本《禁止垄断法》颁布之前的 1941 年,日本就在《刑法》上规定了串通投标的刑事责任,其中明确"对以虚假或者暴力方式进行违反公共竞买或者公共招标的行为者,处以 2 年以下的惩罚或者 5000 日元以下的罚金;对以危害公正的价格或者以获取不正当利益为目的进行串通行为的,处以同样的惩罚"(日本《刑法》第 96 条之 3)。[②]

20 世纪 90 年代,随着串通投标成为公正交易委员会的执法重点,日

---

① ［日］公正取引委员会:《平成 29 年(2017 年)度公正取引委员会年次报告について》,2018 年 9 月 18 日,https://www.jftc.go.jp/houdou/pressrelease/h30/sep/180918.html,访问日期:2019 年 5 月 12 日。

② 戴龙:《日本反垄断法研究》,中国政法大学出版社 2014 年版,第 159 页。

本开始健全串通投标的法律体系,其连续颁布了两部专门性指南。其中,1994 年 7 月 5 日制定的《公共采购中经营者及行业协会活动的反垄断法指南》历经了 2006 年、2010 年和 2015 年三次修订,其中详细规定了政府采购领域中经营者及行业协会的活动在反垄断法上是否构成违法的判定标准、行为类型及制裁措施。

2000 年 5 月,日本发生"北海道上川支厅招标的农业土木工程的串通投标事件",社会对采购机构参与串通极为不满。迫于压力,日本执政党于 2001 年 3 月成立"执政党防止串通投标研究小组",正式对公共采购中政府机构介入串通投标的行为进行调研。2002 年 7 月 31 日,日本通过了《关于排除和防止串通投标等行为及处罚公务员妨害公平投标行为的法律》(简称为《官制串通防止法》)。① 新法实施以来,虽然采购机关工作人员参与串通投标的行为得到了遏制,但是制度自身的缺陷使得该类行为不能彻底绝迹,于是日本在 2006 年通过了《官制串通防止法》的修正案,并于 2014 年又对其进行了新一轮修正。修订后的《官制串通防止法》加强了对串通投标行为的揭发力度,增加了采购机构调查并公布调查结果的义务,追加了政府官员参与串通投标的刑事处罚及行政处罚细则。

二、串通投标的性质界定及规制依据

在日本,串通投标被视为《禁止垄断法》所禁止的一种典型的不正当交易限制行为。《公共采购中经营者及行业协会活动的反垄断法指南》第 1 章第 1 条第 1 款明确规定,所谓串通投标,是指经营者或者行业协会实施的,在招投标活动中预定中标人或者最低投标价格的决定,其是在一定交易领域实质性限制竞争的行为。对此,日本学者舟田正之指出,投标是通过竞标者之间的竞争来决定预定中标人和中标价格的制度,但是竞标者事先预定中标人或决定最低投标价格的串通投标则属于偏离了投标制度本质目的之行为。② 串通投标严重破坏了招投标制度中的竞争机制。在政府采购领域,串通投标更是损害了纳税人的利益。

1977 年,《禁止垄断法》在引入课征金制度时,将串通投标和价格卡特

---

① 〔日〕公正交易委员会:《关于排除和防止串通投标等行为及处罚公务员妨害公平投标行为的法律(平成十四年七月三十一日法律第百一号)》,日本公正交易委员会官网,http://www.jftc. go. jp/dk/guideline/unyoukijun/dkkanseidangou. html,访问日期:2016 年 12 月 23 日。
② 〔日〕根岸哲、〔日〕舟田正之:《日本禁止垄断法概论》,王为农等译,中国法制出版社 2007 年版,第 178 页。

尔作为和价格调整有关的卡特尔进行规制。[①] 1979 年,日本首次根据《禁止垄断法》中的不正当交易限制条款,对建筑工程领域的串通投标处以课征金。日本学界也认为,在进行竞争投标时,事前预定中标人,并由该预定的中标人决定中标价格的串通投标,是对自由、公平地通过竞争决定中标价格的招投标程序的否定,其直接限制了招投标程序价格竞争机制作用的发挥,所以应将其作为与成交价有关的卡特尔进行规制。[②] 有鉴于此,2005 年,修改后的《禁止垄断法》[③]将串通投标行为作为与"和成交价有关"的不正当交易限制行为(该条第 7 条第 2 款第 1 项)予以规制。[④]

正如日本反垄断法立法及学术界所认识到的,串通投标大多数情况下与串通招投标项目的价格有关。因为,在招投标领域,世界很多国家采取最低投标价的评标方法。[⑤] 在最低投标价的评标方法下,准备实施串通投标行为的经营者只要在投标价格上达成一致,就可以顺利地完成"原本艰难"的合谋行为。对投标价格进行串通是最简单、最有效的串通方法。所以,在大多数情况下,串通投标体现为经营者对投标价格进行串通,以及对中标价格实施共同控制。串通投标本质上属于价格协议行为,不过需要注意的是,串通投标在大多数情况下体现为对投标价格进行串通,而在一些个别情形下,其也会体现为市场分割型串通投标、限制投标次数和投标比率、限制供应商使用新技术等,这些情况下的串通投标在性质上则属于市场分割、限制产量等类型的垄断协议行为。

三、投标人之间横向串通的行为类型及违法判定规则

所谓横向串通,是指投标人之间合意实施或行业协会组织投标人实施的串通行为。在横向串通投标的规制方面,日本是世界上规定得最为详细的国家之一,其先后颁布了《行业协会反垄断法活动指南》和《公共采购中经营者及行业协会活动的反垄断法指南》两部指南进行专门性规范。其

---

① 另一类是对价格调整有影响的卡特尔,包括限制生产和出口数量的卡特尔、设备限制卡特尔等。另外,在对价格产生影响的情况下,共同交易拒绝也可能成为课征金的征缴对象。

② [日]元永钢:《昭和 56 年上半年课征金缴纳命令概要》,《公正取引》1981 年第 4 卷,第 37 页。

③ [日]《禁止私人垄断及确保公平交易法》,日本公正交易委员会官网,http://www.jftc.go.jp/index.htm,访问日期:2015 年 3 月 2 日。

④ [日]《禁止私人垄断及确保公平交易法》,日本公正交易委员会官网,http://www.jftc.go.jp/index.htm,访问日期:2015 年 3 月 2 日。

⑤ 最低价投标的评标方法又被称为"最低价中标制度",是指在招投标项目评标中,选取最低投标价格的投标方案中标。最低价中标制度在一定程度上也使得经营者间预通谋协商的要素大幅度减少,而这恰恰促导了串通投标的发生。

中,《行业协会反垄断法活动指南》将投标人之间预定中标者等横向串通行为视作限制顾客、销售渠道的行为。《公共采购中经营者及行业协会活动的反垄断法指南》则更是体系化地规定了横向串通的规制制度,其第 2 章规定,投标人之间的横向串通行为被划分为四大类,每类串通行为又分别依据本身违法原则、合理原则和原则合法原则被划分为原则违法行为(黑色行为)、有可能违法行为(灰色行为),以及原则上不构成违法的行为(白色行为)。

(一) 预定中标人行为及其违法判定方法

预定中标人是一种最常见的串通投标方法。在招投标项目中,经营者经常事前达成预定中标人的合意,其他投标人按照该合意,以高于预定的中标人之投标价格进行投标,从而确保预定的中标人顺利中标。为了明确预定中标人及其相关联行为的违法性问题,日本在《公共采购中经营者及行业协会活动的反垄断法指南》中规定了原则违法行为、可能违法行为和原则上不构成违法的行为。

1. 原则违法行为:预定中标人或者预定中标人的选择方法

预定中标人或预定中标人的选择方法是一种严重的串通投标行为,在该类行为的违法认定方面,日本采取"原则违法原则"①。根据原则违法原则,无论预定中标人行为采用的具体手段或方法是什么,也无论该行为的目的或意图如何,均构成违法。经营者为了确保商品或服务的质量、为了获得均等的中标机会、为了尊重经营者在之前经营活动上的连续性或关联性等均不能成为预定中标人行为合法的正当理由。

另外,在预定中标人行为中,常附带有相关的配合行为。因此,日本法律规定,下列配合行为也依原则违法原则而被认为当然违法:(1)投标者或行业协会收集、交换用以选定中标预定者的信息,如中标意向、以往的营业活动业绩、与招标项目相关的中标业绩等;(2)提供、整理指名投标中的投标人被提名的次数、实际中标的业绩等便于形成选定预定中标人优先顺序方法的信息;(3)其他投标人根据预定中标人的投标价格调整各自投标价格,以保障预定中标人顺利中标;(4)约定预定中标人向其他参与通谋的投标人分包业务或直接给予金钱等利益;(5)邀请或强制要求其他经营者参与预定中标者行为或者服从该决定,或者对不参加、不协助者实施拒绝交易、采取

---

① "原则违法原则"就是美国等国家采取的"本身违法原则"(perseillegal)。日本《关于流通与交易惯行的反垄断法指导方针》规定,对价格协议、市场分割、联合抵制、串通投标等恶性不正当交易限制行为适用原则违法原则。

差别待遇等惩罚措施。

2. 可能违法行为

下列行为并不是直接的预定中标者或预定中标人的选择方法,但却有可能导致上述情形的出现,所以日本根据合理原则(rule of reason)对其进行违法性判断:(1)经营者或行业协会要求经营者报告指名投标中被指名情况及预定参加投标的情况。上述信息交换有可能转化为预定中标者的信息交换,当该种信息交换促成预定中标者行为发生时,其属于违法行为。(2)经营者以共同体形式参与投标时,经营者相互或通过行业协会交换共同体组合方面的信息。如果上述行为预定了共同体的成员组合,那么其属于预定中标者的行为,因此违法。(3)行业协会对成员企业根据中标情况征收特别会费等。上述行为常常被用来促导预定中标人行为的发生。

3. 原则上不构成违法的行为

下列行为因经营者独立实施而不属于违法行为:(1)经营者根据招标人的邀请,在未与其他经营者或行业协会联络的情况下,向招标人表明参加投标的意愿及自己的技术信息等;(2)在指名投标中,经营者在未与其他投标者或行业协会协商的情况下,根据自己的判断拒绝参与投标活动。

(二)与投标价格有关的行为

价格应通过公平、自由地进行竞争而形成,因此经营者共同或通过行业协会进行与价格有关的行为属于违法行为。在日本,《会计法》和《地方自治法》规定,招投标制度必须严格遵守价格竞争原则,所以《公共采购中经营者及行业协会活动的反垄断法指南》对投标价格领域中的相关行为之违法性进行了明确规定。

1. 原则违法行为:预定最低投标价格、交换投标价格相关信息

在招投标活动中,经营者一般是选择提交最低价的投标者为合同缔约人。经营者共同或者通过行业协会实施的预先确定最低投标价格、中标预定价格或上述价格的计算标准的行为,会导致招投标制度中的价格竞争机制受到限制,故原则上构成违法。在对上述情形进行违法性判定时,行为方式及主观目的均不被考虑[①],且无论明示通谋还是默示通谋均构成违法。

2. 可能违法行为:交换有关投标的商品或服务的价格水平方面的信息

实践中,参与投标的经营者常常相互交换作为投标对象的商品或服务

---

① 如考虑维持适当的价格水平、确保提供的货物或服务的质量、防止以不合理低价签订合同等理由都不足以证明这种行为的正当性。

的价格水平或价格趋势,以用于计算招标人的预定价格;或者行业协会常常收集、提供上述信息或促进上述信息在经营者之间进行交换。上述信息的收集、提供和交换往往会转化为投标价格方面的信息收集、提供和交换,从而有可能导致预定最低投标价行为,因此我们应当根据合理原则对其进行违法性判断。当上述行为引发了实际投标价格方面的信息交换时,其便属于违法行为。此外,如果经营者或行业协会交换的价格水平信息易于算定招标人的预定价格,那么此类行为将会促进投标人在投标价格方面达成共谋,并限制投标价格方面的竞争,因此其被视为价格限制行为,属于违法行为。

3. 原则上不构成违法的行为

经营者或者行业协会就招标人发布的计算标准展开调查,但该种调查不能用于计算价格。另外,为了提高中小经营者在投标中的一般性计算能力,中小经营者组成的团体制作揭示标准性费用项目的计算方法,或者指出所需材料等标准的数量或作业量的行为,也不属于违法行为。

(三) 与中标数量有关的行为

在招投标制度中,考虑到合同的性质和目的,招标人会要求投标人提供投标价格、中标数量等方面的信息。经营者或行业协会达成预先确定中标的数量、中标分配方案等方面内容的决定之做法,会限制招投标市场中的自由竞争,故此类行为原则上属于违法行为。在上述情形下,只要经营者对中标数量、中标比例等默示了解并形成合意,即构成违法。与此不同的是,为了掌握公共采购领域的总体趋势,行业协会要求其成员自愿提交过去实际中标的概括性信息,或者收集招标人发布的过去中标情况或今后招标计划信息,或者概括性公布公共采购中的中标业绩或今后公共采购的总体计划的,不构成违法。

(四) 交换信息或进行经营活动的指导

尽管收集、提供关于投标制度的一般性信息不属于违反《禁止垄断法》的情形,但是收集、提供并交换特定的投标信息却有可能受到《禁止垄断法》的规制。上述的内定中标人、串通投标价格、串通投标数量等行为,均会涉及一定的信息交换,如交换投标意愿、提名次数、实际具体中标业绩、投标价格等,这些均属于违法行为。但是,经营者收集概括性信息,或者经营者共同收集上述信息的,不构成违法。具体来看,日本根据以下原则,对不同类型的信息交换行为进行规制:

1. 原则违法的信息交换

此类行为包括上述三种行为中涉及原则违法行为方面的信息交换,即交换中标意愿的信息、交换投标价格的信息、交换有关指名招投标中投标人被提名的次数、交换竞标者实际中标的具体业绩等方面的信息、交换预定最低投标价格方面的信息、交换经营者之间具体投标价格方面的信息等。上述信息的交换会导致预定中标人、中标价格、限制投标数量等原则违法行为的发生,故其被等同视为原则违法行为。

2. 可能违法的信息交换

在指名招投标活动中,交换提名投标人及预定参加投标人的信息、交换关于企业共同体组合方面的信息、交换有关作为投标对象的商品及服务价格的计算标准的信息等行为均有可能导致违法性串通投标行为的发生,因此我们应根据实际情况,依据合理原则对其进行判断。

3. 原则上不构成违法的信息交换

《公共采购中经营者及行业协会活动的反垄断法指南》详细列明了合法的信息交换行为,该类型的行为共包括以下 13 个种类:收集和提供关于投标的一般性信息;概括性发布政府及公共机构过去的政府采购信息;制作、提供平均的经营指标;收集、提供有关投标项目的内容、需要的技术力量等信息;提供有关经常性的共同企业体组合情况的以往的客观事实信息;为选定共同企业体的相对方而收取信息;对招标者进行的参加投标意愿等的说明;制作标准的计算方法等;制作、提供关于常设性企业共同体的运营的方针;关于这部分计算标准的调查;关于反垄断法的知识普及活动;关于履行契约的必要性的启蒙活动等;表明对国家、地方公共团体等主体的要求和意见;对招标者的关于技术信息的一般性说明等。因为上述信息属于一般性与概括性信息、过去信息和常识性信息,所以它们的交换被视为合法。

四、"官制"纵向串通的判定规则及防范路径

所谓纵向串通,是指招投标活动中的招标人与投标人之间实施的串通行为。纵向串通一般只存在于政府采购这种特殊的招投标活动中,不会发生在普通的市场主体之间。在一般的市场活动中,市场主体并非必须采取招投标方式选择合同缔结方,因此其可以依据意思自治来任意选择其所"中意"的合同缔结方;而在政府采购领域中,采购方必须采取招投标方式缔结合同。所以,纵向串通就体现为强制招投标领域中的招标人与投标人之间的串通。在日本,政府采购领域中的横向串通被形象地称为"官制串通",2002 年制定、2014 年最新修订的《官制串通防止法》详细列明了政府采购领域中的纵向串通投标之规制制度。

(一) 官制串通的实施主体

在日本,官制串通的实施主体包括国家、地方公共团体、特定法人的工作人员等。其中,国家工作人员主要包括参议院议长、众议院议长、最高法院院长、会计检察院院长、内阁总理大臣、各省大臣等,地方公共团体中的工作人员包括日本都道府县的知事及市町村的长官,而特定的法人则是指由国家或地方公共团体出资达 1/2 以上或经常性持股达 1/3 以上的股份有限公司。为了防止国家工作人员实施官制串通,公正交易委员会在全国举办官制串通预防的研修会,并派遣讲师到国家与地方的各个公共团体进行指导。2017 年,公正交易委员会在全国开展了 32 次研修会,并向国家与地方的公共团体派遣讲师 275 次。[1]

(二) 官制串通的行为类型

官制串通主要体现为以下几种类型:(1)招标人明确做出串通指示;(2)招标人表明中标人的意向;(3)招标人泄露与招标有关的秘密信息;(4)招标人采取指定特定人为投标参加人、设置障碍阻止特定经营者成为投标参加者或其他方法帮助实施串通投标行为。官制串通行为的违法构成必须以投标人之间实施了串通投标行为为前提。

(三) 官制串通的防控路径:公共采购机构的自我监管与防范

为了有效抑制官制串通现象,《关于排除和防止串通投标等行为及处罚公务员妨害公平投标行为的法律》赋予了公共采购机构一定的自我监督职权,并明确了如下的防范举措:(1)政府、公共团体的负责人、特定法人的代表如有足够证据怀疑公共建设工程招投标中存在串通行为,则其有义务向公正交易委员会报告。(2)公正交易委员会认为必要时,可要求公共采购机构对串通投标进行必要调查。调查范围不仅包括违法行为的危害性,还包括涉案职员的有责性。(3)采购机构认为涉案职员故意或过失的串通投标违法行为损害国家利益的,应当及时对其提出索赔,并给予其免职、停职、降薪、警告等惩戒处分。针对建筑行业的串通行为,国土交通大臣或都道府县知事可以提出警告并要求其改正;情节严重的,可要求其停业整顿,禁止有关人员 5 年内重新从业。[2] (4)公正交易委员会认为存在串通行为的,可以要求采购机关采取必要的改善措施;公正交易委员会认为

---

[1] [日]公正取引委员会:《平成 29 年(2017 年)度公正取引委员年次報告について》,2018 年 9 月 18 日,https://www.jftc.go.jp/houdou/pressrelease/h30/sep/180918.html,访问日期:2019 年 5 月 12 日。

[2] 侯水平:《日本公共建设工程招投标监管机制及其主要特点》,《现代日本经济》2008 年第 2 期,第 36—41 页。

确有必要的,也可以要求采购机关针对已消失的违法行为采取未来的预防措施。在串通投标的执法实践中,采购机构一般会采取以下改善措施:进行招投标合规培训;设置合规管理机构;对招投标相关信息进行严格管理;强化对招投标状况的检查机制;实现招标负责人和合同负责人分别设置;改革招投标制度;禁止违法行为者再次参与投标活动;禁止实施违法行为的职员在公共采购领域再就职;防止工作人员长期在同一公共采购部门任职;强化内部通报制度。[①] (5)退休官员 2 年之内不得到其最后 5 年任职期间曾有业务往来的相关企业再就职,以防范串通投标行为发生。

五、双轨制的串通投标规制机关

在日本,串通投标的规制机关实行双轨制,即由公正交易委员会和采购机构共同对串通投标进行规制与防范。其中,作为反垄断法执法机关,公正交易委员会全面查处和制裁串通投标案件。公正交易委员会在反垄断法执法中处于中心地位,其在串通投标案件中的执法权限体现为:(1)串通投标案件事实认定的专属权;(2)串通投标刑事案件的专属告发权及强制调查权;(3)对串通投标民事损害赔偿诉讼程序的重要影响。

公共事业领域的主管部门负责串通投标行为的预防,其与公正交易委员会沟通协作,以防范串通投标的发生。在规制串通投标方面,公共采购机关对串通投标享有如下职权:向公正交易委员会报告违法事实的义务、串通投标行为的调查职权、针对串通投标做出必要的改善措施、调查及改善措施的公布义务、对相关责任人的处罚职权。

六、对我国的启示

日本所建立的完备的串通投标法律制度体系,尤其是其于 2010 年后连续几次对串通投标专门性指南的修订,有效抑制与防范了串通投标的发生。在日本,2010 年之后查处的串通投标案件呈逐年递减趋势。2011 年,日本查处串通投标案件 22 件,课征金总额 166.9 亿日元;2013 年,日本查处串投标通案件 18 件,课征金总额 33.4 亿元;到了 2015 年,日本查处串通投标案件的数量降至 9 件,课征金总额锐减为 18.2 亿日元。[②] 串通投标

---

① [日]公正交易委员会:《关于招标机关为防止官制串通进行预防活动的实际情况调查报告书(概要)》,2016 年 10 月,http://www.jftc.go.jp/houdou/pressrelease/h23/sep/11092802.html,访问时间:2017 年 8 月 10 日。

② [日]公正交易委员会事务总局:《防止串通投标》,2016 年 10 月,http://www.jftc.go.jp/dk/kansei/text.files/honbun.pdf,访问日期:2017 年 8 月 18 日。

案件数量的明显下降,充分显示了日本串通投标防控体系的预防、抑制和保障作用。

　　日本在串通投标规制领域所建立的完备体系值得我国学习和借鉴。其一,我国应当借鉴日本制定专门化的串通投标规制指南之做法,为有效规制串通投标提供法律制度保障。其二,我国应当明确界定串通投标行为的性质,将内定中标人、预定中标价格等定性为价格垄断协议,将限定投标、中标次数等界定为限制数量协议,从而为执法机关有效规制串通投标行为提供明确的判断基准。其三,我国应借鉴日本的经验,体系化地规定横向串通与纵向串通。横向串通包括内定中标人行为、预定投标价格(中标价格)行为、预定投中标数量行为、信息交换行为等情形;纵向串通包括做出串通指示、表明中标人意向、透露重要信息、实行差别待遇、引导提问、设置障碍等帮助特定人实施串通投标之行为。同时,针对不同性质的串通投标行为,我国应明确不同的规制原则,即针对严重限制竞争的串通投标行为适用"本身违法原则",针对具有双重市场效果的串通投标行为适用"合理原则",并规定不构成违法的行为之边界。其四,我国应构建反垄断法执法机关和公共采购机关双重监管体制,尤其应当赋予公共采购机关在串通投标的调查、采取改善措施、做出一定处罚决定等方面的职权,从而在招投标制度内部建立起抵制串通投标行为的防线。

第七章　私人垄断与垄断状态规制制度

在日本,为了实现维护自由、公平的市场竞争之目标,反垄断法不仅对限制、阻害竞争的行为进行了规制①,而且对引发市场集中、危害竞争性市场结构的行为或状态②进行了规制。其中,私人垄断、垄断状态及企业结合就是因引发市场集中、危害竞争性的市场结构而被反垄断法予以规制的行为。不同的是,对私人垄断与垄断状态的规制属于市场集中的规制,而对企业结合的规制则属于一般集中的规制。私人垄断、垄断状态及企业合并共同构成了日本控制市场集中的反垄断制度的规制对象。在日本,财阀经济固有的经济特点使得日本对集中的规制较其他国家更为严格。本章主要就私人垄断与垄断状态规制制度进行探讨,下一章将对企业结合进行探讨。

第一节　私人垄断与垄断状态规制的历史沿革

一、萌芽时期

自明治维新以来,作为后起资本主义国家的日本因富国强兵与殖产兴业而出名,其将在经济和军事两个方面达到欧美先进资本主义国家的水准作为目标。为了迅速实现上述目标,日本政府积极推行了产业政策,并对经济过程实施了直接且积极的介入。受益于对财阀的扶持政策,到了昭和

---

① 不正当交易限制属于限制竞争的违法行为,不公正交易方法属于阻害竞争的违法行为,两者对市场竞争的危害程度不同。如果不公正交易方法行为严重到产生一定交易领域实质性限制竞争的后果,那么其可以转化为不正当交易限制行为。

② 因导致集中而被反垄断法予以规制的范围包括私人垄断、垄断状态和企业合并。其中,私人垄断是通过实施形成、维持、强化市场支配力的行为来引发市场集中问题,属于引发集中的行为;垄断状态与企业结合则是因引发市场集中的结构而被规制。

初期，日本的各个产业都形成了具有绝对市场支配力的大企业。一战后，日本政府推行助长垄断以应对经济危机的政策，并在 1925 年制定了被称为世界上最早的强制卡特尔法的《输出组合法》《重要输出品工业组合法》等"卡特尔助长法"，而之后的侵华战争更是使日本转向了严厉的全面战时经济统治体制。①

第二次世界大战后，作为战败国的日本受到了以美国为首的盟军的占领。针对日本战争期间的经济高度集中、偏重军事经济，以及为了获得国外市场而发动战争的政治经济背景，联合国军总司令部对日本制定了经济非军事化、经济和平复兴、经济民主化的管理原则。② 在上述原则的指导下，联合国军总司令部要求日本政府实施经济民主化改革，督促日本政府解散财阀以排除经济力集中、废除私人统治集团和进行反垄断立法。③

二、制定与发展时期

在上述背景下，1947 年的《禁止垄断法》在经盟军最高司令官批准后，提交国会审议通过。当时，由于日本学者对美国的反托拉斯法缺乏足够的认识，因此美国的占领军在《禁止垄断法》的制定上施加了巨大的影响。结果，《禁止垄断法》将美国反托拉斯法的内容进行了照抄照搬，并在第 3 条中第一次对"私人垄断"进行了规制。④ 日本原始的《禁止垄断法》中有关私人垄断的规制较美国更为严厉，这造成了日后法条"水土不服"的现象。

之后，随着国际形势的变化，联合国军总司令部被迫改变了占领策略，于是日本就在 1949 年对《禁止垄断法》进行了重大修改⑤，将原有的"禁止设立控股公司"改为"允许持有无竞争关系的企业的股份和债券"，将"禁止企业间的干部兼任"改为"仅禁止存在竞争关系公司之间的干部兼任"。经过 1949 年的修法，几种典型性的"支配型私人垄断"由"违法"变成了"合法"，从而大大削弱了对私人垄断制度的规制力度。可以说，1949 年的法律修订是原始《禁止垄断法》的大倒退，但此次修改客观上又符合了日本社会发展的需求，促进了日本经济的发展。

1952 年后，占领政策及朝鲜战争结束后的战时特殊需求的变化加剧

---

① ［日］根岸哲、［日］舟田正之：《日本禁止垄断法概论》，王为农等译，中国法制出版社 2007 年版，第 5 页。
② ［日］郑田彬：《经济法》，日本评论社 2003 年版，第 59 页。
③ 戴龙：《日本反垄断法研究》，中国政法大学出版社 2014 年版，第 4 页。
④ ［日］村上政博：《日本禁止垄断法》，姜姗译，法律出版社 2008 年版，第 1 页。
⑤ 戴龙：《日本反垄断法研究》，中国政法大学出版社 2014 年版，第 6 页。

了产业发展的不景气,于是日本在 1953 年对《禁止垄断法》进行了缓和性修改,进一步放宽了"私人垄断规制",删除了"不正当排除行为要依据经营者能力的差别"的规定,这意味着排除型私人垄断主体资格要件的放宽。[①]1953 年至 1976 年是日本反垄断法发展的停滞期间,私人垄断规制制度在该期间并未获得足够的重视。产业政策的强势不仅带来了经济的腾飞,而且造成了竞争政策的宽松,埋下了潜在的经济隐患。

1977 年,在严重的通货膨胀之背景下,《禁止垄断法》迎来了又一次的修改。1977 年的修法引入了有关垄断状态的规制制度,包括禁止大企业相互持股、对严重垄断状态的企业可要求其转让技术及部分营业等措施。此外,1977 年的修法还赋予了公正交易委员会命令垄断企业申报、停止合并行为及其他排除性垄断行为的权力。通过 1977 年的修法,日本建立起了完备的集中规制体系,规制对象包括私人垄断、垄断状态和企业合并。

20 世纪 80 年代以来,由于日本经济的过快发展对美国构成了挑战,因此美国要求日本开放市场并强化竞争政策的呼声日渐高涨。1990 年,日美双方达成了《日美构造问题协议最终报告》,其中要求日本对价格体系、流通关系、系统关系、排他性交易习惯等竞争政策进行修改。1991 年 7 月 6 日发布的《关于流通与交易惯行的反垄断法指导方针》对排他性交易与排他性代理制度进行了规制。自此,日本构建起了详实且可行性强的私人垄断规制体系。

三、完善与新发展时期

自 21 世纪以来,在经历了 2005 年、2009 年、2013 年和 2019 年的四次大规模修改后,日本《禁止垄断法》呈现出加大对违法行为的制裁力度、健全责任体系、完善程序保障机制等特点,并且规定了多项涉及私人垄断制度的完善措施。

2005 年,在修订《禁止垄断法》时,日本将课征金征收对象的行为类型首次扩展适用于支配型私人垄断。1977 年,课征金制度被引入时,仅适用于不正当交易限制行为。在 2005 年的《禁止垄断法》修改工作中,私人垄断与不正当交易限制均以"一定交易领域实质性限制竞争"为要件,并且两类行为在实际的经济活动中均产生限制竞争的效果,于是日本将课征金的适用对象扩展至支配型的私人垄断。其中,对制造业、建筑业、服务业等领

---

① 　[日]根岸哲、[日]舟田正之:《日本禁止垄断法概论》,王为农等译,中国法制出版社 2007 年版,第 14 页。

域中的大企业征收 10％的罚款,对批发业领域中的大企业征收 3％的罚款,对零售业领域中的大企业征收 2％的罚款。

在 2009 年的《禁止垄断法》修订工作中,日本将课征金的征缴对象从原来的支配型私人垄断行为扩展到排除型私人垄断行为。[①] 其中,在排除型私人垄断方面,对制造业、建筑业、服务业等领域中的大企业征收 6％的罚款,对批发业领域中的大企业征收 2％的罚款,对零售业领域中的大企业征收 1％的罚款;在支配型私人垄断方面,对制造业、建筑业、服务业等领域中的制造者征收 10％的罚款,对批发业领域中的制造者征收 2％的罚款,对零售业领域中的制造者征收 1％的罚款(见表 1)。同时,日本提高了对私人垄断罪的刑事制裁力度,将对从事垄断罪的自然人的处罚由原来判处 3 年以下有期徒刑或 200 万日元以下的罚金,修改为判处 5 年以下有期徒刑或 500 万日元以下的罚金。此外,公正交易委员会还于 2009 年公布了《排除型私人垄断的反垄断法指南》,其中列举了掠夺性定价、排他性交易、搭售、拒绝交易或歧视性交易共四类排除型私人垄断行为。自此,日本的"私人垄断规制体系"得到进一步完善。

表 1　2009 年私人垄断的课征金征缴比率[②]

行为类型	产业领域		
	制造业	批发业	零售业
支配型私人垄断	10％	3％	2％
排除型私人垄断	6％	2％	1％

在 2013 年的《禁止垄断法》修改工作中,日本针对排除措施新增了意见听取程序,给予了私人垄断违法行为人在排除措施和课征金缴纳程序中进行申辩的机会,从而有效地保障了涉嫌违法行为人的正当程序利益。

在 2019 年的《禁止垄断法》修改工作中,日本对私人垄断规制的课征金制度进行了如下强化性修改:(1)不再根据产业领域和经营规模设置不同比率的课征金,而是改为征收统一比率的课征金,从而加大对私人垄断的制裁力度。在支配型私人垄断案件中,对大企业征收 10％的罚款;在排

[①] 此次修改扩大了课征金的适用对象,将课征金的适用对象从原来的支配型私人垄断行为和不正当交易限制行为扩展到排除型私人垄断为和特定类型下的不公正交易方法行为。不公正交易方法具体包括联合抵制交易、实行差别对价、实行低价倾销、转售价格维持协议和滥用优势地位共五种类型。

[②] [日]公正取引委员会事务総局:《独占禁止法改正法の概要》,https://www.jftc.go.jp/dk/kaisei/h21kaisei/index_files/091203setsumeikaisiryou.pdf,访问日期:2016 年 12 月 28 日。

除型私人垄断案件中,对大企业征收 6％ 的罚款。(2)增加了课征金的算定基础。在日本,原有的课征金征收基础为经营者的违法所得(违法行为所涉及的商品或服务的销售额),并不包括不当得利的范畴。2019 年,为了强化课征金制度的威慑功能与制裁力度,日本将因违法行为而获得的不当得利追加为罚款征收的基础,该不当得利包括因不提供服务或者商品而得到的利益、与作为违法行为对象的商品或者服务密切相关的经营活动的销售额,以及对经营者做出指示或信息的集团公司的一定的销售额。(3)将课征金算定期间由原来的 3 年延长至 10 年,将除斥期间由原来的 5 年延长至 7 年。2019 年的法律修订体现了日本对垄断行为的惩治与追查力度之大幅度加强。同时,日本提高了对私人垄断罪的刑事制裁力度,将对从事垄断罪的自然人的处罚由原来判处 3 年以下有期徒刑或 200 万日元以下的罚金,修改为判处 5 年以下有期徒刑或 500 万日元以下的罚金。

从"私人垄断规制"不断发展与完善的历史来看,我们不难发现,该制度的发展与日本的经济形势及所处的国际环境密切相关。在经过了 70 多年的发展后,当初被动移植的"私人垄断制度"已经深深地嵌入了日本的经济与法律体系中,日本社会也愈发认识到了其价值与作用。

第二节　私人垄断的界定

一、私人垄断的内涵界定

在日语中,私人垄断被称为"私的独占"。依据《禁止垄断法》第 2 条第 5 款的规定,所谓私人垄断,是指经营者单独或者以与其他经营者相结合、合谋等方式,排除或者支配其他经营者的经营活动,违反公共利益,并在一定交易领域实质性限制竞争的行为。私人垄断具有如下特点:(1)私人垄断是与公的垄断相对应的,是指煤气、水电、邮政等公的垄断之外的私人垄断;(2)私人垄断是一种经营者排除、支配其他经营者的经营活动之行为垄断,而非结构垄断;(3)私人垄断是通过排除、支配其他经营者的活动,形成、维持、强化市场支配力;(4)私人垄断与我国的滥用市场支配地位相似,但两者却有明显差异,即在日本,私人垄断不以经营者具有市场支配力为必备条件。

二、私人垄断的构成要件

(一)主体要件：私的经营者

首先,私人垄断的实施主体为私的经营者。在界定"私的"经营者时,我们需要注意以下几方面的问题：其一,私的经营者是与"公的"("公共的")经营者相对的,是指除从事水电、煤气、邮政等公共事业的经营者外的经营者;其二,"私人"并不仅指单个经营者,复数的经营者也可以通过"结合""合谋"等方式实施私人垄断,从而协调性地共同支配相关市场,即协调性的寡占,所以"私人"并无主体数量上的限制。

其次,私人垄断的主体不以具有市场支配力为条件。与中国、欧盟等主体的滥用市场支配地位行为以经营者具有市场支配地位为前提条件不同,日本并不要求私人垄断的主体具有支配地位。在日本,私人垄断以"一定交易领域实质性限制竞争"为结果要件,"实质性限制竞争"是从形成、维持、强化市场支配力角度来判断的。由此可见,形成市场支配力也构成实质性限制竞争。在上述情形下,形成市场支配力是行为的危害结果,经营者实施该行为时其实尚不具有市场支配力,而是私人垄断行为的实施促成了支配市场价格等交易条件的力量。就此方面的规定来看,在经营者实施私人垄断行为,并发生"形成支配市场的力量"的危害后果之情况下,经营者是不具备市场支配力量的。因此,在规范私人垄断行为时,日本并不将经营者具有市场支配力作为必备条件。不过,虽然日本的法律条文没有要求实施主体具有市场支配地位,但是在实践中,几乎所有的私人垄断案例均是已经具有市场支配力的经营者实施的,他们通过支配其他经营者的经营活动来维持或强化自己的市场支配力。正是因为在私人垄断的实际认定中,经营者通常都已经具备了市场支配力,所以近年来,日本反垄断法学界的有些学者建议将私人垄断规制并入集中(垄断状态)的结构规制。①

对此,笔者认为,日本现行的不以经营者具有市场支配力为条件的法律规定更为可取,更适合日本现行反垄断法对集中规制的制度设计。在日本,因引发集中而需要被规制的行为有三种类型,即垄断状态、企业合并与私人垄断。垄断状态和企业合并的规制制度旨在对集中的市场结构进行规制,而私人垄断制度的设计初衷是规制形成、维持、强化市场支配力的行为,防范集中的市场结构的形成与强化。虽然垄断状态与私人垄断均重在

---

① [日]石方谦二：《独占禁止法》,有斐阁,1998年版。

规制集中,但是两者的侧重点与功能并非完全相同。垄断状态重在规制既存的集中结构状态,而私人垄断重在防范集中结构状态的形成与强化,两者的功能有所不同。因此,日本对私人垄断的主体条件之现行规定具有可行性与可取性,其不应当再将"具备市场支配力"作为私人垄断的主体要件。

(二) 行为要件:排除、支配其他经营者的经营活动

1. 排除其他经营者的经营活动

"排除其他经营者的经营活动"是一种使现存的经营者继续开展经营活动或者使新加入者开展经营活动存在显著困难的行为,这里的"排除"是指经营者实施的具体排除行为,而非其他经营者被排除的状态。[①] 上述行为被称为"排除型私人垄断"。2009 年 10 月 28 日,为了确保排除型私人垄断执法的透明性和确定性,以及提高经营者业务行为的可预测性,公正交易委员会颁布的《关于排除型私人垄断的反垄断法指南》[②]对排除型私人垄断进行了体系化的规定,并具体列举了四类典型"排除行为",即掠夺性定价、排他性交易、搭售、拒绝交易与差别对待。[③]

2. 支配其他经营者的经营活动

依据《禁止垄断法》第 2 条第 5 款的规定,不仅经营者的排除行为会受到规制,其支配行为也同样要受到规制。所谓支配,是指经营者通过各种方法对其他经营者形成控制力或支配力,从而使其他经营者遵照其意思进行经营活动的行为。根据日本制定上述制度时的立法说明[④],排除型私人垄断与支配型私人垄断的区别在于,排除型私人垄断旨在使其他经营者不能开展经营活动,从而停业、转产或破产,而支配型私人垄断旨在支配其他经营者的经营意识,从而使其按照自己的意志开展经营活动。因此,排除型私人垄断与支配型私人垄断具有显著的差异。

在日本,反垄断法并未限定支配型私人垄断的具体形式。实践中,支配型私人垄断主要存在以下两种形式:第一种是股份式支配,即通过取得股份的方式来控制竞争者进行经营活动的意志;第二种是管理式支配,即通过派遣干部、兼任对方公司的管理层等方式来控制竞争者进行经营活动的意志。以上两种形式的实质就在于,采取行为使其他经营者的决策受其

---

① [日]松下满雄:《经济法概说》,东京大学出版会 2006 年版,第 74 页。

② [日]《排除型私的独占に係る独占禁止法上の指針》,平成 2005 年 10 月 28 日,https://www.jftc.go.jp/dk/guideline/unyoukijun/haijyogata.html,访问日期:2019 年 6 月 29 日。

③ 实际上是五类行为,但《关于排除型私人垄断的反垄断法指南》将"拒绝交易"与"差别待遇"视为一类,所以其分为了四类。

④ [日]泉水文雄、[日]西村畅史:《一九四七年独占禁止法の形成と成立》,《神户法学杂誌》2006年,第 116—122 页。

影响或直接代其决策,从而形成事实上按照自身意志支配其他公司行动的结果。不过,在日本,由于缺少对"支配"的明确认定标准,因此"支配型私人垄断"的案件很少,而且为数不多的几个案件也存在着争议。日本学者多认为,过去有关支配型私人垄断的案例不是被评价为错误就是具有误导性。[①]

(三)结果要件:一定交易领域实质性限制竞争

若私人垄断要构成违法,则其需要产生在一定交易领域实质性限制竞争的严重后果。所谓一定交易领域,是指成立竞争关系的市场,我们应当根据成立竞争关系的条件(交易对象、交易地域、交易方等)来对其进行确定。所谓实质性限制竞争,是指减少竞争本身,即特定的经营者或经营者集团能够以其意思在一定程度上自由决定市场的价格、品质、数量及其他各种条件,从而表现出支配市场的形态或支配市场的可能性。[②] 在实质性限制竞争的判断方面,日本形成了如下两大标准:第一种标准为"形成、维持、强化支配市场价格及其他交易条件的力量";另一种标准为"形成、维持、强化妨碍市场开放的力量"。日本最初确定的实质性限制竞争的标准仅指第一种判断方法,后来,为了解决排除型垄断(排除型私人垄断、共同交易拒绝所引发的不正当交易限制)的市场后果问题,日本又在第一种判断标准的基础上,确定了"形成、维持、强化妨碍市场开放的力量"的标准。尽管以上两种标准的考量视角有所不同,但是从根本上看,两者均需要判断现存市场的自由竞争是否受到了影响。

在日本现行的实质性限制竞争之判断标准下,在判断私人垄断的市场后果要件时,我们需要注意以下几方面的问题:

其一,支配型私人垄断和排除型私人垄断的市场效果要件的判断标准有所不同。(1)支配型私人垄断的市场后果要件体现为"形成、维持、强化支配市场价格及其他交易条件的力量",也就是特定的经营者是否形成、维持及强化了支配市场价格、品质、数量及其他交易条件的力量。(2)排除型私人垄断的市场后果要件则体现为"形成、维持、强化妨碍市场开放的力量"。需要注意的是,对排除型私人垄断的实质性限制竞争之判断,不能仅仅根据"阻碍新进入者进入市场或将现有经营者排挤出市场"这一单一事实,还必须考量"该市场现存经营者间的自由竞争是否被显著阻害"的事实。如果经营者排挤了市场影响力较小的经营者,但现存的市场内仍存在

---

① [日]村上政博:《日本禁止垄断法》,姜姗译,法律出版社 2008 年版,第 39 页。
② [日]日本公正交易委员会:《关于企业结合的指导方针》,1998 年 12 月 21 日。

自由竞争,那么此种情形不构成支配型私人垄断。

其二,对私人垄断所涉及的实质性限制竞争的判断是一种动态的判断,该认定方法需要判断支配或排除行为是否"形成、维持、强化了市场的支配力"。在上述判断中,执法机关需要考虑特定的经营者的市场力量是否较实施支配或排除行为前得到"加强",即违法行为人的市场支配力是否得以形成、维持或强化。与私人垄断实质性限制竞争的判断不同的是,垄断状态实质性限制竞争的判断是一种静态的判断,执法机关只需认定特定经营者的市场力量(市场份额)达到支配地位即可。

其三,"形成、维持、强化支配市场价格及其他交易条件的力量"或"形成、维持、强化、妨碍市场开放的力量"的判断既包括已经具备了"形成、维持、强化……的力量"的情形,也包括未来存在"形成、维持、强化……的力量"之可能性的情形。因此,在经营者实施了低价倾销等排除型私人垄断行为后,若该排除行为虽尚未出现形成市场支配力的情形,但预期判断显示,该行为存在形成市场支配力的可能,那么我们就可以认定该行为具备了实质性限制竞争的结果要件,其属于违法行为。由此可见,在经营者实施了低价倾销后,如果该行为产生了"形成、维持、强化……的力量"的结果,或者预期判断显示,该行为未来存在"形成、维持、强化……的力量"的结果,那么我们可以认定该行为满足实质性限制竞争的结果要件,构成私人垄断。相反,如果该行为没有产生"形成、维持、强化……的力量"的结果,且预判显示该行为未来也不存在"形成、维持、强化……的力量"的可能,那么我们应认定该行为不满足实质性限制竞争的结果要件,不构成私人垄断。

其四,在日本的反垄断法中,私人垄断实质性限制竞争的具体判断因素并未被明确规定。实践中,执法机关一般以市场结构基准为主,以市场行为基准为辅。在排除型私人垄断实质性限制竞争的判断方面,我们需要从潜在的竞争压力、需求者对抗的交涉能力和效率性、消费者利益保护等角度进行综合考量。[①] 在对支配型私人垄断的实质性限制竞争之后果进行判断时,我们需要根据经营者的地位(市场占有率、市场中的排名、以往的竞争情况)、市场状况(竞争者的数量和集中度、市场进入退出的难度、贸易关系的封闭性和排他性)和其他要素(综合的经营能力、相邻市场的竞争

---

① [日]公正取引委員会事務総局:《独占禁止法改正法の概要》,2009 年 12 月,https://www.jftc.go.jp/dk/kaisei/h21kaisei/index_files/091203setsumeikaisiryou.pdf,访问日期:2016 年12 月 28 日。

压力、效率性)进行综合考量。①

三、私人垄断与不公正交易方法的关系

私人垄断是一种排除或者支配其他经营者的经营活动,违反公共利益,并在一定交易领域实质性限制竞争的行为;而不公正交易方法是一种阻害市场公平竞争的行为。私人垄断与不公正交易方法关系紧密,两者在外观行为方式上具有相同性,如都表现为掠夺性定价、排他性交易、搭售、拒绝交易与差别对待等。但是,私人垄断与不公正交易方法在以下几个方面仍存在着明显区别:

其一,两者的市场危害后果不同。私人垄断的市场危害是一定交易领域实质性限制竞争,其侵害的是市场的自由竞争;而不公正交易方法的市场危害性较私人垄断来说更小。不公正交易方法尚未达到排除、限制一定交易领域竞争的程度,其仅仅是一定程度地阻害了市场的公平竞争。1982年,日本颁布的《关于不公正交易方法的基本考虑方法》明确了"公平竞争阻害性"包括下述三方面的阻害②:(1)损害市场的公平竞争,即竞争手段不公平,从而减损以合理低价、良好的商品质量、优质服务等内容为基础的市场之效能竞争;(2)减损自由竞争;(3)侵害自由竞争的基石——自由、自主的经营活动。由此可见,与私人垄断相比,不公正交易方法的市场危害性更小。不公正交易方法行为只有达到一定交易领域实质性限制竞争的程度,才可以转化为私人垄断行为。

其二,私人垄断与不公正交易方法在处罚措施上有所不同,私人垄断的制裁力度远大于不公正交易方法的制裁力度。由于私人垄断与不公正交易方法的市场危害性不同,所以日本反垄断法为两者设置了不同的责任体系:(1)在课征金追缴方面,对支配型私人垄断征收 10％的课征金,对排除型私人垄断征收 6％的课征金,对低价倾销、差别对价、联合抵制交易和转售价格维持协议这四种不公正交易方法征收 3％的课征金,对滥用优势地位的行为征收 1％的课征金(见表2)。(2)在刑事责任方面,日本反垄断法将私人垄断认定为"垄断罪",对自然人处以 5 年以下有期徒刑或 500 万日元的罚金,对法人或经营者团体处以 5 亿日元的罚金。不公正交易方法行为并未被规定为犯罪行为,实施了不公正交易方法的行为人仅在违反了

---

① [日]公正交易委员会:《关于企业结合的指导方针》,1998 年 12 月 21 日。
② [日]田中寿主编:《不公正的交易方法—新一般指定的解说》,商事法务研究会 1982 年版,第100 页。

公正交易委员会的生效行政处罚决定之情况下,才有可能构成违反生效行政处罚决定罪(《禁止垄断法》第 90 条第 3 款),不遵守公正交易委员会针对不公正交易方法行为做出的生效决定的经营者在此情况下才会被追究刑事责任。2005 年,日本法律规定,实施低价倾销、滥用优势地位等不公正交易方法行为侵害中小经营者利益的经营者拒不执行排除措施命令的,对自然人处以 2 年以下有期徒刑或者 300 万日元以下的罚款,对企业处以 3 亿日元的罚金。① (3)在民事责任方面,针对私人垄断,受害人可以请求违法行为人承担民事损害赔偿责任,但其不享有民事上的请求停止侵害的权利。② 针对不公正交易方法行为,受害人除可以请求损害赔偿外,还享有停止违法行为请求权。③

表 2　私人垄断与不公正交易方法的课征金征收比率④

违法行为	课征金比率
支配型私人垄断	10%
排除型私人垄断	6%
低价倾销、差别对价、联合抵制交易、转售价格维持协议(不公正交易方法)	3%
滥用优势地位(不公正交易方法)	1%

其三,与私人垄断相比,不公正交易方法更加具有广泛性和事前性。不公正交易方法的行为类型更为广泛,几乎覆盖到了所有《禁止垄断法》所规定的行为类型⑤,其不仅包括私人垄断行为,而且包括共同交易拒绝、转售价格维持协议等不正当交易限制行为。同时,不公正交易方法的规制具有事前预防性。日本在《禁止垄断法》中设置了不公正交易方法规制制度,

① 〔日〕公正取引委员会:《独占禁止法改正案の概要及び独占禁止法改正案の考え方に対して寄せられた意见について》,http://www. jftc. go. jp/pressrelease/04. august/040804. pdf,访问日期:2005 年 6 月 12 日。
② 1999 年,日本引入了针对垄断行为的请求停止制度,但日本反垄断法上的请求停止侵害制度仅适用于不公正交易方法这一种反竞争行为,不正当交易限制与私人垄断均不适用请求停止侵害制度。
③ 日本的《禁止垄断法》第 24 条规定的请求停止侵害制度仅适用于不公正交易方法行为,并不适用于私人垄断和不正当交易限制行为。日本的《禁止垄断法》第 24 条规定,遭至利益损害或可能遭至利益损害的经营者、消费者,可以向实施不公正交易方法行为且侵害其利益或可能侵害其利益的经营者或经营者团体请求停止违法行为。
④ 〔日〕公正取引委员会事务总局:《独占禁止法改正法の概要》,https://www. jftc. go. jp/dk/kaisei/h21kaisei/index_files/091203setsumeikaisiryou. pdf,访问日期:2016 年 12 月 28 日。
⑤ 〔日〕白石忠志:《独禁法讲义(第 7 版)》,有斐阁 2014 年版,第 162 页。

其目标就是通过对暂时尚未达到实质性限制竞争之程度的垄断行为进行规制,以事先防范垄断行为的发生。因此,不公正交易方法的规制具有预防私人垄断行为和不正当交易限制行为发生的作用。

第三节　私人垄断的行为类型

一、排除型私人垄断

(一)排除型私人垄断的认定

排除型私人垄断是使现存的经营者难以继续开展经营活动,使新加入者难以开展经营,并在一定交易领域实质性限制竞争的行为。在市场经济中,企业通过提升自己的经济效率来强化产品质量和降低价格。一些经营者会因效率低下而难以继续进行经营活动,但这并不属于反垄断法所规制的排除型私人垄断行为。排除型私人垄断行为的构成要件包括如下三个方面:(1)主体要件为经营者;(2)行为要件为排除其他经营者的经营活动;(3)结果要件为违反公共利益,且在一定领域实质性限制竞争。[①]

排除型私人垄断的认定具有以下几方面的特点:(1)经营者具有排除其他经营者的主观意图,这是该行为的必要条件,排除的主观意图是推定涉嫌违法行为构成排除行为的重要事实。在排除意图下,如果经营者实施了多个排除行为,那么我们可以将多个排除行为认定为排除意图下的一体行为。(2)排除型私人垄断需达到"形成、维持、强化妨碍市场开放的力量"之程度。上述判断标准并不要求将既存经营者完全排挤出市场或完全阻止新加入者进入,只要既存经营者继续经营或新加入者开展经营活动存在的困难具有高度的盖然性,即可认定该经营者具备"形成、维持、强化妨碍市场开放的力量"。(3)排除型私人垄断不仅包括经营者实施的直接排除行为,而且包括经营者通过其他经营者实施的间接排除行为,以及多个经营者通过合谋与结合实施的排除行为。

排除型私人垄断的行为类型复杂多样,其中一部分行为类型与不公正交易方法的行为类型相同,但其还包括特有的行为类型。尽管排除型私人垄断行为的类型复杂多样,但是为了实现反垄断法执法的确定性,并提高

---

① ［日］栗田城:《排除型私的独占ガイドラインの検讨》,《千葉大学法学論集》2017年第31卷,第276页。

经营者对排除型私人垄断行为的预测性,日本在《排除型私人垄断的反垄断法指南》中,将排除型私人垄断的主要行为进行了类型化规定。具体来看,《排除型私人垄断的反垄断法指南》将排除型私人垄断分为掠夺性定价、排他性交易、搭售、拒绝交易或歧视性交易共四种行为类型。[①]

(二) 掠夺性定价

在日本,掠夺性定价被称为"不当廉卖",是指经营者无正当理由地以低于成本的价格持续提供商品或服务,从而可能使其他经营者继续经营存在困难的行为。在市场经济中,根据供求关系自由决定产品价格是经营者享有的一项重要权利。同时,经营者降低价格符合竞争法所维护的效能竞争。[②] 因此,反垄断法应最小限度地干预企业的降价竞争行为,以免破坏市场自发形成的良性竞争秩序。但是,如果经营者低于成本销售商品,那么此举必然会导致损失随着产品销量的增加而不断扩大,并且此种低价竞争明显缺少经济学上的合理性。上述通过低于成本的商品价格抢夺竞争对手客户的行为,既不是企业努力创新的结果,也不属于正常的市场竞争,并且其使得效率较高的经营者也因难以开展经营活动而被排挤出市场,或者给新进入者带来更高的经营成本,从而阻害潜在的竞争者进入市场。上述行为无疑侵害了市场的自由竞争,因此其应受到反垄断法的规制。

在日本,《禁止垄断法》第 2 条第 9 款第 3 项、《不公正交易方法》第 6 条和 2005 年颁布的《排除型私人垄断的反垄断法指南》第 2 章第 2 条都对掠夺性定价行为进行了明确规定。2009 年,日本又颁布了《关于掠夺性定价的反垄断法指南》,对掠夺性定价行为进行了系统规定。《关于掠夺性定价的反垄断法指南》明确规定,掠夺性定价构成违法需要满足以下三个方面的条件:

其一,持续地低于成本销售商品。关于价格设定是否具有经济合理性,我们要根据销售商品的损失是否会随着持续地销售商品而减少来判断。在低价销售中,如果遭受的损失随着商品销售的扩大而扩大,那么此种情形被认为缺乏经济合理性。有鉴于此,我们可以清晰地判定,低于成本销售是一种显著缺乏经济合理性的定价行为。在判断"持续地低于成本销售商品"这一要件时,我们首先要比较价格与"成本"之间的关系。此处的成本是指实施低价倾销的经营者的实际成本,即"总销售成本",其实质

---

① 为方便读者理解,我们将"拒绝交易及歧视性交易"分开讲述,因此在后文中形成了五类排除型私人垄断,但这与前文并不矛盾。

② 竞争法以维护、促导效能竞争为核心内容,其鼓励经营者通过提供质优价低的产品来进行客户资源的竞争。

上包含了可变成本与其他成本要素。所谓低于成本销售,是指违法行为人的实际销售价格低于其总销售成本。其次,我们需要判定某个行为是否属于"持续性地进行"。所谓持续性,是指经营者在相当长的时期内反复进行廉价销售,或者根据进行廉价销售的经营者的经营方针,我们可以客观地预测到持续进行。持续性并不要求经营者每天都进行低价销售,经营者每逢周末就进行低价倾销也属于"持续性地进行"。

其二,可能造成其他企业的经营活动陷入困难。首先,这里所说的"其他企业",通常是指低价销售者的竞争对手,但也包括没有竞争关系的其他经营者。至于哪些企业的经营活动受到损害,我们要根据降价影响的领域进行判断。例如,如果批发商或零售商实施的低价倾销可能影响生产商之间的竞争环境,那么"其他企业"当然包括了提供与降价商品相同商品的生产商。其次,"可能会给其他企业的经营活动带来困难"并非一定要求全体企业的经营活动出现经营困难,只要存在这种可能性即可。可能性的有无需要我们综合考虑受影响的其他企业的实际情况、低价销售者的经营规模、降价商品的数量、降价的持续时间、与降价商品有关的广告和宣传状况等因素,并根据降价商品的特点以及降价的意图或目的来综合确定。

其三,低价倾销缺乏正当理由。缺乏正当理由的低价倾销才构成违法。若低价倾销具有正当理由,则不构成违法。一般情况下,由于供需关系而降低商品价格,或者降价商品的原材料采购价格较之前降低,经营者根据原材料市场的全新价格情况将商品按低于之前成本的定价销售,这些都属于具有正当的理由。在上述情况下,即使原材料价格在后来的交易中有了新变化(如价格上涨),我们也应当认定这些行为具有正当理由。

在日本,1975 年的"读卖新闻公司案"是不当低价销售的典型案例。[1]东京高等法院在判决中认为,构成不合理的低价销售的前提条件是低于成本销售,否则对不合理低价实行过多管制将产生保护低效率经营者不参与价格竞争的负面效果。[2] 1975 年 3 月,读卖新闻报社在中部地区以 500 日元/份的售价来销售日报。当时,新闻出版行业其他竞争者的销售价格高达 1000—1300 日元/份。读卖新闻报社的行为所引发的后果便是,低廉的

---

[1] [日]《百案选》第 69 案,1982 年 5 月 28 日的劝告裁决。

[2] [日]厚谷襄儿、[日]榉贯俊文编:《独禁法审决・判例百选》第 6 版,有斐阁 2003 年版,案例 68,中川宽子释,第 139 页。

订阅费使其发行量在 6 个月内以爆发式的增速增长到每月 500000 份。公正交易委员会通过计算发现，812 日元是读卖新闻报社制作和印刷所需要的最低成本，因此其向东京高等法院提出动议，要求东京高等法院判定被告暂时以至少不低于 812 日元的价格销售日报。东京高等法院同意了公正交易委员会的动议并提出，(读卖新闻报社)"能被称为以不合理的低价进行销售并构成不公正交易方法行为。该行为是指低于制造成本的价格销售商品。以不合理低价销售应当以成本为判断标准，而成本的数据必须根据市场上普通经营者独立完成其商业活动而不依靠其他资助所花费的平均费用来确定。成本应包括一般费用、行政费用和其他必要的费用"。"读卖新闻公司案"的最后结果是，东京高等法院接受了 812 日元的成本价，并判令被告的销售价格必须高于 812 日元。1975 年 9 月，公正交易委员会在没有发布修正令的情况下便开始了其听证程序。最后，被告同意以不低于 1000 日元/份的售价来销售日报，从而结束了案件。

在 1989 年的"日本 SHOKUHIN 公司案"中，最高法院揭示了不合理价格销售的典型特征，即以长期低于成本的价格提供商品或服务，这些活动不反映业务运营和正常竞争过程所付出的努力，而是会对市场的竞争秩序产生负面影响。

(三) 附排他性条件的交易

附排他性条件的交易(日语为"排他条件付取引")又被称为独家交易或排他性交易。所谓附排他性条件的交易，是指不当地以交易相对方不与自己的竞争对手进行交易为条件，与该交易相对方进行交易，从而在一定交易领域实质性限制竞争的行为。通说观点认为，附排他性条件的交易有三种行为形态，即排他性供给交易、排他性接受交易和附加互相排他性条件的交易。当然，日本学界还有不同的意见，有学者认为独家交易应分为两类，即排他性受入协议(即独家销售合同)与排他性供应协议(即专卖合同)。[①] 其实，无论是两类说还是三类说，它们在排他性交易的违法行为判断要件上是统一的，二者都认为排他性交易构成私人垄断需满足两个条件，即主体适格性与一定交易领域实质性限制竞争。所谓主体适格性，是指实施排他性交易的主体需要是"有实力的经营者"。具体来说，在确定"有实力的经营者"时，我们需要综合考虑该经营者的市场占有率和排名、销售对象的数量及市场地位、流通渠道的难度、排他期间市场占有率的变

① ［日］松下满雄：《经济法概说》，东京大学出版会 2006 年版，第 124 页。

化等因素。① 实际上,日本学界有一个简单的标准,即经营者在相关市场的占有率在 10% 以上或者排名在前三,就可以被认定为是"有实力的经营者"。所谓一定交易领域实质性限制竞争,是指"形成、维持、强化妨碍市场开放的能力",从而使现存市场内的自由竞争受到侵害。如果排他性交易仅仅阻害了市场的公平竞争,那么其不构成私人垄断,我们应当按照不公正交易方法对其进行规制。

(四) 搭售

依据《不公正交易方法》第 10 项的规定,所谓搭售,是指"经营者在提供商品或者服务时,不正当地要求交易相对方购买自己或者自己指定的经营者提供的其他商品,以及强制与自己或者自己指定的经营者进行交易的行为"。搭售构成私人垄断需要满足以下几方面的条件:

其一,主商品和从属商品是两个独立的商品。在判断主商品和从属商品是否为两个独立的商品时,我们首先应当从商品的客观特征来分析,看两个商品是否可以独立使用。如果两个商品能独立使用,而不是主体与配件或者主要部分与次要部分的关系,那么对它们进行销售的行为属于搭售。其次,我们还应当根据社会的普遍常理来判断,即如果社会普遍的常理认为主商品和从属商品是一个商品,那么我们就将其当成是一个商品来对待。另外,如果两个商品的组合带来了功能上的实质性改变,成为了一个具有独特特征的新商品,那么对它们进行销售的行为也不属于搭售。

其二,"使人购买",即让交易相对方购买。这里的"强制"并不是简单的暴力或威胁,其在通常情况下也表现为劝导。值得注意的是,"强制"购买的从属产品的质量不在构成要件的考虑范围之内。相反,即使从属产品物美价廉,"强制"购买行为也属于搭售,因为"强制"购买行为侵害的是消费者的自主选择权,其抑制了相对方的自由意思,损害了其进行独立判断的自主权。当然,并不是所有的组合销售都会被认定为搭售。例如,超市可以销售洗面奶与护手霜的套装,也可以分别销售洗面奶与护手霜。如果买方可以自由选择分销模式,那么此种销售行为就不属于"强制",因为搭售要达到压制购买方的意思,甚至要枉顾购买方意思,使对方买本不想购买的商品。另外,作为该类型行为的利益表现方式,"强制交易"既包括强制购买,又包括滥用购买力的强制销售。

其三,搭售需造成实质性排除、限制一定交易领域竞争,"形成、维持、

---

① 〔日〕根岸哲、〔日〕舟田正之:《日本禁止垄断法概论》,王为农等译,中国法制出版社 2007 年版,第 256 页。

强化妨碍市场开放的力量"之严重后果。构成私人垄断的搭售还需要造成限制、排除市场竞争的严重后果。如果搭售仅仅是侵害了消费者的选择权和阻害了市场上的公平竞争，那么其并不构成私人垄断。在实践中，构成不公正交易方法的搭售行为不需要以实施主体具有一定的市场力量为条件，也无需实施主体是"有实力的经营者"。但是，对于构成私人垄断的搭售而言，如果行为产生了一定交易领域实质性限制竞争的严重结果，那么实施主体往往是具备一定的市场力量的。

其四，不存在正当理由。若搭售存在技术上或者其他方面的正当的理由的，则其一般不会被判定为不当。在实践中，存在部分销售商搭售商品是出于安全性、品质管理及善意保护的目的之情况，此时销售商就需要举证证明其搭售行为与实现目的之间的必然联系和合理性（此处采用举证责任倒置）。如果搭售具有必要性与合理性，那么其属于具有正当的理由。就必要性和合理性的判断而言，日本采取的是"较少限制"及"其他可替代性手段"不能达到相同目的之方法。若存在其他更合理的替代措施，则销售商的"抗辩"不会被接受。① 此外，如果经营者通过合理的举证证明自己的行为未侵害到消费者的自主选择权，那么在这种情况下，经营者的行为有较大可能不被认定为构成搭售。

1993 年的"东芝电梯案"②是日本在搭售方面较为有社会影响力的事件。在"东芝电梯案"中，东芝集团下属的电梯维修公司以"出于保证电梯安全运行的考虑，本公司不能单独提供东芝电梯的维修配件，而是需要和维修工事一起销售才能提供"为由，拒绝向其他的电梯供应商提供维修服务。遭到拒绝的其他电梯维修商向法院提起了诉讼，法院在审理中认为，如果东芝电梯公司不能举证证明其两个产品的捆绑销售与电梯安全之间存在必然联系，且缺少其他合理替代措施的，那么捆绑销售行为就使得购买方失去了选择商品的自由，并使得竞争者之间的竞争秩序受损，因此东芝电梯的行为就具有明显的"不当性"。同时，东芝下属的电梯维修公司占据了电梯维修市场 90％以上的份额。综上所述，法院认定东芝电梯公司的行为违法。③

（五）拒绝交易

拒绝交易可以分为共同交易拒绝与单独交易拒绝。其中，共同交易拒

---

① ［日］根岸哲、［日］舟田正之：《日本禁止垄断法概论》，王为农等译，中国法制出版社 2007 年版，第 249 页。

② 《审决集》第 40 卷第 651 页，大阪高级法院 1993 年 7 月 30 日判决。

③ 戴龙：《日本反垄断法研究》，中国政法大学出版社 2014 年版，第 142 页。

绝又被称为"联合抵制交易",是指同与具有竞争关系的其他经营者共同直接拒绝与自己的竞争对手进行交易或要求其他经营者不与自己的竞争对手进行交易。如果共同交易拒绝造成实质性限制一定交易领域竞争的严重后果,那么其属于不正当交易限制行为。所谓单独交易拒绝,是指经营者不当拒绝与某经营者进行交易,或者限制有关交易商品的商品或服务的数量或内容,或者指使其他经营者实施上述行为的行为。单独交易拒绝只有严重到造成实质性限制一定交易领域竞争的后果时,才属于排除型私人垄断行为。

拒绝交易还可以分为直接拒绝交易和间接拒绝交易。所谓直接拒绝交易,是指经营者直接拒绝与特定的经营者进行交易,或者限制交易商品或服务的数量或内容。直接拒绝交易又被称为"一次抵制"。所谓间接拒绝交易,是指经营者要求其他经营者拒绝与特定的经营者进行交易。间接拒绝交易又被称为"二次抵制"。针对"间接拒绝交易",日本有部分学者认为,其法律规制依据并非是《禁止垄断法》第 2 条第 9 款第 1 项中关于"拒绝交易"的规定,而应当是该条款第 4 项中的"不当约束"。[1] 在实践中,经营者往往为了规避法律规制而选择与拒绝交易的相对方进行小额交易,并拒绝在主要业务或者大额交易方面与其进行交易,这种情况在日本也会受到反垄断法律的规制。在实践中,以未达成价格协议等原因拒绝与相对人进行交易的情形大量存在,但探究其交易背景及交易情节后会发现,上述原因不过是借口,背后往往隐藏着某种反竞争的经营判断。因此,在单独交易拒绝的判断上,我们要坚持从反垄断法及其原则出发,对每个交易的条件与事实进行具体的分析和评价。

在日本,1990 年的"全国农业合作联合会案"[2]是较为典型的拒绝交易案例。在"全国农业合作联合会案"中,全国农业合作联合会(以下简称"国农联")向成员提供农用水果包装箱及从事其他经营活动。日本农业领域的水果包装箱一般通过国农联(又称"系统内渠道")或生产商直接提供给农户。由于国农联的会员众多,货源较为稳定,因此水果包装箱的生产商都希望通过国农联来销售其包装箱。有鉴于此,国农联在水果包装箱领域内具有重要作用。国农联还利用其地位,要求包装袋生产商不向未与国农联签订包装箱供应合同的生产商供货。在此背景下,作为一家包装盒生产

---

① [日]根岸哲、[日]舟田正之:《日本禁止垄断法概论》,王为农等译,中国法制出版社 2007 年版,第 207 页。

② 《审决集》第 36 卷第 53 页,公正交易委员会 1990 年 2 月 20 日劝告审决。

商,常盘公司因未与国农联订立合同而在市场中购买不到包装带,于是常盘公司决定自己生产包装带以满足制造包装盒的需求。为了阻挠常盘公司的生产,国农联要求常盘公司的原料供应企业不得向其供应商品。在审理"全国农业合作联合会案"时,公正交易委员会考虑到了国农联的市场支配地位,以及其不仅要求其会员不得与常盘进行交易,而且要求其他企业不得向常盘公司供应原料之行为具有明显的排除故意,并且其在事实上已经进行了排除竞争、封锁市场的行为,因此公正交易委员会认定国农联违法。

（六）差别待遇

在日本,差别待遇可以分为差别对价、一般性差别待遇和经营者团体的差别待遇。其中,私人垄断所涉及的主要类型为差别对价和一般性的差别待遇。

1. 差别对价行为

根据《禁止垄断法》第 2 条第 9 款第 2 项的规定,所谓差别对价,是指依据地区或对象的不同,不正当地、持续性地以歧视性价格供应商品或者服务,并可能使其他经营者的事业活动陷入困难。[①] 这里的"对价"是指获得商品进行的给付,一般情况下表现为金钱。在计算对价时需注意,若是每次支付都有稳定的"回扣"或者是商品赠送,则其可以被算入对价,以进行价格折减;若仅仅是偶然的回扣或者是偶发的样品赠送,则其不应被计入"对价",而应被视为"交易条件"。这里的"差别"是指对同等品质或质量的商品设定了不同的对价。"同等品质或质量"并不要求各个细节完全相同,而只需达到实质上"同一"即可。[②] 除了依据交易对手进行的差别对价外,还存在依据地域进行的差别对价。所谓依据地域进行的差别对价,是指经营者销售同一产品时,以地域为标准对交易对象进行划分,从而进行不同定价的行为。在进行以地域为标准的差别定价时,商家往往是在扩展"地域倾销",其目的是打开新市场或者将竞争对手排除出相关的地域市场。在实践中,强势的买方常会要求卖方以低于其他买方的价格将产品销售给自己。虽然从结果来看,上述行为符合差别定价的外观,但是其实质上是强势买方利用自己的优势地位来强行要求不合理待遇,因此其应属于

---

① 《不公正交易方法》第 3 项在形式上对"差别价格"进行了补充,但并未添加实质性内容,而只是简单概括与重复。

② 所谓实质上"同一",是指商品在结构、功能、品质上的相同,外观细节等方面则无需相同。例如,报纸的差别定价无需对比报纸的外观、报道内容等方面的差异,这些细节不妨碍将两种不同的报纸认定为"同一商品"。

滥用优势地位,而非差别定价。

在 2010 年的"NTT 东日本公司[1]私人垄断案"中[2],为了排除潜在的竞争者进入相关市场,NTT 东日本公司在提供光纤服务时采取了差别定价的方式。NTT 东日本公司向移动电信企业客户收取的光纤费用要远高于向单户的独立住宅客户收取的费用,从而造成了其他移动电信企业用户因经营成本过高而不敢进入光纤服务领域。2007 年 3 月,公正交易委员会宣判 NTT 东日本公司的行为属于私人垄断。NTT 东日本公司认为自己不存在私人垄断,故向东京高等法院提起上诉。后来,NTT 东日本公司因东京高等法院驳回其诉讼请求而再度向日本最高院提起上告。[3]

日本最高法院在裁判时指出,NTT 东日本公司利用其光纤市场唯一供货者的地位,设定了其他竞争者无法接受的商品价格,从而使得其他竞争者无法进入该市场,其行为偏离了正常竞争手段范围,符合相关市场的排除行为。尽管 NTT 东日本公司在答辩中声称,日本总务大臣并未下达过变更批准或变更收费标准的命令,但是法院认为,这些政策性理由并不影响基于《禁止垄断法》对其行为性质进行判断。在"NTT 东日本公司私人垄断案"中,日本最高法院首次以私人垄断中的"排除"行为为依据作出判决,这在日本学界被认为具有重大的意义。[4]

2. 其他差别待遇行为

一般性差别待遇和经营者团体内的差别待遇与差别对价基本相同,不同之处仅在于,一般性差别待遇中的差别内容不是定价,而是货款结算、保证金、让利金(回扣)等交易条件。至于经营者团体内的差别待遇则是以

---

① NTT 的全称为"Nippon Telegraph and Telephone",即日本电信电话株式会社,它是全球最大的电信公司,其股份又分别为西日本电信电话株式会社(NTT 西日本)和东日本电信电话株式会社(NTT 东日本)所持有。也就是说,NNT 东日本公司是 NTT 的子公司,主要负责日本东部地区的通信事业。

② 《民事审决集》第 64 卷 8 号第 2067 页,《判例时报》2101 号,第 32 页。

③ 在日本于 2013 年修订《禁止垄断法》之前,公正交易委员会做出的行政处罚决定被赋予了一审判决的效力。对公正交易委员会的行政处罚决定不服的当事人,不能像普通的行政救济程序那样提起行政诉讼,而是只能向东京高等法院提起上诉(《禁止垄断法》第 85 条);对东京高等法院的判决不服的当事人,可以向最高法院提起上告。在日本,普通的行政诉讼程序实行三审终审,对一审判决不服的当事人可以向高等法院提起上诉审,对上诉审不服的当事人可以向最高法院提起上告审。上告审为第三审,仅对法律问题进行审查。但是,在关于垄断案件中的取消行政处罚决定的行政诉讼中,日本没有采取普通行政诉讼案件的三审终审制度,而是采取了特殊的二审终审制,并且明确规定对行政处罚决定(审决)不服的当事人只能提起"上诉"。

④ [日]稗贯俊文:《日本反垄断法的修订及其最新发展》,张广杰译,《华东政法大学学报》2016 年第 4 期,第 162 页。

"团体性"为特征,其行为具有共同性。其中,差别对价和一般性差别待遇均属于私人垄断行为,而经营者团体的差别待遇一般属于不正当交易限制问题。以上三种类型的差别待遇各有特点,共同组成了日本差别待遇法律规制体系。

二、支配型私人垄断

所谓支配型私人垄断,是指经营者通过各种方法来控制其他经营者的意志决定,从而使其他经营者遵照其意思进行经营活动的行为。上述支配行为的实质,是控制对方的意识,使之按照自己的意愿行动。一般情况下,经营者多通过股份、管理层、知识产权等形式参与被支配公司的管理或者经营活动。例如,经营者在其他公司中取得股份或者担任管理层,从而能够影响或者决定该公司的决策行为,以使其按照自己的意志行事。由于日本的反垄断法未就"支配型私人垄断"规定明确的认定标准,因此实践中被认定为"支配型私人垄断"的案例非常少。之前,由于缺少惩罚或赔偿的依据,日本对涉嫌违法企业也只能责令其停止违法行为,从而导致了违法企业的违法成本过低,私人垄断规制缺少威慑力。在 2005 年的《禁止垄断法》修订工作中,日本增加了对支配型私人垄断征收 10% 课征金的规定,从而极大地强化了对支配型私人垄断的规制,提高了规制制度的威慑力。

在理解支配行为时,我们经常会见到"市场支配力"这一概念,那么二者是否是同一概念或者有所关联呢? 实际上,在之前讨论掠夺性定价、搭售、拒绝交易等具体排除行为时,我们都曾提到了"市场支配力"。"市场支配力"是我们为了解释"实质性限制竞争"这一必要条件而提出的一个概念,作为针对价格等交易条件的"市场支配力"之形成与强化可以被视为"实质性限制竞争"。[①] 由此可见,"市场支配力"与"支配行为"具有明显的区别,"市场支配力"指向的是一种状态或能力,而支配行为指向的是某种具体的行为。此外,"市场支配力"的重点在于通过形成、维持、强化等途径来实现对相关市场的实质性限制,而"支配行为"的重点则在于压制其他企业的业务。

在日本,支配型私人垄断的案件非常少,其中最典型的案例之一就是1972 年的"东洋制罐案"[②]。东洋制罐公司在食品罐头制造领域处于领军

---

① ［日］林秀弥:《论禁止垄断法中市场支配力及其排除——以私人垄断为中心》,高重迎译,《公民与法：法学版》2011 年第 1 期,第 58 页。
② 《审决集》第 19 卷第 87 页,公正交易委员会 1972 年 9 月 18 日审决。

地位,其占据了日本食品罐头市场 56％的份额,并且其旗下四家公司也占据了全国食品罐头市场 21％的份额。在实际经营的过程中,东洋制罐公司通过不断增强持股的形式取得了四家公司的实际控制权,并通过派驻管理人员等方式增强对这些公司的控制。在经营方面,东洋制罐公司为旗下四家公司制定了营业策略,明确了目标市场。为避免相互之间的竞争,东洋制罐公司还为旗下四家公司划分了相关市场,并限制了他们的销售方向。公正交易委员会经过调查认为,东洋制罐公司通过持股及派驻管理层的形式支配了其他四家公司,并控制了其他四家公司的经营意志,这属于反垄断法所规制的支配型私人垄断行为,因此公正交易委员会要求东洋制罐公司立即停止违法行为。在收到法院的劝告后,东洋制罐公司遵循了法院的指令,处分了在四家公司的股权,并撤回了派出的管理层人员。[①]

第四节　私人垄断的规制措施

一、制裁措施的强化和体系化

在日本,私人垄断的规制由公正交易委员会负责,近 20 年来的规制历程可以分为以下几个阶段:

2000 年以前,由于日本商法在修改之前不存在"分割公司制度",因此公正交易委员会对私人垄断只能通过排除措施命令以及使行为主体让渡部分资产、营业的方式进行规制。另外,在 1992 年修改《禁止垄断法》时,日本将私人垄断罪中对经营者的刑事罚金从 500 万元提高至 1 亿日元(1993 年 1 月 15 日开始实施)。

2000 年以后,日本商法增加了"分割公司制度"。自此开始,公正交易委员会除可以对私人垄断实施者采取一般的排除措施外,还可以直接做出"分割公司"命令。针对公正交易委员会做出的"分割公司"的排除措施命令,公司不得以任何内部决定予以对抗。在此状况下,尽管日本设置了"分割公司"命令措施,但是其仍未设置针对私人垄断的课征金征缴措施。这

[①] 实际上,关于"东洋制罐案"的处理结果,日本学界也存在争议。有的学者认为,公正交易委员会将"东洋制罐案"的性质界定为"支配型私人垄断"是错误的,该案应适用有关经营者集中的规定。详见[日]泷川敏行:《日本及欧盟的禁止垄断法竞争政策》,青林书院 2006 年版,第 244—245 页。

一时期，日本仍因缺少有效的制裁措施以及不能有效地威慑私人垄断而广受诟病。

2005 年，为了剥夺私人垄断的不当获利，并对其实施有效的经济制裁，日本开始对支配型私人垄断征收 10％的课征金。2009 年，日本又开始对排除型私人垄断征收 6％的课征金。同时，日本于 2009 年又再次提高了私人垄断罪的刑事制裁力度，自然人的刑事责任由原来的 3 年以下有期徒刑或 200 万日元以下的罚金，提高为 5 年以下有期徒刑或 500 万日元以下的罚金，而法人的罚金也提高为 5 亿日元。在历经多次修改后，日本目前就私人垄断行为已建立起由以排除措施、课征金征缴、分割公司为内容的行政制裁措施，具有极大威慑性的刑事制裁措施，以及弥补因私人垄断而遭至损害的当事人的民事制裁措施组成的多元化、威慑性的制裁体系。

二、行政制裁措施

针对私人垄断行为，公正交易委员会可以做出实施排除措施、征缴课征金、分割公司等行政处罚决定。其中，课征金征缴命令对于抑制私人垄断来说具有重大的威慑作用。在日本，反垄断法对支配型私人垄断和排除型私人垄断均征缴课征金。其中，反垄断法对支配型私人垄断征缴 10％的课征金，且将支配型私人垄断行为限定于以下情形：（1）与商品或服务的价格相关；（2）就商品或服务，实质性限制下列任何一项，从而可能影响其价格：A. 供给量与买入量；B. 市场占有率；C. 交易相对方。反垄断法对排除型私人垄断则征收 6％的课征金。课征金的算定除以经营者的违法所得（违法行为所涉及的商品或服务的销售额）为基础外，还涉及违法行为的不当得利（因不提供服务或商品而得到的利益、与违法行为涉及的商品或服务密切相关的经营活动的销售额、对经营者做出指示或信息的集团公司的一定的销售额）。课征金的算定期限为 10 年，经营者实施私人垄断行为超过 10 年的，最多以其停止私人垄断行为之日起往前计算 10 年间的销售额为基础征收课征金。不过，在日本，私人垄断案件的数量一直非常少。在《禁止垄断法》实施的 60 年间（1947—2017 年），公正交易委员会处理的私人垄断案件仅 15 件，其中提起民事诉讼的案件仅 1 件。[①]

三、刑事制裁措施

私人垄断行为可能会构成以下罪名：（1）私人垄断罪（《禁止垄断法》

---

① ［日］鈴木孝之：《私的独占における支配の行为概念》，《白鴎大学法科大学院紀要》2007 年 11 月，第 91 页。

第 89 条)。经营者、经营者团体实施私人垄断行为,并在一定交易领域实质性限制竞争的,构成私人垄断罪,对自然人处以 5 年以下有期徒刑或 500 万日元的罚金,对法人或经营者团体处以 5 亿日元的罚金。(2)违反生效行政处罚决定罪(《禁止垄断法》第 90 条第 3 款)。实施私人垄断行为的经营者,不遵守公正交易委员会做出的生效处罚决定的,对自然人处以 2 年以下有期徒刑或者 300 万日元以下的罚金,对企业处以 3 亿日元的罚金。(3)违反申报等相关规定罪(《禁止垄断法》第 91 条之二)。私人垄断案件的当事人不按照相关规定提交报告书或提交虚假记载的报告书的,处以 200 万日元以下的罚金。(4)妨碍检查罪(《禁止垄断法》第 94 条之一)。实施私人垄断行为的经营者拒不执行公正交易委员会的调查决定的,处以 1 年以下有期徒刑或者 300 万日元以下罚金。

四、民事制裁措施

因私人垄断行为而遭至损害的当事人,可以请求违法行为人承担民事损害赔偿责任。① 根据《禁止垄断法》第 25 条(无过失损害赔偿制度)和《民法》第 709 条(过错损害赔偿制度)之规定,实施私人垄断行为的经营者对受害人承担损害赔偿责任。其中,如果受损害方依据《禁止垄断法》第 25 条提起损害赔偿诉讼,那么法院将援用无过错追责的民事损害赔偿制度,即无论私人垄断行为人主观上是否存在过错,其均需要向受害方承担赔偿责任。但是,在依据《禁止垄断法》第 25 条提起民事损害赔偿诉讼时,受损害方需要有公正交易委员会已经做出的生效行政处罚决定。受损害方根据《民法》第 709 条提起害赔偿诉讼的,不受上述限制,但该条款以私人垄断行为人主观上存在过错为要件。

另外,在日本,针对私人垄断行为,受损害方并不享有民事上的请求停止侵害的权利。② 根据《禁止垄断法》第 24 条的规定,遭至利益损害或可能遭至利益损害的经营者、消费者,仅可以请求通过不公正交易方法行为侵害其利益或者可能侵害其利益的经营者或经营者团体停止违法行为。

---

① [日]根岸哲、[日]舟田正之:《日本禁止垄断法概论》,王为农等译,中国法制出版社 2007 年版,第 352 页。

② 1999 年,日本引入了针对垄断行为的请求停止制度,但日本反垄断法上的请求停止侵害制度仅适用于“不公正交易方法”这一种反竞争行为,不正当交易限制与私人垄断均不适用请求停止侵害制度。

第五节　垄断状态

在日本,为了保障竞争性的市场结构,《禁止垄断法》在对促导集中的私人垄断与企业合并进行规制之外,还对已经存在的非竞争性的市场结构——垄断状态进行规制。在 1977 年的《禁止垄断法》修订工作中,日本引入了有关垄断状态的规制制度,从而实现了对已经出现的非竞争性市场结构——垄断状态实施分割企业等结构性规制手段。

一、垄断状态的界定

依据《禁止垄断法》第 2 条第 7 款的规定,所谓垄断状态,是指由政令所规定的同种商品(服务)以及与该类商品(服务)的性能、效用等显著相似的类似商品(服务)的国内供应价格在最近一年内总额超过一千亿日元,并在相关市场内存在如下市场结构和市场弊害的状态:(1)在最近一年内,一个经营者的市场占有率超过二分之一,或者两个经营者的市场占有率之和超过四分之三的;(2)使新经营者进入该事业领域进行经营活动存在显著困难;(3)在相当长的时间内,该经营者提供的商品或服务与需求变动及成本变动相比,价格波动极小。在日本引入垄断状态的规制制度时,社会各界就产生了广泛的争鸣。有一些学者主张,仅存在寡占的垄断状态并非必然产生垄断的弊害,在此情况下就对垄断状态进行简单的结构规制,势必不利于市场经济的效率。因此,在垄断状态规制制度的构建过程中,日本其实并没有完全采取单纯的"结构规制"之做法,即仅考虑市场结构(市场份额)这一个因素并对其予以分割,而是在市场结构外,还加入了对弊害要素的判断,即只有存在造成一定弊害的垄断状态(市场结构)才进行规制。具体来看,违法的垄断状态需要满足以下几方面的要件:

(一) 市场规模要件

垄断状态违法的首个要件为市场规模要件。也就是说,存在垄断状态的市场必须是处于一定规模的市场,该市场的国内总销售额需达到法定标准。根据《禁止垄断法》第 2 条第 7 款的规定,存在垄断状态的市场之规模需达到在最近一年内,同种商品(服务)以及与之相类似的商品(服务)的国内总销售额超过一千亿日元。就商品的范围而言,除了"同种类商品"外,还包括"可替代性商品"。同时,在计算国内销售额时,税款不应被计算在内。由此可见,通过对市场规模要件的规定,日本明确了仅对一定规模市场中的垄断状态予以规制,而不是规制所有产业领域的垄断状态。

(二) 主体要件

主体要件要求受规制经营者的市场占有率要满足一定的条件。具体来说,在最近一年内,就一定商品(服务)及其类似商品(或服务)的合计销售额而言,一个经营者的市场占有率必须超过 50%,两个经营者的市场占有率合计要超过 75%。市场份额通常是参照商品或服务的国内总产量来进行计算的。若依据产量来计算不准确,则我们也可以依据商品的总价格来进行计算。

2002 年,根据市场规模要件和主体要件,日本确定了 16 种商品和 6 种服务所在的行业属于处在垄断状态的产业,存在被反垄断法规制的可能性。

(三) 弊害后果要件

若垄断状态要被规制,则其还需要存在一定的弊害后果。具体来看,垄断状态的后果包括两个方面:(1)使新进入者开展经营活动存在显著困难,从而导致市场存在进入障碍,侵害了市场的开放性。进入障碍通常指的是企业进入新的相关市场的难易程度,我们主要通过经济规模、过去进入和退出市场的情况、原材料销售渠道、成本优势、需投资本量等因素来对其进行确定。(2)具有垄断状态的经营者提供的商品或服务的价格在相当长一段时间内波动不大,并且获得了显著利润或者支付了明显过大的成本(销售费用和一般管理费用)。对于超额利润的判断来说,目前存在着以下两种计算方法:第一种方法是用经营利润除以总资产,第二种方法是用纯利润除以净资产。超额利润的判断标准被限定为超出行业通常利润 50% 以上,若所获利润超过这个标准,则会被认定为"超额"。在实践中,为了规避公正交易委员会的审查,部分企业会以浪费性的支出来增加销售成本和管理成本,从而降低其利润率,这种不合法的方式也成为了执法机关的审查重点。

由于垄断状态的认定需要满足上述的所有要件,而这在实践中几乎很难实现,所以至今为止,日本从未出现过成功认定垄断状态的实践案例。

二、垄断状态与私人垄断及企业合并的关系

私人垄断、企业结合(企业合并、股份保有、共同事业转移等)与垄断状态是日本防控和规制的三种现象,三者呈现出不同的特点及制度功能。对私人垄断的规制属于行为规制,旨在规范和制裁促导集中形成、维持、强化妨碍市场开放的力量行为,防止市场集中的形成与强化;而对垄断状态和企业合并的规制则属于结构规制。对垄断状态的规制旨在直接应对具有僵硬价格、高额利润等弊害的非竞争性市场结构,以使市场回归竞争性的市场结构。就对垄断状态的规制而言,以市场结构为基准进行判断即可。虽然对企业合并等行为的规制也属于结构规制,但是企业合并、股份保有等行为具有竞争中性的特点,因此它们并不必然具备限制竞争性。因此,在对企业合并等行为的反竞争性进行判断时,我们首先需要确定企业合并等行为是否会形成结合关系,因为只有形成"牢固性"结合关系的企业合并才会促导集中的发生,才有可能引发反竞争问题。其次,我们还要对形成结合关系的企业合并等行为进行实质性限制竞争的弊害进行判断。由此可见,对企业合并等企业结合行为的规制,不同于针对垄断状态的纯结构性规制,该种结构规制关注的是合并、股份保有等行为所促导的"人为"集中。

三、垄断状态的制裁措施

在上述的 16 种商品和 6 种服务所在的产业领域内发现存在垄断状态时,公正交易委员会可以采取分割公司等有助于恢复竞争的措施。在采取责令经营者转让部分事业或其他恢复竞争的措施时,公正交易委员会应综合考虑下列事项:(1)资产、收支及其他财务状况;(2)干部及职工状况;(3)工厂、营业场所及办公场所的位置及其他选址条件;(4)经营设备的状况;(5)专利权、商标权及其他知识产权的内容和技术上的特征;(6)生产、销售等的能力和状况;(7)获得资金、原材料的能力及状况;(8)商品或服务的供应及流通状况。同时,在采取紧急措施时,公正交易委员会应当充分照顾到该经营者及相关事业活动的顺利进行,以及为该经营者所雇用的人员的生活安定。

需要注意的是,在采取责令经营者转让部分事业或其他恢复竞争的措施时,如果该经营者提供商品或服务所需的成本明显上涨、经营规模缩小、财务出现问题或难以维持国际竞争力,那么在可以采取足以恢复竞争的其他措施之情况下,公正交易委员会可以根据实际情况调整相应的措施。另外,在对违法企业采取上述措施时,公正交易委员会还必须同时考虑违法企业员工的生存权问题及生活质量保障问题。

在日本,受经济结构及社会方面的原因之影响,公正交易委员会指定的上述 16 种商品和 6 种服务所在的产业领域中的垄断状态从未被真正规制过,因此日本学界有人笑称其为"不开刃的宝刀"。[1] 但是,我们不能否

---

① [日]根岸哲、[日]舟田正之:《日本禁止垄断法概论》,王为农等译,中国法制出版社 2007 年版,第 127 页。

定垄断状态规制制度的作用,因为该项制度的存在极大地威慑了在相关产业领域中处于垄断状态的大企业,促使其为避免受到反垄断法的严格规制而防范垄断弊害(上述后果要件)之出现,并通过自我约束来抑制价格上涨和向着经营合理化的方向前进。

第八章　企业结合规制制度

在日本,经营者集中被称为"企业结合"。《禁止垄断法》第 4 章第 9 条至第 18 条对企业间牢固性的结合予以了规制,其目的是预防由于市场集中而出现非竞争性的市场结构。在日本,企业结合有两种形式,即促成特定市场集中的结合和促成国民经济一般性集中的结合。促成特定市场集中的结合有六种形式,包括股份保有、合并、分割、共同股份转移、事业受让、职员兼任。上述前五种企业结合形式一定程度上都属于所有权结构内的结合,易于导致一体化,故针对前五种结合形式,日本均采取事前申报审查的方式进行规制,而针对职员兼任,日本采取的是事后报告的制度。就上述六种企业结合形式来说,结合得越牢固,一体化就越强,对竞争的危害就越大,法律对其也就规制得越严格。在日本,《禁止垄断法》《关于企业结合审查的反垄断法运用指针》等体系化的配套指南对上述六种企业结合形式做出了明确规定。

第一节　企业结合规制制度的历史沿革

日本的企业结合规制制度起源于上个世纪。第二次世界大战后,日本经济达到了前所未有的集中程度,财阀在主要产业获得了强大的市场支配力量。二战后,在美国推行经济非军事化方针和经济民主化方针的背景下,日本开始采取强制解散、禁止互相持股、使用财阀的商号商标等一系列措施来解散财阀和限制产业部门经济力量的过度集中。日本于 1947 年制定了《禁止垄断法》,其第四章专门规定了企业结合的具体类型和规制方法,并将股份的持有、干部的兼任、合并和营业的受让等作为《禁止垄断法》关注的行为予以明确,从而使《禁止垄断法》成为了日本对企业结合进行规制的基本法律依据。1947 年 12 月,日本出台了《经济力过度集中排除法》,其辅助《禁止垄断法》来对企业结合进行规制。此后,公正交易委员会又陆续出台了《关于审查公司合并等事务的处理基准》(1980 年)、《关于审查公司拥有股票事务的处理基准》(1981 年)、《关于审查零售业中的合并等意见》(1981 年)、《关于〈禁止垄断法〉第九条适用于风险资本的意见》(1994 年)、《关于认可金融公司持有股份的事务处理基准》(1994 年)等法律文件。进入 21 世纪后,为了强化竞争政策执法,日本加大了对企业结合的规制力度,并颁布了一系列法律法规,从而建立起了完备的法律体系。2002 年,日本分别制定了《关于〈禁止垄断法〉第 11 条规定的银行、保险公司保有决议权的认可等考量方法》(2014 年修订)①、《关于事业支配力过度集中的公司的考量方法》(2010 年修订)②、《关于〈禁止垄断法〉第 11 条规定认可的债务股份化的考量方法》(2015 年修订)③。2004 年,日本制定的《关于企业结合审查的反垄断法运用指针》(2011 年修订)④确定了企业结合规制的基本制度框架,其成为了企业结合规制的基石。2011 年,日本颁布的《关于企业结合审查程序的对应方针》(2018 年修订)⑤简化了审查程序,实现了对当事人程序利益的正当程序保障。日本的企业结合规制制度正式发端于《禁止垄断法》的制定,并在《禁止垄断法》及相关配套指南的多次修订中得到完善。

一、1949 年《禁止垄断法》的修订

由于日本《禁止垄断法》的制定具有特殊的政治背景,因此其某些规定会比美国的反托拉斯法更为严苛。随着战后的经济复苏,日本国内企业的经济活动越来越频繁。为了实现满足日本经济重建的资金需求、进一步激活市场活力、消化政府巨额证券、引进外资等目的,日本产业界要求相对宽松的限制竞争之政策与法律,修订《禁止垄断法》的呼声日益高涨。⑥ 此

---

① ［日］《独占禁止法第 11 条の規定による銀行又は保険会社の議決権の保有等の認可についての考え方》,https://www.jftc.go.jp/dk/kiketsu/guideline/guideline/11guideline.html,访问日期:2017 年 6 月 2 日。
② ［日］《事業支配力が過度に集中することとなる会社の考え方》,https://www.jftc.go.jp/dk/kiketsu/guideline/guideline/9guideline.html,访问日期:2018 年 1 月 5 日。
③ ［日］《債務の株式化に係る独占禁止法第 11 条の規定による認可についての考え方》,https://www.jftc.go.jp/dk/kiketsu/guideline/guideline/saimukabusikika.html,访问日期:2018 年 1 月 12 日。
④ ［日］《企業結合審査に関する独占禁止法の運用指針》,https://www.jftc.go.jp/dk/kiketsu/guideline/guideline/shishin01.html,访问日期:2018 年 8 月 3 日。
⑤ ［日］《企業結合審査の手続に関する対応方針》,https://www.jftc.go.jp/dk/kiketsu/guideline/guideline/150401.html,访问日期:2018 年 12 月 5 日。
⑥ ［日］根岸哲、［日］舟田正之:《日本禁止垄断法概论》,王为农等译,中国法制出版社 2007 年版,第 10 页。

外,国际形势的变化促使美国开始改变对日本的占领政策。1948 年以后,美国对日本的经济政策开始松动。在上述背景下,日本于 1949 年对《禁止垄断法》进行了修订。

1949 年的《禁止垄断法》修订主要集中于对企业结合规制制度进行改动,具体包括:(1)在股份或公司债券保有方面,放弃了禁止企业保有其他企业股份和企业债券的原则性规定,增加了竞争关系的要求,将持有企业公司股份及公司债券的违法情形限定为导致一定交易领域实质性限制竞争、行使不公正竞争方法持有,或者持有竞争公司股份或债券三种情形;(2)在管理人员职务兼任方面,将原来关于"禁止管理人员兼任职务"的规定修改为只禁止具有竞争关系的企业之间的管理人员兼任,允许没有竞争关系的企业之间的管理人员兼任;(3)在企业结合的程序设置方面,将企业合并、营业转让的事前审批制度修改为事前申报制度,并且删除了对生产、销售及经营的合理化起不到作用的禁止性规定;(4)将国际合作或贸易协定开展过程中的事前审批制度修改为事前申报制度,从而放松了对企业结合的监管力度;(5)删除了有关"禁止将限制交换与事业活动所需的科学技术有关的知识、情报作为内容"的规定。

1949 年的《禁止垄断法》修订常常被认为是日本反垄断法的一次大幅倒退,其对日本经济结构的发展产生了十分深远的影响。根据修订后的《禁止垄断法》之规定,公正交易委员会放松了对企业结合的控制,激发了市场的竞争活力,从而为日本后来产生具有本国特色的企业集团和企业群扫清了障碍。[①] 1949 年的《禁止垄断法》修订是日本反垄断法本土化发展的开端,其以日本的经济发展状况、现实需求和法律传统为基础,对日本独具特色的反垄断法体系之建设产生了重要影响。此后,在驻日联合国军总司令部的推动下,《禁止垄断法》得到了较为积极且严格的运用。

二、1953 年《禁止垄断法》的修订

20 世纪 50 年代,世界两大阵营的对垒日趋激烈,美国的对日政策也随之发生了变化。尤其是 1952 年的《旧金山条约》之生效标志着美国对日本非军事化占领政策的终结,其转而开始帮助日本复兴经济。朝鲜战争的结束致使日本国内基于战争需要而出现的"特需景气"渐趋消散,日本经济呈现出生产过剩、形势低迷之现象。此时,在日本产业界中,要求修改《禁止垄断法》的呼声越来越高。在此背景下,日本政府于 1953 年对《禁止垄

---

① [日]正田彬:《经济法》,日本評論社 2003 年版,第 68 页。

断法》进行了大幅度的缓和性修改。

1953 年的《禁止垄断法》修订降低了企业结合的规制力度,具体的修改内容包括以下几个方面:(1)降低了实质性限制竞争行为的标准,放弃了原本只要股份持有行为实质性地减弱一定交易领域的市场竞争的情形就予以规制的违法原则标准,采用了只有当股份持有实质性限制竞争或采取不公正交易方法时才进行规制的标准;(2)放宽对股份持有、管理人员兼任、合并、转让股份等行为的控制标准,规定只有当股份持有、管理人员兼任、合并、转让股份等行为对竞争产生了实质性影响或者采取不公正交易方法时,才对其予以限制;(3)放弃了对持有企业债券的限制,删除了对保有公司债券的限制性规定,并将金融公司持股限制由之前的 5% 提高至10%,而且允许在特殊情况下,金融公司经批准可以超过 10% 的限制持股,从而为企业结合创造了有利条件。

1953 年的《禁止垄断法》修订是日本反垄断法发展历程中的一次巨大倒退,其使得《禁止垄断法》的作用大幅度减弱。但是,1953 年的《禁止垄断法》修订确实顺应了日本当时的经济发展要求。自 1954 年开始,日本逐渐从经济危机中复苏过来,《禁止垄断法》在日本的经济发展和经济秩序的稳定方面起到了积极作用,但是其也大大增加了大财阀之间通过相互持有股份而强化彼此之间的约束之意愿,从而为少数大规模企业集团市场支配力量的提升提供了便捷。1953 年的《禁止垄断法》修订使得日本政府实际上以国家经济政策和产业政策取代了美国在日本实施的竞争政策,从而导致公正交易委员会之后的行动变得十分消极。自 1955 年起,公正交易委员会针对违反《禁止垄断法》的行为下达的排除措施的案例数逐年减少;到1960 年,公正交易委员会裁决的案件数量仅为 1 件。在宽松的企业结合规制背景下,过去曾因《经济力过度集中排除法》被分割的企业实现了复原式合并,一系列大型企业的合并事件层出不穷。

三、1977 年《禁止垄断法》的修订

20 世纪 50 年代,在宽松的企业结合规制制度下,日本经济得到了高速增长,并于 20 世纪 60 年代跻身世界第二大经济强国。1965 年以后,日本经济逐渐进入稳定和低速增长的阶段。此时,随着经济繁荣而来的竞争问题进一步加剧,大规模的企业合并导致了市场寡占化,在石油、钢铁、汽车等行业产生了巨型公司。尤其是 20 世纪 70 年代以来,两次石油危机的爆发引发了全球性的经济萧条,日本社会面临商品短缺、物价上涨、通货膨胀等突出问题。为应对经济混乱的局面,并对产业界的经济寡头化倾向予

以规制,日本于 1977 年对《禁止垄断法》进行了修订。

1977 年的《禁止垄断法》修订增强了日本反垄断法的力度。在企业结合规制制度方面,本次修订的内容主要包括:(1)禁止大企业之间相互持股,并设定了大规模企业持股的最高限额;(2)为防止金融公司影响市场竞争,将金融公司持股比例由 10% 再次下调至 5%;(3)针对那些处于严重垄断状态的企业,公正交易委员会可以要求其采取转让技术、分离或转让部分营业等措施;(4)规定公正交易委员会可以命令垄断企业提出申报、停止垄断企业的合并行为或采取其他排除垄断的措施。

1977 年的《禁止垄断法》修订是日本反垄断法的首次强化修改,其成为了日本反垄断法史上的重要转折点。[1] 同时,公正交易委员会陆续出台了一系列指南,包括《审查公司合并事务的处理基准》(1980 年)、《反垄断法和行政指导关系的意见》(1981 年)、《关于公司的股份持有的事务处理标准》(1981 年)等。以上举措有力地推动了日本企业结合规制制度的贯彻实施。

四、2004 年《关于企业结合审查的反垄断法运用指针》的制定

为了提高企业结合事前商谈程序的透明度和确定性,并增强可预测性,公正交易委员会于 2002 年制定了《关于企业结合计划事前商谈的对应方针》。依据上述方针,事前商谈成为企业结合审查的非正式手段,其发挥着决定企业结合能否顺利进行的程序性功能。[2] 但是,过度依赖事前商谈使得企业结合的事前申报制度很难发挥作用。

2004 年,在借鉴欧美经验的基础上,公正交易委员会制定了《关于企业结合审查的反垄断法运用指针》,从而建立了基本上与欧美相似的经营者集中审查和评价标准。《关于企业结合审查的反垄断法运用指针》共分六章,分别就企业结合审查的对象、一定的交易领域、实质性限制竞争、水平型企业结合实质性限制竞争的判断方法、垂直型企业结合和混合型企业结合实质性限制竞争的判断方法、限制竞争的消除措施等内容进行了体系化规定。《关于企业结合审查的反垄断法运用指针》明确了受反垄断法规制的企业结合包括六种形式,即股份保有、职员兼任、合并、分割、共同股份转移和事业受让,并明确了让渡事业等消解实质性限制竞争、不得进行企业结合的问题。《关于企业结合审查的反垄断法运用指针》确定了日本企

---

① 〔日〕铃木满:《日本反垄断法解说》,武晋伟、王玉辉译,河南大学出版社 2001 年版,第 12 页。

② 〔日〕林秀弥:《企业结合规制》,商事法务 2011 年版,第 135 页。

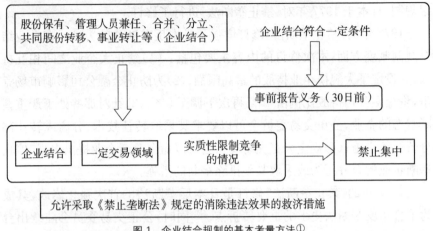

图 1　企业结合规制的基本考量方法①

业结合规制的基本制度框架,成为了日本企业结合规制制度的基石。

五、2009 年《禁止垄断法》的修订

进入 21 世纪以来,在经济全球化的大背景下,世界各国普遍加强了反垄断法的执法力度,日本《禁止垄断法》的执行力也逐渐得到强化。日本的《禁止垄断法》于 2005 年、2009 年、2013 年和 2019 经历了四次不同规模的修订,其中涉及企业结合规制制度修改的内容主要体现于 2009 年的《禁止垄断法》修订工作中。

基于经济活动的全球化和企业重组的多样性,日本于 2009 年对企业结合规制制度进行了修订。2009 年的《禁止垄断法》修订之目标是完成与国际经营者集中审查制度的接轨,减轻合并相关企业的负担,实现企业结合审查的效率化,因此其对企业结合的报告制度进行了重大修改。② 具体来看,修订的内容包括以下几个方面:

(一) 在股份取得方面,引入事前申报制度并修改了申报标准

1. 引入股份取得的事前申报制度

在 2009 年的《禁止垄断法》修改之前,针对经营者取得其他经营者的股份之行为,日本采用的是事后申报制度。事后申报制度的弊端在于,难以对企业的合并起到事先的审查,更无法对企业以不公正交易方法兼并其

---

① 《企业结合规制的基本考量方法》,https://www.jftc.go.jp/dk/kiketsu/index.html,访问日期:2019 年 5 月 12 日。

② [日]公正取引委员会事务总局:《独占禁止法改正法的概要》,https://www.jftc.go.jp/dk/kaisei/h21kaisei/index_files/091203setsumeikaisiryou.pdf,访问日期:2019 年 6 月 1 日。

他企业之做法进行有力的监管。[①] 因此,在充分借鉴欧美国家的合并申报制度之后,日本政府引入了有关股份取得的事前申报制度。股份取得的事前申报制度有效加大了对大企业市场交易行为的监管力度,并对垄断行为的发生起到了事前预防的作用。在此背景下,日本对基于股份取得、合并等形式形成的企业结合均采用了事前申报制度。

2. 股份取得申报标准的修改

2009 年的《禁止垄断法》修订提高了股份取得的申报标准。在 2009 年的法律修订之前,《禁止垄断法》规定,股份取得的申报标准以总资产额为标准,具体条件为:股份取得公司(收购公司)在日本的母公司和子公司的总资产达到 100 亿日元的,以及股份发行公司(被收购公司)的总资产超过 10 亿日元的,需要进行申报。在 2009 年的《禁止垄断法》修订之后,日本转而将"国内总销售额"作为申报基准,并规定股份取得公司(收购公司)所属的公司集团(包括收购公司的最终母公司以及该母公司的所有子公司)在日本国内销售额超过 200 亿日元的,以及股份发行公司(被收购公司)和他的子公司的国内销售额超过 50 亿日元的,应当事前申报。但是,同一集团内部企业之间发生的股份取得可以免于申报义务。

3. 申报数值的简单化

2009 年的《禁止垄断法》修订将原先的三阶段数值改为两阶段数值。2009 年的新法规定,取得股份的公司或集团在获得被收购公司股权超过 20% 和 50% 的比例时,应当提出申报。自此,两阶段申报标准取代了之前的三阶段(超过 10%、25%、50%)申报标准。[②] 同时,修订后的《禁止垄断法》规定,以上关于申报标准的规定适用于外国公司。

4. 在事前申报存在困难的情况下,免除事前申报

日本的相关法令规定,下列情况免除事前申报:根据公正交易委员会的规则,因股票分割、合并、无偿分配取得股票的情况下;或者取得附条件的股票、附条件的新股预约权的情况下;经营者支付对价取得上述股票的,免除事前申报。外国公司在国内的销售额达 10 亿日元以上的,上述申报准则同样适用于外国公司。

(二) 合并、分割、事业转让等申报基准的改革

在合并、分割的情况下,一方的国内销售额超过 200 亿日元,且其他任何一方的国内销售额超过 50 亿日元的,需要进行事前申报。但是,合并或

---

① 欧美国家也是基于同样的考虑而对企业合并采用了事前申报的做法。

② 〔日〕藤井宣明、〔日〕稻雄克纪:《逐条解说:平成 21 年改正独占禁止法》,商事法务 2009 年版。

分割的当事方同属于一个集团公司的,可以免除申报。外国公司适用同样的基准。在事业转让的情况下,接受转让企业的销售额超过 200 亿日元,并且与转让企业的销售额超过 30 亿日元的,应当向公正交易委员会进行申报。但是,转让方与受让方同属于一个集团公司的,可以免除申报。外国公司适用同样的基准。

(三)共同股份转移的实体规定与申报规则的完善

在共同股份转移的情况下,其中一方的国内销售额超过 200 亿日元,且其他任何一方的国内销售额超过 30 亿日元的,必须向公正交易委员会进行申报。[①] 另外,2009 年的法律修订也对《禁止垄断法》第 17 条之二的排除措施、第 18 条的合并无效诉讼、第 91 条的股份保有、违反职员兼任限制规定所导致的犯罪等进行了修改。

(四)排除措施与课征金命令处罚对象的明确化

2009 年,在修改课征金制度时,日本对企业合并、分立、事业转让等情况下的排除措施命令与课征金缴纳命令之处罚对象进行了明确规定。其中,在企业合并、分立、事业转让等情况下,公正交易委员会应当对承继了原经营活动的企业做出排除措施命令。在一定情况下,对分立和转让相关事业中的违法行为征收课征金时,公正交易委员会应当对继受了原经营事业的企业征收课征金。

2009 年的《禁止垄断法》修订促成了日本的企业结合申报制度与欧美国家的事前申报制度之接轨,并简化了申报程序,从而实现了《禁止垄断法》的有效执行,提升了执法的确定性和透明性。

第二节　股份保有的规制

一、股份保有的一般规定

所谓股份保有,是指公司取得或拥有其他公司的股份。股份保有包括股份取得和股份所有两种形式。通过取得其他公司全部或部分的股权甚至实际控制权,企业可以在一定程度上扩大规模和提高竞争力,从而有利于自身的发展壮大。但是,在保有其他公司股份时,企业之间易于形成并强化"企业结合关系",那么在一定交易领域产生实质性限制竞争的效果或

---

① 后将其他任何一方的国内销售额提高至 50 亿日元。

者以不公正交易方法保有其他公司股份时，上述股份保有行为将为反垄断法所禁止。需要注意的是，只有"牢固结合关系"的股份保有才受到反垄断法调整。因此，关于股份保有是否受到反垄断法规制，我们需要从以下两大层面进行判定：首先，我们需要判定股份保有是否属于"牢固结合"的股份保有；其次，我们需要判断该种牢固结合的股份保有是否具备实质性限制竞争的弊害。在日本，《禁止垄断法》明确禁止在一定交易领域实质性限制竞争的股份保有，或者以不公正交易方法形成的具有企业结合特性的股份保有。具体来看，日本的股份保有规制制度具有如下特点：

其一，日本反垄断法所调整的股份保有包括公司的股份保有和公司以外主体的股份保有，《禁止垄断法》第10条第1款规定了公司的股份保有。公司的股份保有涉及的双方主体为"保有股份的公司"和"其他公司"。[①] 在股份保有中，公司的形式不仅包括股份公司，而且包括有限责任公司、合伙公司、合资公司和外国公司，但不包括公司外的其他经营者。针对公司以外的经营者的股份保有，由《禁止垄断法》第14条进行规制，规制内容与公司股份保有的规制条款相同。所谓"公司以外的主体"，是指所有可以持有股份的公司以外的主体，包括财团法人、社团法人、特殊法人、地方公共团体、基金会、合作社、自然人等。[②] 在设立之初，《禁止垄断法》严格禁止公司以外的主体保有股份，其规定任何个体不得保有两个及两个以上具有竞争关系的公司的股份，并且公司从业人员也不能保有与本公司存在竞争关系的公司的股份，以此防止公司以外的主体通过股份保有行为在一定交易领域内限制竞争。1949年的《禁止垄断法》修订进一步明确禁止任何主体保有两个及两个以上具有竞争关系的公司的股份，并禁止通过不公正交易方法保有股份。

其二，针对股份保有的主体，我们不应根据名义上的形式保有人（即股份的取得者或所有者）进行判断，而是应当根据实际的出资人进行判断。《禁止垄断法》第10条所规制的股份保有，仅适用于名义上的购买者与出资人相同的情况。当购买者与出资人不同时，我们应当适用《禁止垄断法》第17条之规定。

其三，股份保有中的"股份"并不要求必须是具有表决权的股份。在计算企业结合关系的形成、维持、强化等相关指标时，我们需要以有表决权的

---

① 1998年的《禁止垄断法》修订之前，"其他公司"一直被称为"被股份保有的公司"。

② 日本《关于企业结合审查的反垄断法运用指针》，公正交易委员会，企業結合審査に関する独占禁止法の運用指針，https://www.jftc.go.jp/dk/kiketsu/guideline/guideline/shishin01.html，访问日期：2019年7月8日。

股份为基准。另外,《禁止垄断法》所规制的股份保有不仅包括日本公司保有本国公司股份的情形,而且包括本国公司保有外国公司股份的情形(《禁止垄断法》第 10 条第 4 款)。

其四,日本对股份取得实行事前申报。在 2009 年的《禁止垄断法》修订之前,公司取得其他经营者的股份适用的是事后报告制度。事后报告制度的弊端在于,难以使违法的股份保有尽快地恢复到结合之前的状态,即恢复市场竞争秩序的周期太长。同时,事后报告制度也无法对企业以不公正交易方法实施的股份保有进行有力监管。为此,在充分借鉴欧美国家的申报制度后,日本对股份取得实施事前申报。股份取得的事前申报制度有效提高了对大企业市场交易行为的监管力度,并对垄断行为的发生起到了事前预防的作用。

关于股份取得的申报标准,日本以公司的国内总销售额为基准,规定股份取得公司(收购公司)所属的公司集团(包括收购公司的最终母公司以及该母公司的所有子公司)在日本国内销售额超过 200 亿日元,且股份发行公司(被收购公司)和其子公司的国内销售额超过 50 亿日元的,应当事前申报。但是,同一集团内部企业之间发生的股份取得可以免于申报义务。2009 年的《禁止垄断法》修订将股份取得的申报标准变为之前所实施的总资产额,并提高了之前的申报基准数额。① 在股份保有申报标准的数额方面,日本是逐年增加的(具体请参见表 1)。如今,在公正交易委员会处理的股份保有申报案件中,企业股份保有的数值都非常高。例如,2018年,公正交易委员会共受理 259 件股份取得的申报案件,其中取得公司的销售额最高达到 5 兆日元,发行公司的销售额最高达到 5000 亿日元(具体数据请参见表 3)。②

表1　股份保有事后报告/事后申报标准的演进

改正年	报告的条件(总资产额)
1949 年	超过 500 万日元
1953 年	超过 1 亿日元

① 2009 年之前,《禁止垄断法》规定,股份取得公司(收购公司)在日本的母公司和子公司的总资产达到 100 亿日元,并且股份发行公司(被收购公司)的总资产超过 10 亿日元的,必须要申报。

② [日]公正取引委员会:《平成 30 年度における企業結合関係届出の状況》,2019 年 6 月 19 日,https://www.jftc.go.jp/houdou/pressrelease/2019/jun/kiketsu/03H30doukoupressrelease.pdf,访问日期:2019 年 6 月 28 日。

续 表

改正年	报告的条件（总资产额）
1965 年	超过 5 亿日元
1977 年	超过 20 亿日元
1998 年	超过 100 亿日元（10 亿）
2009 年	超过 200 亿日元（50 亿）

注：2009 年股份保有实行事后报告制度，2009 年后改为事前申报。

表 2 2018 年日本国内销售额合计股份取得申报案件数量

股份取得公司的国内销售额 ＼ 股份发行公司及子公司的国内销售额	50 亿日元以上 200 亿日元未满	200 亿日元以上 500 亿日元未满	500 亿日元以上 1000 亿日元未满	1000 亿日元以上 5000 亿日元未满	5000 亿日元以上	合计
200 亿日元以上 500 亿日元未满	30	11	7	0	0	48
500 亿日元以上 1000 亿日元未满	21	5	3	1	0	30
1000 亿日元以上 5000 亿日元未满	57	22	12	3	0	94
5000 亿日元以上 1 兆日元未满	19	7	5	2	1	34
1 兆日元以上 5 兆日元未满	16	11	5	11	4	47
5 兆日元以上	5	0	1	0	0	6
合计	148	56	33	17	5	259

其五，反垄断法所规制的股份保有必须以企业结合为目的，即股份保有使结合关系得以形成、维持和强化。在日本，并不是所有的股份保有都受到反垄断法调整，经营者基于获取投资收益、分散资产风险等目的而保有股份并不违法，只有那些"形成、维持、强化结合关系"的股份保有才受到反垄断法的规制，并需要进行事前申报。企业结合目的下的股份保有能够形成对其他公司经营活动的影响力与支配力，从而使其他被保有股份的公司因受股份保有公司支配和影响而开展经营活动。在此情况下，股份保有方与股份被保有方实际上就已经形成了一定程度上的一体化，从而对一定交易领域内的竞争造成了实质性限制或存在限制之危险。对此，《关于企

业结合审查的反垄断法运用指针》分别规定了股份保有公司拥有50％、20％和10％的被保有公司股份之情况下的认定规则。之前,日本采取的是拥有被保有公司股份比例超过10％、25％和50％的三级申报标准。①

二、股份保有的违法判定条件

(一) 目的:股份保有旨在形成、维持、强化"企业结合关系"

如前所述,日本反垄断法仅调整具有企业结合目的之股份保有行为,以防止股份保有公司通过股份保有与其他公司形成、维持和强化结合关系,从而引发一体化。所谓具有企业结合目的之股份保有,是指能够支配其他公司的经营活动或者对其他公司经营活动产生相当影响的股份保有。② 在企业结合之目的下,保有股份的公司能够通过保有的股份来支配和影响其他公司的经营活动意识,从而产生两个公司在经营活动上达到一定程度之一体化的弊害。对此,日本的《禁止垄断法》及《关于企业结合审查的反垄断法运用指针》通过设定股份保有公司保有其他公司有表决权的股份的比例,以明确"具有企业结合目的"之股份保有的认定标准。具体来看,股份保有公司保有其他公司有表决权的股份达到下列情形之一的,会被认定为能支配和影响其他公司的经营活动,并使双方结成一体化:

其一,股份保有公司保有股份发行公司50％以上有表决权的股份的。

其二,股份保有公司拥有股份发行公司20％以上有表决权的股份,且股份保有公司持股比率为该公司所有股东之最,成为该公司的最大股东的。

其三,若股份保有公司拥有股份发行公司10％以上20％以下有表决权的股份,则我们需要根据以下几方面情况进行综合判断:(1)股份保有公司持有表决权的比率;(2)表决权持有比率的位次、股东间表决权持有比率的差异、股东的分散情况及与其他股东的关系;(3)股份保有公司与股份发行公司的关系;(4)一方公司的董事或员工是否是另一公司的董事;(5)双方公司的交易关系(包括融资关系);(6)双方公司的业务合作关系、技术援助以及其他合同、协定等关系。

如果股份保有公司保有股份发行公司有表决权的股份低于10％或者股份保有公司持股比率为该公司所有股东中第4位以下,那么《关于企业

① [日]藤井宣明、[日]稻雄克纪:《逐条解说:平成21年改正独占禁止法》,商事法务2009年版。
② [日]根岸哲、[日]舟田正之:《禁止垄断法概说》,王为农等译,中国法制出版社2007年版,第104页。

结合审查的反垄断法运用指针》将认定股份保有行为不会形成、维持、强化结合关系，因此其不是企业结合审查的对象。

其四，双方共同保有其他公司的股份（即为共同的利益投资同一公司）也会使出资公司之间、出资公司与共同出资的公司之间产生"形成、维持、强化结合关系"的问题。有鉴于此，共同保有股份也可能被纳入企业结合的审查。此时，我们应当结合共同出资双方当事人之间的交易关系、人事关系、商业联系、技术合作关系等事项来判断共同保有股份的行为是否要成为企业结合审查的对象。[①]

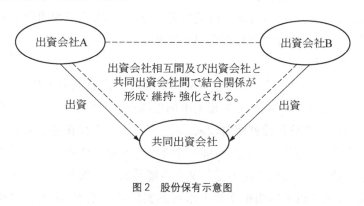

图 2　股份保有示意图

（二）市场弊害：一定交易领域实质性限制竞争或以不公正交易方法保有股份

若股份保有要受到反垄断法规制，则其需造成一定交易领域实质性限制竞争的严重后果，或者以不公正交易方法保有股份。日本对股份保有的规制呈现出一个逐步放宽的趋势。在《禁止垄断法》设立之初，为规制财阀家族的股份持有，日本禁止任何经营者取得或拥有其他公司的股份，但其对股份保有没有设置任何的弊害后果要件，只是将金融企业排除在外。1949 年的《禁止垄断法》修订增加了弊害后果要件，规定只有股份保有实质性减弱、实质性限制或可能限制一定交易领域内的市场竞争的，以及通过不公正交易方法保有其他公司股份的，法律才对其予以禁止。1953 年的《禁止垄断法》修订将弊害后果要件进行了放宽，删除了"实质性减弱一定交易领域内的市场竞争"之情形，将弊害后果限定为"一定交易领域实质性限制竞争"。如今，日本一直沿用"一定交易领域实质性限制竞争"这一

---

① ［日］公正交易委员会：《企业结合审查的反垄断法运用指针》，https://www.jftc.go.jp/dk/kiketsu/guideline/guideline/shishin01.html，访问日期：2019 年 7 月 8 日。

弊害后果要件。

关于对股份保有中的实质性限制竞争之弊害结果的判断,《关于企业结合审查的反垄断法运用指针》做出了详细的规定。针对股份保有中的实质性限制竞争,我们应当根据保有股份的公司地位、市场状况及其他要素进行判断。

1. 公司地位

公司地位是最重要的判断因素,我们应当从公司的市场占有率、市场排名,以及股份保有是否有助于降低市场产品价格和提升质量这三方面进行判断。企业的市场占有率和市场排名越靠前,其实施的股份保有行为所产生的实质性限制竞争之弊害后果就越严重。

2. 市场状况

针对市场状况要素,我们应当从以下几方面进行判断:其一,市场中的竞争者数量和集中度。如果相关市场中的竞争者数量较少,那么企业结合的减损竞争之危害性就相对较大;如果相关市场中存在与合并后的企业在市场占有率方面相近的企业,那么企业结合既有可能阻碍合并后的企业“形成、维持、强化市场支配力量”,又有可能导致双方实施协同行为。在上述情况下,执法机关应当根据相关市场的实际竞争情况、市场上的价格变化情况等因素进行综合判断。其二,市场进入的难易程度。如果进入市场较为困难,那么潜在的竞争者进入该市场的可能性就越低,结合后的企业面对“形成、维持、强化支配力量”的阻力就越小,股份取得限制竞争的危害就越大。具体来看,针对市场进入的难易程度,我们主要从政府对经营者进入该市场有无规制、资金与技术的要求、原材料购买条件、潜在的国内进入者或外国进入者的数量等因素进行判断。其三,在具有交易关系的经营者之间进行股份保有的情况下,我们还需要判断交易关系的封闭性和排他性。

3. 其他因素

这里主要涉及以下几方面的考量:其一,企业结合后的综合经营能力,即技术能力、原材料购买能力、销售能力、广告宣传能力、信誉度等。如果上述的综合经营能力在企业结合之后得到提升,那么该企业结合限制市场竞争的可能性就较大;如果上述综合经营能力在企业结合之后出现减弱,那么该企业结合限制市场竞争的可能性就较低。其二,相关市场的竞争活跃度。如果上下游市场及相近似市场的竞争相当充分,那么企业结合所在的市场领域内的有效竞争就会得到促进,因此该企业结合产生实质性限制竞争之后果的可能性就小。需要注意的是,当股份保有使得保有股份的企业与其他企业完全实现一体化时,与基于合并方式所形成的结合关系相同,我们也应当按照实质性限制竞争的标准进行判断。

三、股份保有的类型

(一) 水平保有

所谓水平保有,是指存在竞争关系的企业之间实施的股份保有。水平保有直接使一定交易领域内的竞争者数量产生了实质性的减少,因此其对竞争秩序所造成的影响是最为直接的。在评定企业是否通过水平保有形成、维持或强化市场支配力量,从而对一定交易领域产生实质性限制竞争的影响时,我们需要通过当事企业的市场份额及市场排名次序、市场集中状况、相关市场及关联市场的竞争状况、进入相关市场的难易程度、基于水平保有所形成的结合关系的牢固程度、当事企业的经营状况等因素进行综合判断。

其中,最为重要的判断要素是当事企业的市场份额及市场排名次序。当事企业的市场份额之计算是以水平保有后形成、维持或强化的结合关系基础涉及的所有企业的市场份额的总和为基础的,我们一般通过市场销售量来确定市场份额的总和。当相关市场不适宜将销售量作为评判依据时,我们就依靠市场销售额来判定企业的市场份额。日本在《关于企业结合审查的反垄断法运用指针》中明确规定,企业结合后的赫芬达尔—赫尔曼指数(Herfindahl—Hirschman Index,简称"HHI 指数")[1]在 2500 以下,且结合后的企业的市场份额不超过 35%的,通常不被认为具有实质性限制竞争之影响。[2] 一般而言,以下水平保有行为对竞争的影响是较大的:水平保有的企业的市场份额较大或者市场份额因水平保有而得到较大提高的;水平保有的企业的市场份额排名靠前或者市场份额排名因水平保有而得到较大幅度提升的;市场份额排名在前的企业之间的水平保有行为。此外,根据市场份额及市场集中度情况,《关于企业结合审查的反垄断法运用指针》设置了"白色条款"制度,即对市场份额不大且就竞争不产生实质性影响的企业结合实行免于审查的制度。

---

[1]　HHI 是将一定交易领域中的各企业的市场份额平方后相加而得出的数值,其最早由美国司法部提出,用以评估某一产业的集中度。如果用 X 来表示市场的总规模,用 xi 来表示第 i 个企业的市场规模,用 Si 表示第 i 个企业的市场占有率,即 Si＝xi/X,则 HHI 指数的计算公式为:HHI＝Σ(xi/X)2＝Σ(Si)2。

[2]　[日]公正交易委员会:《关于企业结合审查的反垄断法运用指针》,https://www.jftc.go.jp/dk/kiketsu/guideline/guideline/shishin01.html,访问日期:2019 年 7 月 8 日。

（二）垂直保有

所谓垂直保有，是指存在交易关系的企业之间实施的股份保有。垂直保有所涉及的企业一般是处于不同交易阶段的企业，二者之间存在上下游的交易关系。与水平保有不同的是，垂直保有并不会导致一定交易领域内竞争者数量的减少，因此其对竞争秩序所产生的影响也没有水平保有那么大。但是，垂直保有仍具有一定的反竞争效果。(1)垂直保有在一定程度上限制了当事企业的交易对象范围，因此其可能剥夺其他企业与当事企业的交易机会。此时，对于其他企业而言，他们可能很难参与到竞争中来，从而使得双方之间的交易存在一定的排他性与封闭性。(2)在实施垂直保有后，当事企业可能对其他竞争对手施加不公平的条件，使其难以与垂直保有企业开展有效竞争，从而对竞争秩序产生影响。(3)垂直保有使得不同交易阶段的企业达成协议的可能性大大增加，企业可以经由垂直保有而获取其上游或下游交易阶段的市场信息，并通过协调一致行为来达成对关联市场的影响甚至控制。

在对垂直保有是否会产生一定交易领域实质性限制竞争之后果进行判断时，我们需要考虑当事企业的市场地位及其竞争对手的市场份额、相关市场以及相关联市场的竞争状况、因垂直保有而形成的交易的封闭程度和范围、市场进入壁垒状况等多种因素。

（三）混合型保有

所谓混合型保有，是指介于水平保有和垂直保有之间的股份保有形态。在混合型保有的情形下，股份保有不仅涉及横向的水平保有，而且包括纵向的垂直保有。此时，股份保有所涉及的竞争关系既有水平的竞争关系，又有上下游的交易关系。在判断混合型保有是否对一定交易领域内的竞争产生实质性限制时，除应考虑水平保有的判定要素外，我们还应考虑垂直保有的判定要素。我们要具体考虑，在增强企业综合经营能力的同时，混合型保有是否引发了市场的排他性与封闭性问题。同时，我们还应考虑，在混合型保有的情况下，企业的原材料采购能力、技术能力、销售能力、信用程度、商标品牌能力、广告宣传能力等经营能力得到增强的同时，是否对竞争对手的经营活动造成阻碍，是否导致其竞争对手难以进行有效竞争。此外，针对混合型保有，我们还应特别注重当参与结合的部分当事企业为其他当事企业的潜在竞争者时，基于混合型保有的企业结合是否导致该部分当事企业进入相关市场进行竞争的可能性遭到限制。

（四）单方股份保有及相互的股份保有

除水平保有、垂直保有和混合型保有外，日本的股份保有类型还包括单方股份保有和相互的股份保有。所谓单方股份保有,是指持有另一企业的股份。在市场经济条件下,基于企业投资意图的单方股份保有十分常见,其一般不会造成企业结合,因此不受反垄断法的规制。但是,当单方股份保有的保有方已经拥有相当程度的市场力量,并足以借助单方股份保有将其市场力量延伸至被保有股份的企业时,其可能引发一定交易领域实质性限制竞争之后果。

与单方股份保有不同的是,相互的股份保有在日本的社会经济发展史上由来已久。二战后,日本企业相互之间持续地保有股份的情形十分普遍;尤为明显的是,这些相互的股份保有多发生在具有交易关系的企业之间。此时,在上下游交易关系中形成了系列交易,企业之间极易基于相互的股份保有而达成一致行为,进而控制一定交易领域内的生产与销售。因此,相较于单方股份保有,相互的股份保有对竞争秩序的影响更为明显,特别是具有竞争关系的企业之间相互保有股份之行为极易造成企业之间的联合,从而引发对一定交易领域的控制。同时,垂直型的相互股份保有更有可能造成不同交易领域内的企业之协同行为,进而导致交易的排他性和封闭性。

(五) 共同出资公司

所谓共同出资公司,是指两家以上的公司为了共同利益,以进行必要的经营活动为目的,通过合同等方式共同设立或取得的公司。在共同出资公司的情形下,企业可以通过共同出资的方式达成资源的整合,从而有利于技术开发和生产销售的合理化。虽然共同出资公司没有针对彼此股份的直接保有行为,但是其可以使不同的企业在某一领域内实现类似经营的结合,甚至是达成相似业务的结合,从而间接形成、维持或强化彼此之间的结合关系,并对一定交易领域的竞争产生实质性限制。因此,共同出资公司也可能因其对竞争秩序的限制效应而受到反垄断法的规制。在对共同出资公司的竞争限制效应进行认定时,我们需要从当事企业之间的交易关系、业务合作方式、合同的具体内容等方面进行判断。同时,如果各出资公司之间存在交易关系,那么我们还需要考虑双方交易的内容以及该部分营业内容在企业的经营业务中的重要程度。值得注意的是,针对具有竞争关系的企业共同设立的共同出资公司,我们还需要特别关注相关企业是否实际上将商品的生产、销售、研发等业务全部或部分整合到共同出资公司。执法机关应当结合共同出资双方之间的交易关系、人事关系、商业联系、技术合作关系等事项进行判断,以确定共同出资公司是否受《禁止垄断法》的规制。①

四、金融公司股份保有的特别限制

在日本,集中包括一般集中和市场集中。所谓市场集中,是指对特定市场的竞争产生限制竞争效果的集中;所谓一般集中,其不是对特定市场的竞争性结构产生危害,而是指少数的个人或经营者在整个国民经济中占有较大的份额,从而对国民经济的民主产生一定的弊害。市场集中对特定市场的竞争产生直接的不良影响,而一般集中对国民经济民主化产生直接的不良影响,对特定市场的竞争产生间接的不良影响。在日本,对一般公司的股份保有之规制属于市场集中的规制,而对金融公司保有股份、事业支配力集中等行为的规制则属于一般集中的规制(《禁止垄断法》第 9 条、第 11 条)。

《禁止垄断法》对金融公司保有其他公司的股份做了特别的限制性规定。对金融公司保有股份进行特别限制的原因在于,金融公司拥有强大的资金支持,其可以对外提供担保、融资、贷款等,这就造成其他行业的经营者对金融公司具有较强的资金依赖性,他们易于为了获取资金而被金融公司左右。放任金融公司保有其他行业经营者的股份会增加金融公司控制其他经营者的可能性,从而造成金融资本支配其他事业活动的现象,进而引发一定交易领域内实质性限制竞争之后果。

从传统意义上讲,银行、保险公司、信托公司、证券公司、基金公司等金融行业经营者都被称作金融公司,但是《禁止垄断法》有关金融公司持股的规制制度之对象仅限于银行和保险公司,而未涉及信托公司、证券公司和基金公司。日本之所以如此规定,主要是因为相对于银行和保险公司,信托公司、证券公司和基金公司都无法募集到巨额资金,不能向其他经营者提供贷款服务,也不能对企业进行融资。同时,信托公司、证券公司和基金公司在经营方向上一般也不保有其他公司的股份。相比之下,银行可以利用其所拥有的庞大的资金链条进行担保、融资和贷款,从而对其他企业产生重要影响;而基于业务的特殊性,保险公司可以从投保者手中募集到大量资金,并运用这些资金进行贷款与投资。因此,基于自身的资金融资与贷款优势,银行和保险公司便于支配及影响企业经营者,故日本将银行和保险公司的股份保有特别纳入《禁止垄断法》的规制范围内。

---

① 〔日〕公正交易委员会:《关于企业结合审查的反垄断法运用指针》,https://www.jftc.go.jp/dk/kiketsu/guideline/guideline/shishin01.html,访问日期:2019 年 7 月 8 日。

在规制内容上,《禁止垄断法》第 11 条规定:"银行业或保险公司,已取得或拥有其他国内公司的表决权超过全部股东表决权的 5%(保险公司为 10%)时,不得再行取得或拥有该表决权。"最早,日本规定银行和保险公司的表决权持股比例均为 5%;到 1963 年,为促进日本经济的发展,繁荣金融市场环境,日本将金融公司的表决权持股比例限制提高到了 10%;1977 年,公正交易委员会在调查中发现大量上市公司的主要股东均为银行,因此为防止金融公司影响市场竞争,《禁止垄断法》又将银行的表决权持股比例限制从 10%降到了 5%,而保险业则仍按 10%的比例接受规制。

《禁止垄断法》对金融公司保有其他公司股份的行为做了原则性禁止之规制。但是,根据《禁止垄断法》第 11 条的规定,满足下列条件之一,且事先取得公正交易委员会认可的金融公司持股,公正交易委员会不予限制:(1)因行使担保权或受领代物清偿而取得或持有股份;(2)其他国内公司因收购本公司股份,与持有股份相关的表决权占全部股东表决权的比例增加的;(3)作为与金钱或有价证券的信托有关的信托财产取得或持有股权;(4)成为投资事业有限责任商会的成员,作为商会的财产取得或持有股权;(5)根据民法规定,成为商会合同规定的因经营投资事业而成立的商会的成员,作为商会的财产取得或持有股权;(6)其他公正交易委员会规定的情形。①

在反垄断执法中,针对以上经由公正交易委员会认可而不受《禁止垄断法》规制的情形,公正交易委员会在做出认可时,需要事先与内阁总理大臣协商。上述做法体现了日本反垄断法对金融公司经营活动进行法律约束时的特殊性,凸显了反垄断一般规制法与金融行业特殊规制法的协调统一。金融机构违反银行或保险公司取得、持有股份等限制性规定的,构成犯罪。根据《禁止垄断法》第 91 条之一的规定,银行或保险公司的经营者违反取得、保有股份等方面的限制性规定的,处以 1 年以下有期徒刑或者 200 万日元以下的罚金。

五、对事业支配力过度集中公司股份保有的限制

对事业支配力过度集中公司股份保有的限制属于对一般集中的规制,

---

① 〔日〕公正交易委员会:《禁止垄断法》第 11 条,《関係政令及び関係規則の規定(抜粋)》,https://www.jftc.go.jp/dk/kiketsu/guideline/horei/kitei.html # cms15jyo1,访问日期:2019 年 7 月 8 日。

其目的是确保日本国民经济的民主、健康发展。①《禁止垄断法》第 9 条规定,不得设立通过拥有其他公司的股份,形成事业支配力过度集中的公司;禁止既存的公司通过取得或持有其他国内公司的股份形成事业支配力过度集中的公司。2002 年颁布的《关于事业支配力过度集中公司的考量方法》(2010 年修订)进一步明确了事业支配力过度集中公司的认定标准和规制措施。

(一) 日本禁止持股公司的历史演进

二战前,日本的六大财阀通过保有其他公司股份的形式支配从属公司,从而建立起金字塔式的广泛联系,位居金字塔顶端的财阀集团拥有强大的经济力,并借此影响政治。② 有鉴于此,在 1947 年制定《禁止垄断法》时,日本禁止任何形式的持股行为。

进入 20 世纪 60 年代后,随着产业政策的推行,提升日本企业规模和恢复财阀集中的声音高涨。日本在 1977 年修订《禁止垄断法》时解禁了对大规模公司保有股份的限制。1977 年之前,日本禁止任何形式的大规模持股行为。经过 1977 年的修法,日本明确了大规模公司持股的合法性,但其提出了以下条件,即"公司保有其他公司股份的,不得在一定交易领域实质性限制竞争,或者以不公正交易方法进行"。我们从上述条款的修订中可以看出,《禁止垄断法》并不反对大公司之间互相取得股份的行为,其所限制的是如下情形:第一,在大公司取得股份后,其所持有的股份额超出了一定比例,从而在相关市场造成实质性限制竞争之后果。第二,大公司取得其他公司的股份必须是交易双方达成合意的结果,大公司不得利用其在相关市场上的地位强迫其他企业促成交易。如果大公司以不公正交易方法取得或拥有其他公司的股份,其交易行为将被视为违法,公正交易委员会有权发出指令来督促其采取排除措施,以消除违法影响。第三,大公司在一开始以合法手段取得其他公司股份,且持有股份比例适当,但因为情势变更而使得该项股份保有构成《禁止垄断法》所认定的违法情形。

进入 20 世纪 90 年代后,出于提升企业的国际竞争力及促进大企业的结构调整和重组之目的,日本于 1997 年对持股公司制度进行了修改,将相关规定放宽为"禁止设立将会产生事业支配力过度集中的持股公司"。

2002 年,日本再次修改了大规模公司保有股份的规定。《禁止垄断

---

① [日]根岸哲、[日]舟田正之:《禁止垄断法概说》,王为农等译,中国法制出版社 2007 年版,第65 页。

② [日]根岸哲、[日]舟田正之:《禁止垄断法概说》,王为农等译,中国法制出版社 2007 年版,第128 页。

法》第 9 条将"事业支配力过度集中"的形态禁止改为对"具有事业支配力过度集中"特点的一般事业公司的规制。2002 年,公正交易委员会颁布了《关于事业支配力过度集中公司的考量方法》,其中进一步明确了事业支配力过度集中公司持股行为的规制制度。

（二）事业支配力过度集中公司的认定

《禁止垄断法》第 9 条规定,禁止通过持有其他公司股份,形成事业支配力过度集中的公司;禁止既存的公司通过取得或持有其他国内公司的股份,形成事业支配力过度集中的公司。所谓支配力过度集中,是指在一定交易领域内,存在企业及其子公司因其业务总量绝对庞大而出现的经济力量过度集中的状态。[①] 在判断公司是否构成"事业支配力过度集中",进而可能在一定交易领域内产生实质性限制竞争之后果时,我们需要认定公司的事业规模明显庞大并涉及相当数量的事业领域,或者公司能够对其他经营者产生十分明显的影响以及在相关领域占据有利地位。《禁止垄断法》第 9 条和《关于事业支配力过度集中公司的考量方法》体系化地明确了事业支配力过度集中公司的认定标准。根据上述两部法律法规的规定,在对事业支配力过度集中公司进行认定时,我们需要从该公司所在的集团公司的角度进行判断。集团公司包括该公司和其子公司。其中,"子公司"是指拥有占该公司总股东人数 50％以上表决权的其他国内公司(《禁止垄断法》第 2 条第 10 款)。具体来看,构成事业支配力过度集中公司需要同时满足以下两大方面的条件:(1)具备下述三种情况之一,属于大规模公司;(2)对国民经济产生重大影响,阻害自由公正的市场竞争。

1. 公司集团(公司)存在下述三种情形之一的情况

第一种情形为"综合的事业规模"涉及相当数量的事业领域且规模巨大。首先,该公司必须涉及 5 个产值在 6000 亿日元以上的事业领域。其次,公司集团的规模巨大,资产总额超过 15 兆日元,单个公司规模超过 6000 亿日元。

第二种情形为"对引起有关资金交易的其他公司的影响力巨大",此种情形主要包括三种类型的主体:(1)单个资产超过 15 亿日元的大规模的金融公司;(2)经营银行、保险业务的公司以及公正交易委员会规定的经营与金融业务密切相关业务的公司;(3)其他单个资产超过 3000 亿日元的大规模公司。

---

① ［日］冈田羊佑、［日］林秀弥:《独占禁止法的经济学:裁判表决的事例分析》,东京大学出版会 2009 年版,第 168 页。

第三种情形为"在具有相当数量的关联性事业领域属于有实力的公司"。对上述情形的判断基于以下核心因素,即在综合考虑具体事业领域的规模、数量、事业领域关联度、公司实力等因素的前提下来判断:(1)具有关联性的事业领域。我们需要根据交易的依赖程度及消费者的选择偏好来对关联性的事业领域进行判断,而事业领域专指销售额超过 6000 亿日元的产业。(2)相当数量,一般指涉及的关联事业领域达 5 个以上。如果公司规模巨大,那么涉及的关联事业领域达到 3 个即可。(3)在关联事业领域有实力,即在相关的事业领域的销售额占比达 10% 以上。

2. 对国民经济产生重大影响,且对促进自由公平竞争造成妨碍

此要件在日本属于一种宣誓性的条件。公正交易委员会在认定大规模公司存在前述所列的三种情形之一时,即可推定其满足了该弊害结果要件,无需再进行证明。至于"对国民经济产生重大影响,且对促进自由公平竞争造成妨碍"的反证责任,则由违法行为人承担。

由此可见,根据上述两大方面的标准,日本认定下列公司因不具备大规模公司条件,且未能影响国民经济活动和阻害市场自由公平竞争,而被《禁止垄断法》规定为不属于事业支配力过度集中公司:(1)子公司化,即公司将经营的事业部门全部子公司化,且 100% 取得该子公司的股权;(2)风险投资的情况;(3)金融公司保护参股的情况;(4)小规模的情况,即集团公司的总资产额在 6000 亿日元以下。

(三) 事业支配力过度集中公司股份保有的规制措施

为了削减大规模公司持股所带来的事业支配力的过度集中[1],日本对符合下列情形的公司进行监督,并采取要求事前申报或定期进行事业报告的制度:

其一,公司及其子公司的总资产额达到 6000 亿日元,银行、保险公司及证券公司的总资产额为 8 兆日元,以及前两类公司之外的其他公司总资产额为 2 兆日元[2],且在股份发行公司总资产额的占比超过 50% 的,必须在每一事业年度结束之日起 3 个月内,向公正交易委员会提交有关公司及其子公司的经营报告书。

---

[1] [日]公正交易委员会:《禁止垄断法》第 9 条,《関係政令及び関係規則の規定(抜粋)》,https://www.jftc.go.jp/dk/kiketsu/guideline/horei/kitei.html # cms15jyo1,访问日期:2019 年 7 月 8 日。

[2] [日]公正交易委员会:《禁止垄断法》第 9 条,《関係政令及び関係規則の規定(抜粋)》,https://www.jftc.go.jp/dk/kiketsu/guideline/horei/kitei.html # cms15jyo1,访问日期:2019 年 7 月 8 日。

其二,设立的公司符合上述条件且总资产额达到 6000 亿日元,银行、保险公司及证券公司的总资产额为 8 兆日元,以及前两类公司之外的其他公司总资产额为 2 兆日元①,且在股份发行公司总资产额的占比超过 50％的,必须自设立之日起 30 日内向公正交易委员会进行申报。

大规模公司违反前款规定的,公正交易委员会可以责令违法行为人实施处分股份、排除违法行为等必要措施。《禁止垄断法》在对事业支配力过度集中公司保有股份行为进行规制的同时,也根据市场经济的实际情况,对一定范围内的公司股份保有行为进行了豁免,以达到促进经济发展的根本目的。例如,由日本政府或地方政府出资设立的公司取得或持有的股份;事业有利于促进经济社会的发展进步,并需要大量资金支持事业发展的公司的股份;以及事业主要在海外或者主要从事海外投资项目的公司的股份。

第三节　企业合并、分立、共同股份转移的规制

一、企业合并的规制

企业合并是企业结合的最终形态,其能够产生使数个企业变成一个企业之后果。企业合并属于"牢固性企业结合"。不同于股份保有,在企业合并的违法性判定方面,我们只需考虑其是否在一定交易领域实质性限制竞争即可。在股份保有的违法性判定方面,我们需首先确定其是否属于牢固性企业结合的股份保有,然后再判断其具体的限制市场竞争之弊害。针对企业合并,无论发生于何种经营领域,只要合并实质性限制了相关交易领域的竞争,就应当为法律所禁止。

(一) 实质性限制竞争的判定

二战后,为恢复战后经济以及防止旧财阀势力的复苏,在占领国美国的主导下,日本实施了比美国更加严格的经济制度,其中就包括企业合并控制制度,这大大限制了因经济力量相对集中而对市场造成不良影响的财阀。在二战后的一段时期内,日本依据严格的"实质性限制竞争"标准对企

---

① ［日］公正交易委员会:《禁止垄断法》第 9 条,《関係政令及び関係規則の規定(抜粋)》,https://www. jftc. go. jp/dk/kiketsu/guideline/horei/kitei. html ♯ cms15jyo1,访问日期:2019 年 7 月 8 日。

业合并进行规制。当企业合并改变了市场结构时,其就可能明显控制竞争。特别是如果企业能够根据自己的意愿,自由地影响产品的价格、质量、数量和其他条件,那么该企业就能够控制市场。① 因此,当企业合并的出现足以控制市场,并对相关交易领域的市场竞争产生实质性影响时,反垄断法就应当予以禁止。

在美国归还立法自主权,并且国内经济呈现出稳步发展之态势后,日本于 20 世纪 60 年代大大放宽了对企业合并的控制。这一时期,在宽松的企业结合反垄断执法背景下,过去曾因《经济力过度集中排除法》而被分割的企业实现了复原式合并,一系列大型企业的合并事件层出不穷。其中,"八幡制铁和富士制铁两大钢铁公司合并案"②推动了缓和的规制制度之确立。

1. 八幡制铁和富士制铁公司合并案(新日铁合并案)

八幡制铁和富士制铁是二战后被强制分拆的,两家公司于 1968 年以加强技术合作、提高投资能力、在国际贸易中增强日本企业竞争力为由,提出了企业合并的计划。"新日铁合并案"发生时,日本钢铁行业的大型公司共有六家,其中八幡制铁和富士制铁合计约占 44% 的市场份额,位居市场的头两位。公正交易委员会将相关市场界定为铁路用钢轨市场、食品罐头盒用铁皮、钢铁器材以及钢板四个市场,其发现八幡制铁和富士制铁合并后将占钢铁器材市场份额的 56.3%,占食品罐头盒用铁皮市场份额的 61.2%,占钢板市场份额的 98.3%,而在铁路用钢轨市场所占的份额更是达到了 100%,明显具有垄断性质,因此其认定两家公司的合并行为违反《禁止垄断法》,该合并行为被责令中止。合并方没有回应公正交易委员会的中止决定,该案件进入判决程序。在审议过程中,合并方提出了向其他具有竞争关系的钢铁公司转让生产设备以及提供技术支持、将公司股票出售给其他竞争公司来提高受让公司的市场占有率、转让制造技术等一系列补救措施,以消除企业合并所产生的违法效果。法院认为,上述救济措施合理,两企业合并不违反《禁止垄断法》的相关规定。因此,法院最终同意了上述救济措施,并认可了两大企业的合并。

"新日铁合并案"明确了企业合并法律规制的基本规则,即当企业合并导致市场结构缺乏竞争性时,其应当被禁止。也就是说,非竞争性的市场结构是判断实质性限制竞争的核心要素。不过,"新日铁合并案"还引出了

---

① [日]村上正博:《独占禁止法》,弘文堂 2010 年版,第 221 页。

② [日]公正交易委员会 1969 年 10 月 30 日同意判决,《审决集》第 16 卷,第 46 页。

认定实质性限制竞争的其他标准：（1）具有有效牵制性的竞争者。如果存在有效牵制的竞争者，那么企业合并就没有实质性限制竞争。（2）不考虑企业的综合实力，仅考虑市场占有率。但是，上述观点受到了日本学界的广泛批判，包括：针对企业合并是否实质性限制竞争，我们应当从非竞争性市场结构的视角进行判断；即使市场中存在"具有有效牵制性的竞争者"，只要牵制者遵守具有支配力量的企业的支配或影响交易条件行为，企业合并也应当被认定为实质性限制竞争；同时，市场占有率不是绝对的考量因素，企业的综合经营能力等因素也应当被纳入考量。

2. 2004 年《关于企业结合审查的反垄断法运用指针》

2004 年，日本制定的《关于企业结合审查的反垄断法运用指针》进一步明确了企业合并中的实质性限制竞争之认定标准。（1）企业合并使市场结构发生了非竞争性变化（竞争性市场结构转变为非竞争性市场结构），结合的企业可以单独或与其他企业协调地支配市场的价格、品质、产量及其他交易条件。（2）并不一定要求出现实质性限制竞争的确定性后果，只要具有实质性限制竞争的高度盖然性后果即可。

具体来看，在认定企业合并中的实质性限制竞争之后果时，日本的反垄断法以市场结构基准为核心，以市场行为基准为辅助，并根据经营者的地位（市场占有率、市场中的排名、以往的竞争情况）、市场状况（竞争者的数量和集中度、市场进入退出的难度、贸易关系的封闭性和排他性）及其他要素（综合的经营能力、相邻市场的竞争压力、效率性）进行综合判断。[①]

（二）规制程序

在 2009 年之前，《禁止垄断法》是以企业总资产额为标准对企业合并进行规制的。在 2009 年的法律修订之后，《禁止垄断法》借鉴欧美关于企业合并控制的相关规定，引入了销售额标准。在企业合并的情形下，一方的国内销售额超过 200 亿日元，其他任何一方的国内销售额超过 50 亿日元的，需要进行事前申报。但是，合并的当事方同属于一个集团公司的，可以免除申报。外国公司适用同样的基准。合并企业违反申报等相关规定的，构成犯罪。根据《禁止垄断法》第 91 条之二的规定，合并企业不按照《禁止垄断法》的相关规定提交报告书或提交虚假记载的报告书，构成本罪名的，处以 200 万日元以下的罚金。2018 年，日本共计受理合并申报案件16 件（具体的申报情况请参见表 4）。

---

① ［日］横田直和：《企業結合規制における市場支配力と協調的行動による競争の実質的制限》，《關西大學法學論集》2017 年第 66 卷，第 210 页。

表3　2018 年合并申报案件情况①

存续公司国内销售额 ＼ 被吸收公司国内销售额	50 亿日元以上 200 亿日元未满	200 亿日元以上 500 亿日元未满	500 亿日元以上 1000 亿日元未满	1000 亿日元以上 5000 亿日元未满	5000 亿日元以上	合计
50 亿日元以上 200 亿日元未满	0	2	1	0	1	4
200 亿日元以上 500 亿日元未满	0	2	1	1	0	4
500 亿日元以上 1000 亿日元未满	2	0	1	0	1	4
1000 亿日元以上 5000 亿日元未满	0	0	0	1	0	1
5000 亿日元以上 1 兆日元未满	0	0	0	0	1	1
1 兆日元以上 5 兆日元未满	0	0	0	0	2	2
5 兆日元以上	0	0	0	0	0	0
合计	2	4	3	3	4	16

注:3 家以上公司的合并,被吸收公司为 2 家以上的,选取了销售额最大的公司的数据。

二、企业分立的规制

所谓企业分立,是指一个企业分立为两个或两个以上的企业。在传统意义上,企业分立包括新设分立和派生分立。所谓新设分立,是指企业将其全部事业与资产进行分割,成立两个或两个以上新企业;所谓派生分立,是指企业将部分的事业与资产分割出来,成立两个或两个以上新企业,并且原企业继续存在。单独的新设分立和派生分立只是原企业内部的资产结构之重新组合,它们不仅不会限制一定交易领域内的市场竞争,而且有时反而会对市场竞争起到促进作用。

在现实中,企业将其部分事业和资产分割出来,与其他企业分割出来的事业和资产重新组合成立新企业,或企业将其部分事业和资产分割出来承继给其他企业的情形普遍存在。我们称上述前一种情形为共同新设分

---

① [日]公正取引委员会:《平成 30 年度における企业结合关系届出の状况》,2019 年 6 月 19 日,https://www. jftc. go. jp/houdou/pressrelease/2019/jun/kiketsu/03H30doukoupressrelease. pdf,访问日期: 2019 年 6 月 28。

立,后一种情形为吸收分立。在共同新设分立和吸收分立的情形下,承继事业和资产的新企业与被分割企业之间,以及被分割企业与吸收其事业和资产的其他企业之间存在着较为密切的联系,可能会产生类似于企业合并的企业结合之效果,并造成一定交易领域内实质性限制市场竞争之弊害。因此,我们需要进一步对共同新设分立和吸收分立加以规制。在对企业分立进行规制时,我们往往需要考量企业是否将自己业务的重要部分进行了分立,因为这直接关系到企业分立的动机。如果企业将自己业务的重要部分进行了分立,那么新设分立和吸收分立的新企业可能会以该重要部分为基础,引发集中效应,进而影响一定交易领域内的竞争秩序。针对"重要部分",我们需要根据被承继业务在相关市场中所处的具体地位来对其进行判断。但是,从分立后的新企业的角度来说,如果被承继的业务所涉及的年销售额占承继该业务的分立后企业的年销售额的 5% 以下,且销售额在 1 亿日元以下,那么我们通常不认为其属于"重要部分"。①

2000 年,在商法就企业分立增设了相关规定之后,日本的反垄断法也就企业结合规制制度做了相应的修订,其增设了针对企业分立规制的条款,并对那些可能实质性限制一定交易领域内的市场竞争或者以不公正交易方法进行的共同新设分立和吸收分立予以禁止。同时,日本规定企业在计划进行共同新设分立或吸收分立时,应当按照《禁止垄断法》的相关规定向公正交易委员会申报分立计划。

2009 年,日本提高了公司的新设分立与吸收分立的申报标准。在新设分立方面,日本规定符合下列情形之一的新设分立,必须向公正交易委员会进行事前申报:(1)共同新设分立公司中的任一公司(共同新设分立所设立的公司承继其全部营业的公司,下面称为"全部承继公司")的国内销售额超过 200 亿日元,且其他任何一方(全部承继公司)的国内销售额超过 50 亿日元的;(2)共同新设分立公司中的任一公司(全部承继公司)的国内销售额超过 200 亿日元,且其他任何一方(共同新设分立所设立的公司承继其重要营业的公司,下面称为"重要承继公司")的国内销售额超过 30 亿日元的;(3)共同新设分立公司中的任一公司(全部承继公司)的国内销售额超过 50 亿日元,且其他任何一方(重要承继公司)有关该被承继营业的最终销售额超过 100 亿日元的;(4)共同新设分立公司中的任一公司(重

---

① 〔日〕公正交易委员会:《企業結合審査に関する独占禁止法の運用指針》(《关于企业结合审查的反垄断法运用指针》),https://www.jftc.go.jp/dk/kiketsu/guideline/guideline/shishin01.html,访问日期:2019 年 7 月 8 日。

要承继公司)有关该被承继营业的最终销售额超过 100 亿日元,且其他任何一方(重要承继公司)有关该被承继营业的最终销售额超过 30 亿日元的。

在吸收分立方面,日本规定符合下列情形之一的吸收分立,必须向公正交易委员会进行事前申报:(1)当任一全部承继企业的国内营业额超过 200 亿日元,并且其他任一全部承继企业的国内营业额超过 50 亿日元的;(2)当任一全部承继企业的国内营业额超过 200 亿日元,且其他任一重要部分被承继的企业被承继部分的国内销售额超过 30 亿日元的;(3)当任一全部承继企业的国内营业额超过 50 亿日元,且其他任一重要营业被承继的企业被承继营业部分的销售额超过 100 亿日元的;(4)当任一重要营业被承继的企业的被承继营业部分的销售额超过 100 亿日元,且其他任一重要营业被承继的公司的被承继营业部分的销售额超过 30 亿日元的。

在吸收分立方面,出现如下情况的,企业应按照公正交易委员会的规定,事先申报分立计划:(1)分立中的任一全部承继营业的企业的国内销售额超过 200 亿日元,且因分立而要承继事业的企业的国内销售额超过 50 亿日元的;(2)分立中的任一全部承继企业的国内销售额超过 50 亿日元,且因分立而要承继事业的企业的销售额超过 200 亿日元的;(3)分立中的任一重要部分承继企业的国内销售额超过 100 亿日元,且因分立而要承继事业的企业的国内销售额超过 50 亿日元的;(4)分立中的任一重要部分承继企业的国内销售额超过 30 亿日元,且因分立而要承继事业的企业的国内销售额超过 200 亿日元的。[①]

在日本,公正交易委员会于 2018 年共计接受企业分立申请 12 件,且所有申请均为吸收分立案件。[②] 另外,企业分立的当事方同属于一个集团公司的,可以免除企业分立申报义务。外国公司也适用同样的基准。

三、共同股份转移的规制

所谓企业共同股份转移,是指某个企业与其他企业共同向同一家企业转移一定规模股份的行为。企业共同股份转移行为将使得转移企业成为被转移企业的重要股东,两家企业的股份转移行为在被转移企业处形成了

---

① 〔日〕《独占禁止法,関係政令及び関係規則の規定》,https://www.jftc.go.jp/dk/kiketsu/guideline/horei/kitei.html#cms1,访问日期:2019 年 7 月 8 日。
② 〔日〕公正取引委員会:《平成 30 年度における企業結合関係届出の状況》,2019 年 6 月 19 日,https://www.jftc.go.jp/houdou/pressrelease/2019/jun/kiketsu/03H30doukoupressrelease.pdf,访问日期:2019 年 6 月 28 日。

事实上的企业结合,并可能会导致一定交易领域实质性限制竞争之效果。因此,企业共同股份转移行为需要《禁止垄断法》的规制。2009 年,在有关企业合并与分立的限制性条款之基础上,《禁止垄断法》增加了针对企业共同股份转移行为的限制性条款,对那些实质上限制一定交易领域竞争或以不公正交易方法进行的共同股份转移行为进行了规制。

共同股份转移与企业分立中的新设分立有相似之处,两者都是将企业的一部分转移出去。但是,共同股份转移是与其他企业共同将股份转向同一企业,并且该被转移股份的企业是在股份转移前就已经存在的,而企业分立中的新设分立则是将一定规模的股份分割出来,与其他企业一起成立一家新的企业。

如今,日本规定,在共同股份转移的情况下,其中一方的国内销售额超过 200 亿日元,且其他任何一方的国内销售额超过 50 亿日元的,必须向公正交易委员会进行申报。2018 年,公正交易委员会仅处理了 2 件共同股份转移的案件(具体请参见表 4)。

表 4　2018 年股份共同转移申报案件情况①

股份转移公司 1 国内销售额 ＼ 股份转移公司 2 国内销售额	50 亿日元以上 200 亿日元未满	200 亿日元以上 500 亿日元未满	500 亿日元以上 1000 亿日元未满	1000 亿日元以上 5000 亿日元未满	5000 亿日元以上	合计
200 亿日元以上 500 亿日元未满	1	0	0	0	0	1
500 亿日元以上 1000 亿日元未满	0	0	0	0	0	0
1000 亿日元以上 5000 亿日元未满	0	0	0	0	0	0
5000 亿日元以上 1 兆日元未满	0	0	0	0	0	0
1 兆日元以上 5 兆日元未满	0	0	0	1	0	1
5 兆日元以上	0	0	0	0	0	0
合计	1	0	0	1	0	2

---

① ［日］公正取引委員会:《平成 30 年度における企業結合関係届出の状況》,2019 年 6 月 19 日,https://www.jftc.go.jp/houdou/pressrelease/2019/jun/kiketsu/03H30doukoupressrelease.pdf,访问日期:2019 年 6 月 28 日。

四、相关市场因素的考虑

公正交易委员会对企业合并、分立及共同股份转移进行规制的标准，是合并、分立及共同股份转移行为是否产生了一定交易领域内实质性限制竞争之效果。所谓一定的交易领域(即相关市场)，是指在成为企业结合审查对象的企业合并、分立及共同股份转移所形成、维持或强化的结合关系中，所有企业的经营活动所涉及的市场。所谓相关市场，是指有竞争关系的经营者相互竞争所形成的市场，其是由同种类的或类似的商品与服务所构成的一定市场范围。我们根据商品或服务的类型、交易对象、交易区域以及流通阶段来区分相关市场。相关市场的界定在《禁止垄断法》所涉及的各个领域都非常重要，其是企业合并规制中的重要考量因素。

相关市场的认定主要以市场需求为依据，即我们根据消费者在商品或服务的质量、价格、性质等方面的需求来区分相关市场。在分析商品或服务是否相同或类似时，除了需要考虑质量、价格、性质等特征外，我们还要从商品或服务的用途、功能、效用等角度来分析其是否具有可替代性。在划分相关市场时，我们应考虑经营者之间是否因具备相同的或可替代的商品与服务而形成竞争关系，但在特定企业的商品生产形成差别化，或者特定消费者在购买商品后难以替换其他商品的情形下，相关市场也仅围绕该特定商品而得以形成。

所谓根据交易对象来划分相关市场，主要是指在面对需求较大的交易对象和需求较小的交易对象时，设定不同的交易方式和条件，从而形成不同的市场，如面向政府部门、大型公司的交易，以及与单个消费者的交易。

依据交易区域划分的相关市场以商品的供应者的供应区域与需求者的购买区域为基础。例如，内陆一般不会产生对鱼竿的需求，因此相关市场因没有交集而无法形成交易。商品的运输难易度、保存方法等事项也决定了商品流通区域是否广泛。需要注意的是，《禁止垄断法》所保护的是日本国内存在竞争的相关市场，不包括国际市场。

根据流通阶段划分的相关市场，通常是由处于同一流通阶段的经营者构成的。商品流通一般经历从生产者到批发商，再从批发商到零售商，最终从零售商转向消费者的过程。因此，生产者—批发商、批发商—零售商、零售商—消费者这三个不同的流通阶段都会形成经营者之间的竞争关系，每一个流通阶段均构成一个相关市场。但是，由于存在生产者跨过批发与零售阶段而直接向消费者出售产品的情况，因此跨过流通阶段形成相关市场的状况也很常见。

在对合并、分立及共同股份转移行为进行规制的过程中，公正交易委员会需要区分相关市场,其不仅会考虑商品的类型、交易对象、交易区域和流通阶段,而且会关注政策、社会责任、商品特性等因素。例如,当相关市场因替代产品较多而导致企业的商品在相关领域未达到构成支配地位的市场占有率时,公正交易委员会不认为其违反《禁止垄断法》。另外,如果供需双方之间已经形成了相对固定的供需关系,那么合并不会导致市场占有率的大幅变化;或者在一些特定的技术领域内,如果有其他的具备较强技术能力的竞争者存在,那么公正交易委员会不会认为企业在相关市场具备限制竞争的支配地位。

五、事前申报义务及规制制度

企业间的合并、分立及共同股份转移都可能产生一定交易领域实质性限制竞争之效果。集中行为一旦发生,市场结构就很难再恢复到集中前的状态。因此,为了规制集中行为,企业在形成集中前,必须进行事前申报。在形成集中前,公正交易委员会要判断合并、分立及共同股份转移行为是否违反《禁止垄断法》的规定。事前申报既能让公正交易委员会尽早审查集中行为是否违法,又可以减少被规制企业的风险,从而避免集中行为违法所导致的繁琐后果。《禁止垄断法》第15条规定了企业合并、分立及共同股份转移的申报义务。2009年,日本将以企业总资产额为申报基准改为以企业销售额为申报基准,并提高了申报标准。

在企业合并的情况下,一方的国内销售额超过200亿日元,且其他任何一方的国内销售额超过50亿日元的,需要进行事前申报。

在企业分立的情况下,在新设分立方面,企业需要就如下情形向公正交易委员会进行事前申报:当任一全部承继企业的国内营业额超过200亿日元,且其他任一全部承继企业的国内营业额超过50亿日元的;当任一全部承继企业的国内营业额超过200亿日元,且其他任一重要部分被承继的企业被承继部分的国内营业额超过30亿日元的;当任一全部承继企业的国内营业额超过50亿日元,且其他任一重要营业被承继的企业被继承营业部分的销售额超过100亿日元的;当任一重要营业被承继的企业的被承继营业部分的销售额超过100亿日元,且其他任一重要营业被承继的企业的被承继营业部分的销售额超过30亿日元的。在吸收分立方面,企业需要就如下情形向公正交易委员会进行事前申报:分立中的任一全部承继营业的企业的国内销售额超过200亿日元,且因分立而要承继事业的企业的国内销售额超过50亿日元的;分立中的任一全部承继企业的国内销售额超过50亿日元,且因分立而要承继事业的企业的销售额超过200亿日元的;分立中的任一重要部分承继企业的国内销售额超过 100 亿日元,且因分立而要承继事业的企业的国内销售额超过 50 亿日元的;分立的任一重要部分承继企业的国内销售额超过 30 亿日元,且因分立而要承继事业的企业的国内销售额超过 200 亿日元的。

在实施共同股份转移行为的情况下,任一企业的国内营业额不低于 200 亿日元,且其他任一企业的国内营业额不低于 50 亿日元的,应事先向公正交易委员会申报共同股份转移的计划。① 外国公司适用同样的基准。

但是,需要注意的是,合并或分立的当事方同属于一个集团公司的,可以免除事前申报。同时,根据公正交易委员会的规则,在因股票分割、合并、无偿分配而取得股票的情况下,或者在取得附条件的股票、附条件的新股预约权的情况下,经营者支付对价取得上述股票的,免除经营者的上述事前申报义务。

在申报过程中,企业应当向公正交易委员会提交真实、全面的信息。如果企业不按照《禁止垄断法》的相关规定提交报告书或提交虚假记载报告书的,根据《禁止垄断法》第 91 条之二的规定,处以 200 万日元以下的罚金。

另外,《禁止垄断法》规定,企业的合并与分立违反禁止性规定的,公正交易委员会可以对相关企业处以排除措施命令或征缴课征金。2009 年的《禁止垄断法》修订对企业合并与分立情况下的排除措施命令和课征金缴纳命令之处罚对象进行了明确规定。在企业的合并与分立违反《禁止垄断法》的禁止性规定之情况下,公正交易委员会应对承继了原经营活动的企业做出排除措施命令。在一定情况下,针对企业分立中的违法行为,公正交易委员会应当对继受了原经营事业的企业征收课征金。但是,从公正交易委员会近几年处理的合并与分立的案件来看,企业均较为遵守《禁止垄断法》的规定,没有出现公正交易委员会对企业施加排除措施或征收课征金的案件。

第四节　事业受让的规制

一、事业受让的一般形式

《禁止垄断法》对企业结合行为进行规制的目的,是防止非竞争性的市

---

① ［日］公正交易委员会:《禁止垄断法》第 15 条,《関係政令及び関係規則の規定(抜粋)》,https://www.jftc.go.jp/dk/kiketsu/guideline/horei/kitei.html♯cms1,访问日期:2019 年 7 月 8 日。

场结构之形成。除对企业合并、分立、股份保有及共同股份转移进行规制外，日本还对事业受让进行规制。事业受让属于契约型的企业结合行为。在事业受让中，转让企业的营业活动与受让企业的经营活动融为一体，其产生的实际结果类似于合并。事业受让可能对一定交易领域内的市场结构产生影响，并产生与前述几种企业结合类似的效果。

在《禁止垄断法》设立之初，日本对整体或一部分业务、整体或一部分资产、整体的租赁、委托经营、共同经营等事项进行规制。在 1949 年的法律修订中，《禁止垄断法》将规制对象进一步细化，并在 1998 年将事业受让规制的相关规定以单独法条的形式明确下来，因此事业受让不再作为企业合并的一种形式被加以规制。

目前，《禁止垄断法》第 16 条对五种事业受让类型进行规制，当经营者因实施事业受让行为而引发一定交易领域实质性限制竞争之后果，或者以不公正交易方法实施事业受让行为时，其行为将被严格禁止。具体来看，受《禁止垄断法》规制的事业受让主要包括以下五种情形：一是企业受让其他企业经营业务的整体或重要部分；二是企业受让其他企业固定资产的整体或重要部分；三是企业租赁其他企业经营业务的整体或重要部分；四是企业经委托对其他企业的经营业务的整体或重要部分进行经营；五是企业间通过订立协议共担风险、共负盈亏。[①] 上文所说的"整体"，是指企业经营业务或资产的全部，包括固定资产、客户关系等。上文所说的"重要部分"与前述企业分立中的重要部分相似，是指相对于让渡企业来说的具有重要作用的部分，而不是对于受让企业而言具有重要作用的部分。此外，对"重要部分"的判断，也与企业分立中的判断方法相似。在事业受让的规制中，与整体收买其他企业的吸收合并相比，前两种事业受让形式只是通过受让取得了其他企业经营业务或资产的一部分，其实质上相当于部分合并；而后三种事业受让形式则是基于双方的协议约定而产生的，它们不是真正意义上的业务与资产的结合，但是此种协议会使一家企业的整体或部分业务的营业权归于另一家企业，从而在经营方面产生与前两种受让形式相同的企业结合效果，因此后三种事业受让形式也需要接受相应的规制，以防止引发限制竞争之后果。

---

① ［日］公正交易委员会：《禁止垄断法》第 16 条，《関係政令及び関係規則の規定（抜粋）》，https://www.jftc.go.jp/dk/kiketsu/guideline/horei/kitei.html#cms1，访问日期：2019 年 6 月 19 日。

二、事业受让的事前申报义务

在设立之初,《禁止垄断法》对第 16 条所规制的前两种受让整体或部分的业务与资产之情形,均设置了应当在受让前向公正交易委员会进行事前申报的义务。针对租赁、委托经营、共同经营的协议,《禁止垄断法》未设置事前申报的义务。

1998 年,为提高效率,《禁止垄断法》在不影响规制效果的前提下,对申报进行了简化,排除了小型企业结合的申报义务。新法规定,负有申报义务的企业,其总资产应当不低于 100 亿日元。2009 年,《禁止垄断法》的修订采取了营业额标准。具体来看,公司在国内的销售额超过 200 亿日元,其欲受让国内销售额超过 30 亿日元的其他公司的全部事业的,或者欲受让的是销售额超过 30 亿日元的其他公司的重要营业或重要固定资产的,需要事前向公正交易委员会进行申报。[①]

另外,公正交易委员会发布的企业结合指南也从审查范围、例外情形、事业租借等方面对事业受让进行了规定。事业受让的五种情形,无论是受让整体或部分经营业务或资产,还是基于协议的租赁、委托经营、共同经营,都在实质上对市场竞争产生了影响。但是,不同于企业合并,在事业受让中,企业双方未进行实质结合,双方的联系在受让后便结束了。因此,受让的整体或部分业务与资产,或者被租赁、受委托经营、共同经营的业务,就成为了公正交易委员会审查时的切入点。

表 5　2018 年事业受让申报案件情况[②]

受让公司的 国内销售额＼受让对象 国内销售额	30 亿日元以上 200 亿日元未满	200 亿日元以上 500 亿日元未满	500 亿日元以上 1000 亿日元未满	1000 亿日元以上 5000 亿日元未满	5000 亿日元以上	合计
200 亿日元以上 500 亿日元未满	5	0	0	0	0	5
500 亿日元以上 1000 亿日元未满	5	0	0	0	0	5

---

① ［日］公正交易委员会:《禁止垄断法》第 16 条,《関係政令及び関係規則の規定（抜粋）》,https://www.jftc.go.jp/dk/kiketsu/guideline/horei/kitei.html＃cms15jyo1,访问日期:2019 年 7 月 9 日。

② ［日］公正取引委员会:《平成 30 年度における企業結合関係届出の状況》,2019 年 6 月 19 日,https://www.jftc.go.jp/houdou/pressrelease/2019/jun/kiketsu/03H30doukoupressrelease.pdf,访问日期:2019 年 6 月 28 日。

受让对象国内销售额 \ 受让公司的国内销售额	30亿日元以上200亿日元未满	200亿日元以上500亿日元未满	500亿日元以上1000亿日元未满	1000亿日元以上5000亿日元未满	5000亿日元以上	合计
1000亿日元以上5000亿日元未满	8	0	0	0	0	8
5000亿日元以上1兆日元未满	4	1	0	0	0	5
1兆日元以上5兆日元未满	2	2	0	0	0	4
5兆日元以上	2	0	0	0	0	2
合计	26	3	0	0	0	29

第五节　管理人员兼任的规制

一、管理人员兼任的一般规定

管理人员兼任是企业之间开展业务往来与合作经营的常用方案,其可以有效提升经营效率,规避经营风险。但是,由于管理人员往往可以加入董事会等公司经营决策的核心机构、参与公司的中枢经营活动,甚至直接决定经营策略的制定和实施,因此管理人员兼任虽然没有涉及企业之间资产的结合,没有形成牢固的企业结合状态,但是却实际得到了企业的决策权,从而极有可能产生与股份保有类似的效果,成为企业结合的一种隐蔽方式。

公正交易委员会1995年的年度报告显示,在日本的六大企业集团中,有半数以上的成员企业存在来自同一企业集团的管理人员。[①] 在日本,管理人员兼任一直被作为企业结合的一种形式予以规制,也有学者将管理人员兼任视为股份保有行为的一种特殊规制形态。《禁止垄断法》第13条明确规定,对通过管理人员兼任来控制对方公司而实质性地限制竞争的行

---

① ［日］公正交易委员会:《平成7年度公正取引委员会年次报告》,https://www.jftc.go.jp/info/nenpou/h07/top_h07.html,访问日期：2019年7月9日。

为,或者以不公正交易方法向对方企业派遣管理人员的行为,应当予以禁止。

企业管理人员并不是指任何职位的员工,根据日本《关于企业结合审查的反垄断法运用指针》的规定,管理人员是指理事、董事、执行董事、执行业务的专员、监事或者监查负责人,以及与此相当的人员、负责人或者总公司或分公司的经营负责人。所谓"与此相当的人员",是指虽然没有担任董事、监事等职务,但是以咨询顾问、顾问、参与人等名义,事实上通过参与董事会等决策性会议而参与了企业经营的人员。[①] 同时,所谓管理人员,是指企业的现役持续性员工,不包括临时工以及已经退休或离职的员工。

二、管理人员兼任的规制范围

管理人员兼任可能造成企业结合。具体来说,通过管理人员兼任实现企业结合的情形有两种:(1)当其他当事企业的管理人员在另一当事企业的管理人员的比例超过该当事企业管理人员的一半;(2)兼任的董事实际上拥有两家企业的代表权。在上述两种情形下,兼任的管理人员因掌握了当事企业的决策权而能够左右当事企业的经营活动,其实际上通过管理人员兼任达成了两家企业之间的结合。因此,管理人员兼任应受反垄断法的规制。

除以上两种情形外,其他情形下的管理人员兼任行为也可能受到反垄断法的关注。在判断管理人员兼任行为是否存在形成、维持和强化结合关系的情形时,我们需要考虑常务董事或者有表决权的董事之有无、管理人员兼任的比例、与兼任有关的当事企业股票的持有状况,以及与兼任有关的当事企业的交易关系、融资关系、业务合作关系等因素。针对管理人员兼任,《禁止垄断法》未设置事前申报义务;针对违法兼任行为,《禁止垄断法》将予以处罚。

第六节　日本企业结合规制制度的经验及启示

企业结合是企业为实现整合资源、互补优势、提高运营效率等目的而

---

① 〔日〕公正交易委员会:《关于企业结合审查的反垄断法运用指针》,《企業結合審査に関する独占禁止法の運用指針》,https://www.jftc.go.jp/dk/kiketsu/guideline/guideline/shishin01.html,访问日期:2019 年 7 月 9 日。

实施的经营策略，其在一定程度上促进了市场经济的繁荣和规模经济的发展，具有一定的正当性。但是，如果放任经营者自由地进行集中，那么企业可能会基于经济利益而进行恶意集中，从而形成垄断状态，进而控制相关市场商品的价格、质量和产量，破坏市场竞争秩序，危及国家经济秩序。日本的《禁止垄断法》所规定的企业结合控制制度在借鉴欧美已有制度的基础上，根据本国的政治经济情况和法律传统，适时地进行了调整与创新，其经历了由严格到宽松，然后再回到严格的变化过程。

　　最初，在占领国美国的主导下，日本通过实施大型企业拆分的措施来严格控制企业规模，并采取了较为严格的企业结合规制制度来防止日本财阀势力的复兴与推行民主政策。自20世纪50年代开始，日本经济已经稳步复苏，竞争政策为通商产业省的产业政策让步。在此背景下，日本相应地提高了针对企业集中的资产额或营业额的规制标准，并修改了《禁止垄断法》的条款，增加了除外规定。这一时期，日本的企业结合规制制度相对宽松。直至1977年，《禁止垄断法》再次进行修改，从此日本的企业结合规制制度走上了严格化发展道路。日本的企业结合规制制度从企业合并、分立、共同股份转移、事业受让、股份保有等几个方面对企业结合行为进行了详细规制。公正交易委员会在实践中也采取了事前审查的方法，使大量的企业结合案件在事前阶段得到了行政指导，并且其采取有效措施消除了违法后果，这也标志着企业结合规制制度在严格中逐渐实现了公开与透明。

　　2018年，公正交易委员会共受理企业结合申报案件321件，与2017年相比增加了4.9%。其中，股份保有案件259件，申请合并案件16件，分立案件15件，共同股份转移案件2件，事业转让案件29件。[1] 根据《禁止垄断法》的新规定，在出现企业合并、分立、事业受让等违反《禁止垄断法》的企业结合行为之情况下，公正交易委员会可以做出排除措施命令和征收课征金。但是，我们从公正交易委员会处理的下述案件中（参见表6和表7）[2]可以看出，面对企业合并、分立、股份共同转移等企业结合案件，在不符合结合条件的情况下，企业都会主动提出实施排除措施来消除限制竞争

① ［日］公正取引委員会：《平成30年度における企業結合関係届出の状況》，2019年6月19日，https://www.jftc.go.jp/houdou/pressrelease/2019/jun/kiketsu/03H30doukoupressrelease.pdf，访问日期：2019年6月28日。
② ［日］公正取引委員会：《平成30年度における企業結合関係届出の状況》，2019年6月19日，https://www.jftc.go.jp/houdou/pressrelease/2019/jun/kiketsu/03H30doukoupressrelease.pdf，访问日期：2019年6月28日。
《平成26年度における企業結合関係届出等の状況》，2015年6月10日，https://www.jftc.go.jp/dk/kiketsu/toukeishiryo/joukou_files/doukou26.pdf，访问日期：2019年6月28日。

问题,而公正交易委员会将基于企业提交的、其认可的救济措施批准企业结合。我们从中不难看出,公正交易委员会在执法过程中与企业形成了良好的协商机制,其一方面致力于维护反垄断法所保障的竞争性市场结构,另一方面积极通过救济措施来满足企业的集中需求,从而实现了对企业与市场的良性保护。

表6 2012—2018年公正交易委员会第一次申报案件受理情况

	2012	2013	2014	2015	2016	2017	2018
总案件数	349	264	289	295	319	306	321
第一次审查终结案件(注1)	340	257	275	281	308	299	315
第一次审查禁止结合的案件	3	3	11	8	8	6	4
移送第二次审查的案件	6	4	3	6	3	1	2

注1:如果第一次审查不存在触犯反垄断法的问题,那么公正交易委员会不做出排除措施命令。

表7 2012—2018年公正交易委员会第二次审查处理情况

	2012	2013	2014	2015	2016	2017	2018
第二次审查终结的案件(注2)	5	3	2	4	3	1	3
以当事人提出措施为前提而终结的案件	3	1	2	1	3	0	2
采取排除措施命令的案件	0	0	0	0	0	0	0

注2:如果第二次审查没有违反反垄断法的情况,那么公正交易委员会将通知不采取排除措施命令并终结案件。
2018年审查终结的案件包括2017年度移送的案件。

经过70多年的改革完善,日本在企业结合领域建立了完善的规制制度。我们应当吸取日本企业结合规制制度的先进经验,用反垄断法来引导我国市场主体的有效竞争,以确保对竞争性市场结构之维护。具体来看,日本在以下方面的经验值得我们借鉴:其一,一方面,企业结合有利于企业之间优化资源配置、实现优势互补,进而推进市场经济的繁荣;另一方面,企业结合又存在形成垄断、妨碍竞争秩序的可能性。因此,在企业结合的规制方面,我们不应以强硬的禁止性规定对其进行严格限制,而应当在整体上审查其限制竞争效应,对那些通过排除措施可以消解排除竞争效应的企业结合予以认可。其二,日本根据社会经济和国内外局势之变化,适时修订《禁止垄断法》来满足经济社会的发展需求和促进日本经济的繁荣之做法也值得我们借鉴。在经济发展的过程中,我们应当适时调整竞争政策和产业政策的关系,并对经济社会发展中的新情况予以回应,以保障企业结合在经济发展方面的积极作用,促进国民经济的发展。其三,在企业结合规制的实践中,公正交易委员会广泛采取事前商谈机制,要求企业事先申报,并且将专门指南作为企业结合审查的重要依据,从而保证了反垄断执法的透明性和公开性,这对我国企业结合规制制度的完善也具有一定的借鉴意义。

第九章　不公正交易方法规制制度

除规制私人垄断、不正当交易限制、垄断状态、企业结合等典型的垄断行为外,日本的《禁止垄断法》还对"不公正交易方法"做了禁止性规定。[①] 不公正交易方法规制制度是日本独特的反垄断法律制度。1947 年,在《禁止垄断法》制定之初,日本在借鉴美国《联邦贸易委员会法》中的"不公正竞争行为"之基础上,引入了"不公正交易方法行为"。随后,经过 1953 年的根本性变革,上述制度被改名为"不公正交易方法",其成为防范私人垄断与不正当交易限制"萌芽思想"的一种轻微的反竞争行为。[②] 为了对庞杂的不公正交易方法行为进行确定性规制,日本建立起以《禁止垄断法》为基石,以《不公正交易方法》《关于流通与交易惯行的反垄断法指导方针》为指引,以《大型零售商与供货商交易中的特定不公正交易方法的适用准则》《关于滥用优势地位在反垄断法上的考量方法》《关于不正当低价销售在反垄断法上的考量方法》《家用电器流通中的不正当低价销售、差别对价等问题的对策》等 22 部法规指南为专门性保障手段的完备化、体系化的法律架构。

第一节　不公正交易方法制度的引入及演进

一、1947 年"不公正竞争方法"的引入

1947 年,日本以美国的反托拉斯法为蓝本制定了《禁止垄断法》。《禁止垄断法》制定之初,日本几乎完全借鉴了美国反托拉斯法的体例,甚至某些不符合日本国情的内容也被引入到日本的反垄断法之中。其中,受美国

---

① ［日］山部俊文:《不公正な取引方法—その意義と体系》,日本経済法学会編《経済法講座》(第 3 巻),三省堂 2002 年版,第 6 页。
② ［日］山部俊文:《不公正な取引方法—その意義と体系》,日本経済法学会編《経済法講座》(第 3 巻),三省堂 2002 年版,第 6 页。

的反托拉斯法之影响,日本继受了美国《联邦贸易委员会法》第5条"不公正竞争方法"和《克林顿法》第2条(差别对价)与第3条(附排他性条件的交易和搭售)的规定,在《禁止垄断法》中引入了"不公正竞争方法"。立法之初,日本完全学习了美国《联邦贸易委员会法》第5条的规定,将不公正竞争方法行为定位为违反公共利益、限制竞争的行为,从而导致了《禁止垄断法》在私人垄断与不公正交易方法条款上的重复立法。

上述冲突的出现原因是日本没有立足本国国情,而是完全照搬了《联邦贸易委员会法》中的"不公正竞争方法"。在美国,反托拉斯法的执法机构由两个部分组成,即司法部门(DOJ)和联邦贸易委员会(FTC)。以上两大执法机构各自有自己的法律体系,司法部门适用《联邦贸易委员会法》和《谢尔曼法》,联邦贸易委员会适用《克林顿法》,这也造成《联邦贸易委员会法》《谢尔曼法》和《克莱顿法》存在很多重复规制的条款。具体到"不公正竞争方法",《联邦贸易委员会法》第5条的"不公正竞争方法"和《谢尔曼法》与《克林顿法》的相关条款是重复适用的关系,而非平行适用的关系。《联邦贸易委员会法》第5条"不公正竞争方法"范畴下的差别对价和搭售同时被《克林顿法》第2条与第3条规制,掠夺性定价同时被《谢尔曼法》的第2条"垄断化"规制,转售价格维持协议同时被《谢尔曼法》的第1条"限制协议"规制。上述两套执法体制导致了两套法律的重复立法。然而,日本在反垄断法执法方面采用"公正交易委员会中心主义",其将美国规定于两套不同执法制度中的同一性质的行为放入一部法律进行规制,这势必会导致《禁止垄断法》在私人垄断与不公正交易方法条款上的重复适用问题。

二、1953 年"不公正交易方法"的重新定位

(一)"不公正竞争方法"变革为"不公正交易方法"的原因和意义

1953年,在法律适用的过程中,日本逐渐厘清了因移植美国法律而造成的混乱,其对"不公正竞争方法"进行了本土化改革,将"不公正竞争方法"修改为"不公正交易方法",并重新界定了"不公正交易方法"的性质及行为边界,从而使得"不公正交易方法"回归本源,成为一种具有"公平竞争阻害性"的轻微的反竞争行为。通过法律修订,"不公正交易方法"的违法性判断标准与美国的"不公正竞争方法"完全不同,其成为了一种为预防私人垄断、不正当交易限制等垄断行为而设立的一种最低限度的反竞争行为,是一种独立于私人垄断制度与不正当交易限制制度的新型制度。对此,有日本学者也指出,虽然日本最初借鉴了美国《联邦贸易委员会法》中的"不公正竞争方法",但是1953年的"不公正交易方法"之改正,其实是学

习了德国法上的防范"经济力滥用"的思想。①

　　同时,日本对"不公正竞争方法"进行改造,并将其变革为全新的"不公正交易方法"之做法,也是日本完善市场机制的内在要求。倘若日本废止"不公正竞争方法"制度,而不是对"不公正交易方法"进行规制,那么这势必会对市场机制产生诸多消极影响。比如,日本国内的企业将肆无忌惮地对国外商品进入本国市场设置阻碍,国内生产商基于此产生的优势地位则不利于销售商降低商品价格。而且,如果销售商过度依赖特定生产商,那么商品的流通渠道会被堵塞,相关企业将难以进入市场。倘若上述情形持续出现,私人垄断与不正当交易限制行为的发生将不可避免,从而对市场竞争秩序造成严重损害。另外,在行为认定上,对不公正交易方法的认定不存在非常严格的证据标准。因此,公正交易委员会将相关违法行为认定为不公正交易方法行为要更为容易。②"不公正交易方法"制度正是由于在认定方面具有便捷性,因此受到公正交易委员会的喜爱。基于上述种种原因,日本社会各界对引发问题的"不公正竞争方法"制度进行了根本性变革,使其扎根于日本的现实国情、既存的法律制度与独特的执法体系,成为一种具有预防垄断行为发生之功能的特殊行为。

　　(二)"不公正交易方法"和"不公正竞争方法"的区别

　　具体而言,"不公正竞争方法"和"不公正交易方法"在以下数个方面存在不同:

　　其一,两者的性质和违法性判断标准截然不同。日本最初从美国引入的"不公正竞争方法"是以限制竞争与危害公共利益为要件的,其是一种限制竞争的行为;而"不公正交易方法"是一种具有"公平竞争阻害性"的反竞争行为。日本学者认为,"公平竞争阻害性"是一种最低程度的反竞争行为,其市场弊害远远小于"实质性限制竞争"。③ 在美国的反托拉斯体系中,《联邦贸易委员会法》第5条的"不公正竞争方法"和《谢尔曼法》与《克林顿法》的相关条款是重复适用的关系,而非平行适用的关系。《联邦贸易委员会法》第5条"不公正的竞争方法"范畴下的差别对价和搭售同时被《克林顿法》第2条与第3条规制,掠夺性定价同时被《谢尔曼法》第2条

---

① [日]高桥岩和:《優越的地位の濫用と独禁法》,载日本经济法学会主编:《日本经济法学会年报》第27号,有斐閣2006年版,第2页。

② H. Iyori and A. Uesugi, *The Antimonopoly Laws and Policies of Japan*, Federal Legal Publications, Inc. New York, 2994:3.

③ [日]根岸哲、[日]舟田正之:《禁止垄断法概说》,王为农等译,中国法制出版社2007年版,第193页。

"垄断化"规制,转售价格维持协议同时被《谢尔曼法》第 1 条"限制协议"规制。在规制路径的选择上,美国考虑的是"不公正竞争方法"在性质上属于限制竞争与侵害公共利益的行为。在日本于 1953 年将"不公正竞争方法"修改为"不公正交易方法"后,该行为的性质发生了根本性变化,其平行适用"不公正交易方法"条款、"私人垄断"条款和"不正当交易限制"条款,即只能依据上述条款之一而受到规制。当某个行为具有"阻害公平竞争性"的危害时,其属于不公正交易方法;当某个行为严重到实质性限制竞争的程度时,其将被纳入私人垄断行为或不正当交易限制行为。

其二,两者的功能不同。"不公正竞争方法"的功能是规制排除与限制竞争的垄断行为,而"不公正交易方法"的功能则是预防私人垄断、不正当交易限制等垄断行为的发生。

其三,在法律修订后,日本根据对行为性质和功能的重新定位,将不公正交易方法的范围进行了扩大性调整,将滥用优势地位、妨碍交易等行为也纳入到不公正交易方法体系之中,从而使得不公正交易方法所涉及的行为类型更为广泛,其成为了流通领域中的经营者之行为基准。

其四,公正交易委员会认定不公正交易方法的权力被限缩。[①] 在修法之前,公正交易委员会有权将任何违反公共利益的行为认定为不公正交易方法;修法之后,公正交易委员会仅能根据《禁止垄断法》第 2 条第 9 款所规定的一般指定和特殊指定来认定不公正交易方法的具体行为。[②] 1953 年,公正交易委员会首次规定将 9 种行为类型作为不公正交易方法行为的一般指定。

三、1982 年《不公正交易方法》的颁布

在日本,不公正交易方法包括一般指定和特殊指定,一般指定适用于所有产业领域,特殊指定适用于特殊的产业领域。1953 年,公正交易委员会首次规定的一般指定行为有 9 种类型。1982 年,为使各种一般指定的行为类型更加明确化,公正交易委员会依据近三十年来的典型案例和相关判决,颁布了《不公正交易方法》,进一步明确了不公正交易方法的一般指

---

① 一直以来,日本法律授予公正交易委员会认定不公正交易方法的权限范围之做法饱受争议。从执法实践来看,公正交易委员会对不公正交易方法设定的认定标准,往往是这些行为是否不公平或不合理且对竞争起间接影响。关键在于,应将公正交易委员会的职权范围限定在对竞争仅有直接影响的行为之上,还是允许公正交易委员会将其认定权限扩大到所有本质上不公平或不合理的行为之上,这在日本理论界存在争议。

② [日]村上正博:《日本禁止垄断法》,姜珊译,法律出版社 2008 年版,第 4 页。

定之行为类型。《不公正交易方法》将一般指定扩展为 16 种行为类型。随后,公正交易委员会又于 1991 年颁布了《关于流通与交易惯行的反垄断法指导方针》,以增强对不公正交易方法的合法性之预测,其成为了日本流通领域中的交易运行之基本准则。为了明确特定指定行为,公正交易委员会于 1977 年颁布了《关于独占状态定义中事业领域的考量方法》,并于 1989 年颁布了《关于适当的电力交易的指南》,于 1993 年颁布了《关于共同研究开发的反垄断法指南》,于 1998 年颁布了《关于在委托劳务交易中滥用优越地位的反垄断法指南》,于 1999 年颁布了《新闻业特定的不公正交易方法》,共计 5 部指南,以对特殊领域的不公正交易方法予以指引。不过,1982 年至 1999 年期间,一般指定规则的建立已较为完善,而特殊指定规则的建立还属于探索期。

四、21 世纪不公正交易方法的新发展

进入 21 世纪后,随着日本竞争政策的强化实施,不公正交易方法执法也不断得到强化。为了提升不公正交易方法执法的确定性和可预测性,日本颁布和修订了相关法律指南,尤其是在特殊指定领域颁布了 20 余部指南。

在不公正交易方法的一般指定行为方面,日本在立法体例上对违法行为的判断没有采取欧美国家针对某一类行为规定共性违法要件的方法,也没有采取本身违法与合理分析原则,而是将违法判定标准内化于每一类行为的构成要件中,从而导致在日本的反垄断法实施过程中,不公正交易方法的案例最多,但是相关的法律适用标准却始终较为模糊。[①] 对此,2009 年,修订后的《禁止垄断法》第 2 条第 9 款将反垄断法规定的一般指定行为由原来的 9 类缩减为 5 类,即共同交易拒绝、差别对价、廉价销售、限制转售价格维持协议和滥用优势地位[②];同年,公正交易委员会又修订了《不公正交易方法》,将之前的 16 种一般指定的不公正交易方法行为修改为 15 种。同时,2005 年、2010 年、2011 年、2015 年、2016 年和 2017 年,日本又先后 6 次修订了《关于流通与交易惯行的反垄断法指导方针》。[③] 2009 年

---

① [日]泷川敏明:《日米 EU の独禁法と競争政策》,青林書院 2006 年版,第 246—252 页。

② 《禁止垄断法》第 2 条第 9 款规定了 6 类行为,前 5 类行为属于法律的一般指定行为,第 6 类行为是公正交易委员会指定的行为(特殊指定)。

③ [日]公正取引委員会:《流通・取引慣行に関する独占禁止法上の指針》,2017 年 6 月 16 日,https://www.jftc.go.jp/en/pressreleases/yearly—2017/June/170616_files/170616_2_1.pdf,访问日期:2019 年 6 月 28 日。

和 2010 年,日本又针对不公正交易方法一般指定中的特定行为(掠夺性定价、滥用优势地位行为)颁布了《关于不正当低价销售在反垄断法上的考量方法》(2017 年修订)与《关于滥用优势地位在反垄断法上的考量方法》(2017 年修订)(参见表 1)。上述法规指南的颁布与修改,进一步明确了不公正交易方法中的一般指定行为之适用标准。

表 1　不公正交易方法中的一般指定行为之法律依据

法律法规名称	颁布/修订时间
《禁止垄断法》 ● (不公正交易方法一般规定)第四章第 19 条至第 21 条;	1947 年/2019 年
《不公正交易方法》	1982 年
《关于流通与交易惯行的反垄断法指导方针》	1991 年/2017 年
《关于不正当低价销售在反垄断法上的考量方法》	2009 年/2017 年
《关于滥用优势地位在反垄断法上的考量方法》	2010 年/2017 年

在特殊指定行为方面,公正交易委员会针对酒类、大型零售业、汽油等领域先后颁布与修订了大量指南。2005 年 11 月,根据一些特殊指定行为的实际运行结果,日本对 5 个领域的特殊指定进行了重新评估。2006 年,日本废止了食品罐头产业的特定不公正交易方法、海运业的特定不公正交易方法、广告中有奖销售的不公正交易方法、教科书业的特定不公正交易方法,仅保留了新闻业的特殊指定。如今,日本在特殊领域有 21 部指南(参见表 2),它们有效地指引了各特殊事业领域中的不公正交易方法行为。

表 2　不公正交易方法中的特殊指定行为之法律依据①

法律法规名称	颁布/修订时间
《新闻业特定的不公正交易方法》	1999 年
《特定委托货物运输或保管的特定的不公正交易方法》	2006 年
《大型零售商与供货商交易中的特定不公正交易方法》	2007 年
《酒类流通中的不正当低价销售、差别性价格等问题的对策》	2009 年/2017 年

---

① ［日］《法令・ガイドライン等(独占禁止法)》,https://www.jftc.go.jp/dk/guideline/index.html,访问日期:2019 年 6 月 30 日。表中选取的是法律法规的最新修订时间。

续　表

法律法规名称	颁布/修订时间
《汽油等流通中的不正当低价销售、差别性价格等问题的对策》	2009 年
《家用电器流通中的不正当低价销售、差别性价格等问题的对策》	2009 年/2017 年
《关于共同研究开发的反垄断法指南》	1993 年/2017 年
《关于在委托劳务交易中滥用优越地位的反垄断法指南》	1998 年/2011 年
《关于知识产权利用的反垄断法指南》	2007 年/2016 年
《关于适当的电力交易的指南》	1989 年
《关于天然气公正交易的指南》	2019 年
《关于促进电信事业领域竞争的指南》	2018 年
《关于特许经营在反垄断法上的考量方法》	2002 年/2011 年
《关于手机号码可携带性的反垄断法上的考量方法》	2004 年
《关于放宽金融机构分类和扩大业务范围的不公正交易方法》	2004 年/2011 年
《关于标准化专利技术形成在反垄断法上的考量方法》	2005 年/2007 年
《关于快速公交联合运营在反垄断法上的考量方法》	2004 年
《大型零售商与供货商交易中的特定不公正交易方法的适用准则》	2005 年/2011 年
《关于独占状态定义中事业领域的考量方法》	1977 年/2018 年
《经营者活动的事前咨询制度》	2001 年/2015 年
《关于农业协会活动的反垄断法指南》	2007 年/2018 年

第二节　不公正交易方法的法律体系

在违法行为的判断方面,日本不是由执法机关通过原则性与概括性规定来自由裁量执法,而是在立法上尽可能地明确要件和规定标准,以限制执法中的自由裁量,增强执法的确定性及可预测性。因此,在日本,反垄断法上的违法行为的判定标准是内化在每个行为的违法要件之中而得以确定的。正是基于上述的立法思想,日本颁布了数量繁多、体系完备的法律法规来规范不同类型、不同领域的不公正交易方法行为。如今,日本已形成以《禁止垄断法》为基础,以《不公正交易方法》为指引,以针对特定行为与特定领域的不公正交易方法指南为专门性保障手段的完备化、体系化的法律架构(详见表 3)。

表3　日本有关不公正交易方法的法律规范体系①

	法律法规名称	颁布/修订时间	序号
法律	《禁止垄断法》 ● （不公正交易方法一般规定）第四章第19条至第21条； ● （经营者团体的不公正交易方法行为）第8条第1款第5项； ● （具有不公正交易方法内容的国际协定、国际合同）第6条； ● 采取不公正交易方法实施的（股份保有）第10条第1款、（干部兼任）第13条第2款、（公司以外者的股份保有）第14条、（企业合并）第15条之二第1款、（企业分立）第15条之二第1款、（共同股份转移）第15条之三第1款第、（事业受让）第16条。	1947年/2019年	1
体系化指引规范	《不公正交易方法》	1982年/2005年	2
	《关于流通与交易惯行的反垄断法指导方针》	1991年/2017年	3
特殊性指引规范	《关于不正当低价销售在反垄断法上的考量方法》	2009年/2017年	4
	《关于滥用优势地位在反垄断法上的考量方法》	2010年/2017年	5
	《新闻业特定的不公正交易方法》	1999年	6
	《特定委托货物运输或保管的特定的不公正交易方法》	2006年	7
	《大型零售商与供货商交易中的特定不公正交易方法》	2005年	8
	《酒类流通中的不正当低价销售、差别性价格等问题的对策》	2009年/2017年	9
	《汽油流通中的不正当低价销售、差别性价格等问题的对策》	2009年	10
	《家用电器流通中的不正当低价销售、差别性价格等问题的对策》	2009年/2017年	11
	《关于共同研究开发的反垄断法指南》	1993年/2017年	12
	《关于在委托劳务交易中滥用优越地位的反垄断法指南》	1998年/2011年	13
	《关于知识产权利用的反垄断法指南》	2007年/2016年	14
	《关于适当的电力交易的指南》	1989年	15
	《关于天然气公正交易的指南》	2019年	16

① ［日］法令・ガイドライン等（独占禁止法），https://www.jftc.go.jp/dk/guideline/index.html，访问日期：2019年6月30日。表中选取的是法律法规的最新修订时间。

法律法规名称	颁布/修订时间	序号
《关于促进电信事业领域竞争的指南》	2018 年	17
《关于特许经营在反垄断法上的考量方法》	2002 年/2011 年	18
《关于手机号码可携带性在反垄断法上的考量方法》	2004 年	19
《关于放宽金融机构分类和扩大业务范围的不公正交易方法》	2004 年/2011 年	20
《关于标准化专利技术形成在反垄断法上的考量方法》	2005 年/2007 年	21
《关于快速公交联合运营在反垄断法上的考量方法》	2004 年	22
《大型零售商与供货商交易中的特定不公正交易方法的适用准则》	2005 年/2011 年	23
《关于独占状态定义中事业领域的考量方法》	1977 年/2018 年	24
《经营者活动的事前咨询制度》	2001 年/2015 年	25
《关于农业协会活动的反垄断法指南》	2007 年/2018 年	26

(特殊性指引规范)

一、规制基石:《禁止垄断法》

《禁止垄断法》第 2 条第 9 款、第 19 条至第 21 条是规制不公正交易方法的纲领性条款,其确定了规制不公正交易方法的基本原则。《禁止垄断法》第 2 条第 9 款规定,所谓不公正交易方法,是指符合下列任何一项的行为:(1)无正当理由与竞争者共同实施下列行为:拒绝向某一经营者提供商品或服务,或者限制向其提供商品与服务的数量或内容;要求其他经营者拒绝向某一经营者供货或者限制向其提供商品与服务的数量或内容(共同拒绝交易);(2)根据地区和交易对象进行差别对价,持续性地提供商品或服务,可能导致其他经营者的经营活动陷入困境(差别对价);(3)无正当理由地以显著低于成本的价格提供商品或服务,可能使其他经营者的经营活动陷入困难(不当低价销售,即掠夺性定价);(4)无正当理由对交易相对方附加下述限制性条件:①约束交易相对方销售商品的价格,限制交易相对方对该销售商品价格的自由决定(限制商品销售价格);②约束交易相对方转售商品的价格,限制交易相对方对转售商品的自由决定(转售价格维持);(5)经营者不得利用自己在交易上优越于对方的地位,违背正常的商业习惯,不当地实施下列行为(滥用优势地位行为):①要求交易相对方购买该交易对象的商品或服务之外的其他商品或服务;②要求交易相对方为自己提供资金、服务或其他经济利益；③拒绝接收交易相对方的商品，在收到交易对象商品后要求交易相对方收回该商品，延迟向交易相对方支付商品对价或减少付款额，以其他方式建立或改变交易条件，或者以不利于对方的方式进行交易；(6)公正交易委员会指定的、可能阻碍公平竞争的如下行为：①不当地差别对待其他经营者；②不当价格交易；③不当引诱或强制竞争者的顾客与自己进行交易；④附加不当拘束交易相对方经营活动的条件的交易(附拘束性条件的交易)；⑤不当利用自己交易地位与交易相对方进行交易；⑥不当妨碍自己或自己担任股东、干部的公司与在国内存在竞争关系的其他经营者进行交易；或者在该经营者是公司的情况下，不当利诱、教唆、强制公司的股东或干部实施对该公司不利的行为。

另外，《禁止垄断法》第 8 条第 1 款第 5 项规定了经营者团体不得实施不公正交易方法行为，第 6 条规定经营者或经营者团体不得订立具有不公正交易方法内容的国际协定与国际合同。同时，《禁止垄断法》也规定经营者不得采取不公正交易方法实施股份保有(第 10 条第 1 款)、干部兼任(第 13 条第 2 款)、公司以外者的股份保有(第 14 条)、企业合并(第 15 条之二第 1 款)、企业分立(第 15 条之二第 1 款)、共同股份转移(第 15 条之三第 1 款)和事业受让(第 16 条)。

《禁止垄断法》第 19 条和第 20 条详细规定了不公正交易方法的行政责任。针对违法的不公正交易方法行为，公正交易委员会责令相关主体停止违法行为、删除合同，以及采取其他的排除措施。同时，针对低价倾销、差别对价、共同拒绝交易、转售价格维持协议等行为，公正交易委员会可以征收 3％的课征金，并且公正交易委员会可以对滥用优势地位的行为征收 1％的课征金。在日本，公正交易委员会可以对不公正交易方法行为的实施主体施加行政排除措施、课征金和民事损害赔偿责任，但需要注意的是，日本唯独没有对不公正交易方法行为设置刑事责任，其原因就在于，该种行为的市场危害性不如私人垄断行为及不正当交易限制行为的市场危害性大。

二、一般性指引：《不公正交易方法》和《关于流通与交易惯行的反垄断法指导方针》

随着日本经济的迅速发展，市场中的不正当交易方法越来越复杂，原有的法律条文已不能满足执法实践的需求。1982 年，公正交易委员会颁布《不公正交易方法》(《不公正な取引方法》)①,将原来《禁止垄断法》所规定的9种一般指定之行为类型扩展为16种。经过2009年的法律修订,一般指定行为的类型现为15种。具体来看,一般指定包括共同交易拒绝、单独的拒绝交易行为、交易条件的差别待遇、经营者团体实施的差别待遇、廉价销售、不当高价购买、回扣销售、差别价格、搭售、附排他性条件的交易、附拘束性条件的交易、引诱顾客、滥用优势地位、不当干预交易相对方职员的选任等共15种行为。② 同时,《不公正交易方法》第14条细化了《禁止垄断法》第2条第9款第5项所规定的滥用优势地位行为的有关内容:"禁止经营者利用自己比相对方优越的交易地位,违背正常商业惯例,不当地实施下列行为之一:(1)要求交易对方继续购买与相关交易有关的商品或服务以外的其他商品或服务;(2)要求交易相对方继续进行交易,为自己提供资金、服务或其他经济利益;(3)设定或变更的交易条件对相对方不利;(4)除前三项行为外,就交易的条件或实施而给交易对方带来不利的;(5)针对交易相对方的公司,使之按照自己的指示选任该公司的干部,或者使之就该公司的干部选任必须取得自己的同意。"公正交易委员会指定的滥用优势地位行为包括两种类型:一种类型为对交易相对方的职员选任进行不正当的干预之行为,该行为适用于全部行业领域,并且《公正交易委员会1982年第15号通知》对其予以了细化规定;另一种类型为仅适用于特定行业的如下滥用优势地位行为:(1)新闻业中特定的滥用优势地位行为;(2)特定货主物品的运输和保管场合下特定的滥用优势地位行为;(3)大型零售商与供应商的交易间之特定的滥用优势地位行为。《不公正交易方法》的颁布,确立了对不公正交易方法进行规制的完整体系。

1991年,日本又颁布了《关于流通与交易惯行的反垄断法指导方针》(《流通・取引慣行に関する禁止垄断法上の指針》,2017年修订)③,进一步对流通中的不公正交易方法行为进行了详细规定。《不公正交易方法》和《关于流通与交易惯行的反垄断法指导方针》共同为不公正交易方法行为之规制提供了体系化的指引。

---

① [日]公正取引委员会:《不公正な取引方法》,2009年10月28日,https://www.jftc.go.jp/dk/guideline/fukousei.html,访问日期:2019年6月28日。

② 2005年又将其修改为15类。

③ [日]公正取引委员会:《流通・取引慣行に関する独占禁止法上の指針》,2017年6月16日,https://www.jftc.go.jp/en/pressreleases/yearly—2017/June/170616_files/170616_2_1.pdf,访问日期:2019年6月28日。

三、特殊性指引：针对特殊行为与特殊领域的庞大指南体系

为提高不公正交易方法规制的确定性、透明性和可预测性，公正交易委员会先后于 1999 年颁布《新闻业特定的不公正交易方法》(《新聞業における特定の不公正な取引方法》)①，于 2004 年颁布《特定货主委托货物运输或保管场合的特定不公正交易方法》(《特定荷主が物品の運送又は保管を委託する場合の特定の不公正な取引方法》)②，于 2005 年颁布《大型零售商与供货商交易中的特定不公正交易方法》(《大規模小売業者による納入業者との取引における特定の不公正な取引方法》)③四部法规。另外，公正交易委员会还针对不公正交易方法的重要行为类型(如掠夺性定价、滥用优势地位等行为)，以及酒类、家庭电器制品、手机号码、农业协作组织、知识产权利用、共同研发等特定的领域颁布了 19 部针对特殊行为与特殊领域的不公正交易方法的指南。如今，除《禁止垄断法》《不公正交易方法》和《关于流通与交易惯行的反垄断法指导方针》之外，日本已经颁布了 23 部法规指南，为特定领域与特定类型的不公正交易方法提供了明确化的规制方针。

第三节　不公正交易方法的行为界定

一、行为要件：实施了指定行为

在不公正交易方法的界定方面，日本通过法律指定或公正交易委员会指定的方法来明确不公正交易方法的行为边界和行为类型。在日本，不公正交易方法包括两种行为类型，即一般指定和特殊指定。所谓一般指定，是指所有产业的经营者均适用的指定；所谓特殊指定，是指在特殊产业领

---

① ［日］公正取引委員会：《新聞業における特定の不公正な取引方法》，1999 年 7 月 21 日，https://www.jftc.go.jp/dk/guideline/shinbunfukousei.html，访问日期：2019 年 6 月 28 日。

② ［日］公正取引委員会：《特定荷主が物品の運送又は保管を委託する場合の特定の不公正な取引方法》，2004 年 3 月 8 日，https://www.jftc.go.jp/dk/guideline/tokuteiunsou.html，访问日期：2019 年 6 月 28 日。

③ ［日］公正取引委員会：《大規模小売業者による納入業者との取引における特定の不公正な取引方法》，2005 年 5 月 13 日，https://www.jftc.go.jp/dk/guideline/tokuteinounyu.html，访问日期：2019 年 6 月 28 日。详细列举了大规模零售商与供货商之交易中的特定不公平交易方法，具体涉及退货、拒收、压价、强制交易、拖延付款等行为。

域或特殊交易领域内适用的指定。特殊指定由公正交易委员会根据经济情况予以确定;一般指定由《禁止垄断法》第 2 条第 9 款和《不公正交易方法》进行规定。如今,一般指定行为包括共同交易拒绝、单独交易拒绝、交易条件的差别待遇、经营者团体实施的差别待遇、不当低价销售、不当高价购买、回扣销售、差别价格、搭售、附排他性条件的交易、附拘束性条件的交易、不当引诱或强制交易①、滥用优势地位、妨碍交易或内部干涉行为②共15 种行为。

所谓特殊指定,是指公正交易委员会指定的,适用于特殊产业领域的不公正交易方法。自日本于 1982 年率先在电力领域颁布交易指南以来,公正交易委员会已在酒类、家庭电器制品、手机号码、农业协作组织、知识产权利用、共同研发、海洋运输业、新闻出版业、大型零售业等 25 个领域颁布了针对特殊领域的特殊指定指南。2006 年,根据特殊指定的长期运行情况,日本废止了食品罐头产业、海运业、广告中有奖销售、教科书业等领域内的特定指定。目前,日本仍有 21 种特殊指定行为。

从某种意义上讲,一般指定与特殊指定的关系,类似于一般法和特别法的关系。也就是说,当特殊指定与一般指定发生竞合时,公正交易委员会将优先适用特殊指定。另外,在进行特殊指定时,公正交易委员会将广泛了解该行业其他经营者的想法,并且其还可能会听取社会大众的建议。在进行相关指定之后,公正交易委员会将下发通知来公布其指定结果。

二、结果要件:阻害公平竞争性

在认定不公正交易方法时,公正交易委员会要求该行为必须具有"公平竞争阻害性"。关于"公平竞争阻害性"理论,日本存在两种学说。第一种学说由今村成和教授提出,该学说也被称为"今村说",其认为"公平竞争阻害性"通常涉及以下两方面的阻害:(1)损害市场的公平竞争,即市场主体的竞争手段不公正,侵害以合理低价、良好的商品质量、优质服务等为基础的效能竞争;(2)减损市场的自由竞争,即侵害了市场内的自由竞争以及自由进入市场进行竞争。③ 第二种学说认为,"公平竞争阻害性"是指对各

---

① 所谓不当引诱或强制交易,是指不当引诱或强制竞争者的顾客与自己进行交易。
② 所谓妨碍交易或内部干涉行为,是指不当妨碍自己或自己担任股东、干部的公司与在国内存在竞争关系的其他经营者进行交易;或者在该经营者是公司的情况下,不当利诱、教唆、强制公司的股东或干部实施对该公司不利的行为。
③ [日]今村成和:《禁止垄断法(新版)》,有斐阁 1986 年版,第 96—97 页。

事业主体基于自由意思表示进行交易活动这一"自由竞争基础的侵害"。[①]
第二种学说由日本学者正田彬教授提出。正田彬教授对阻害公平竞争
理论进行了发展，并提出了新的学说。正田彬教授认为，经营者的独立
性与自主性是自由开展经营活动的前提和基础，是市场竞争的最基本要
素。公平竞争阻害性不仅减损了市场自由竞争和侵害市场公平竞争，而
且侵害了自由竞争的基础——自由、自主的经营活动。[②] 抑制交易相对
方经营活动的自主意思，将阻害相对方实施竞争性行为。随后，正田彬教
授的支持者进一步指出，虽然对经营者自由、自主进行交易活动之侵害并
没有直接侵害自由竞争，但是其却抑制了自由竞争机能的发挥，是对"自由
竞争基石"的侵害。[③] 具体来看，正田彬教授的理论认为，"公平竞争阻害
性"涉及以下三个方面的阻害：（1）损害市场的公平竞争，即竞争手段不
公平，减损以合理低价、良好的商品质量、优质服务等为基础的市场的效
能竞争；（2）侵害自由竞争的基石——自由、自主的经营活动；（3）减损自
由竞争。

　　1982 年，日本在《不公正交易方法》中接受了正田彬教授的新理论，确
定了"公平竞争阻害性"的通说，并指出公平竞争阻害涉及以下三个方面的
阻害：[④]（1）竞争手段不公正；（2）侵害自由竞争的基石——自由、自主的经
营活动；（3）减损自由竞争。同时，《不公正交易方法》进一步给出了"侵害
自由竞争的基石——自由、自主的经营活动"的具体判断要素，即是否交
易、交易条件、履行交易和经营活动。

　　在 15 种具体的不公正交易方法中，不当低价销售、不当高价购买、转
售价格维持协议、附排他性条件的交易、回扣销售、附拘束性条件的交易、
差别对价、共同交易拒绝、妨碍交易、内部干涉等行为的市场危害性体现为
"公平竞争阻害性"中的"减损自由竞争"；滥用优势地位行为的市场危害性
体现为"公平竞争阻害性"中的"侵害自由竞争的基础"；搭售、不当引诱顾
客及强制交易的市场危害性体现为"公平竞争阻害性"中的"竞争手段不公
正"（具体请参见表 4）。

① 　[日]正田彬：《経済法講義》，日本評論社 2003 年版，第 141 页。

② 　[日]正田彬：《経济法讲義》，日本砰希社 2003 年版，第 141 页。

③ 　[日]高桥岩和：《優越的地位の濫用と独禁法》，日本経济法学会主编《日本経济法学会年報》
　　第 27 号，有斐閣 2006 年版，第 2 页。

④ 　[日]田中寿：《不公正的交易方法—新一般指定的解说》，商事法务研究会 1982 年版，第 100
　　页。

表 4　15 种不公正交易方法行为侵害的"公平竞争阻害性"

公平竞争阻害性的种类	适用的不公正交易方法行为
减损自由竞争	共同交易拒绝、单独交易拒绝、交易条件的差别待遇、经营者团体实施的差别待遇、不当低价销售、不当高价购买、回扣销售、差别对价、附排他性条件的交易、附拘束性条件的交易、妨碍交易或内部干涉行为
侵害自由竞争的基础	滥用优势地位
竞争手段不公正	搭售、不当引诱顾客及强制交易

三、不公正交易方法与垄断行为的关系

在日本,《禁止垄断法》既规制结构,又规制行为。其中,垄断状态与企业结合是日本结构规制的两大核心,而不正当交易限制、私人垄断和不公正交易方法是行为规制的三大支柱。从行为外观上看,虽然不公正交易方法的行为表现与不正当交易限制和私人垄断大体相同,但是其事实上与私人垄断和不正当交易限制有着本质上的不同。具体来看,不公正交易方法与私人垄断和不正当交易限制具有以下几方面的差异:

其一,性质(侵害的法益)不同。不正当交易限制和私人垄断是实质性限制竞争的严重反竞争行为(垄断行为),其侵害的是市场的自由竞争;而不公正交易方法是一种"阻害市场公平竞争性"的行为,其是一种最低限度的反竞争行为。

其二,受到的法律制裁不同。针对严重的垄断行为,《禁止垄断法》除设置了行政排除措施、课征金、民事损害赔偿外,还设立了"垄断罪"。《禁止垄断法》第 89 条规定,经营者、经营者团体实施不正当交易限制与私人垄断行为,在一定交易领域实质性限制竞争的,构成私人垄断罪和不正当交易限制罪,对自然人处以 5 年以下有期徒刑或 500 万日元的罚金,对法人或经营者团体处以 5 亿日元的罚金。至于对市场竞争危害较轻的不公正交易方法,《禁止垄断法》仅仅设置了行政排除措施、课征金和民事损害赔偿,并未设立刑罚追责制度。同时,与私人垄断以及不正当交易限制行为的认定不同,不公正交易方法没有特别严格的证据标准,因此在发布禁令时,公正交易委员会将相关违法行为认定为不公正交易方法要更为容易。①

---

① H. Iyori & A. Uesugi, *The Antimonopoly Laws and Policies of Japan*, Federal Legal Publications, Inc. New York, 1994:3.

虽然不公正交易方法与私人垄断和不正当交易限制在性质上有所不同，但是在外观行为上，它们是一致的。当这些行为对市场竞争的危害不大，且仅仅是"阻害市场公平竞争性"时，它们受不公正交易方法条款之规制；若行为造成了实质性限制竞争的严重危害后果，则其受到私人垄断与不正当交易条款之规制。因此，对不公正交易方法进行规制，可以起到预先防范私人垄断与不正当交易限制的功能。[①] 对此，日本的通说认为，不公正交易方法是对私人垄断的补充和预防，原因有二[②]：第一，在相应行为有可能妨碍市场的进入自由和市场内的竞争自由的情形下，该行为可能产生了侵害自由竞争的危险。如果从这个角度来看，不公正交易方法的基本性质就是对私人垄断和不正当交易限制的预防，只是其反竞争性低于私人垄断和不正当交易限制。换句话说，我们在无法将相应行为认定为私人垄断和不正当交易限制时，如果该行为具有"公平竞争阻害性"，那么将该行为认定为不公正交易方法或许是个更好的选择。第二，在相应行为造成市场竞争有可能不以"效能竞争"为本位的情形下，该行为有可能具有阻害公平竞争的不当性，因此该行为将作为不公正交易方法而受到法律制裁。在这种情况下，与上述第一种情形不同，作为不公正交易方法，行为本身就具备"公平竞争阻害性"。

第四节　转售价格维持协议

在日本，转售价格维持协议被称为"再贩价格维持"，《禁止垄断法》第2条第9款第4项对其做出了明确规定。所谓转售价格维持协议，是指交易方约束交易相对方转售商品的价格，以限制交易相对方对转售商品的自由决定。在日本，转售价格维持协议被界定为制造商或批发商试图采取相关措施，以控制经销商按照其指定的价格进行销售的人为控制措施。转售价格维持协议的市场危害性体现为"公平竞争阻害性"中的"减损自由竞争"。

一、表现形式

与横向固定价格不同，转售价格维持协议并不是同一交易水平上的竞

---

① ［日］松下满雄：《经济法概说》，东京大学出版会 2006 年版，第 161—165 页。

② ［日］根岸哲、［日］舟田正之：《日本禁止垄断法概论》，王为农等译，中国法制出版社 2007 年版，第 199—200 页。

争企业之间的合谋,而是处于不同交易阶段的无竞争关系交易方之间的限制。至于某个协议是否属于转售价格维持协议,主要取决于制造商或批发商是否对流通行业施加了任何约束或控制,以及经销商最终是否以制造商所控制或约束的价格进行销售。制造商或批发商对销售商的限制分为直接限制与间接限制。所谓直接限制,是指在供货合同中订立相关限制价格条款或直接向买方提出施加限制的要求。所谓间接控制,是指只对遵守转售价格政策的经销商提供商品或者提供其他经济利益,而拒绝向不遵守转售价格政策的经销商提供商品或其他经济利益的行为。如果经销商不按受制造商或是批发商约束或限制的价格进行销售,那么制造商或批发商将采取停止交货、减少交货数量、提高交货价格、拒绝供应其他产品等损害其经济利益的措施;如果经销商按照受制造商或是批发商约束或限制的价格进行销售,那么制造商或批发商将会采取提供回扣、降低出厂价格、提供其他具有经济效益的产品等激励性措施。

二、经典案例

(一)明治公司奶粉价格维持案[①]

作为日本奶粉市场的四个主要生产商之一,明治商社于 1964 年开始销售被命名为 F—11 的新型奶粉。明治商社制定了 F—11 新型奶粉的建议批发价和建议零售价,并要求批发商以建议批发价销售 F—11 新型奶粉。零售商以建议批发价进购 F—11 新型奶粉,并以建议零售价售卖。明治商社承诺向登记过的、按建议批发价向零售商销售产品的批发商和登记过的、按照建议零售价销售产品的零售商派发 F—11 新型奶粉。明治商社声称,对那些不能遵守诺言的批发商或零售商,其将削减或降低给予他们的回扣。在明治商社贯彻了上述的销售政策后,几乎在同一时间,其他三家日本主要的奶粉生产商也采取了类似的措施。在判决中,最高法院驳回了被告关于"符合商业习惯和有关的商业管理理论的"辩解,并指出上述行为已经阻碍了分销商之间的竞争,其违反《禁止垄断法》的事实是显而易见的,故转售价格维持协议在原则上是不合法的。

(二)资生堂化妆品价格维持案[②]

资生堂是日本最大的化妆品生产商之一,其要求自己的分销商以建议零售价销售资生堂的产品,并获取其认为合适的销售利润。1992 年,当免

[①] [日]厚谷襄儿、[日]榊贯俊文编:《独禁法审决·判例百选》,有斐阁 2003 年版,第 162 页。
[②] [日]厚谷襄儿、[日]榊贯俊文编:《独禁法审决·判例百选》,有斐阁 2003 年版,第 164 页。

税的化妆品数量减少之后,属于资生堂化妆品销售数量最多的前五家经销商之一的 Jusco 和 Daiei 与资生堂协调,准备另行采取其他措施来减少损失。Jusco 打算以折扣方式销售资生堂的化妆品,并向资生堂报告了其计划。但是,资生堂建议 Jusco 放弃折扣销售计划,并要求其通过供应额外的小份试用装的方法来进行促销。Daiei 也打算以折扣方式销售资生堂的产品,从而平衡与其他折扣商店之间的价格差异。对此,资生堂要求 Daiei 停止其折扣销售计划,并承诺采取有效措施来应对折扣商店。在"资生堂化妆品价格维持案"中,资生堂并没有以停止供货来威胁那些准备进行折扣销售的经销商,而是采用了劝说和许诺提供利益的手段来维持其所倡导的零售价。事实上,Jusco 和 Daiei 最后均同意了资生堂的要求。但是,日本公正交易委员会仍然判定资生堂的行为违反了《禁止垄断法》第 19 条,其理由是,资生堂和两个规模巨大的连锁商店之间的转售价格维持协议是通过以保持其相互利益为代价而达成的。

三、转售价格维持协议的规制

在日本,转售价格维持协议的规制更多地以不公正交易方法为依据。只有当经营者达成的协议对竞争造成了实质性限制时,我们才可以根据《禁止垄断法》中的"不正当交易限制"条款对其进行规制。针对转售价格维持协议,美国的反托拉斯法强调,转售价格的"一致性"是转售价格维持协议的构成要件;但是,在日本的反垄断法中,"约束"才是转售价格维持协议的构成要件,即只要经营者间存在相互约束就已足够,不要求经营者间的约束内容具备一致性。

按照日本的通说观点,转售行为通常是生产商限制了经销商的自由定价,并且大多具有排除廉价销售业者的效果。转售行为不仅使流通业者间的品牌内竞争受到排除,而且使生产商间的品牌外竞争也受到限制,因此其原则上体现了"公平竞争阻害性"中的"减损自由竞争"。[1] 在许多情况下,转售价格维持协议可能阻碍公平竞争,并削减社会福利。[2] 日本最高法院在 1975 年的"WAKODA 案"中鲜明地表达了上述立场。在"WAKODA 案"中,虽然 WAKODA 所占的市场份额未超过 5%,但是 WAKODA 却声称其为了提高市场地位而采取转售价格维持的行为并不

---

[1] ［日］根岸哲、［日］舟田正之:《日本禁止垄断法概论》,王为农等译,中国法制出版社 2007 年版,第 262 页。

[2] 此外,间接转售价格维持协议(即要求销售商的下游销售商遵守转售价格维持的行为)同样为《禁止垄断法》所禁止。

违法,理由是这些行为使其能够在由数个大型经营者所垄断的市场上进行竞争。然而,日本最高法院并未接受 WAKODA 的理由。日本最高法院认为,法律规制转售价格维持行为的目的是制止限制竞争行为的发生。虽然 WAKODA 在市场上处于劣势地位,但是这并不代表着其所采取的转售价格维持行为是合法的。

在"WAKODA 案"中,日本最高法院提出了数个争议焦点并展现了如下观点:(1)小型经营者能否实施转售价格维持行为,以提高市场地位;(2)《禁止垄断法》规定了"无正当理由"的转售价格维持行为,那么"试图提高市场地位"是否属于"正当理由";(3)如何理解转售价格维持的例外和"有正当理由"二者之间的关系。目前,日本最高法院还未承认任何转售价格维持行为"有正当理由"。如果转售价格维持行为未取得公正交易委员会的特殊授权,那么其存在"正当理由"的可能性微乎其微。

四、转售价格维持协议规制的例外: 豁免范围

在日本,转售价格维持协议原则上体现为"公平竞争阻害性"之中的"减损自由竞争"。但是,自上世纪中期起,经济危机的消极作用不断蔓延,为使特殊行业内的中小企业远离不当销售的消极影响,日本于 1953 年规定了转售价格维持协议的豁免范围。

1950 年,日本化妆品行业出现了特卖、滥卖等诸多不利于行业发展的情况。为了解决上述问题,东京化妆品批发营销合作社同其各生产商和经销商取得了共识,并签订了转售价格维持协议。公正交易委员会认为,协议的相关内容属于固定价格,因此认定其违法。此后,化妆品领域的生产商与经销商共同呼吁公正交易委员会允许化妆品领域内的转售价格维持行为,并请求国会将类似行为纳入转售价格维持协议的豁免范围。1952年,在朝鲜半岛停战以及经济危机爆发的背景之下,日本化妆品行业在销售层面产生的问题愈加严重。为预防某些特殊领域内的过度竞争并使中小企业远离不当销售的消极影响,日本于 1953 年规定了转售价格维持协议的豁免范围。以下两类转售价格维持协议可以被豁免:第一类是公正交易委员会指定的商品的转售价格维持行为(以下简称"指定商品转售制度");第二类是著作物转售价格维持行为(以下简称"著作物转售制度")。

(一)指定商品转售制度的适用条件以及发展趋势

根据《禁止垄断法》第 22 条的规定,指定商品转售价格维持行为的除外,应当符合下列条件:第一,指定商品转售制度仅限于公正交易委员会指定的商品,并且该指定商品必须符合以下条件:(1)属于易于识别且品

质相同的商品;(2)为消费者日常使用的商品;(3)该商品类别存在品牌竞争;(4)应以公告的形式进行。第二,适用的行为必须是经营者与各交易方独立进行的个别转售价格维持行为,且经营者不得有下列情形: (1)不当侵害消费者的一般利益;(2)转售行为违反商品生产者的意愿;(3)在个别转售行为中,对不履行义务的人给予减少回扣、支付违约金、停止供货及销售等制裁措施。有上述行为之一的,适用不正当交易限制条款;(4)该商品经营者或交易双方的经营者共同实施或者经营者团体参与实施的转售行为,依据不正当交易限制条款进行规制。第三,指定商品实行转售契约申报制度。换句话说,就指定商品达成转售契约时,经营者必须自该契约成立之日起 30 日内向公正交易委员会申报。

20 世纪 50 年代,公正交易委员会共指定了 9 类可以适用豁免制度的产品,包括化妆品、牙膏、清洁剂、混合酒、衬衫等。在此之后,公正交易委员会以维护消费者权益和保护市场公平竞争为目的,逐渐对指定产品的类型实施限缩。1973 年,公正交易委员会更清楚地将指定产品明确为 26 种一般药品及化妆品,并且将数额限定为低于 1000 日元。至 20 世纪末,在竞争政策日益发挥影响力的背景下,公正交易委员会设立了专业化机构来评价上述做法是否合法。经过广泛的调查研究后,专业化机构给出了如下两条建议:第一,如果针对某些产品确定了其属于转售价格维持行为的豁免范围,那么几乎所有生产者均能够适用此规定,他们的定价策略无疑将受到波动,而这会给市场带来深远影响;第二,转售价格维持协议排除了相同品牌间的竞争,规定豁免范围将对相关产品产生不利影响。所以,公正交易委员会在 20 世纪末之后不再规定指定产品。

(二) 著作物转售制度的适用条件以及发展趋势

根据《禁止垄断法》第 22 条之规定,著作物的转售价格维持行为之适用除外应当满足如下要件:第一,著作物转售制度的适用对象为著作物,包括书籍、杂志、报纸、录音带、音乐用磁带及 CD,但不包括计算机程序、数据库、镭射光盘及录像。第二,适用的行为必须是经营者单独与每个交易方实施的个别转售价格维持行为。但是,经营者如有下列情形之一的,则不能适用除外:(1)不当侵害消费者的一般利益;(2)转售行为违背著作物发行者的意图;(3)在个别转售行为中,对不履行义务者附加减少折扣、支付违约金、停止供货等制裁措施;(4)该商品经营者或交易相对方的经营者共同实施或者经营者团体参与实施的转售行为。

一直以来,著作物转售制度在日本存在诸多争议,不同社会领域的人士从不同角度出发,对该制度是否应予保留进行了多次辩论。由于日本国内尚未就废除著作物转售制度达成共识,因此公正交易委员会于 2001 年 3 月在《关于著作物转售制度的处理》中展现出继续肯定此项制度的态度。另外,为保障著作物行业的充分竞争,公正交易委员会于 20 世纪初公布的《关于著作物弹性运用的相关行业的应对状况》指出,著作物领域需持续深化竞争机制。此外,依据国际惯例,反垄断法可以对著作权商品的转售价格维持行为予以豁免。随着科技的飞速发展,各种崭新形式的著作权作品不断产生,所以从某个方面来说,著作权商品的豁免范围呈现出不断扩大的趋势。①

第五节 附排他性条件的交易

在日本,附排他性条件的交易被称为"排他条件付取引"。所谓附排他性条件的交易,是指不当地以交易相对方不与自己的竞争对手进行交易为条件,与该交易相对方进行交易,从而可能减少竞争者交易机会的行为。附排他性条件的交易限制了供货商或销售商与第三方经营者进行交易的自由,其也被通称为"排他性交易协议"。附排他性条件的交易一般包括如下三种类型:第一,销售商只向缔约制造商购买的独家购买协议;第二,制造商只向缔约销售商供货的独家销售协议;第三,制造商与经销商都因受约束而不得向第三人供货或购货的互惠排他性交易。

一、附排他性条件的交易之表现形式

在日本,附排他性条件的交易一般包括以下三种行为类型:

第一,排他的供给型交易,即供应商将销售商不得向自己的竞争对手购买商品作为交易条件的行为,其典型形式为生产商在市场中实施的专卖店制度。专卖店制度不仅包括销售商仅销售特定生产商产品的情形,而且包括生产商(制造商)通过给予销售商回扣等手段以提高其商品所占比例的情形,后者具有限制销售商销售具有竞争性产品之作用。例如,为了提高销售商销售其商品的比例,生产商实施了给予优先销售其商品的销售商回扣的优惠措施。不仅如此,在经营许可权合同中,许可方对被许可方(加盟店)施加竞业禁止义务的,也属于附排他性条件的

---

① 日本于 1953 年制定例外豁免条款时,著作权作品的含义非常清晰,然而立法者未曾想到,之后的社会状况发生了翻天覆地的变化。

交易。

第二,排他的购买型交易,即销售商将生产商不向自己的竞争对手销售产品作为与其进行交易的条件。排他的购买型交易之典型形式为独家销售合同,如汽车及家电的组装经营者与零部件经营者之间签订的"专属承包合同"。但是,在日本,经营者之间仅签订独家销售合同的情形不能被认定为限制自由竞争,因为限制自由竞争还需要存在经营者之间滥用优势地位的行为。在日本的"全国销售农协联案"①中,作为米麦用麻袋的巨大用户,全国销售农协联强制实施独家销售合同,并滥用购买力,将所有的麻袋经营者不得向自己的竞争者供给麻袋作为与其进行交易的条件,从而被公正交易委员会认定违反了一般指定第11项。

第三,附相互排他性条件的交易,即交易当事人均将仅与对方进行交易作为条件,其典型形式为生产商在赋予某销售商以一定地域内的独家销售权的同时,又确定该销售商为专卖店。

二、附排他性条件的交易中合意或相互拘束之认定

针对附排他性条件的交易,行为要件的认定需满足生产商同销售商之间有不销售其他品牌的合意或拘束行为之要件。如果不存在合意或拘束行为,我们就不能认定有排他性交易行为。在排他性交易的合意和拘束之认定方面,我们不能简单地仅从合同出发进行认定,而是必须结合其他证据加以认定。从日本的排他性交易协议认定之实践来看,回扣常常被视为重要的认定证据。回扣是生产商诱导销售商不销售其他制造厂商货物的代表性手段,当以回扣诱导销售商不销售其他竞争者商品的情形出现时,我们就可以认定存在拘束性或合意(agreement)。对此,《关于流通与交易惯行的反垄断法指导方针》规定,如果经营者实施的累计性回扣对竞争性产品交易产生限制,那么我们可以判定该行为具有违法性。

三、附排他性条件的交易中"公平竞争阻害性"效果之认定

附排他性条件的交易之所以受到规制,其原因并不在于附排他性条件的交易会对协议双方产生限制。相反,附排他性条件的交易在一定程度上对双方以及消费者均有益处。例如,一方面,独家销售协议可以限制销售商从其他供货商处购买产品,从而有利于制造商组织生产;另一方面,独家销售协议还可以减少销售商因供货不稳定而面临的风险。同时,独家销售

---

① 1963年12月4日公正交易委员会的劝告裁决。

协议可以防止独家销售商之间进行品牌竞争,并使其在产品促销上投入更多的精力,从而使消费者从销售商之间的市场份额争夺中受益。事实上,法律对附排他性条件的交易进行规制的原因在于,其在一定程度上限制了提供同类具有竞争关系商品的经营者的经营活动。日本的反垄断法也正是基于上述原因,才对附排他性条件的交易进行规制的。例如,在独家销售协议中,在某一领域中具有竞争力的供货商通过限制销售商与其具有竞争关系的供货商进行交易,以约束与其具有竞争关系的经营者,从而控制该领域的新竞争者或已有竞争者的商品流通途径。

附排他性条件的交易对市场的危害性体现为"公平竞争阻害性"中的"减损自由竞争"。如果竞争对手的商品已经有了可替代的流通渠道,那么附排他性条件的交易就不属于限制了该类型商品的销售;相反,如果竞争对手的商品无其他代替性流通途径,附排他性条件的交易就构成对该类型商品销售的限制,该种情形具有违法性。例如,日本将"其他竞争者是否确定享有其他代替性销售途径"①作为认定独家购买协议的限制竞争效果之标准。在 1954 年的"北海道新闻案"中,东京高等法院就附排他性条件的交易做了如下阐述:"一般来说,交易一方将对方不向其竞争对手购买商品作为交易条件的行为本身并不违法,因为此类行为并不能彻底限制其他竞争者通过价格、质量或服务优势找到另外的销售商而进入市场。"

另外,日本的《关于流通与交易惯行的反垄断法指导方针》规定,所谓产生减损自由竞争之危险,是指下列情形:(1)行为人为"有实力的经营者"。根据 2017 年修订的《关于流通与交易惯行的反垄断法指导方针》之规定,所谓"有实力的经营者",是指市场份额超过 20％的经营者。② (2)交易对方仅经营该行为人的商品极有可能造成行为人的竞争者难以获得其他的替代交易对象("替代流通途径")的情况("市场的封闭效果")。此外,除了判断行为人是否为"有实力的经营者"外,日本的《〈禁止垄断法〉研究会报告》(1980 年、1982 年)还列举了如下在认定"公平竞争阻害性"时所要考虑的因素:(1)实施专卖店制度的经营者的市场占有率及排名;(2)作为专卖店制度对象的销售者的数量及其市场地位;(3)竞争经营者获得替代

---

① [日]铃木满:《日本反垄断法解说》,武晋伟等译,河南大学出版社 2004 年版,第 170 页。
② 2017 年的《关于流通与交易惯行的反垄断法指导方针》对"有实力的经营者"采取的"市场份额超过 10％或者属于市场前三位"的判断标准。参见[日]公正交易委员会:《流通·取引惯行に关する独占禁止法上の指针》,2017 年 6 月 16 日,https://www.jftc.go.jp/en/pressreleases/yearly—2017/June/170616_files/170616_2_1.pdf,访问日期:2019 年 6 月 28 日。

性流通渠道的难易程度;(4)实施专卖店制度的时间长短;(5)实施专卖店制度期间内经营者及其竞争者在市场占有率方面的变化;(6)基于专卖店制度的实施,进入市场难易程度的变化;(7)竞争者是否实施了专卖店制度,等等。①

第六节　附不正当拘束条件的交易

《禁止垄断法》第 2 条第 9 款第 6 项之四和《不公正交易方法》第 12 条规定了附不正当拘束条件的交易。所谓附不正当拘束条件的交易,是指交易方以限制交易相对方的交易对象或经营活动内容为条件,与其进行交易的行为。日本的通说认为,附不正当拘束条件的交易对市场的危害性体现为"公平竞争阻害性"中的"减损自由竞争"。附不正当拘束条件的交易包括以下主要类型:

一、地域限制

经营者限制销售业者的销售地域既包括经营者直接限制交易相对人的销售地域,又包括经营者使交易相对人限制其交易对方的销售地域。根据限制的程度、形态等要素之不同,限制销售地域分为责任地域制、销售据点制、严格的地域限制以及限制地域外客户的被动销售。所谓责任地域制,是指经营者为销售业者划定一定的区域作为主要责任区域,销售业者负有在该区域内开展积极销售活动的义务。所谓销售据点制,是指经营者将销售业者的销售据点设置场所限制在一定区域内,或者经营者指定销售业者的销售据点设置场所之区域。为了构建有效的商品销售据点和保证售后服务体制,经营者对销售业者实行的责任地域制或销售据点制只要不属于严格的地域限制或限制地域外客户的被动销售,通常就不会产生价格维持效果,从而也就不构成违法行为。所谓严格的地域限制,是指经营者为销售业者分配一定的区域,并限制销售业者在所划区域外开展销售活动。市场上有实力的经营者实施的严格的地域限制阻碍了该品牌商品的价格竞争,在产生价格维持效果的情况下,其符合《不公正的交易方法》第 12 项的规定。所谓限制地域外客户的被动销售,是指经营者向销售业者

---

① ［日］根岸哲、［日］舟田正之:《日本禁止垄断法概论》,王为农等译,中国法制出版社 2007 年版,第 255—256 页。

分配一定的地域,并限制销售业者根据地域外客户之要求进行销售活动。与严格的地域限制相比,限制地域外客户的被动销售的限制品牌内竞争之效果更强,"市场上有实力的经营者"并不是该行为的必备要件,任何经营者都可以成为该行为的实施主体。因此,在产生价格维持效果的情况下,经营者实施的限制地域外客户的被动销售符合《不公正交易方法》第 12 项的规定。市场上有实力的经营者实施的严格的地域限制和经营者实施的限制地域外客户的被动销售的公平竞争阻害性在于"减损自由竞争",并具有维持商品价格的危险性,这两种行为使交易相对人根据行为人的意思维持品牌商品的价格,从而限制了交易相对人与其竞争者之间的价格竞争。

在对地域限制的违法性进行判断时,公正交易委员会需要考量限制程度、制造商的市场地位等因素。①《关于流通与交易惯行的反垄断法指导方针》明确规定,如果有实力的经营者做出了排他性的销售地域安排,并禁止区域外的交易行为,从而导致价格维持的出现,那么此种行为必为法律所否定。

二、交易对象的限制

经营者对销售商的销售客户之限制分为附加核对账目义务、禁止同类交易以及禁止与廉价销售商进行交易。所谓附加核对账目义务,是指经营者向批发商分配一定的零售商,即使被指定给其他批发商的零售商向批发商申请交易,该批发商也不能与之交易。上述限制和限制地域外客户的被动销售具有相同的效果,即在产生价格维持行为的情况下,构成"不公正交易方法"。附加核对账目义务是经营者限制交易相对人必须与特定的人进行交易。所谓禁止同类交易,是指经营者限制销售业者之间进行私下交易。在产生价格维持行为的情况下,禁止同类交易构成"不公正交易方法"。所谓禁止与廉价销售商进行交易,是指经营者指示批发商以廉价销售为由,不向零售商进行销售。禁止与廉价销售商进行交易通常会阻碍价格竞争,原则上符合《不公正交易方法》第 2 项或第 12 项的规定。禁止同类交易和禁止与廉价销售商进行交易是限制交易相对人不与特定的人进行交易。

《关于流通与交易惯行的反垄断法指导方针》认为,限制销售商的交易

---

① DSBP 指南认为,只有制造商是有影响力的厂商,地区限制的行为才有可能会对竞争造成不公平的影响。H. Iyori & A. Uesugi, *The Antimonopoly Laws and Policies of Japan*, New York, 1994.

客户对市场的危害性体现为"公平竞争阻害性"中的"减损自由竞争"。在限制交易对象的规制方面,违法性之认定需要以该限制"具有维持该商品价格之危险性"为前提。限制交易对象的违法认定与前述的地域限制不同,其并不以经营者有实力为前提。

三、销售方法的限制

限制销售方法的具体表现是,经营者实施限定零售商说明商品销售的销售情况、限定送货方式、限定品质管理条件、限定商品的专属销售区域和柜台等行为。根据《关于流通与交易惯行的反垄断法指导方针》之规定,如果经营者限制零售商的销售方法是为了确保商品的适当销售或具有合理理由(如确保商品的安全性、保持品质、维护品牌形象等),并且对其他零售商也适用同等标准,那么其行为不属于《禁止垄断法》上的销售方法限制行为。但是,如果经营者以限制零售商的销售方法为手段,实质上限制了零售商的销售价格、经营竞争品、销售地域、客户等,那么其行为具有违法性。① 另外,经营者对作为销售方法的广告显示方法进行限制的行为(如经营者限制零售商店面、传单等显示的价格或者禁止在广告中标明价格,经营者指示作为其客户的杂志、报纸等广告媒体拒绝刊登零售商标明廉价商品的广告和标明商品具体价格的广告,等等)属于转售价格维持,其通常会阻碍价格竞争,因此原则上属于违法行为。

日本最高法院关于限制销售方法的两个典型判例分别是 1998 年的"资生堂案"和"花王案"。② 在"资生堂案"中,作为化妆品销售者的资生堂采取面对面销售的形式将其化妆品销售给经销商。③ 资生堂的一名经销商 Fujiki 开始降低价格并试行目录式销售方法,即通过发放产品目录,以电话、传真订购的方式销售资生堂的产品。由于 Fujiki 并无准备履行面对面销售义务的意愿,因此经过长期协商,资生堂终止了与 Fujiki 的销售合同关系。在"花王案"中,花王采用近似的销售合同向其经销商销售化妆品。花王和其中一个经销商 Egawa Kikaku 终止了经销合同,Egawa Kikaku 以为在终止与花王的经销合同之后可以转向另一个经销商订购花

---

① ［日］公正取引委员会：《流通・取引慣行に関する独占禁止法上の指針》,2017 年 6 月 16 日,https://www.jftc.go.jp/en/pressreleases/yearly—2017/June/170616 _ files/170616 _ 2 _ 1. pdf. 访问日期：2019 年 6 月 28 日。

② ［日］厚谷襄儿、［日］椑贯俊文：《独禁法审决・判例百选》,有斐阁 2003 年版,第 248 页。

③ 面对面销售的基本要求是,经销商有义务根据生产商的要求,在销售场所准备一名经过培训的推销员,以便向顾客讲解资生堂化妆品的特性、使用方法等一些特定的信息。
［日］丹宗昭信、［日］岸井大太郎：《独占禁止手続法》,有斐阁 2002 年版,第 334 页。

王化妆品,但是 Egawa Kikaku 在庭审中才发现,该经销商是和花王没有任何销售合同关系的 Fujiki。日本最高法院最终支持了上述两个案件中的化妆品生产商之诉求,并给出了如下理由:第一,在销售商品时,由于商品特性的不同,要求经销商面对面销售是可以被允许的。如果此义务被平等施加给了全部经销商,那么化妆品生产商要求经过培训的人员在销售场地向消费者说明商品特性、使用方法等特定信息并不违反日本的反垄断法。第二,面对面销售化妆品可以防止化妆品的不当使用并传播审美知识,有助于增强品牌的竞争力。第三,如果化妆品生产商将面对面销售的义务平等地施加给所有经销商,那么其就有权要求经销商不得向其他没有与其签订交易合同的经销商销售相关产品。

第七节　差别待遇

日本的《禁止垄断法》第 2 条第 9 款第 2 项及第 6 项(1)规定了"差别待遇",公正交易委员会在此基础上规定了一般指定的第 3 项至第 5 项。所谓差别待遇,是指无正当理由地对同等交易条件的经营者实行不同的待遇。此处所称的"待遇"包括价格、配件供给、交货速度、担保等交易条件。日本的通说认为,差别待遇对市场的危害性体现为"公平竞争阻害性"中的"减损自由竞争"。日本的少数说则认为,差别待遇与滥用优势地位一样,都是"侵害自由竞争的基础"。① 在日本,"差别待遇"又被分为差别对价、交易条件的差别待遇以及经营者团体的差别对待。

一、差别对价

所谓差别对价,是指经营者不当地根据地区或交易对手设定差别对价,持续性地提供商品或服务,从而可能导致其他经营者的经营活动陷入困境的行为。差别对价包括以下类型:以不同的价格向不同地区的客户销售;以不同的价格向不同地区的客户购买;以特别的价格向特定客户供应。从某种意义上讲,差别对价对促进竞争具有积极的影响,因为经营者既可以通过降低价格来竞争,又可以通过降低价格进入新的地域市场。因此,如果完全禁止定价行为,那么经营者将不得不更加谨慎地降低价格。

---

① ［日］根岸哲、［日］舟田正之:《日本禁止垄断法概论》,王为农等译,中国法制出版社 2007 年版,第 206 页。

但是，如果经营者采取差别对价，从而使其他经营者的经营活动陷入困难，那么反垄断法问题将会出现。

在认定差别对价时，我们首先需要对"差别"进行明确。所谓差别，是指对同等品质或质量的商品设定不同的对价。"同等品质或质量"并不要求各个细节完全相同，只需达到实质上"同一"即可。① 差别涉及两方面，一个是依据交易对手进行的差别对价，另一个是依据地域进行的差别定价。所谓依据地域进行的差别对价，是指在销售同一产品时，以地域为标准对交易对象进行划分，并进行不同定价的行为。在以地域为标准进行差别定价时，商家往往是在扩展"地域倾销"，其目的是打开新市场或者将竞争对手排除出相关地域市场。在 1957 年的"北国新闻社案"中，北国新闻社在石川省销售《北国新闻报》，并在富山县出版了《富山新闻报》。上述两份报纸本质上是一样的，但为了限制竞争对手，北国新闻社降低了在富山县的报纸销售价格。公正交易委员会向东京高等法院提出申告，要求对被告发布禁令，其主张获得法院的批准。② "北国新闻社案"属于典型的依据地域进行的差别对价。另外，需要注意的是，强势的买方在实践中常会要求卖方以低于其他买方的价格向其销售产品。虽然从结果来看，上述行为符合差别定价的外观，但是其实这是强势买方利用自己的优势地位强行主张的不合理待遇，因此该行为应属于滥用优势地位而非差别对价。

其次，我们需要对"对价"进行明确。所谓对价，是指获得商品所进行的给付，一般情况下表现为金钱。我们在计算对价的时候需要注意，若是每次支付都有稳定的"回扣"或者是商品赠送，则该支付可以被算入对价；若是偶然的回扣或者是偶发的样品赠送，则该支付不应被计入"对价"，而应被视为"交易条件"。

根据《不正当低价销售在反垄断法上的考量方法》之规定③，以下差别对价行为被明文禁止：（1）具有市场影响力的企业为了与竞争对手竞争，只在竞争对手的地区以较低的价格销售商品；（2）具有市场影响力的企业仅以低价向竞争者的顾客销售商品，从而影响竞争对手的商业机会。当然，关于上述两种行为是否必然是非法的，存在着一定的争论。成本抗辩

---

① 所谓实质上"同一"，是指商品在结构、功能、品质上的相同，而外观细节等方面则无需相同。例如，报纸的差别定价无需对比报纸的外观、报道内容等方面的差异，这些细节不妨碍将两种不同的报纸认定为"同一商品"。

② ［日］村上政博：《日本独占禁止法》，株式会社商事法务 2003 年版，第 23 页。

③ ［日］公正取引委员会：《不当廉壳に関する独占禁止法上の考え方》，2017 年 6 月 16 日，https://www.jftc.go.jp/dk/guideline/unyoukijun/futorenbai.html，访问日期：2019 年 6 月 26 日。

是基本理由之一。此外,运输成本、采购数量、付款方式等也可能成为抗辩理由。

二、交易条件的差别待遇

所谓交易条件的差别待遇,是指对不同经营者的交易条件实行不同的待遇,这种待遇既可能是不利的待遇,又可能是有利的待遇。具体来说,有关交易条件的差别待遇会根据地区、交易对象等因素,在交易数量、运输条件、交易保证金、贷款结算方法、让利金(回扣)等方面设置实质性不同交易条件。[①] 此外,实践中还存在事实上的交易条件的差别待遇,即虽然在签订合同时没有对经营者设定交易条件,但是在交易过程中,基于地区、交易对象等因素实行事实上的差别对待,这与在签订合同时设置不同的交易条件并无本质上的不同。交易条件的差别待遇同样需要具备"阻碍公平竞争的可能性",在这一点上,交易条件的差别待遇与差别对价并无不同。

三、经营者团体的差别待遇

所谓经营者团体的差别待遇,是指经营者团体对处于相同情形的经营者设置不同的交易条件。经营者团体的差别待遇一般是经营者团体要求成员企业实施联合行动,并对不开展联合行动的成员经营者实施差别待遇,或者经营者团体对成员企业与非成员企业实施差别待遇。在 1957 年的"农业协会案"中,农业协会对不遵守其决定的成员实行了差别待遇。例如,农业协会拒绝向那些未将鲜奶出售给北海道牛奶经营者和明治奶制品经营者的成员提供贷款,或者强迫与其他奶制品生产商进行交易的协会成员退出协会。有鉴于此,公正交易委员会裁定农业协会违反《禁止垄断法》,其行为构成经营者团体的差别待遇。

第八节　不当低价销售

在日本,掠夺性定价被称为"不当廉卖",即不当低价销售。《禁止垄断法》第 2 条第 9 款第 3 项和《不公正交易方法》第 6 条对不当低价销售进行

---

① ［日］根岸哲、［日］舟田正之:《日本禁止垄断法概论》,王为农等译,中国法制出版社 2007 年版,第 219 页。

了明确规定。2009 年,日本又颁布了《关于不当低价销售在反垄断法上的考量方法》(2017 年修订),其中对不当低价销售的目的、构成要件、法律责任、与其他相关行为的关系等内容进行了系统性的规定。

一、规制不当低价销售的必要性与目的

在市场经济中,自主定价是企业的一项重要权利。反垄断法旨在维护与促进公平、自由的竞争,并推动经营者通过不断创新来提供质优价廉的商品或服务。因此,企业可以通过自身创新来开展价格竞争。从本质上看,低价销售商品正是竞争政策所要维护的效率竞争(通过提供质优价廉的商品来进行顾客竞争)之核心内容。但是,如果不是以提高经济效益为目标,而是为了排挤竞争对手,那么企业实施的低价竞争势必将阻害市场良性的价格竞争,因此其应受到反垄断法的规制。反垄断法在不当低价销售的规制方面应当采取审慎态度,否则会不当干预企业的价格竞争。此外,"低价"的界定成为核心,即只有那些不具有"经济合理性"的低价,才可以被纳入反垄断法的规制范围。

基于上述原理,针对价格设定是否具有经济合理性,我们需要根据销售商品的损失是否会随着持续的销售商品而减少进行判断。在低价销售中,如果遭受的损失随着商品销售的扩大而扩大,那么我们就认为价格设定缺乏经济合理性。经营者低于成本销售商品所引发的必然后果是,即使企业不断扩大销量,其损失仍不能得到弥补且呈扩大趋势。有鉴于此,我们可以清晰地判定,低于成本销售是一种显著缺乏经济合理性的定价行为。

同时,我们也会发现,低于成本销售更是一种阻害市场效能、侵害市场自由竞争的行为。在低价倾销策略下,为了继续在市场中参与竞争和进行经营活动,那些效率优于低价倾销企业或与之相同的企业,要么追随低价倾销企业的价格策略,要么退出市场。市场运营中的实际情况恰恰是,当效率更优的企业迫不得已地低于成本销售商品时,随着商品供应的增加,企业的损失只会日益扩大,他们最好的选择只能是停止销售商品并退出市场。同时,面对上述窘境,一些准备进入市场的经营者也会选择放弃该市场。由此可见,通过低于成本的价格来抢夺竞争对手客户的行为,既不是企业不断创新的结果,又不能体现正常的市场竞争,其只会使市场中效率较高的经营者因难以开展经营活动而被排挤出市场,或者给新进入者带来更高的经营成本,从而阻害潜在竞争者进入市场。"低于成本"的低价销售行为是一种不具有经济合理性的低价销售,其严重地侵害了市场的效能竞

争和自由竞争,因此应当受到反垄断法的规制。

二、不当低价销售的构成要件

根据《禁止垄断法》第 2 条第 9 款第 3 项的规定,所谓不当低价销售,是指在无正当理由的情况下,经营者以显著低于成本的价格持续地提供商品或服务,从而可能使其他经营者继续经营存在困难的行为。不当低价销售的构成要件包括:(1)持续低于成本销售商品;(2)无正当理由;(3)可能造成其他经营者的经营活动陷入困难。要件(1)和要件(2)是不当低价销售的行为要件,要件(3)是不当低价销售的市场后果要件。

(一) 持续低于成本销售商品

持续低于成本销售商品涉及两个要素,即销售价格低于成本和持续进行。

1. 价格低于"成本"

反垄断法仅规制不具有经济合理性的低价销售。因此,违法要件认定方面的价格和成本必须是低价销售所针对的相关商品的价格和成本。对此,《关于不当低价销售在反垄断法上的考量方法》做出了明确规定。首先,"成本"是实施低价倾销的经营者的实际成本,而非业界一般情况下所指的成本或者市场中特定竞争者的成本。其次,"成本"包括因提供低价商品而产生的成本(在日本被称为"可变性质的成本")和其他成本。违法判定要件中的成本是"可变性质的成本"。如果企业设定的低价不足以弥补可变性质成本,那么随着降价产品的供应之增多,企业的损失会不断扩大。因此,当某一价格低于可变性质成本时,我们就可以认定此价格为"显著低于成本";当某一价格等于或者高于可变性质成本时,此价格就不属于"显著低于成本"。我们应根据低价商品供应量的变化增减的费用、与低价商品供应密切相关的费用等要素来判断可变性质成本。在企业会计的成本项目中,下列与降价商品的供应密切相关的成本可被视为可变性质成本:(1)制造成本。制造成本中的直接制造费用(直接材料费、直接劳务费及直接经费)属于具有可变性质的成本。(2)采购成本。采购成本是采购价格[①]和采购附带成本(如运输成本和验收成本)的总和。(3)营业成本。营业成本包括销售成本和一般管理成本。当企业实施降价时,营业成本包括仓储成本、运输成本以及收回应收账款的成本。

[①] "采购价格"并非名义上的价格,而是实际到手的采购价格,任何折扣、回扣或实物的利益都应被纳入考虑。

2. 持续性

所谓持续性,是指经营者在相当长的时期内反复进行低价销售,或者根据进行低价销售的经营者的经营方针,我们可以客观地预测到低价销售将持续进行。持续性并不要求经营者每天都进行低价销售,经营者每逢周末就进行低价销售也属于具有持续性。

(二) 无正当理由

只有无正当理由的低价销售才构成违法行为。如果低价销售具有正当的理由,那么其并不违法。一般情况下,因供需关系而降低商品价格,或者降价商品的原材料再采购价格较之前有所降低,经营者根据原材料市场的最新价格情况,以低于之前成本的价格销售商品的,属于存在正当的理由。在上述情况下,即使原材料价格在后来的交易中又有了新变化,如价格上涨,我们也应当认为此种低价销售具有正当理由。另外,经营者低价销售腐烂变质的商品、季节性商品、已损坏的物品等也属于有正当理由。

(三) 可能造成其他经营者的经营活动陷入困难

不当低价销售还必须具备危害后果要件,否则不属于违法行为。不当低价销售的后果要件是,造成市场中的其他企业的经营活动陷入或可能陷入困难。按照日本的通说,上述危害后果属于"公平竞争阻害性"中的"减损自由竞争"。[①] 在上述要件的认定中,我们需要注意以下两点:

首先,所谓受影响的"其他企业",通常是指低价销售者的竞争对手,但也包括没有竞争关系的其他经营者。关于哪些企业的经营活动受到损害,我们要根据降价所影响的领域进行判断。

其次,"可能会给其他企业的经营活动带来困难"并不一定要求降低价格使全体企业的经营活动出现了经营困难,只要根据各种证据能够认定存在这种可能性即可。例如,当有影响力的企业为排除其他企业家进入相关市场,而以低于成本价的价格销售供应商品时,其销售数量会迅速增加,并成为市场上销量最好的商家。在上述情况下,即便其他企业在现实中尚未发生实际的经营困难,低价销售也属于"可能会给其他企业的经营活动带来困难"的范畴。在可能性的有无方面,我们需综合考虑受影响的其他企业的实际情况、低价销售者的经营规模、降价商品的数量、降价的持续时间、与降价商品有关的广告和宣传状况等因素,并根据降价商品的特点以及降价的意图或目的来进行确定。

---

① 〔日〕根岸哲、〔日〕杉浦市郎:《经济法》,法律文化社 2002 年版,第 106 页。

从《禁止垄断法》对不当低价销售的构成要件之规定来看,日本在不当低价销售的构成要件方面采取了三要件说,即持续低于成本销售商品、无正当理由、可能造成其他经营者的经营活动陷入困难。日本的规定是明显不同于美国的。美国的《克林顿法》第 2 条所规定的掠夺性定价除需符合上述三个要件(无正当理由、低于成本销售、将竞争对手排挤出市场)外,还要不存在弥补因不当低价销售所造成的损失之可能。在美国,即使具备前述三个要件,只要可以弥补损失,低价销售就不属于违法。

三、高发领域中的不当低价销售之规制

在日本,掠夺性定价行为一直是公正交易委员会查处的主要对象之一。例如,在 2018 年度的日本所查处的不公正交易方法案件中,排他性交易案件仅为 3 件,而不当低价销售案件则高达 227 件。在日本,掠夺性定价案件的数量一直居高不下(请参见图 1 和图 2)。其中,油制品、酒类产业、大型零售业等领域一直是不当低价销售案件的重灾区。① 为此,日本颁布了 4 部针对高发领域的专门性指南:(1)2005 年颁布了《大型零售商与供货商交易中的特定不公正交易方法》(《(平成十七年五月十三日公正取引委员会告示第十一号)》)②;(2)2005 年颁布了《酒类流通中的不正当低价销售、差别性价格等问题对策》(《酒類の流通における不当廉売,差別対価等への対応について》,2017 年修订)③;(3)2005 年颁布了《家庭用电器流通中的不当低价销售、差别性价格等问题的对策》(《家庭用電気製品の流通における不当廉売,差別対価等への対応について》,2017 年修订)④;(4)2009 年颁布了《汽油流通中的不正当低价销售、差别性价格等问题的对策》(《ガソリン等の流通における不当廉売,差別対価等への対応につ

---

① [日]公正取引委员会:《平成 30 年度における独占禁止法違反事件の処理状況について》,2019 年 6 月 5 日,https://www.jftc.go.jp/houdou/pressrelease/2019/jun/190605.html,访问日期:2019 年 6 月 18 日。
② [日]公正取引委员会:《大規模小売業者による納入業者との取引における特定の不公正な取引方法》,2005 年 5 月 13 日,https://www.jftc.go.jp/dk/guideline/tokuteinounyu.html,访问日期:2019 年 6 月 27 日。
③ [日]公正取引委员会:《酒類の流通における不当廉売,差別対価等への対応について》,2015 年 6 月 16 日,https://www.jftc.go.jp/dk/guideline/unyoukijun/futorenbai_sake.html,访问日期:2018 年 11 月 5 日。
④ [日]公正取引委员会:《家庭用電気製品の流通における不当廉売,差別対価等への対応について》,2015 年 6 月 16 日,https://www.jftc.go.jp/dk/guideline/unyoukijun/futorenbai_kaden.html,访问日期:2019 年 6 月 14 日。

いて》》）①

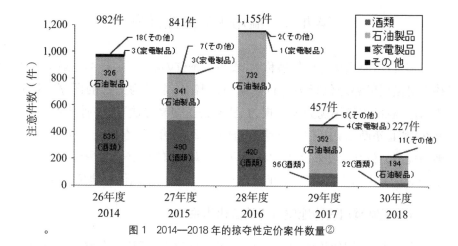

图 1　2014—2018 年的掠夺性定价案件数量②

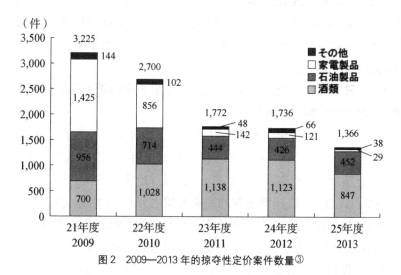

图 2　2009—2013 年的掠夺性定价案件数量③

---

①　［日］公正取引委員会：《ガソリン等の流通における不当廉売，差別対価等への対応について》，2009 年 12 月 18 日，https://www.jftc.go.jp/dk/guideline/unyoukijun/futorenbai_gasorin.html，访问日期：2018 年 11 月 5 日。

②　［日］公正取引委員会：《平成 30 年度における独占禁止法違反事件の処理状況について》，2019 年 6 月 5 日 https://www.jftc.go.jp/houdou/pressrelease/2019/jun/190605.html，访问日期：2019 年 6 月 18 日。

③　［日］公正取引委員会：《平成 25 年度における独占禁止法違反事件の処理状況について》，2014 年 5 月 28 日，https://www.jftc.go.jp/houdou/pressrelease/h26/may/140528.html，访问日期：2018 年 12 月 1 日。

第九节　滥用优势地位行为

在日本,滥用优势地位被称为"優越的地位の濫用"。日本是最早在法律上对滥用优势地位行为进行规制,且规制体系最为完善的国家。1953年,日本就已将滥用优势地位视为是"不公正交易方法"的一种典型行为,并在《禁止垄断法》中对其进行明确规定。2010年,日本更是颁布了《关于滥用优势地位在反垄断法上的考量方法》(《優越的地位の濫用に関する禁止垄断法上の考え方》,2017年修订),以专门规范滥用优势地位行为。

一、日本规制滥用优势地位行为的法律体系

在日本,滥用优势地位被称为"優越的地位の濫用"。在滥用优势地位行为的规制方面,日本建立起以《禁止垄断法》为基础,以《不公正交易方法》为指引,以《关于滥用优势地位行为在反垄断法上的考量方法》为专门性保障手段的完备化、体系化的法律架构。

(一) 日本《禁止垄断法》第2条第9款第5项和第6项:奠定了规制滥用优势地位行为的法律基石

1953年,在对《禁止垄断法》进行修改时,日本将"不公正竞争方法"修改为"不公正交易方法",并在该条款下增加了针对"滥用优势地位"的规定。《禁止垄断法》第2条第9款第5项规定,经营者不得利用自己较相对方优越的交易地位,以违背正常的商业习惯之方式,不当地实施下列行为:(1)要求交易相对方购买该交易对象之外的其他人的商品或服务;(2)要求交易相对方为自己提供资金、服务或其他经济利益;(3)拒绝接收交易相对方的商品,收到交易对象的商品后要求交易相对方收回该商品,延迟向交易相对方支付商品对价或减少付款额,以其他方式建立或改变交易条件,或者以不利于对方的方式进行交易。同时,《禁止垄断法》第2条第9款第6项还规定了构成滥用优势地位的公正交易委员所明确的指定行为。

在依据《禁止垄断法》对滥用优势地位行为进行规制时,日本最初并没有设置罚款责任,而是仅规定了采取"排除措施"的行政责任。因此,公正交易委员会责令违法行为人停止违法行为、删除合同条款及采取其他排除措施。2009年,修订后的《禁止垄断法》增加了对滥用优势地位行为征收

罚款的规定,并确立了行为人的罚款责任。[①] 修订后的《禁止垄断法》规定,对实施滥用优势地位的违法行为人征收的罚款数额为违法行为存续期间销售额的1%。增设罚款条款有利于加强对滥用优势地位行为的打击力度,在制裁与抑制滥用优势地位行为方面具有显著的效果。

(二)《不公正交易方法》:细化针对滥用优势地位行为的法律规则

随着日本经济的迅速发展,市场中的不公正交易方法越来越复杂,原有的法律条文已不能满足执法实践的需求。于是,在1982年,公正交易委员会专门颁布了《不公正交易方法》(《不公正な取引方法》),确立了完整的不公正交易方法之规制体系。《不公正交易方法》第14条细化了《禁止垄断法》第2条第9款第5项所规定的滥用优势地位行为的相关规则。[②] 同时,《不公正交易方法》第13条细化了《禁止垄断法》第2条第9款第6项所规定的公正交易委员会指定的滥用优势地位行为。公正交易委员会指定的滥用优势地位行为包括以下两种类型:一种类型为对交易相对方职员选任进行不正当干预的行为,该行为适用于全部行业领域。《公正交易委员会1982年第15号通知》对上述行为进行了细化规定。另一种类型为仅适用于特定行业的如下滥用优势地位行为:(1)新闻业中特定的滥用优势地位行为;(2)特定货主物品的运输和保管场合下特定的滥用优势地位行为;(3)大型零售商与供货商的交易间特定的滥用优势地位行为。

另外,2005年5月,公正交易委员会还颁布了《大型零售商与供货商交易中的特定不公正交易方法》,其中详细列举了大型零售商与供货商交易中的特定不公正交易方法,具体涉及退货、拒收、压价、强制交易、拖延付款等行为。

(三)《关于滥用优势地位在反垄断法上的考量方法》:提供专门化、体系化的法律指引

为了增强与滥用优势地位行为相关的法律运用之透明性,提高经营者

---

① 在日本,《禁止垄断法》上的罚款责任最初仅适用于私人垄断和不正当交易限制。2009年,修订后的《禁止垄断法》将罚款的适用对象扩大为包括特定的不公正交易方法行为,即共同经营拒绝、差别对价、不当低价销售、转售价格维持协议和滥用优势地位共五种特定类型的不公正交易方法行为,而其他类型的不公正交易方法行为仍不承担罚款责任。参见[日]土田和博等:《条文から学ぶ禁止垄断法》,有斐阁2014年版,第171页。

② "经营者不得利用自己较相对方优越的交易地位,以违背正常的商业习惯之方式,不当地实施下列行为:(1)要求交易相对方购买交易对象之外的其他人的商品或服务;(2)要求交易相对方为自己提供资金、服务或其他经济利益;(3)设定或变更的交易条件对相对方不利;(4)除符合前三项行为外,就交易的条件或实施而给交易相对方带来不利的;(5)针对交易相对方的公司,使之按照自己的指示选任该公司的干部,或者使之就该公司的干部选任须取得自己的同意。"

的可预测性,以及进一步明确《禁止垄断法》第 2 条第 9 款第 5 项所规定的滥用优势地位行为在反垄断法上的考量因素,公正交易委员会于 2010 年 6 月 23 日公布了《关于滥用优势地位在反垄断法上的考量方法》(《優越的地位の濫用に関する禁止垄断法上の考え方》)草案,以面向社会公众广泛征求意见。在这次意见征求中,共有 90 人提出了意见①,公正交易委员会在慎重讨论了上述意见并修改了部分草案后,于 11 月 30 日正式公布了《关于滥用优势地位在反垄断法上的考量方法》,以专门规范滥用优势地位行为,并就该规定的实施问题于 2011 年 2 月 2 日至 2 月 28 日在东京、仙台、广岛、大阪等 9 个地区举办了说明会。②

《关于滥用优势地位在反垄断法上的考量方法》共分为以下四个部分:第一部分明确了滥用优势地位的法律规制之基本考量方法;第二部分明确了"相对优势地位"的判断方法,规定了认定相对优势地位时应当考虑的因素;第三部分明确了"按照'正常的商业惯例'认定不正当"的判断方法,指出应当从公平竞争的角度来判断某个行为是否属于正常的商业惯例,以及是否具备正当性;第四部分细化了滥用优势地位行为的类型及具体的违法性判定标准。2017 年 6 月 16 日,日本对《关于滥用优势地位在反垄断法上的考量方法》重新进行了修订,但幅度并不太大,仅仅是增加与改变了一些术语,如在第一部分"滥用优势地位规则背后的基本概念"中,将"母子公司间滥用相对优势地位"改为"母子公司间、兄弟公司间滥用相对优势地位"。③

二、滥用优势地位行为的"阻害公平竞争性"之界定

在日本,《禁止垄断法》第 2 条第 9 款第 5 项对滥用优势地位行为做出

---

① ［日］公正取引委員会:《優越的地位の濫用に関する独占禁止法上の考え方の公表について》,2015 年 6 月 16 日,http://www.jftc.go.jp/soshiki/kyotsukoukai/p—comment/p—commentend.files/comment10113001.pdf,访问日期:2018 年 4 月 27 日。

② ［日］公正取引委員会:《優越的地位の濫用に関する占禁止法上の考え方」の説明会の実施について》,2015 年 6 月 16 日,http://www.jftc.go.jp/houdou/merumaga/backnumber/2011/20110118.files/110106.pdf,访问日期:2018 年 4 月 27 日。

③ ［日］公正取引委員会:《優越的地位の濫用に関する禁止垄断法上の考え方》,2015 年 6 月 16 日,http://www.jftc.go.jp/hourei.files/yuuetsutekichii.pdf,访问日期:2018 年 3 月 20 日。本次修订的修改幅度并不太大,仅仅是增加与改变了一些术语,如在第一部分"滥用优势地位规则背后的基本概念"中,将"母子公司间滥用优势地位"改为"母子公司间、兄弟公司间滥用优势地位";在第四部分"构成滥用优势地位的行为类别"中,针对《禁止垄断法》第 2 条第 9 款第 5 项(c)的解读,将"(1)拒绝受领"和"(2)退货"中的"瑕疵がある場合"改为"瑕疵かしがある場合",并且将"(2)退货"中的"瑕疵のある商品"改为"瑕疵かしのある商品"。

了明确规制。所谓滥用优势地位行为，通常是指在交易过程中，市场主体对于交易对象而言拥有销售、技术、资金等方面的优势，从而使得交易对象具有了交易上的依赖性。至于滥用优势地位行为的规制路径，日本、德国和韩国将该问题归于竞争法调整，认为这是一种有损市场竞争的行为。在日本，"交易方利用自己交易上的优势地位，实施违背正常商业惯例的不正当行为"之做法，被认为是一种"阻害公平竞争"的"不公正交易方法"。[①]对于滥用优势地位行为而言，其所涉及的"阻害公平竞争"主要是指，具有优势地位的一方阻碍了对方当事人的自由、自主之交易判断，从而对自由竞争的基石——独立、自由的经营活动造成损害。

所谓市场支配地位，是指市场主体在商品价格等交易条件上的控制力。市场优势地位与市场支配地位既有联系，又有区别。

市场优势地位与市场支配地位的区别主要体现在以下几个方面：(1)就地位的判断角度而言，市场支配地位强调"一对多"的"绝对性"与"控制性"，即强调市场主体对相关市场的"控制性"；而市场优势地位更强调"一对一"的"相对性"与"依赖性"，即强调交易相对方对该市场主体的"依赖性"。(2)就危害后果而言，滥用市场支配地位行为对市场竞争造成了实质性损害，因此危害较大；而滥用优势地位行为则主要是妨碍了市场的公平竞争秩序。(3)就法律责任而言，滥用优势地位行为的法律责任较轻，日本对滥用优势地位行为处以销售额 1% 的课征金；而日本对滥用市场支配地位行为(私人垄断)处以 10% 的罚款，法律责任较重。

就市场优势地位与市场支配地位的联系而言，具有优势地位的主体在一定条件下可能转变成具有支配地位的主体。滥用优势地位行为将会不断增强优势地位企业的市场份额和对上下游市场的控制能力，而该种"能力"有可能增强到支配市场的程度。在日本，滥用优势地位行为仅仅在"阻害公平竞争"时，才被视为不公正交易方法(不正当竞争行为)；但是，当滥用优势地位行为对市场所造成的危害由阻害公平竞争转化为实质性限制相关市场竞争时，此行为也将同步转变成滥用市场支配地位行为，并受到私人垄断条款之规制。

由此可见，滥用优势地位行为与滥用市场支配地位行为的核心性差异就在于，两者的实施主体和对市场竞争的危害程度不同。滥用优势地位行为阻害了公平竞争，属于不正当竞争；而滥用市场支配地位行为限制与排除了相关市场竞争，属于垄断。但是，滥用优势地位行为存在转化为滥用

---

① ［日］村上政博：《日本禁止垄断法》，姜珊译，法律出版社 2008 年版，第 167 页。

市场支配地位行为的可能性。因此，将滥用优势地位行为纳入反垄断法的调整范围，可以起到提前防止滥用市场支配地位产生的作用。

三、滥用优势地位行为的构成要件

(一) 主体要件：交易一方具有相对优越地位

滥用优势地位的认定并不要求交易一方具有市场支配地位或绝对的优势地位。与交易对手相比，交易方只要具有相对优越的地位即可。① 如果交易一方拒绝与交易相对方继续进行交易将严重妨碍该交易相对方的经营活动，或者如果即使交易一方提出的条件对交易相对方产生不利，交易相对方也不得不接受，那么我们就可以认为交易一方相对于交易相对方拥有优越地位。日本于 2017 年修订的《关于滥用优势地位在反垄断法上的考量方法》规定，在确定经营者是否存在优越地位时，我们应当综合考虑以下因素：

第一，交易相对方对交易方的依赖程度。关于交易相对方对交易方的依赖程度之计算，我们一般是将交易相对方与交易方的交易金额除以交易相对方与所有客户的交易总金额。具体来看，比值越大，依赖性越大；比值越小，依赖性越小。上述比值可以比较准确地反映交易相对方对交易方的依赖程度。如果交易相对方对交易方的依赖程度高，那么交易相对方与交易方进行交易就是非常必要的；如果交易相对方与交易方继续进行交易存在困难，那么交易相对方的业务将受到很大阻碍。

第二，交易方在市场中的地位。交易方的市场地位由其市场占有率、市场排名等因素决定。如果交易方的市场份额较大或具有较靠前的市场排名，那么交易相对方可以通过与交易方进行交易来增加自己的交易量或交易金额。在上述情形下，交易相对方与交易方的交易将显得十分必要。如果交易相对方与交易方继续进行交易存在困难，那么交易相对方的经营活动将受到很大阻碍。

第三，交易相对方更换交易对象的可能性。针对交易相对方更换交易对象的可能性，我们应当考虑交易相对方与交易方之外的经营者开始交易或者增加交易量的可能性、交易相对方在与交易方的交易中所进行的投资情况等因素。如果交易相对方难以与其他企业开展交易或增加交易量，或者交易相对方在与交易方的交易中进行了大量的投资，那么交易相对方与

---

① ［日］公正取引委员会：《優越的地位の濫用に関する禁止垄断法上の考え方》，2015 年 6 月 16 日，http://www.jftc.go.jp/hourei.files/yuuetsutekichii.pdf，访问日期：2018 年 3 月 20 日。

交易方进行交易的必要性就很高。如果交易相对方与交易方继续进行交易存在困难,那么交易相对方的经营活动将受到很大阻碍。

第四,有关交易相对方与交易方进行交易存在必要性的其他应被考量之事实。所谓有关交易相对方与交易方进行交易存在必要性的其他应被考量之事实,主要是指与交易方交易的金额、交易方未来的增长潜力、作为交易对象的商品或服务的重要性、通过与交易方交易来确保交易相对方信用的可能性、双方经营规模的差异等因素。如果与交易方交易的金额很高,交易方的业务规模不断扩大,交易方提供给交易相对方的商品或服务具有很强的品牌影响力,与交易方进行交易有助于提升交易相对方产品或服务的信用,或者交易方业务规模远远大于交易相对方,那么交易相对方与交易方进行交易的必要性就很高。如果交易相对方与交易方继续进行交易存在困难,那么交易相对方的经营活动将受到很大阻碍。

(二)行为要件:实施了按照"正常的商业惯例"来看是不正当的行为

仅仅具有优势地位并不必然违法,经营者还需实施滥用行为,即经营者实施了"按照正常的商业惯例来看是不正当的行为"。在日本,《关于滥用优势地位在反垄断法上的考量方法》中所规定的"正常的商业惯例",是指符合维护和促进公平竞争秩序的商业行为。[①] 仅仅符合一般的商业惯例之行为,并不当然属于《禁止垄断法》视角下的正当行为。因此,针对按照正常的商业惯例来看是不正当行为,我们需要从维护和促进公平竞争秩序的角度出发,通过在个案中进行具体分析来判断。如果某个行为妨碍了对方当事人自由、自主的经营活动,并使交易相对方陷入被动局面,从而不利于公平竞争秩序,那么其属于不当行为。为了增强滥用优势地位行为的确定性和可预测性,2010年颁布、2017年修订的《关于滥用优势地位在反垄断法上的考量方法》明确规定了下列行为方式不具备正常的商业惯例所认定的正当性:搭售;为自己提供资金、服务或其他经济利益;拒绝接收交易相对方的商品,收到交易对象商品后要求交易相对方收回该商品,延迟向交易相对方支付商品对价或减少付款额;以其他方式建立或改变交易条件;或者以不利于对方的方式进行交易。

(三)后果要件:妨碍了市场的公平竞争

如前所述,如果滥用优势地位行为要具备违法性,那么其还需造成特

---

① [日]公正取引委员会:《優越的地位の濫用に関する禁止垄断法上の考え方》,2015年6月16日,http://www.jftc.go.jp/hourei.files/yuuetsutekichii.pdf,访问日期:2018年3月20日。

定的危害结果——"阻害公平竞争",即为市场的公平竞争秩序带来一定的危害。与滥用市场支配地位的行为相比,滥用优势地位行为的结果要件所要求的危害性更小,即只需达到妨碍公平竞争的程度即可,不用实质性排除与限制相关市场的竞争。在日本,私人垄断(滥用市场支配地位)和不正当交易限制(垄断协议)均需达到实质性限制相关市场竞争的程度才属于违法。与私人垄断的实质性限制竞争之结果要件不同,滥用优势地位行为的结果要件在对市场竞争秩序的影响程度方面要求较低,只要达到"阻害市场公平竞争"的程度即可。滥用优势地位行为对公平竞争的阻害性,是对经营者自主、独立、自由进行经营活动的阻害,即对自由竞争基石的阻害。具体来看,在分析滥用优势地位行为对公平竞争秩序的阻害时,我们应当重点考虑不利益的程度、行为的广泛性等因素,并通过对具体案件进行具体分析来判断。(1)当具有优势地位的当事人组织实施不利于大量交易对手的行为。(2)当具有优势地位的当事人仅对特定的对手方施加不利影响,但不利的程度很高;或者如果该行为没有得到解决,可能会蔓延到与其他交易对手的交易中,那么其可能会被认定为妨碍公平竞争。①

四、滥用优势地位行为的类型及违法性判定

在日本,《禁止垄断法》第 2 条第 9 款第 5 项明确规定了滥用优势地位行为的三种类型,即要求交易相对人继续与自己进行交易、要求交易相对人购买原交易对象之外的其他人的商品或服务,以及不合理的交易条件。《禁止垄断法》第 2 条第 9 款第 6 项规定了公正交易委员会指定的滥用优势地位行为,即适用于全部行业的对交易相对方职员选任进行不当干预的行为,以及仅适用于特定行业(新闻业、运输业、大型零售业)的滥用优势地位行为。对此,2010 年颁布、2017 年修订的《关于滥用优势地位在反垄断法上的考量方法》以《禁止垄断法》所规定的行为类型为核心,详细阐述了判断不同类型行为是否属于滥用优势地位的准则。② 下文就滥用优势地位行为的一般类型及其违法性判定进行阐述。

(一)要求交易相对方购买原交易对象之外的其他人的商品或服务

《禁止垄断法》第 2 条第 9 款第 5 项(a)规定,经营者不得要求交易相

---

① [日]公正取引委员会:《優越的地位の濫用に関する禁止垄断法上の考え方》,2015 年 6 月 16 日,http://www.jftc.go.jp/hourei.files/yuuetsutekichii.pdf.访问日期:2018 年 3 月 20 日。

② 为了防止各类行为发展成滥用优势地位行为,建议交易双方书面确认作为交易对象的商品或服务的具体内容、质量评价标准、交货时间、付款金额、付款日期、付款方式等事项。

对方购买交易对象之外的其他人的商品或服务。其中,"交易对象之外的其他人的商品或服务"既包括交易方自己提供的商品或服务,又包括交易方指定的经营者提供的商品或服务。"要求……购买"并不限于强迫购买一种情形,其既包括交易相对方被迫购买,又包括符合交易条件情形下的购买,以及因不符合交易条件而使交易相对方陷入被动局面情形下的购买。

当具备相对优势的一方告知交易相对方购买交易对象的商品或服务之外的其他商品或服务时,即使交易相对方认为该额外交易对经营活动不必要或者不希望购买,但考虑到可能影响未来交易,其通常也只得接受该额外交易。在上述情况下,按照正常的商业惯例,交易方为交易相对方带来了不当的不利益,从而构成滥用优势地位问题。但是,另一方面,如果交易方在订购时要求相对方制造其所指定的特定规格的商品或提供服务,那么只要存在为了确保或改善该商品与服务内容的质量之合理必要性,按照正常的商业惯例,要求相对方购买制造该商品所必要的原材料或者提供该服务所必要的设备,就并不会为交易相对方带来不当的不利益,从而不属于滥用优势地位。

(二) 要求交易相对方继续为自己提供经济上的利益

《禁止垄断法》第2条第9款第5项(b)规定,"要求交易相对方继续为自己提供金钱、服务等其他经济上的利益的,构成违法"。从总体来看,上述行为的违法构成包括以下几方面的要素:(1)要求交易相对方提供"经济上的利益"。所谓经济上的利益,是指以赞助费、合作费等名义提供的金钱及劳务。这里的"提供"并不限于无偿提供,还包括要求交易相对方以不公平的低价有偿提供。(2)提供的经济利益超出了交易相对方因此所获的直接利益的合理范围。具体来看,提供经济上的利益主要包括以下情形:

其一,请求支付赞助费等。在流通领域中,大型经销商常常会请求供应商支付一定的赞助费,以用于举办活动、装修卖场、刊登促销广告等事项。上述情形可能会导致滥用优势地位行为的发生。具体来看,如果具有相对优势地位的经营者(销售商)没有与交易相对方(商品供应商)明确赞助费等资助的负担额度、计算根据、具体用途等事项,而要求交易相对方负担赞助费等资助将为交易相对方带来事先无法计算的不利益,并且根据交易相对方可以获得的直接利益进行判断,该不利益超出了其所负担的合理范围,那么按照正常的商业惯例,我们认为经营者的上述做法为交易相对方带来了不当的不利益,属于滥用优势地位行为。所谓直接利益,是指商品的销售等活动所创造的利益。例如,交易方为交易相对方发布了商品广告,那么交易方可以要求交易相对方支付一部分赞助费用于该商品的广告宣传,而该宣传行为所带来的交易相对方的产品销量之提高就是直接利益。如果赞助费的额度超出了直接利益,那么其就因构成不正当的不利益而违法。相反,当经营者要求交易相对方(供应商)支付赞助费时,该费用的支付有助于提高交易相对方的产品销量,从而为交易相对方带来了直接利益。在上述情形下,如果交易相对方(供应商)所支付的赞助费等资助就其所带来的直接利益而言处于合理范围,并且支付行为是由交易相对方(供应商)的自由意愿所决定,那么依照正常的商业惯例,上述行为没有为交易相对方带来不当的不利益,从而不属于滥用优势地位行为。

其二,请求派遣员工。在大型零售商不懂得专业商品知识的情况下,供应商(制造商和批发商)受大型零售商的委托,在销售自己商品时派遣员工[1]来提升商品销量,以及直接把握消费者的需求动向。因此,流通领域常常存在大型零售商请求供应商派遣员工的情况。但是,上述行为一旦被优势地位方不当滥用,就可能引发违法问题。针对请求派遣员工的行为在何种条件下会引发滥用优势地位行为之问题,《关于滥用优势地位在反垄断法上的考量方法》做出了明确规定,即具备相对优势地位的经营者要求交易相对方派遣员工,如果双方没有事前就何种情况下派遣做出明确规定,那么交易相对方需要支付派遣员工的额外费用;根据交易相对方可以获得的直接利益[2]进行判断,如果该不利益超出了合理范围,那么其便违反了商业惯例,属于为交易相对方带来了不当的不利益,从而构成滥用优势地位行为。由此可见,在判断派遣员工行为是否构成滥用优势地位行为时,我们主要考虑以下两个因素:(1)是否事前进行约定;(2)根据交易相对方所获得的直接利益进行判断,支付的派遣费用是否超出了合理范围。如果派遣员工所支付的经济利益没有超出合理范围,或者双方就派遣员工事宜做出了约定,那么请求派遣员工就不属于滥用市场优势地位行为。

其三,请求提供其他经济利益。除了请求支付赞助费和派遣员工外,在事前没有约定的情况下,具备相对优势的一方还会无正当理由地要求交易相对方提供设计图纸、知识产权等交易对象。此时,考虑到可能影响未来交易,交易相对方只得接受交易方的请求。在上述情况下,按照正常的

---

[1] 这里的"员工"包括兼职工人、派遣工人等各类交易相对方为接受有关请求而雇用的人。

[2] 这里的"直接利益"是指实际产生的利益,不包括间接利益,如派遣员工会给交易相对方带来未来的交易优势。

商业惯例,交易方为交易相对方带来了不当的不利益,从而会引发滥用优势地位问题。在上述情形下,无论是无偿提供图纸还是低价有偿提供图纸,只要交易相对方支付的经济利益就其所获得的直接利益而言超出了合理范围,就属于违法;如果交易相对方支付的经济利益已反映在商品的价格上,那么按照正常的商业惯例,交易方的行为不会为交易相对方带来不当的不利益,因此不属于滥用优势地位行为。

(三) 使交易相对方处于交易条件上的不利益

针对交易相对方处于交易条件上的不利益之情形,《禁止垄断法》第2条第9款第5项(c)规定,"拒绝接收交易相对方的商品,收到交易对象的商品后要求交易相对方收回该商品,延迟向交易相对方支付商品对价或减少付款额,以其他方式建立或改变交易条件,或者以不利于对方的方式进行交易"。

其一,拒绝受领。所谓拒绝受领,是指交易方在交货期拒绝接收商品或服务,也包括交易方在交货期内单方面推迟交货日期或单方面取消订单,从而拒收全部或部分商品。在签订合同后,具备相对优势的一方有时会无正当理由地拒绝接收全部或部分商品与服务。针对"以不利于交易相对方的方式改变交易条件或执行交易条款"而无正当理由地拒绝受领之情况,交易相对方往往考虑到可能影响未来交易而只得被迫接受。按照正常的商业惯例来看,上述做法为交易相对方带来了不当的不利益,从而会引发滥用优势地位问题。但是,基于以下三种情况的拒绝受领并不属于滥用相对优势地位:(1)因归责于交易相对方的原因而导致的拒绝受领。如交易相对方提交的商品有瑕疵、交付的商品同订购的商品不符、订购的商品因交货期迟延而无法实现销售目标等情形;(2)交易方的拒绝受领符合双方约定的允许拒绝受领的条件;(3)交易方的拒绝受领事先获得交易相对方同意,且交易方承担交易相对方的相应损失。此处所说的损失,是指因拒绝受领而造成的合理范围内的损失。例如,商品因销路不好而价格下降、商品的使用期限随着时间推移而缩短、物流所需费用、处理废品所需费用等。

其二,退货。在事前没有明确退货条件的情况下,具备相对优势的一方有时会事后无正当理由地进行退货。按照正常的交易惯例来看,上述做法为交易相对方带来了不当的不利益,从而属于滥用优势地位行为。但是,基于以下四种情况的退货不被认为是滥用优势地位行为:(1)因归责于交易相对方的原因而导致的退货,如交易相对方提交的商品有瑕疵、交付的商品同订购的商品不符、订购的商品因交货期迟延而无法实现销售目标等情形;(2)符合双方事前约定的退货的情形;(3)退货事先获得交易相对方同意,且交易方承担交易相对方的相应损失;(4)交易相对方同意退货,且交易相对方处理该商品之做法对其直接有利。

其三,迟延付款。所谓延迟付款,是指具备相对优势的一方无正当理由地在合同规定的付款期限内不支付价款、单方面修改付款日期,或者任意推迟付款日期以拖延付款。由于担心未来交易受到影响,交易相对方往往被迫接受交易方的上述做法。按照正常的商业惯例来看,交易方为交易相对方带来了不当的不利益,从而会引发滥用优势地位问题。不过,如果交易方事先获得了交易相对方的同意,并愿意承担交易相对方因交易方迟延付款而受到的损失,那么迟延付款就属于正常的商业行为,其不会为交易相对方带来不当的不利益,因此不是滥用优势地位行为。

其四,削价。在获取商品或服务之后,具备相对优势的一方有时会没有正当理由地降低签订合同时所确立的价格,交易相对方往往由于担心对未来交易造成影响而被迫接受交易方的削价行为。按照正常的商业惯例来看,交易相对方获取了不当的不利益,因此交易方的上述削价行为属于滥用优势地位行为。但是,基于以下两种情况的削价不被认为是滥用优势地位行为:(1)因归责于交易相对方的原因而导致的削价,如交易相对方提供的商品或服务存在缺陷、交付的商品或提供的服务与订购的不符、订购的商品因交货期迟延而无法实现销售目标等情形;(2)削价的请求是谈判的一部分,且该数额合理地反映了供求关系。

其五,设定对交易相对方不利的其他交易条件。此处的其他交易条件主要包括以下两种情形:(1)交易方单方面地要求交易相对方以极低或极高的价格进行交易。至于上述行为是否属于滥用优势地位,我们还需要全面考虑决定对价时的情况,如交易方是否与交易相对方进行了充分协商、是否与其他交易相对方的对价进行了比较、对价是否具有歧视性、对价是否低于交易相对方的成本、决定的价格与正常的购买价格或销售价格之间的差额是多少等。(2)请求重做。具备相对优势的一方有时会无正当理由地要求对方重做,交易相对方往往由于考虑到可能影响未来交易而只得接受。在上述情况下,按照正常的商业惯例来看,交易方为交易相对方带来了不当的不利益,从而会引发滥用优势地位问题。但是,基于以下三种情况的设定不利交易条件之行为不被认为是滥用优势地位行为:(1)商品或服务的内容不符合订购时约定的条件;(2)交易方事先获得了交易相对方的同意,并愿意承担交易相对方因重做而遭受的损失;(3)为了确保提交特定规格的产品,重做的成本已包含在原商定的价格中。

（四）不正当干预交易相对方的职员任命

除规定了上述三大类滥用优势地位行为外，《禁止垄断法》第2条第9款第6项还规定了对交易相对方职员任命的不正当干预行为。一般来说，人事任命是企业基于运营情况、市场状况、员工素质等因素对人员进行调整的内部行为。实际上，具备相对优势的一方利用自己的优势不正当地干预交易相对方的职员任命，是不当控制交易相对方行为的做法，其不利于双方的公平交易。但是，上述行为在市场各行业中普遍存在，因此公正交易委员会在1982年的第15号通知中明确规定，不正当干预交易相对方的职员任命之行为属于滥用优势地位。[1]

第十节　日本不公正交易方法制度的意义及启示

不公正交易方法属于一种极为特殊的反竞争行为，日本将该行为纳入反垄断法的规制范围对我国具有如下的借鉴意义：

其一，不公正交易方法是一种阻害市场公平竞争的行为。虽然不公正交易方法未达到如不正当交易限制（垄断协议）和私人垄断（滥用市场支配地位行为）那样实质性限制相关市场竞争的危害程度，但是其他已阻害了市场的公平竞争，并在一定程度上抑制了市场竞争机能的发挥。不公正交易方法所涉及的公平竞争阻害性涉及如下三个方面：（1）损害市场的公平竞争，即竞争手段不公平，且损害以合理低价、良好的商品质量、优质服务等为基础的市场的效能竞争；（2）侵害自由竞争的基石——自由、自主的经营活动；（3）减损自由竞争。从这个角度看，不公正交易方法与垄断行为较为相似，两者均是对市场自由竞争的侵害，只不过在侵害自由竞争的程度方面有所差异。在竞争法体系中，反垄断法旨在维护市场的自由竞争。因此，从不公正交易方法所侵害的法益来看，其被纳入反垄断法的规制范围是合适的。

其二，不公正交易方法与滥用市场支配地位和垄断协议在违法判定方法上存在相似之处，其与反垄断法的分析范式并无实质性冲突[2]：首先，两者在

---

[1]　［日］公正取引委员会：《優越的地位の濫用に関する禁止垄断法上の考え方》，2015年6月16日，http://www.jftc.go.jp/hourei.files/yuuetsutekichii.pdf，访问日期：2018年3月20日。

[2]　我国有学者认为，结构性要素在反垄断法中居于基础性地位，而滥用优势地位行为无法基于SCP范式得到分析，故其不能被纳入反垄断法的规制范围，而应被纳入反不正当竞争法的规制范围。参见李剑：《论结构性要素在我国反垄断法中的基础地位—相对优势地位滥用理论值否定》，《政治与法律》2009年第10期。

外观行为表现方面存在一致性,如在行为表现方面都体现为附不正当拘束条件的交易、掠夺性定价、共同交易拒绝、搭售、转售价格维持协议等形式;其次,两者的实施主体都需要在一定程度上考虑交易方在相关市场中的经济力及相关市场的情况。因此,将不公正交易方法纳入反垄断法,并不违背反垄断法的市场结构分析范式。同时,将不公正交易方法交由反垄断法执法机构进行规制,还有助于提升执法的便捷性和效率。

其三,不公正交易方法具有转换为滥用市场支配地位和垄断协议的可能性,因此将其纳入反垄断法的规制范围能够起到预防滥用市场支配地位行为与垄断协议行为发生之作用。实施不公正交易方法行为的企业原本就在相关市场具备一定的经济力,其通过不公正交易方法行为可以获得更多的交易机会和经济利益,并实现经济力量的进一步增强,从而存在发展成为滥用市场支配地位行为的可能性。我们从日本引入不公正交易方法的缘由中可以发现,对不公正交易方法之规制具有防范"经济力滥用"的作用。[①] 由此可见,对不公正交易方法行为进行规制,有助于提前预防滥用市场支配地位行为和垄断协议行为的发生。《中华人民共和国反垄断法》第一条明确规定了我国反垄断法的立法目的:"为了预防和制止垄断行为,保护市场公平竞争,提高经济运行效率,维护消费者利益和社会公共利益,促进社会主义市场经济健康发展,制定本法。"根据以上表述,我国的反垄断法除具备"制止"垄断的功能外,还具备"预防"垄断的功能。因此,将对市场竞争影响较弱的滥用优势地位行为等不公正交易方法行为纳入反垄断法的规制范围,可以起到预防滥用市场支配地位行为发生之作用,而这也完全符合我国反垄断法的预防垄断之功能诉求。

---

① [日]高桥岩和:《優越的地位の濫用と独禁法》,载日本経済法学会主編:《日本経済法学会年報》第27号,有斐閣2006年版,第2页。

第十章　经营者团体限制竞争行为规制制度

第一节　日本规制经营者团体活动的法律体系

在日本，行业协会被称为"经营者团体"（事业者团体）。在实现成员自治性管理方面，经营者团体发挥了重要作用。同时，经营者团体也时常会滥用自治性管理权，并组织成员经营者实施联合限制竞争的行为。然而，在日本，经营者团体的法律规制比其他国家更严格，其原因主要在于：第一，日本的经营者团体对成员企业有着长期的"管制"传统，其具有超强的管制力量。二战前，日本实施统制经济，经营者团体被日本政府当作是实施统制政策的机构，其代替政府对社会进行管理。经营者团体有着长期的管制社会成员之传统，以及因对社会进行管制而形成的超强管制力，从而更易于约束成员的联合限制竞争行为。第二，作为成员企业的自治性组织，经营者团体对成员企业具备天然的约束力。为了追求行业的非法利益与不正当利益，经营者团体会滥用自治性管理职能来组织和约束成员企业的联合限制市场竞争行为。在上世纪五六十年代的日本，经营者团体介入限制竞争的案件在全部反垄断案件中的占比高达 77%。[1] 为此，日本对经营者团体的反竞争行为采取了极其严格的规制措施，并建立了完备的法律规制体系。

一、《禁止垄断法》第 8 条的基础性规定

最初，"出于对战前经营者团体和财阀共同对经营者的经营活动进行统制的事实之考虑"，日本于 1948 年制定了《经营者团体法》，以规范经营

---

[1]　Ulrike Schaede，*Cooperative Capitalism：Self—Regulation，Trade Association，and the Antimonopoly Law in Japan*，Oxford University Press(2000)，P. 167.

者团体的行为。1953 年,《经营者团体法》被废止,经营者团体转而为《禁止垄断法》第 8 条所禁止。①《禁止垄断法》第 8 条之一明确规定了经营者团体不得实施下列行为:(1)在一定交易领域实质性限制竞争;(2)签订含有不正当交易限制内容的国际协议或国际合同;(3)在一定交易领域限制现有的或将来的经营者的数量;(4)对成员企业的机能或经营活动进行不正当限制;(5)促使成员经营者实施不公正交易方法行为。《禁止垄断法》第 8 条之二与第 8 条之三则明确规定了针对经营者团体违法行为的排除措施和课征金。

二、专门性指南的体系化规范

在经营者团体活动的反垄断法规制领域,日本建立了非常完备化、体系化的法律架构。1995 年 10 月 30 日,公正交易委员会颁布了《关于经营者团体活动在反垄断法上的指南》(《事业者団体の活動に関する禁止垄断法上の指針》),以系统规制经营者团体的活动。2009 年 9 月 1 日和 2010 年 1 月 1 日,日本对《关于经营者团体活动在反垄断法上的指南》进行了修订,从而使其更加完备。为增强经营者团体活动在反垄断法上的可预测性,《关于经营者团体活动在反垄断法上的指南》为经营者团体的活动划分出如下三种标准:黑色标准,即原则违法行为;灰色标准,即可能违法行为;白色标准,即原则上不违法行为。② 随后,公正交易委员会又颁布了四部专门性指南,以规范经营者团体在反垄断法上的活动:(1)1981 年 8 月 7 日颁布《关于医生协会活动在反垄断法上的指南》(《医師会の活動に関する禁止垄断法上の指針》,2010 年 1 月 1 日修订)③;(2)2001 年 10 月 24 日颁布《关于资格者团体活动在反垄断法上的考量方法》(《資格者団体の活動に関する禁止垄断法上の考え方》,2010 年 1 月 1 日修订)④。上述两部指南明确了医师、建筑师、会计师、律师等资格者团体在反垄断法上的活

---

① [日]铃木满:《日本反垄断法解说》,武晋伟译,河南大学出版社 2004 年版,第 67 页。
② [日]公正交易委员会:《关于经营者团体活动在反垄断法上的指南》(《事业者団体の活動に関する独占禁止法上の指針》),https://www. jftc. go. jp/dk/guideline/unyoukijun/jigyoshadantai. html,访问日期:2018 年 6 月 25 日。
③ [日]《关于医生协会活动在反垄断法上的指南》(《医師会の活動に関する独占禁止法上の指針》),https://www.jftc. go. jp/dk/guideline/unyoukijun/ishikai. html,访问日期:2018 年 12 月 5 日。
④ [日]公正交易委员会:《关于资格者团体活动在反垄断法上的考量方法》(《資格者団体の活動に関する独占禁止法上の考え方》),https://www. jftc. go. jp/dk/guideline/unyoukijun/shikakusha. html,访问日期:2018 年 12 月 5 日。

动方式,从而为资格者团体活动提供了明确指引。(3)1994 年 7 月 5 日颁布《关于公共采购中经营者与经营者团体活动的反垄断法指南》(《公共的な入札に係る事業者及び事業者団体の活動に関する禁止垄断法上の指針》),随后于 2006 年 1 月 4 日、2010 年 1 月 1 日和 2015 年 4 月 1 日进行了修订)①。上述指南有效规范了经营者团体在政府采购领域所实施的串通投标行为。(4)2001 年 6 月 26 日颁布《关于循环利用的共同合作的反垄断法指南》(《リサイクル等に係る共同の取組に関する禁止垄断法上の指針》),2010 年 1 月 1 日修订)②。

第二节 经营者团体的界定

一、经营者团体的内涵界定

《禁止垄断法》第 2 条规定,所谓经营者团体,是指以增进经营者的共同利益为主要目的,由两个或两个以上的从事商业、工业、金融业及其他事业的经营者组成的结合体或联合体。1995 年颁布的《关于经营者团体活动在反垄断法上的指南》对经营者团体的相关认定要素做了进一步规定。具体来看,我们需要注意以下几个方面:

其一,经营者团体以增进"经营者的共同利益"为主要目的。首先,经营者团体的宗旨是保护成员的集体利益与共同利益,而非社会利益或公共利益;其次,所谓经营者的共同利益,是指直接或者间接被赋予给成员经营者的经济活动的利益,该利益既包括赋予给每个成员的利益,又包括赋予给该行业的一般利益。因此,不以增进经营者的共同利益为主要目的之学术团体、社会事业团体、宗教团体等主体都不属于经营者团体。对"主要目的"之判断并非以章程和规章是否规定为依据,而是要根据活动内容等要素进行实质性考量。

其二,经营者团体是"两个或两个以上经营者的结合体或联合体"。上

---

① [日]公正交易委员会:《关于公共采购中经营者与经营者团体活动的反垄断法指南》(《公共的な入札に係る事業者及び事業者団体の活動に関する独占禁止法上の指針》),https://www.jftc.go.jp/dk/guideline/unyoukijun/kokyonyusatsu.html,https://www.jftc.go.jp/dk/guideline/unyoukijun/risaikuru.html,访问日期:2018 年 12 月 12 日。

② [日]公正交易委员会:《关于循环利用的共同合作的反垄断法指南》(《リサイクル等に係る共同の取組に関する独占禁止法上の指針》),https://www.jftc.go.jp/dk/guideline/unyoukijun/risaikuru.html,访问日期:2018 年 12 月 12 日。

述语义下的"经营者",除包括从事经营活动的经营者(企业)外,还包括为了经营者的利益而从事经营活动的经营者的管理人员、从业人员、代理人等主体。因此,针对由各经营者的董事、部长、科长等成员组成的存续性组织,只要以增进经营者的共同利益为主要目的,其在日本就也属于经营者团体。①

其三,经营者团体的性质为非赢利性组织。《关于经营者团体活动在反垄断法上的指南》明确规定,如果经营者的结合体或联合体拥有资本,并将从事以营利为目的之经营活动作为主要业务,且正在进行经营活动,那么该结合体或联合体属于经营者,而非经营者团体。

其四,经营者团体的成员并不必然来自同一行业(他们甚至可能是具有竞争关系的经营者)。即使是来自相关行业的经营者,只要他们组成的联合体或结合体限制了相关市场的竞争,就属于经营者团体。从反垄断法规制的实效性出发,将经营者团体的成员界定为由相关行业的经营者组成的自治性组织更为可取。在反垄断法中,相关行业的经营者(如上下游行业的经营者)经常会结成联盟来实施限制竞争行为。因此,如果将行业协会界定为同一行业的经营者组成的机构,那么我们就无法将上下游企业共同实施的串通行为当成是同一个垄断协议来对待,从而只得分别对由原料生产商和商品生产商组成的共同体进行规制,而这势必会影响反垄断法规制手段的有效性。同时,从反垄断法的立法目的来看,将来自相关产业的经营者组成的协会纳入反垄断法行业协会的规制范畴,也更有助于对处于不同交易阶段的经营者间的纵向限制进行规制。因此,将经营者团体的成员属性界定为同一或相关产业的经营者,更有利于反垄断法的法益维护。

其五,关于经营者团体的团体属性,日本从反垄断法的维护竞争秩序之立法目的出发,将经营者团体的属性不限定于具有法人地位。反垄断法规制行业经营者团体行为的根本性目的是,防范经营者团体实施限制成员进行竞争性经营活动的行为。如果将经营者团体限定于具有法人身份的组织体,那么我们就无法对现实生活中的那些尚未取得法人地位的协会所实施的垄断行为进行规制。我国的反垄断法未明确经营者团体的团体属性,但根据我国《社会团体登记管理条例》之规定,社会团体应具备法人条件。然而,我们不能简单地主张经营者团体需具备法人属性,因为《社会团

① [日]公正交易委员会:《关于经营者团体活动在反垄断法上的指南》(《事業者団体の活動に関する独占禁止法上の指針》) https://www. jftc. go. jp/dk/guideline/unyoukijun/jigyoshadantai. html,访问日期：2018 年 6 月 25 日。

体登记管理条例》的立法目的毕竟不同于反垄断法,其旨在便于国家机关对社会团体实施管理,而非维护竞争秩序。况且,我国尚存在许多未取得法人地位的组织体在实施垄断协议之情况。因此,从实现反垄断法的维护竞争秩序之立法目的的角度出发,我们也应当使经营者团体的团体属性不限定于具有法人地位。

二、经营者团体的范围界定

关于哪些经营者团体应该被纳入反垄断法的规制范围,日本的实践发展主要经历了两个阶段。20世纪70年代以前,日本仅将工业和商业领域的经营者团体视作反垄断法的规制对象,职业协会并未被纳入反垄断法的规制范围;20世纪70年代之后,随着律师、医师、建筑师等具有职业资格者也开始以市场化方式进行运作,日本开始将经营者团体的规制范围从商业性和工业性经营者团体扩展到由律师、医生和其他专业人员建立起来的职业协会。1965年,日本首次认定职业协会限制成员职能(广告)活动的行为违法,并于1981年颁布了《关于医生协会活动在反垄断法上的指南》(2010年修改)。[①] 2001年颁布《关于资格者团体活动在反垄断法上的指南》(2010年修改)明确规定了上述职业协会在反垄断法上的行为规范。[②] 如今,如果医师、建筑师、律师等职业资格者或自由职业者从事的职业具有经营活动属性,那么他们会被认定为是"经营者"。相应地,由职业资格者组成的以增进共同利益为主要目的之组织(如医师协会、建筑师协会等)也属于经营者团体,受《禁止垄断法》的调整。

三、事业团体申报制度

为了有效监督经营者团体的行为,并保证自律性管理行为合法合规,日本在《禁止垄断法》中明确了经营者团体的申报制度。《禁止垄断法》第8条之一第2款规定,经营者团体在设立、登记内容变更、解散时,必须向公正交易委员会报告。具体来看,经营者团体申报制度主要具有以下几方面的特点:

---

① ［日］《关于医生协会活动在反垄断法上的指南》(《医師会の活動に関する独占禁止法上の指針》),https://www.jftc.go.jp/dk/guideline/unyoukijun/ishikai.html,访问日期:2018年12月5日。

② ［日］公正交易委员会:《关于资格者团体活动在反垄断法上的考量方法》(《資格者団体の活動に関する独占禁止法上の考え方》),https://www.jftc.go.jp/dk/guideline/unyoukijun/shikakusha.html,访问日期:2018年12月5日。

其一,自成立之日起 30 日内,经营者团体应当向公正交易委员会申报其主要情况。但是,下列团体因不可能发生实施《禁止垄断法》第 8 条之一第 1 款所规定的反竞争行为而不需要事前申报:(1)依据法律的目的、从事的活动等条件,没有可能实施反竞争行为的经营者团体;(2)中小经营者和消费者以相互辅助为目的而组成的团体;(3)票据法等法律法规所指定的票据交换团体。

其二,登记事项发生变更的,经营者团体应当自变更日所属的经营年度结束之日起 2 个月内,向公正交易委员会提交变更的主要情况。

其三,在发生解散的情形时,经营者团体应当自解散之日起 30 日内,向公正交易委员会申报相关情况。我们通过《禁止垄断法》的上述规定可以看出,日本设定经营者团体的申报制度之目的,是监督和约束经营者团体的自律性管理行为,以防范其实施限制市场竞争的行为。2009 年,日本废除了经营者团体的申报制度。①

第三节　经营者团体的行为准则

如果经营者团体所实施的行为是为了社会或公共需要,或者有助于消费者了解行业情况(如教育、培训、信息交换等),那么其不属于反垄断法违法。但是,如果经营者团体的活动限制或阻碍了企业间的竞争,那么其有反垄断法违法的可能性。因此,为了明确经营者团体活动在反垄断法上是否违法,公正交易委员会于 1995 年 10 月颁布了《关于经营者团体活动在反垄断法上的指南》,其明确将经营者团体的活动划分为如下三种类型:(1)原则违法行为,即"黑色标准";(2)可能违法行为,即"灰色标准";(3)原则上不违法行为,即"白色标准"。②

一、原则违法行为:黑色标准

所谓黑色标准,即原则违法行为,是指对市场机制具有基础性破坏作用的不正当交易限制行为,主要包括限制价格、数量、销路、顾客、技术或设备、市场进入等要素的行为,以及有关对认可、登记等事项进行限制的与行

---

① 〔日〕公正取引委员会事务总局:《独占禁止法改正法の概要》,https://www.jftc.go.jp/dk/kaisei/h21kaisei/index_files/091203setsumeikaisiryou.pdf,访问日期:2016 年 12 月 28 日。
② 〔日〕铃木满:《日本反垄断法解说》,武晋伟译,河南大学出版社 2004 年版,第 57 页。

政相关联行为(见表1:《关于经营者团体活动在反垄断法上的指南》概要:原则违法行为)。

(一)限制价格行为

1. 限制价格行为的类型

经营者团体实施下述限制价格行为,并在一定交易领域实质性限制竞争的,将被认定为违反《禁止垄断法》第8条第1款第1项的规定,属于不正当交易限制行为;如果经营者团体的限制价格行为没有导致一定交易领域实质性限制竞争之后果,那么其原则上也违反了第8条第1款第4项或第5项的规定(不公正交易方法)。所谓限制价格行为之中的"价格",是指任何通过商品或服务的交易而获得的对价,该对价包括佣金、利息、与价格有关的货币利益(如折扣)等各种形式。经营者团体实施的原则违法的限制价格行为主要包括以下两大类:(1)决定经营者商品或服务的价格;(2)实施转售价格维持协议行为。

2. 限制价格行为的具体形态、手段或方法

限制价格行为的具体形态、手段或方法多种多样,主要包括①:(1)决定最低销售价格;(2)设定价格的上调比率或上调幅度②;(3)设定价格标准,即以标准价格、目标价格等形式设定价格标准③;(4)设定共同价格的计算方法,即经营者团体为成员企业设定共同价格的计算方法,并通过使用特别的数值、系数和其他因素,为成员企业提供共同和特别的价格标准④;(5)设定销售价,即经营者团体在要求成员企业提供商品给经销商时,将用户的交货价、零售价以及标准价格作为设定商品价格的参照⑤;

---

① 在阐述每一类行为时,《关于经营者团体活动在反垄断法上的指南》均详细列举了公正交易委员会处理过的相关案例。下列行为类型及相关案例来自《事業者団体の活動に関する独占禁止法上の指針》,https://www.jftc.go.jp/dk/guideline/unyoukijun/shikakusha.html,访问日期:2018年12月19日。

② 例如,在"学校毕业纪念册生产经营者团体案"中,经营者团体决定提高成员企业生产的学习影集纪念册的价格,1990年的价格较前一年增长了15%。上述行为被认为违反了《禁止垄断法》第8条第1款第1项的规定。

③ 在"丙烷气经销经营者团体案件",在一次要求所有成员企业参加的"说明会"上,经营者团体分发了三种标准价格图,并说明经营者团体计划以其中一个图表为基础,提高丙烷的零售价格。随后,经营者团体的上述建议获得了与会经营者的一致同意。

④ 在"肉制品加工案"中,经营者团体以猪肉的标准批发价格为依据来决定成员企业猪肉的购买价格,该标准批发价格分别以A市场、B市场及C市场的50%、30%和20%的猪肉批发价格的加权平均数为计算基准。

⑤ 在"中性无水镍合金生产经营者团体案"中,成员企业通过经销商来为最终用户提供中性无水镍合金,而销售给最终用户的价格以经销商的购货价格加上经销商的佣金为依据来确定。经营者团体决定提高中性无水镍合金的最终销售价格,从而让其成员企业提高经销商的购货价格。

(6)价格交涉等行为,即经营者团体指导成员企业与他们的贸易伙伴进行价格谈判,或者强迫成员企业联合起来与他们的贸易伙伴谈判。

3. 为实施限制价格行为而采取的保障措施

在实施限制价格行为时,经营者团体常常会采取一些保障措施。《关于经营者团体活动在反垄断法的指南》规定,原则上,限制价格行为和确保限制价格行为实施的保障措施均违法。具体来看,经营者团体为实施限制价格行为而采取的保障措施主要包括以下几种类型:[①]其一,要求或强制成员企业对限制价格行为给予协助,并对不愿实施限价的成员企业采取不利的制裁措施,如拒绝交易、给予不正当对待、要求其现金支付或者将其从经营者团体中除名。[②] 其二,要求或强迫成员企业购买廉价品。为保证限制价格行为得到实施,经营者团体要求或强迫成员企业采购廉价产品。其三,为监控成员企业实施限制价格行为而进行信息交换,即经营者团体在成员企业之间收集和提供成员企业的交易价格、销售对象等经营活动信息,或者要求成员企业进行上述信息的交换,以帮助与监督经营者实施限制价格行为。[③]

(二)限制数量行为

在日本,如果经营者团体实施的限制数量行为在一定交易领域实质性地限制了竞争,那么其就违反了《禁止垄断法》第 8 条第 1 款第 1 项的规定,属于不正当交易限制行为。如果经营者团体实施的限制数量行为并未导致一定交易领域实质性限制竞争之结果,那么其原则上违反了《禁止垄断法》第 8 条第 1 款第 4 项的规定。根据《关于经营者团体活动在反垄断法上的指南》之规定,下列的限制数量行为原则上违法:(1)限制原材料等物件的购买数量。经营者团体会通过限制经营者的原材料、经营设施等物件的购入量来约束经营者生产与销售的商品数量或者提供的服务数量。(2)设定数量的建议标准来实施限制数量行为,即经营者团体通过对经营

① 下列行为类型及相关案例来自《事业者团体の活动に关する独占禁止法上の指针》,https://www.jftc.go.jp/dk/guideline/unyoukijun/shikakusha.html,访问日期:2018 年 12 月 19 日。
② 在"钢丝绳生产商协会案"中,钢丝绳生产协会为每一种规格的钢丝绳制定了统一的价目表。之后,钢丝绳生产协会决定提高经营者生产的钢丝绳的价格,并要求成员企业不得低于价目表上价格的一定比例进行交易。为实施上述决议,钢丝绳生产协会设立了一项保证金制度,并且任何低于最低价格销售钢丝绳的经营者都将受到处罚,如被拒绝交易、没收保证金等。
③ 在"净化槽鼓风机制造商协会案"中,经营者团体决定为经营者生产的用于小型净化槽的鼓风机设定最低售价。为保证上述决议的有效执行,经营者团体强迫经营者向该团体提交与其交易的净化槽鼓风机制造商和代理商的名单,并将名单发给成员经营者,从而确保成员经营者在与贸易伙伴谈判时,可以提高交易价格。

者生产与销售的商品或者提供的服务设定具体的数量限度的建议标准,以调整产量或销售量。[1]

(三)限制顾客、销路等

如果经营者团体限制顾客、销售渠道或者其他商业因素的行为在一定交易领域实质性限制竞争,那么其就违反了《禁止垄断法》第8条第1款第1项的规定,属于不正当交易限制行为。如果经营者团体限制顾客、销售渠道或者其他商业因素的行为未导致一定交易领域实质性限制竞争之后果,那么其就违反了《禁止垄断法》第8条第1款第4项的规定。

1. 限制顾客,即经营者团体要求每个成员企业均不能同其他成员企业的顾客进行交易。如果经营者不遵守上述限制内容,那么经营者团体会要求经营者将增加的顾客还给原经营者。更有甚者,经营者团体还曾迫使从成员企业抢夺重要客户的非成员企业,将其增加的客户返还给成员企业。

2. 分割市场,即经营者团体限制经营者的销售地域、产品或服务的种类,或者其他商业因素。市场分割主要包括地域市场分割和产品市场分割。

3. 串通投标,事先预定中标者。在建筑行业中,经营者团体常常组织成员企业实施串通投标行为。在招投标项目,如果只有一个经营者想中标,那么经营者团体会指定其为"预定中标者";如果有多个经营者均想中标,那么经营者团体会组织参与投标的经营者共同商议确定"预定中标者"。随后,经营者团体会促使其他经营者根据"预定中标者"的投标价格来调整各自的投标价格,以确保预定中标人能够顺利中标。

(四)限制设备和技术的行为

如果经营者团体实施的限制设备和技术的行为在一定交易领域实质性限制竞争,那么其将被认定为违反了《禁止垄断法》第8条第1款第1项的规定,属于不正当交易限制行为。如果经营者团体实施的限制设备和技术的行为没有在一定交易领域内实质性限制竞争,那么其在原则上就违反了《禁止垄断法》第8条第1款第4项的规定。经营者团体限制设备和技术的行为包括:(1)经营者团体限制成员企业正在或者计划进行的设备引

---

[1] 在"羊毛纺纱机协会案"中,为调整精纺纱线的生产量和稳定市场,经营者团体在每个季度的前2个月会预计精纺毛纱的季度需求量,并在该预测量的基础上制定生产目标。经营者团体要求经营者按季度向其提交生产计划。在营业季度的前1个月,经营者团体会对生产计划进行审查,如果计划符合生产目标则批准,如果计划不符合生产目标则驳回,并要求经营者重新提交。通过上述方式,经营者团体限制了经营者的精纺毛纱的季度生产总量。

进、增加或拆除,或者限制上述设备的运行。在"Y 聚烯烃胶片生产商经营者团体案"中,经营者团体在未获经营者允许的情况下,禁止成员企业引进新的生产设备。同时,如果设备需要维修,那么维修后设备的生产能力也不能超过经营者团体之前设定的限制标准。(2)经营者团体不正当地限制成员企业进行新技术的开发或利用。

(五) 限制进入市场或强迫退出市场行为

如果经营者团体实施了限制进入市场或强迫退出市场行为,且在一定交易领域实质性限制竞争,那么其将被视为违反《禁止垄断法》第 8 条第 1 款第 1 项的规定,属于不正当交易限制行为。如果经营者团体实施的限制进入市场或强迫退出市场行为没有导致实质性限制竞争的结果,那么其就违反了《禁止垄断法》第 8 条第 1 款第 3 项和第 4 项的规定。具体来看,经营者团体实施的限制进入市场或强迫退出市场行为主要包括以下几种类型:

1. 限制提供某种商品或服务,即经营者团体限定成员企业或者其合作伙伴向特定的经营者提供商品或服务。

2. 限制经营某种商品或服务,即经营者团体限制成员企业或者其合作伙伴经营特定经营者提供的商品或服务,具体包括:(1)为了排除进口商品,分销商经营者团体禁止成员企业与任何提供进口商品的经营者进行交易;(2)为了阻止成员企业的竞争对手进入市场,生产商经营者团体强迫与成员企业进行交易的分销商不得经营新加入的经营者所提供的商品。

3. 不正当地加入限制或除名。所谓不正当地加入限制或除名,是指在经营者不加入该经营者团体将难以开展经营活动的情况下,经营者团体不当限制新的经营者进入经营者团体或将已加入的经营者从经营者团体中除名。不正当地加入限制或除名是一种不当的成员资格管理行为。在经营者团体对成员企业与非成员企业实行差别待遇,从而使得非成员企业如不加入经营者团体将很难开展业务的情况下,经营者团体对新入会者实施以下方面限制的,原则上属于违法行为[①]:(1)经营者团体对新加入者征收过高的入会费用或者施加远高于一般标准的经济负担。[②] (2)经营者团

---

① 下列行为类型及相关案例来自《事業者団体の活動に関する独占禁止法上の指針》,https://www.jftc.go.jp/dk/guideline/unyoukijun/shikakusha.html,访问日期:2018 年 12 月 19 日。

② 在"X 医师协会案"(昭和 55 年[1980 年]劝告审第 7 号案)中,不加入医师协会的医生将无法获得只有成员企业才可以享受的必要服务,如被推荐为学校医生、与政府机构沟通时接受协助、检查和治疗病人方面的协助等。因此,X 医师协会决定对新开业的医生收取两倍于正常费用的入会费,目的是在其业务势力范围内限制新医院和新诊所的设立。X 医师协会的行为被认定为不正当交易限制行为。

体设立成员资格取得条件,以限制区域内的店铺数量,或者阻止在其成员企业周边出现新的经营者。① (3)将得到具有竞争关系的经营者同意或推荐作为加入经营者团体的条件。具有竞争关系的经营者之间往往存在紧张的竞争关系,因此将该团体中与其具有竞争关系的已入会成员之同意或推荐作为新经营者的入会条件,势必会导致对新进入者的不当限制。因此,在医学、体育竞技等职业领域,当加入职业协会成为经营者开展经营活动的必备条件时,不正当地加入限制或除名在原则上属于违法行为。(4)国籍限制,即经营者团体因国籍而限制新加入者参与,如规定其成员必须为日本企业或日本人。

（六）不公正交易方法

经营者团体要求或强迫成员实施下列行为的,原则上违反《禁止垄断法》第8条第1款第5项的规定,属于不公正交易方法行为:(1)联合抵制,即经营者团体无正当理由地要求成员共同对其他存在竞争关系的经营者采取下列行为:拒绝与特定经营者交易,或者限制与特定经营者交易的数量或质量;促使其他经营者实施上述行为。(2)交易条件等方面的差别待遇。(3)附排他性条件的交易。(4)转售价格维持协议。(5)附不正当拘束条件的交易。(6)滥用优势地位。(7)对竞争者的交易妨碍。需要注意的是,如果经营者团体通过上述行为导致了在一定交易领域实质性限制竞争之后果,那么其就违反了《禁止垄断法》第8条第1款第1项的规定,属于不正当交易限制行为。不公正交易方法行为与不正当交易限制行为在行为表现方面具有相似性,差别之处就是对市场的危害程度不同。不正当交易限制行为是一种排除和限制相关市场竞争的垄断行为,而不公正交易方法行为是一种具备公平竞争阻害性的反竞争行为。

（七）与公共规制、行政等相关的行为

为了国民健康、确保安全、环境保护等社会原因,或者为了资源能够在市场机能不能发挥作用的情况下实现正当化配置等原因,国家可以对经营者进行公的规制。但是,另一方面,如果上述公的规制对经营者的经营活动进行了限制,那么其也会引发一定的限制竞争的效果。即使在公的管制对于实现特定的政策目标来说是必须的情况下,我们也应当尽

---

① 例如,在"蔬菜商经营者团体案"中,经营者团体规定了限制性的入会条件,即任何新店必须距离已存在的成员企业的店铺至少300米。同时,在果蔬批发市场具有控制力的经营者团体的主要成员达成协议,规定禁止将果蔬出售给非成员企业,从而导致果蔬经销商如不加入经营者团体,则将很难从批发市场购入果蔬并开展业务。通过上述两方面的限制条件之设立,经营者团体限制了区域内的经营者数量。

量将限制竞争的效果控制在最低限度内,以尽可能保障竞争功能的发挥。

在公的规制领域,我们应当关注以下情形:(1)经营者团体限制经营者之间竞争的行为将违反反垄断法。(2)在公的规制被放宽或取消的情况下,经营者之间的自由竞争应当恢复到相应的程度。在上述情形下,经营者团体仍然限制竞争的,将违反反垄断法。(3)当政府机构委托经营者团体执行公共事务时,若经营者团体在执行事务过程中实施了差别对待,则其将违反反垄断法。(4)在行政执法的过程中,行政机关有时会对经营者团体开展行政指导,经营者团体会根据该行政指导开展活动。在上述情形下,尽管行政指导对于行政执法来说非常有必要,但是行政指导的内容和方式,以及经营者团体根据该行政指导所实施的行为之内容和方式,均有可能会引发限制竞争的问题。

1. 有关许可、申报等事项的限制行为

在对经营者的许可、申报等事项进行公的规制之情况下,如果经营者团体对经营者的价格、设施等进行限制,并在一定交易领域实质性限制竞争,那么其行为就违反了《禁止垄断法》第 8 条第 1 款第 1 项的规定,属于不正当交易限制。如果经营者团体对经营者的价格、设施等进行限制的行为没有在一定交易领域实质性限制竞争,那么其行为就违反了《禁止垄断法》第 8 条第 1 款第 5 项的规定,属于不公正交易方法。同样需要注意的是,在公的规制所规定的许可或申报制度下,各经营者向行政机关提交的许可或申报申请是由经营者团体统一办理或参与办理的,从而易于产生限制竞争的效果。

具体来看,有关许可、申报等事项的限制行为主要包括以下类型:(1)限制许可申请的内容,即经营者团体对成员企业的许可或申报中的申请内容进行限制。① (2)在被许可的费用幅度内固定收费价格。在国家许可的收费幅度内,成员经营者有权自由设定各自的费用额度。但是,在国家许可的费用额度范围内,如果经营者团体决定成员经营者的收费价格,

---

① 例如,在"X 出租车运营协会案"(1982 年劝告审第 16 号案)中,X 出租车运营协会要求成员公司递交的申报申请必须包括出租车费。X 出租车运营公司被认定违反《禁止垄断法》第 8 条第 1 款第 5 项,其行为属于不公正交易方法。在"Y 巴士协会案"(1989 年劝告审第 9 号案)中,成员公司欲变更运营计划,遂向政府机关递交行政许可申请。在行政许可申请中,成员企业提出了增加有关特许巴士数量的内容。在此情况下,Y 巴士协会限制成员企业提出增加额外车辆的申请,并且让成员公司递交申请时均应遵守该决定。Y 巴士协会的行为限制了成员企业的车辆营运数量,违反了《禁止垄断法》第 8 条第 1 款第 5 项,属于不公正交易方法。

或者维持与提高费用额度,那么其行为违法。① (3)低于国家许可费用的标准决定成员的收费额度。(4)要求成员经营者收取已标明的费用。在"一般旅行社协会案"中,《旅行业法》禁止旅行社向旅客收取超过已标明标准的旅游业务费、说明费等费用。但是,在实践中,很多旅行社收取的服务费都少于已标明的费用。针对上述情况,经营者团体要求成员经营者必须按照已标明的标准收费,并制作费用标准明细书。经营者团体的上述行为违反了《禁止垄断法》第8条第1款第5项的规定。

2. 在公的规制领域对不受管制的事项进行限制

在公的规制领域,经营者团体所实施的虽不受公的规制,但对价格等重要竞争手段产生影响的下列行为,被认定违反了《禁止垄断法》第8条第1款第1项的规定:(1)对价格进行限制;(2)在行政机关对经营者的进入和店铺设置进行了管制,但对收费没有规定的情况下,经营者团体决定了成员经营者的服务费用;(3)经营者服务费用的国家管制已被废除,成员经营者已经可以自由设定费用,但经营者团体仍然规定了成员经营者提供服务的费用。

3. 与公共委托事务有关的违法行为

当政府机构委任经营者团体执行某项公共事业时,经营者团体的下列行为将违反《禁止垄断法》:(1)在受委托的公共事业活动中,经营者团体实施不公正交易方法行为。例如,根据日本的相关法律,经营者团体应当为成员提供贷款,但其却无正当理由地附加条件,要求成员企业不得向合作社的竞争者购买农业机械。(2)执行公共事务中的限制行为。在实施公共事务活动或根据行政指导来审核是否同意经营者加入的过程中,经营者团体可能会对成员经营者和非成员经营者实施差别待遇、不公正地限制新的经营者进入市场、迫使经营者退出该市场,或者不公正地限制成员经营者的机能和活动,具体包括:其一,在根据行政指导的规定,只有与经营者团体签订保证合同的经营者才能向政府机构提供服务之情况下,经营者团体没有正当理由地拒绝与非成员经营者签订保证合同,从而限制了非成员企业获得向政府提供服务的资格之机会;其二,在按照行政指导的规定,经营者开办百货店需要取得经营者团体区域委员会的同意之情况下,经营者团体没有正当理由地拒绝了经营者的要求,从而限制了经营者的贸易活

① 在"X巴士协会案"中,行政机关允许巴士运营商在政府机构许可的标准费用之基础上,上下浮动15%的尺度来自由设定租赁巴士的费用。但是,在"X巴士协会案"中,X巴士协会却统一决定了成员经营者租赁巴士的大宗运输的最低收费,该行为被认为触犯了《禁止垄断法》第8条第1款第1项,属于不正当交易限制。

动;其三,在按照行政指导的规定,经营者在申请设备投资方面的公共财政融资时,必须取得经营者团体的同意之情况下,经营者团体对成员经营者的设备投资内容进行不正当限制。

4. 行政指导所引发的违法行为

为了实现某种公共政策目标,政府机构有时会为经营者团体提供行政指导。但是,即便经营者团体的行为是根据行政指导来实施的,其也会引发违反《禁止垄断法》的问题。对此,《关于行政指导在反垄断法上的考量方法》细化了反垄断法在行政指导方面的违法判定原则。基于上述原则,如果与经营者团体行为有关的行政指导可能引发反垄断法问题,那么相关的行政机关必须事先与公正交易委员会取得联系,以进行相应的调整。

5. 串通投标

在经营者团体中的成员参加政府采购的情况下,如果该经营者团体事先预定中标人、最低投标价格或者其他与投标有关的事项,那么其行为将被认定为违反了《禁止垄断法》,属于串通投标。有关经营者和经营者团体的投标行为在反垄断法上的考量原则,详见《关于政府采购者、经营者及经营者团体活动的反垄断法指南》,以及本书在串通投标部分的详细论述。

二、可能违法行为与原则上不违法行为

可能违法行为是灰色标准,其具体类型包括:限制商品的种类、品质;限制经营的种类、内容和方法;实施与重要的竞争手段有紧密关系的情报活动;根据统一的价格计算方法指导原价的计算;实施共同销售、运输、保管等共同事业,等等。白色标准就是原则上不违法行为。① 下文将通过对经营者团体所实施行为的类型化研究来阐述可能违法行为与原则上不违法行为(见表 2:《关于经营者团体活动在反垄断法上的指南》概要:可能违法行为与原则上不违法行为)。

(一) 有关商品的种类、质量、规格等要素的行为

有关商品的种类、质量、规格等要素的行为主要涉及如下两个方面:(1)商品的种类、质量、规格;(2)自律性管理、自主认证、认定等事项。《关于经营者团体活动在反垄断法上的指南》将上述行为分为可能违法行为和原则上不违法行为。

1. 可能违法行为

经营者团体实施的下述标准管理行为,可能违反《禁止垄断法》:

---

① 〔日〕铃木满:《日本反垄断法解说》,武晋伟译,河南大学出版社 2004 年版,第 57 页。

(1)限制特定商品的开发或提供,即经营者团体允许成员企业生产特定类型的商品,但要求成员经营者不得开发与生产其他类型的商品;(2)针对不同的经营者实施差别性的自律性管理;(3)强制成员企业遵守具有排除与限制竞争之内容的自律性管理;(4)在没有经营者团体的自主认证和认定,经营者就很难开展经营活动的情况下,经营者团体没有正当理由地限制特定经营者利用上述的自主认证与认定。

2. 原则上不违法行为

经营者团体实施的下述行为,原则上不违反《禁止垄断法》:(1)规格方面的标准化行为,即经营者团体设立的符合消费者利益的、有关规格标准化的自主性标准;(2)基于社会公共利益目标的标准设立行为,即为了实现环境保护、确保公共安全等社会公共利益目标,经营者团体针对商品或服务的种类、质量、机能等要素所设立的合理的、必要的标准;(3)关于规格标准化等相关基准的自主认证和认定。

(二) 有关经营的种类、内容、方法等要素的行为

有关经营的种类、内容、方法等要素的行为主要涉及以下两个方面:(1)限制营业的种类、质量、方法;(2)自律性管理等事项。《关于经营者团体活动在反垄断法上的指南》将上述行为分为可能违法行为和原则上不违法行为。

1. 可能违法行为

经营者团体实施的下述针对经营活动的管理行为,可能违反《禁止垄断法》:(1)限制经营者使用特定的销售方法,如经营者团体要求成员企业不可以通过邮购的方式向非成员企业提供产品;(2)限制广告等宣传手段的内容、媒介载体、发布频率等;(3)针对不同经营者的经营活动实施差别性的自律性管理;(4)强制成员企业遵守具有排除与限制竞争之内容的自律性管理。

2. 原则上不违法行为

经营者团体实施的下述行为,原则上不违反《禁止垄断法》:(1)基于社会公共利益而设立标准,为了实现环境保护、未成年保护等社会公共利益,经营者团体针对成员经营活动的种类、内容、方法、营业时间等要素设立合理的、必要的自律性管理标准;(2)便于消费者选择的标准设立行为,即为了排除虚假夸张的广告与产品说明,或者明确最低限度的广告与产品说明事项,经营者团体出于便利消费者选择商品之目的,制定了自律性管理标准;(3)为了交易条件的明确化,经营者团体鼓励经营者制作格式合同或实行合同的书面化。值得注意的是,上述标准化不得针对交易条件中的实质性内容。

(三）信息交换行为

在竞争激烈的商业领域,敏感的商业信息已成为决定企业能否抢占市场并获取利润的关键要素。因此,在许多行业中,行业协会收集、交换、公布重要信息的现象普遍存在。尽管某些类型的信息交换有助于成员企业准确把握市场需求、降低生产成本、增进经济效率,以及帮助消费者辨别质优价廉的商品和服务,但是特定类型的信息交换确实可能促成经营者去实施联合限制竞争的行为。《关于经营者团体活动在反垄断法上的指南》对信息交换行为进行了详细规定,并将其划分为可能违法行为和原则上不违法行为。

1. 可能违法的信息交换行为

经营者团体交换与经营者的重要竞争手段密切相关的信息,可能违反《禁止垄断法》。经营者团体从成员企业收集信息、向成员企业提供情报,或者促进成员企业之间交换与重要的竞争手段紧密相关的信息的(如成员企业现在或未来的产品的价格或数量、交换生产成本、劳动力工资、有关成员企业的产量、预期投资情况、客户等),都属于可能违法的信息交换行为。在对信息交换行为进行违法性判断时,我们还应当考虑市场结构、信息交换的方式、信息的形成方式等因素。

2. 原则上不违法的信息交换行为

与可能违法的信息交换行为不同,经营者团体实施的下述信息交换行为具有促进市场竞争及保障消费者福祉的作用,其通常不具有限制竞争的效果,因此原则上并不构成对《禁止垄断法》的违反:(1)为了便利消费者,向消费者提供合理使用商品的信息;(2)收集和提供有关技术动向、经营知识等内容的信息,即收集和提供由政府机构、研究机构等主体提供的技术动向、经营知识、市场环境、国家立法或行政管理趋势、相关领域的社会经济条件等一般性资料;(3)收集和提供有关经营者过去的经营活动的信息;(4)提供难以用价格衡量的商品质量方面的信息,即向成员企业和用户提供能够帮助他们对有关价格的事宜做出公平、客观之比较的技术标准材料,如支出项目、经营困难程度、难以用价格衡量的商品品质的信息等;(5)向成员企业收集和提供有关客户信用度的信息,如编制和分发企业的具体公司财务评级信息(包括编制所谓的黑名单)等,该类信息有利于确保成员企业的交易安全,并且基本上不会产生限制竞争的风险。

在上述信息交换活动中,一方面,活动内容是关于行业内的商品、技术、立法、社会形势等客观信息的,而且最大范围地收集与传播信息是有利于增加市场透明度和维护社会公共利益的;另一方面,上述信息不仅向事业团体构成者公开,而且向相关行业及社会普通消费者公开,从而有利于各主体准确把握行业的实际情况与社会公共需求,进而增加消费者的福祉。

(四)经营指导行为

因中小企业管理知识不足,经营者团体常常会提供经营指导,以帮助企业提高经营能力。经营者团体的经营指导行为具有促进市场竞争的积极作用,其通常并不违反《禁止垄断法》。但是,如果经营者团体的经营指导行为促成了成员间的协同行为,那么其可能违反《禁止垄断法》。《关于经营者团体活动在反垄断法上的指南》对经营指导行为进行了详细规定,并将其划分为可能违法行为和原则上不违法行为。

1. 可能违法的经营指导行为

经营者团体向成员企业提供与其现在和未来的商品或服务的价格、产量等重要竞争手段相关的经营行为的经营指导,可能违反《禁止垄断法》。《关于经营者团体活动在反垄断法上的指南》将上述行为界定为,"根据统一的涨价标准等计算方法指导成本计算等",即经营者团体通过统一的涨价标准、所需原材料的标准数量、作业量、单价的计算方式等要素,对成员经营者的成本计算进行指导。

2. 原则上不违法的经营指导行为

针对由中小企业组成的经营者团体所实施的下列经营指导行为,若没有影响经营者间的竞争,则其原则上不违反《禁止垄断法》:(1)普及经营活动的一般知识,以及提供技术技能培训;(2)个别的经营指导,即应成员企业的要求,经营者团体针对个别经营者的实际管理状况提供经营指导;(3)制定成本计算的一般方法,即经营者团体制作成本计算的标准项目之一般列出方法,并基于此对成员企业进行成本计算的一般性指导和培训,但这仅限于未导致经营者间的价格共谋之情形。

(五)共同经营

在有些情况下,经营者团体所实施的共同经营活动会促进竞争。例如,不能与大企业竞争的中小企业所组成的合作社实施的共同经营,将有助于在市场上形成一支新的有竞争力的市场力量,从而促进市场上的有效竞争。还有一些经营者会在社会、文化或其他方面开展共同经营,但此类共同活动与经营者的经营活动没有直接联系,因此不会产生限制竞争的效果。然而,有些情况下的共同经营可能存在限制竞争之嫌。

1. 共同经营违法评定的基本原则

其一,共同经营的内容。共同经营活动是否涉嫌违反《禁止垄断法》,

这与共同经营的内容密切相关。其中,如果共同经营的内容与企业的重要竞争手段密切相关,如在共同销售、共同采购、商品或服务的共同生产等活动中确定价格、数量,或者选择顾客,那么共同经营行为的违法可能性就较大。相反,如果共同经营的内容与重要的竞争手段联系不大,如运输和保管方面的共同经营活动,那么共同经营行为的违法可能性就较小。但是,如果运输和保管方面的共同经营涉及商品价格、数量等重要内容,那么其可能会违反《禁止垄断法》。

其二,参加共同经营活动的经营者所占的市场份额。如果参加共同经营活动的经营者所占的总市场份额大,那么他们就具备一定的市场影响力,因此他们的共同经营活动违反《禁止垄断法》的可能性就大。反之,如果参加共同经营活动的经营者所占的总市场份额很小,那么他们就不具备影响市场的能力,因此他们的共同经营活动违反《禁止垄断法》的可能性就较小。

其三,共同经营的方式。如果经营者团体强迫其成员企业参加或者实施共同经营,或者对参加或实施共同经营的经营者采取区别对待的方式,那么经营者团体的共同经营行为就可能属于反垄断法上的违法行为。

2. 可能违法行为

根据上述判断标准,《关于经营者团体活动在反垄断法上的指南》明确以下几种行为涉嫌违反《禁止垄断法》:(1)共同销售、共同购买、共同生产商品或服务;(2)影响成员企业在商品价格、数量或顾客方面的选择,实施共同运输或共同保管行为;(3)强制成员企业参加或者实施共同经营,或者对参加或实施共同经营的成员企业采取区别对待的方式。

3. 原则上不违法的行为

根据上述标准,以下行为原则上不违反《禁止垄断法》:(1)实施共同经营行为企业的整体市场占有率较低;(2)有利于提升顾客便利程度的共同经营,如为了增进顾客便利程度而共同经营停车场,或者为了提高全行业的销售额而举办共同设备展览;(3)为增进消费者对整个产业的了解,开展宣传营销活动、福利推广活动、社会文化活动等对竞争影响不大的共同经营活动。

(六) 原则上不违法的其他行为

1. 向国家或地方公共团体表达要求或意见

经营者团体可以向国家或地方公共团体表达有关法律或制度的内容及运行情况的基本要求或意见,该种表达本身并不会引起《禁止垄断法》上的问题。

2. 原则上不违法的参与条件

经营者团体的成员资格管理行为有可能因限制竞争而违反《禁止垄断法》，但是下列符合商业目的及意图的成员资格管理行为并不违反《禁止垄断法》：基于日常业务而收取合理的会员费；经过合理计算而施加经济负担；因成员业务规模不同而在会费和其他经济费用上存在合理差别。

表1　《关于经营者团体活动在反垄断法上的指南》概要：原则违法行为

行为类型	原则违法行为
限制价格行为	1. 限制价格行为： (1) 决定最低销售价格； (2) 设定价格的上调比率或上调幅度； (3) 设定标准价格； (4) 设定共同价格的计算方法； (5) 设定销售价； (6) 价格交涉等行为。 2. 为确保实施限制价格行为而采取的措施： (1) 要求或强制成员企业对限制价格行为给予协助； (2) 要求或强迫成员企业购买廉价品； (3) 为监控成员企业实施限制价格行为而进行信息交换。
限制数量行为	1. 数量的限制： (1) 限制原材料等物件的购买数量； (2) 设定数量的建议标准来实施限制数量行为。
限制顾客、销路等	1. 限制顾客； 2. 分割市场； 3. 串通投标，事先预定中标者。
限制设备和技术的行为	1. 限制新设备的增设或使用； 2. 限制新技术的开发或利用。
限制进入市场或强迫退出市场行为	1. 限制进入市场： (1) 限制提供某种商品或服务； (2) 限制经营某种商品或服务； (3) 不正当地加入限制或除名。 2. 不正当地限制加入团体： (1) 征收过高的入会费； (2) 限制店铺数； (3) 将得到具有竞争关系的经营者同意或推荐作为加入经营者团体的条件； (4) 国籍限制。

续　表

行为类型	原则上违法行为
不公正交易方法	1. 联合抵制； 2. 交易条件等方面的差别待遇； 3. 附排他性条件的交易； 4. 转售价格维持协议； 5. 附不正当拘束条件的交易； 6. 滥用优势地位； 7. 对竞争者的交易妨碍。
与公共规制、行政等相关的行为	1. 有关许可、申报等事项的限制行为； 2. 在公的规制领域对不受规制的事项进行限制； 3. 与公共委托事务有关的违法行为； 4. 行政指导所引发的违法行为； 5. 串通投标。

表 2　《关于经营者团体活动在反垄断法上的指南》概要：可能违法行为与原则上不违法行为

行为类型	可能违法行为	原则上不违法行为
限制进入市场或强迫退出市场		加入条件等本身不存在问题
关于商品的种类、质量、规格等要素的行为	1. 限制特定商品的开发或提供； 2. 差别性的自律性管理； 3. 强制遵守有排除与限制竞争内容的自律性管理。 4. 限制利用自主认证和认定。	1. 规格方面的标准化行为； 2. 基于社会公共利益目标的标准设立行为； 3. 关于规格标准化等相关基准的自主认证和认定。
有关经营的种类、内容、方法等要素的行为	1. 限制经营者使用特定的销售方法； 2. 限制广告等宣传手段的内容、媒介载体、发布频率等； 3. 差别性的自律性管理； 4. 强制遵守具有排除与限制竞争内容的自律性管理。	1. 基于社会公共利益而设立标准； 2. 便于消费者选择的标准设立行为； 3. 为了交易条件的明确化，经营者团体鼓励经营者制作格式合同或实行合同的书面化。
信息交换	交换与重要的竞争手段密切相关的信息	1. 向消费者提供合理使用商品的信息； 2. 收集提供有关技术动向、经营知识等内容的信息；

行为类型	可能违法行为	原则上不违法行为
		3. 收集和提供有关经营者过去的经营活动的信息; 4. 提供难以用价格衡量的商品质量方面的信息; 5. 收集和提供有关客户信用度的信息。
经营指导	根据统一的价格计算方法指导成本计算	1. 普及经营活动的一般知识,以及提供技术技能培训; 2. 个别的经营指导; 3. 制定成本计算的一般方法。
共同经营	1. 共同销售、共同购买等; 2. 共同运输、共同保管; 3. 强制参加共同经营。	1. 实施共同经营行为企业的整体市场占有率较低; 2. 有利于提升顾客便利程度的共同经营; 3. 对竞争影响不大的共同经营。
公共规制、行政等相关的行为		对国家或地方性公共团体表达要求或意见

第四节　针对经营者团体的制裁措施

　　《禁止垄断法》对经营者团体的限制竞争行为进行了非常详细的规定,并将其划分为原则违法行为、可能违法行为和原则上不违法行为。如果原则违法行为和可能违法行为导致了一定交易领域实质性限制竞争的严重后果,那么其就违反了《禁止垄断法》第 8 条第 1 款的规定,属于不正当交易限制行为。有些情况下,经营者团体也会组织成员企业实施实质性限制竞争的私人垄断行为。如果原则违法行为和可能违法行为没有导致一定交易领域实质性限制竞争的严重后果,但是产生了"公平竞争的阻害性",那么其就违反了《禁止垄断法》第 8 条第 5 款的规定,属于不公正交易方法。针对经营者团体的违法行为,《禁止垄断法》第 8 条之二与第 8 条之三规定了以下两种法律责任:

一、责令经营者团体实施排除措施

在经营者团体实施《禁止垄断法》第 8 条之一所规定的违法行为的情况下,公正交易委员会可以采取如下排除措施:责令经营者团体停止违法行为、解散经营者团体,以及采取其他排除该违法行为的必要措施。在采取前述排除措施的情况下,如果公正交易委员会认为存在特殊必要,那么其可以责令该经营者团体的干部、管理者或成员企业采取保障前述排除措施得以有效实施的必要措施。

二、对成员经营者征缴课征金

经营者团体的成员企业实施特定的违法行为的,公正交易委员会将向其征缴一定的课征金。根据《禁止垄断法》第 8 条之一的规定,经营者可能组织成员经营者实施不正当交易限制行为、私人垄断行为和不公正交易方法行为。有鉴于此,公正交易委员会将向实施相关违法行为的经营者按照相应的比例征缴课征金(参见表 3)。

表 3　经营者的违法行为类型及课征金比率[①]

行为类型	课征金比率
不正当交易限制	10%
私人垄断	10%
低价倾销、差别对价、联合抵制交易、转售价格维持协议	3%
滥用优势地位	1%

---

① ［日］公正取引委員会事務総局:《独占禁止法改正法の概要》,https://www.jftc.go.jp/dk/
kaisei/h21kaisei/index_files/091203setsumeikaisiryou.pdf,访问日期:2018 年 12 月 28 日。

第十一章　行政指导规制制度

第一节　日本行政指导的历史沿革

一、行政指导的引入时期

　　所谓行政指导,是指行政机关为了实现一定的行政目标,在其职责及管辖范围内做出的,要求特定的人为一定行为或者不为一定行为的指导、劝告、建议或其他非强制性行为。早在第二次世界大战期间,为发动侵略战争与整合国家资源,日本政府就多次运用行政权力来命令各大由财阀控制的企业生产军工产品及服从国家战略。二战后,为实现对日本的全面、有效之占领,以及清除日本军国主义势力,美军主导下的联合国军总司令部推行经济政治改革,多次以警告、指示、备忘录等形式命令日本政府采取必要手段,尽快稳定战后混乱的社会秩序。日本从联合国军总司令部的行为中受到启发,开始针对个别企业落实非公开化的、劝告性的提议。其中,在 1950 年的"野田酱油事件"中[①],日本酱油仍采用国家推行的统治价格,酱油协会、野田酱油等四家企业以酱油定价过低、企业盈利微薄为由,向物价厅申请提高酱油定价。在得知本年度酱油的统治价格政策即将被废除之际,酱油协会、野田酱油等多家企业秘密商讨,达成了对酱油统一提高定价的初步意见。之后,物价厅对达成价格协定的野田酱油等企业做出了劝告性的行政指导,示意野田酱油等企业在确定销售价格时,应当考虑到零售业者和批发业者的盈利空间,将酱油定价适当降低;同时,物价厅还建议酱油协会应当制作一份废止酱油统治价格的陈情书。在得到酱油协会、野

---

① 　东京高级法院 1957 年 12 月 25 日判决,高级法院民集 10 卷 12 号,第 743 页。

田酱油等多家企业的行业自律保证后,物价厅的上述行政指导得以实施。① "1952 年的《靖和条约》②生效后,行政指导在日本得到广泛运用,渗透至各个领域。"③针对"朝战景气"④后出现的企业生产过剩和经济衰退之迹象,日本通产省于 1952 年 2 月首先对棉纺业提出紧急性的行政性劝告,要求棉纺业应当尽快采取措施(如减少工时、停开部分机器、限制生产数量等),以避免棉纺业出现生产过剩的局面。同时,在因《禁止垄断法》过于严格而要求放宽对卡特尔的规制之呼声下,日本通产省通过行政指导的方式,大幅度地减轻了卡特尔的规制力度。

　　行政指导在战后日本的引入,主要根源于日本政府和企业界长期维持着的官尊民卑的关系体系。一直以来,日本企业界对政府有强大的依赖性,并且他们畏惧政府的官僚势力,因此即使是政府提出的非正式建议,日本企业也会被动接受。上述情况的产生有如下两方面的原因:一方面,日本政府会强力干涉或者制裁拒绝听从行政指令的企业;另一方面,从政界离职的高官多在企业就职,从而进一步拉近了政府与企业界的关系。⑤ 上述独特的政企关系决定了日本企业界的生产经营活动必然离不开政府部门的"特殊关照"。

二、行政指导的发展时期

　　20 世纪 60 年代,日本政府开始正式实施行政指导。1962 年,行政指导正式作为官方术语在通产省的财政年度报告里被使用。⑥ 自通产省于 1962 年在财政报告中首次使用"行政指导"以来,政府部门使用行政指导的次数不断增加、形式更加灵活多样、适用范围逐步扩展至社会经济各个领域。在日本,通产省之所以大力推广行政指导,主要是因为行政指导比

---

① 日本公正交易委员会据此认为,野田酱油等四家企业实行价格卡特尔的行为违反了《禁止垄断法》关于卡特尔的相关规定,而酱油协会违反了《经营者团体法》的相关规定;针对物价厅的行政指导行为,公正交易委员会认为,即使酱油定价有行政指导的介入,野田酱油等企业的价格卡特尔行为也仍应受到《禁止垄断法》的规制。
② 《旧金山对日和平条约》由第二次世界大战的 48 个战胜国与战败国日本于 1951 年 9 月 8 日在美国旧金山签订,条约于 1952 年 4 月 28 日生效。
③ 〔日〕南博方著:《日本行政法》,杨建顺译,中国人民大学出版社 1988 年版,第 67 页。
④ 朝鲜战争初期,以美军为首的联合国军发动侵略战争,因此军事战略物资的需求量大大增加,从而刺激了日本企业界生产指数的快速增长。1950 年 6 月至 1951 年 6 月,日本经济迎来战后的第一个增长期,即"朝战景气"。
⑤ 据 1974 年 6 月 14 日的《朝日新闻》报道,有多达 50 名前通产省官员(包括 5 名前次官)在整个石油工业部门担任领导职务。参见〔美〕查莫斯·约翰逊:《通产省与日本奇迹》,金毅、许鸿艳、唐吉洪译,吉林出版集团有限责任公司 2010 年版,第 334 页。
⑥ 关于行政指导的首次使用,参见日本通产省(MITI):《1962 年财政年度报告》,第 123 页。

产业立法更加灵活和有效。通产省认为,在推行产业政策的过程中,与其单纯借助产业法律来强制企业服从管理,不如与企业建立和谐的合作关系,让企业在温和的劝告下自觉服从政府管理,从而防止陷入集体抵制的两难境地。通产省次官佐桥滋[①]更是指出,"政府统制"和"市场自我协调"都存在固有缺陷,达不到人们期望的结果,因此政府应当走中间路线,由官员、工业家和银行家合作组成各种委员会,并推行"诱导式的行政管理模式",从而保护与扶植新兴产业和成长产业的发展。[②] 在通产省的积极推动下,行政指导成为了 20 世纪 60 年代的日本推行产业政策的最有效方式。

(一) 行政指导成为推动产业政策实施的主要手段

为增强日本企业在贸易自由化进程中的国际竞争力,以及保护国内新兴产业的发展,通产省于 1963 年制定了《特定产业振兴特别措施法案》。《特定产业振兴特别措施法案》指出,日本经济在战后重建和复兴过程中的主要问题,是产业领域中的企业数量众多但规模过小,因此有效竞争不足。一旦国门大开,在贸易自由化的冲击下,日本的大部分小企业就会被外国企业吞并,从而威胁到日本国民经济的根基。《特定产业振兴特别措施法案》限制了市场的自由竞争,并对贸易自由化大潮下的日本市场经济体系之建立设置了明显的障碍。最终,《特定产业振兴特别措施法案》未获日本国会通过。为了继续推行产业政策,通产省迂回地采取行政指导的策略来实施相关产业政策。1964 年 10 月 26 日和 1964 年 12 月 19 日,通产省为合成纤维业和石油化工业设立了协调恳谈会;1965 年 5 月,纸浆业恳谈会成立;1966 年 11 月,钛合金业恳谈会成立;之后,其他产业也陆续设立了类似的组织。

通过"协调恳谈会"的方式,通产省召集政府与经营者团体、企业等主体进行协商,以推动行政指导的实施。这一时期,出于对企业间的恶性竞争会危害行业的未来发展之担忧,通产省采取了大量的行政指导手段(如限制产品价格、控制生产数量、引导资金流向亟需发展的产业等),以调控产品的供需失衡,从而有效缓解了个别行业的生产过剩之压力。例如,石

---

① 佐桥滋,1913 年 4 月 5 日出生于岐阜县土岐市,1957 年至 1961 年先后任职于通产省纺织局、煤炭局和重工业局,1961 年调任通产省企业局任局长,1964 年担任通产省次官。在任期间,佐桥滋主张通过诱导式行政指导的方式来积极推进产业政策的实施,他被称为"行政指导之父"。

② 张宝珍:《日本通商产业省调控产业发展的导向功能》,《日本问题研究》1994 年第 1 期,第 1—8 页。

油化工业恳谈会决定将 1965 年和 1966 年的新建乙烯设备限制在 50 万吨以内,并明确只有行业内的公司才有权研发生产设备。[①] 1952 年至 1965 年,通产省共计实施了 58 次行政指导。

(二) 行政指导促成企业合并

为实现石油、重工、汽车等产业的规模经济,以及增强这些特殊产业的国际竞争力,日本政府通过促成企业合并的方式来扩大企业规模。为此,通产省负责召集企业界相关人员来共同商讨合并事项。同时,企业合并会带来限制市场竞争、损害国民利益之后果,因此大企业的合并需要获得公正交易委员会的审查许可。有鉴于此,日本政府又在企业界和公正交易委员会之间进行协调,以确保企业合并的顺利进行。这一时期,日本政府长期运用便捷融资的手段来鼓励中小企业之间的合并,并将"结构贷款"扩大到汽车、石油化工和合金钢工业。1963 年,日本开发银行拨出大约 30 亿日元(1964 年扩大到 60 亿日元)作为用于大公司合并的"结构信贷"款项。正是在这种官方鼓励企业合并的行政指导之助力下,上世纪六七十年代成为了日本企业合并的高峰期。[②] 由此可见,这一时期,通产省通过灵活多样的行政指导来积极推进企业合并,从而实现了被国会否决的《特定产业振兴特别措施法案》所倡导的"提升特定行业的国际竞争力,以抵消贸易自由化所带来的消极影响"之目标。通产省的"迂回战略"取得了预期的效果。

(三) 行政指导改造衰退行业

1964 年,日本经济开始出现衰退,尤其是棉纺业。为了调整产业结构和防止生产过剩,日本政府与产业界通过磋商达成了解决之策。政府与产业界共同合作推算出产能的"过剩部分",并由政府收购该"过剩部分"。1976 年,针对造船业的困境,运输省向主要的造船企业提出开工限制的劝告,建议整个造船业将 1977 年和 1978 年的开工时间定为 1973 年至 1975 年中的工作时间最长年度的 70%。1978 年,运输省又实行了造船吨位总量限制,建议造船业将 1979 年和 1980 年的造船总量定为 1973 年至 1975 年中的造船吨位总量最高年度的 39%。[③] 从 1978 年起,日本政府又致力于对造船业的过剩设备进行调整,其成立了专门机构来收购特定船舶制造厂的设备和地皮,以从总体上缩减造船业的规模。据统计,1955 年至 1975

---

① [美]查默斯·约翰逊:《通产省与日本奇迹》,金毅、许鸿艳、唐吉洪译,吉林出版集团有限责任公司 2010 年版,第 296 页。

② 轰动日本全国的"八幡制铁与富士制铁合并案"就是发生在这一时期。

③ 陈建安:《产业结构调整与政府的经济政策》,上海财经大学出版社 2002 年版,第 97 页。

年,日本政府共认可萧条卡特尔产品 45 种,最长限制时限达 5 年 6 个月,最短限制时限为 3 个月。通过对特定产品予以限产、限价和淘汰,日本政府对萧条产业实行促退。[①]

三、行政指导被纳入法律调整的时期

在日本,行政指导因方式灵活、适用简易、行之有效而被日本政府广泛采用。但是,随着行政指导的广泛实施,其缺乏透明性、公正性不足等弊端开始显现。在此背景下,为了防止政府公权力的滥用、规范行政指导的工作流程,以及提高行政指导的透明度和公正性,日本政府于 1993 年制定了《行政程序法》,其第四章明确了行政机关实施行政指导的基本规则。

进入 20 世纪 80 年代后,贸易自由化要求日本进一步开放国内市场。为了维持和促进市场的公平、自由竞争,日本政府必须积极推进规制缓和政策。但是,行政指导的过度使用和行政权对市场行为的过度干预,无疑与规制缓和的目标背道而驰。有鉴于此,日本社会各界要求将行政指导纳入竞争法的调整范围。针对行政指导所引发的反垄断法问题,公正交易委员会专门就如何确保行政指导符合反垄断法与实施行政指导的行政机关进行了事前沟通,并提出了合理化方案。在 1982 年的"石油联盟卡特尔刑事案"中,日本最高法院也就行政指导所导致的价格联盟予以了规制。1994 年,在总结以往多年与行政机关的行政指导涉嫌触犯反垄断法相关规定的案件打交道的经验之基础上,公正交易委员会颁布了《关于行政指导的反垄断法指南》,并于 2010 年对其进行了修订。《关于行政指导的反垄断法指南》根据行政指导的目的、内容、方法等要素来判定行政指导是否会限制市场竞争,从而导致反垄断法上的违法行为。自此,日本的行政指导进入了受反垄断法调整的阶段,从而保证在符合竞争政策的视角下,行政指导能够推进产业政策的实施。

第二节　行政指导的效果

相比于具有强制约束力和执行力的法律,行政指导的形式更为灵活,方法较为温和,因此在日本政府通过实施产业政策来重振经济的历史进程

---

① ［日］安场保吉:《日本经济史(8):高速增长》,生活·读书·新知三联书店 1997 年版,第 267 页。

中,行政指导占据了重要地位,其辐射范围由个别产业拓展至日本的各个社会领域。在履行公共治理职能的行政行为中,日本政府之所以青睐行政指导,就是因为行政指导是在企业同意和协助的情况下进行的,其多由在低息贷款、补助金等方面有权同意或拒绝给予企业各种各样重大利益的行政机关所实施。因此,对于企业来说,无论是出于整体考虑还是出于长远考虑,服从行政指导都是有利的。①

一、行政指导的积极作用

其一,有效实现了政府职能,贯彻了产业政策的方针,推动了国民经济的快速增长。一方面,政府与企业通过行政指导的形式,达成投资、生产与经营上的合意;另一方面,政府又通过形式多样的行政指导,为企业搭建通力合作的桥梁,推动银行等金融机构为企业提供发放贷款等优惠措施。行政指导的推行,使得日本采掘业和制造业的生产指数逐年大幅度增长。例如,就钢铁产业而言,1955 年的日本钢铁业生产指数为 9.8,1960 年的日本钢铁业生产指数攀升至 22.4,1965 年、1970 年与 1975 年的日本钢铁业生产指数又分别攀升至 40.8、94.2 和 100。② 产业界的生产指数之攀升,直接推动了日本国民经济在 1955 年到 1965 年的稳定增长。

其二,有效促进了中小企业的发展。在日本的经济结构中,中小企业占有重要地位。日本的中小企业主要集中在制造业、商业及服务行业,他们占这三个行业的营业机构总数的 83.6％和从业人员总数的 75.6％。③在贸易自由化的国际大背景下,日本的中小企业因规模小、技术水平低和生产条件差,而在国际市场竞争中处于劣势。同时,日本的中小企业数量过于庞大,但与大企业能够获得官方和市场的信息相比,中小企业的情报来源有限。面对不断变化的市场,日本的中小企业往往难以根据市场的实际需求进行量化生产。通过行政指导的方式,日本允许中小企业达成关于信贷、信息交换、共同采购销售、福利保障等内容的卡特尔协定,以防止中小企业的卡特尔行为为反垄断法所禁止。同时,日本政府更是出面与公正交易委员会进行协调,以促使中小企业做出排除垄断措施的承诺。

其三,提升了日本大企业在国际竞争中的综合实力。行政指导助推了日本大企业的合并,增强了日本企业的国际竞争力。在 1969 年的"新日铁

---

① ［日］根岸哲:《日本的产业政策与行政指导》,鲍荣振译,《法学译丛》1992 年第 1 期,第 48 页。
② ［日］《昭和史辞典》1980 年版,第 457 页。
③ 余昌雕:《行政指导在日本经济管理中的作用》,《日本研究》1989 年第 2 期,第 5 页。

合并案"之后，日本政府针对钢铁业的三次合理化计划收获了预期的效果。截至1973年，日本的钢铁产量占到了世界钢铁总产量的17％，这对于矿产资源贫乏的日本来说，不能不说是一个奇迹。自此，日本发展成为了世界上少有的纯进口型的"钢铁王国"。

由此可见，行政指导具有贯彻国家产业政策、实施宏观经济调控的功能。二战后，日本的国内产业相当弱小且缺乏竞争力，行政指导成为了保护国内产业、维护社会经济秩序、增强产业在国际市场上的竞争力之有效手段，其是推动日本经济快速增长的一个重要动力。

二、行政指导的消极影响

其一，极易导致政府行政权力的滥用。就定义而言，行政指导并不具有强制实施力，但由于实施行政指导的主体是政府，其本身具有公权力属性，因此即使是行政机关的建议，对于企业来说也是一种不成文的命令。正如伦敦的《经济学家》杂志针对日本的行政指导所提出的，"行政指导是不成文的日文命令"。[①] 以通产省做出的行政指导为例，不服从行政指导的企业往往会被施加不给予企业政策优惠、对不合作企业予以报复等"制裁措施"，直至其迫于官僚压力而服从该行政指导。

其二，极易诱发企业形成卡特尔联盟。为了获得商业利益，在一般情况下，企业对政府的行政指导来者不拒，甚至巧妙地借助于政府的行政指导来实施卡特尔行为。例如，在"石油卡特尔案"中，1973年的石油危机对日本国内产业造成了巨大冲击，通货膨胀引发了国内民众生活秩序的混乱，石油企业在政府的指导下成立了卡特尔联盟。在石油危机引发石油价格暴涨的情况下，上述的卡特尔联盟商议同步抬高油价，从而严重侵害了消费者和中小企业的权益。

其三，行政指导的过度使用对公平、自由的市场竞争机制之形成造成阻碍。在日本，政、官、商三位一体的社会构造决定了日本企业难以摆脱政府的严密控制。1993年3月之前，日本政府针对国内企业的限制性规定高达11402项。[②] 行政指导的实施一方面推进了日本产业的高速发展，但另一方面也限制了市场的自由竞争，并导致了垄断企业的形成。在此背景下，因行政指导而发展壮大的企业慢慢具备了独立应对市场竞争机制的资本与实力，他们开始希望限制政府的行政指导。同时，日本设置贸易壁垒

---

① *The Economist*，Nov. 20，1979，P. 85.
② 郭润生、宋功德：《论行政指导》，中国政法大学出版社1999年版，第76页。

来阻碍外国企业进入本国市场。日本通过行政指导来推行产业政策与阻害市场竞争的做法,引发了美国等国家的强烈反对。行政指导的过度使用和范围的不断扩大已经阻碍了自由竞争市场的形成,因此日本政府应当对行政指导的无序和泛滥进行必要的规制。

第三节　行政指导的反垄断法规制之基本方法

一、有法律依据的行政指导

《关于行政指导的反垄断法指南》将行政指导划分为有法律依据的行政指导和无法律依据的行政指导,并就不同类型的行政指导设定了具体的违法判定标准。

所谓有法律依据的行政指导,是指法律法规明确规定的行政指导。实施行政指导的机关既包括行政机关,又包括地方公共团体的执行机关。这里所指的法律依据,包括法律、命令、地方公共团体的执行机关制定的规则等。针对有法律依据的行政指导及相关行为是否触犯了反垄断法,我们需要分两个阶段进行判断。首先,我们需要判断行政指导是否合法,主要的判断标准如下:(1)行政指导的实施目的、内容和方法是否与作为其依据的法律法规的规定相一致。如果行政指导的实施目的、内容和方法与其依据的法律法规之规定相一致,那么该行政指导原则上不触犯反垄断法。相反,如果行政机关做出的行政指导的实施目的、内容和方法与其依据的法律法规之规定相背离,那么该行政指导违法。(2)相对方可否自主决定接受行政指导。如果相对方可以自主决定是否接受行政指导,那么该行政指导合法,反之则违法。其次,我们要判断相对方依据行政指导所实施的行为是否合法。需要注意的是,并不是依据合法的行政指导所实施的行为都是当然合法的。(1)依据合法的行政指导所实施的行为原则上合法。但是,如果相对方依据合法的行政指导所实施行为符合违法构成要件,那么该行为同样是反垄断法上的违法行为,应当受到规制,构成符合适用除外情形的不受此限。(2)依据违法的行政指导所实施的行为属于违法行为,应受到反垄断法的规制。

二、无法律依据的行政指导

所谓无法律依据的行政指导,是指法律法规没有规定的行政指导。无法律依据的行政指导并不必然违法。当法律法规并未对行政指导的内容做出明确规定时,行政机关应当尽到审慎义务,综合评估、预测该行政指导的目的、内容和方法是否会阻碍市场的公平自由竞争,因为只有阻害市场竞争的行政指导才触犯反垄断法。如果行政指导所诱发的行为符合反垄断法上的违法构成要件,那么该行为也是违法的。具体来看,针对无法律依据的行政指导是否触犯了反垄断法,我们应当从以下几个方面来进行综合考量:

其一,行政指导的目的。基于以下目的做出的行政指导合法:(1)改善国民生活,稳定物价;(2)改善公众健康,保护环境;(3)保障交易活动的透明和公正;(4)保护中小企业。与之相反,基于防止经营者之间的过度竞争、调控供求关系、抑制价格下降等目的而实施的行政指导会限制市场竞争机制作用的发挥,因此其将被认定为触犯了反垄断法。

其二,行政指导的内容。行政指导的内容包罗万象,不同的内容会对市场竞争产生不同程度的影响。一般来看,我们主要是判断行政指导是否涉及市场准入与退出、市场竞争手段等内容。在市场经济体制下,自由的市场准入与退出是市场自由竞争的前提与基础,价格、数量、设备等要素是企业进行市场竞争的重要手段。原则上,上述这些因素应在市场中形成,行政机关不得对其实施行政指导。如果行政机关就与竞争手段密切相关的市场要素实施行政指导,那么市场的自由竞争机制将会受到直接影响,因此这种行政指导行为违法。虽然企业的营业方法、产品品质和规格、宣传广告等也是经营者进行市场竞争的要素,但与上述要素相比,其对市场自由竞争机制的影响较弱。因此,针对无法律依据的行政指导是否触犯反垄断法,我们应当从行政指导是否涉及市场准入与退出、市场竞争手段等内容来进行判断。

其三,行政指导的方法。行政指导的实施方法之不同,也会不同程度地引发反垄断法违法问题。一般而言,以下列方法实施的行政指导易于引发反垄断法违法问题:(1)通过经营者团体实施的行政指导易于诱发反垄断法违法行为。在接受行政指导时,经营者通常会以其他经营者是否接受同样的行政指导作为参考,因此在通过经营者团体实施行政指导的情形下,经营者易于把握其他经营者对行政指导的同意情况,并会根据其他经营者的同意产生连锁同意的反应,从而引发共谋。(2)针对相关产业中居于主导地位的经营者做出的行政指导。(3)实施针对众多经营者设定统一标准与方法的行政指导。上述行政指导均易于导致经营者形成限制竞争的默示共谋,从而引发反垄断法上的违法问题。

三、伴随许(认)可的行政指导

针对电气、通讯、煤气、道路、航空运输等特殊行业,日本政府实行许(认)可的管理模式,即对经营者的市场准入及退出、价格或数量、设备等要素实行许可制度。尽管许可制度对经营者之间的自由竞争进行了限制,但是其目的并非是摒弃竞争,并且在许(认)可的范围内,经营者仍有开展自由竞争的余地。也就是说,如果行政机关的行政指导限制了许(认)可领域所存在的自由竞争空间,那么其就触犯了反垄断法。对此,《关于行政指导的反垄断法指南》就基于许(认)可的行政指导的合法性做出了明确规定。一般而言,行政机关实施的许(认)可不得超出法律所规定的范围,也不得限制市场竞争,否则属于违法行为。另外,即使许(认)可合法,基于合法的许(认)可所实施的下列行政指导也仍有可能违法:(1)具有实际强制力的行政指导;(2)要求相关市场的新进入者需征得既有经营者或经营者团体同意的行政指导,或者需要就市场进入条件与上述主体进行协商的行政指导;(3)新进入者获得许(认)可要以加入该领域的经营者团体为前提的行政指导;(4)在对多个经营者进入市场进行许认可时,要求申请者相互协调或经营者团体出面协调的行政指导;(5)针对经营者可以单独完成的许(认)可,却要求经营者团体代表成员企业一并申请的行政指导;(6)针对经营者可以自主调整价格的许(认)可,却要求经营者相互间就价格进行调整或经营者团体进行价格调整的行政指导,或者必须通过经营者团体提交申请的行政指导,或者必须征得既存经营者和经营者团体同意方可提交申请的行政指导。另外,法律在市场进入与退出、价格、数量、设备等方面规定强制报告制度的,该强制报告制度不得限制市场的自由竞争。

第四节　行政指导的基本类型

一、关于市场准入与退出的行政指导

自由的市场准入与退出机制是市场自由竞争的前提和基础。在对经营者实施行政指导时,行政机关应当谨慎审查无法律依据的行政指导行为是否限制或妨碍了竞争,以及在多大程度上限制或妨碍了竞争。下列三种情形的行政指导可能会触犯反垄断法:其一,要求新的经营者在进入某一行业领域前,必须征得已有经营者或经营者团体的事前同意的行政指导,

或者对新进入者设定过高的进入标准的行政指导；其二，为调整新进入者
与已有经营者的利益关系，要求新进入者在进入该行业后，必须加入所在
经营者团体并接受该协会管理的行政指导；其三，要求经营者必须接受所
在经营者团体的协调行为的行政指导，而经营者团体的协调行为主要包括
调整行业的供需关系、协调行业成员的利益分配、从公共机构获得融资等。
上述行政指导会迫使新进入者放弃进入该领域，从而造成限制相关市场中
的经营者数量之结果，或者对新进入者的经营活动设置了不正当交易限制
的条件，因此其触犯了反垄断法。

二、关于价格的行政指导

在市场经济体制下，产品价格应当由市场来决定，行政机关一般不得
通过行政指导来确定和协调产品价格。因此，行政机关应当对无法律依据
的行政指导行为进行审慎审查，以防止其限制市场竞争。根据《关于行政
指导的反垄断法指南》之规定，下述行政指导可能会触犯反垄断法：其一，
涉及涨价、降价和价格幅度的行政指导，此类行政指导极易引发经营者达
成默示共谋、明示决定或者基于经营者团体制定的标准提高或降低价格之
后果；其二，在产品价格不断下跌的情形下，要求行业经营者限制低价销
售、低价进货或者降价幅度，不得随意降价的行政指导，此类行政指导易于
导致经营者共同或通过经营者团体实施固定价格行为或涨价行为；其三，
要求经营者向经营者团体报告交易价格的行政指导，此类行政指导易于引
发价格协同行为；其四，要求稳定销售价格的行政指导，此类行政指导易于
引发转售价格维持协议行为；其五，在未强制要求实施事前价格报告制度
的情形下，要求经营者事前报告定价标准的行政指导，此类行政指导易于
促使经营者或经营者团体实施信息交换，从而最终诱发价格卡特尔行为。

三、关于数量和设备的行政指导

为了维护和促进公平、自由的竞争，经营者有权就产品数量和设备开
展自主经营活动，行政机关一般不得实施行政指导。因此，行政机关应当
审慎审查关于数量和设备的无法律依据的行政指导，以判断其是否限制了
市场竞争。根据《关于行政指导的反垄断法指南》之规定，下述行政指导可
能会触犯反垄断法：其一，要求经营者或经营者团体对产量、销售量、原材
料采购量、进出口量、减产率等内容设定量化标准的行政指导；其二，为了
做好短期市场供求预测而要求经营者或经营者团体提供产量、销售量、进
出口量、新增设备等方面计划的行政指导；其三，要求经营者向经营者团体

报告涉及商业秘密之内容的行政指导；其四，为了做出短期供求预测，要求经营者相互或通过经营者团体交换供求信息的行政指导，行政机关听取经营者的供需预测并不触犯反垄断法，但如果该行政指导要求经营者进行信息交换，那么其可能会引发数量卡特尔问题；其五，要求经营者或经营者团体就设备投资废弃的时间、规模等具体标准做出详细说明的行政指导；其六，在未强制规定经营者对生产销售量、进出口量、新增设备等内容采取事前报告制度的情形下，要求经营者报告数量的行政指导。上述六种类型的行政指导因可能引发数量卡特尔或设备卡特尔而属于违法行为。

四、关于经营方法、质量、规格、广告、表示等内容的行政指导

在企业于相关市场开展生产与经营活动的情形下，经营方法、产品规格和质量、宣传广告、表示等要素是经营者在市场竞争中发挥其创造性和灵活性的工具，因此行政机关应当实施此方面的行政指导。在对经营方法、质量、规格、广告、表示等要素实施行政指导时，行政机关应当判断行政指导是否限制了市场竞争。行政机关基于遵守法律、防止不当行为、改善公众健康、提高公共安全性、保障交易活动的透明度等目的，对上述要素进行限制的，此种限制具有正当性，不属于违法行为。基于确保商品的生产与流通及服务的规范化与合理化之目的，行政机关可以通过行政指导来督促经营者或经营者团体制定该方面的标准化规则。但是，如果接受该行政指导的经营者利用行政指导来共谋限制行业标准，或者经营者制定的标准侵害了消费者的利益，那么此行政指导可能属于违法行为。最后，行政机关对经营方法、质量、规格、广告、表示等内容实施行政指导的，如果该行政指导的标准易于使经营者根据该指导形成价格方面的共谋，那么此行政指导可能会触犯反垄断法。

第十二章 反垄断法的适用除外制度①

在政府主导经济发展的时期,作为反垄断法与产业政策法调节剂的适用除外制度曾被广泛运用。在当时日本经济尚不发达的条件下,适用除外制度在保障政府倚重产业政策培育本国产业、发展规模经济、实现本国经济在 1955 年到 1970 年的高速增长等方面发挥了重要的作用。20 世纪 90 年代,随着日本经济增长速度的放缓,封闭式的市场结构日益成为经济持续性、开放性发展的障碍,原有的适用除外领域开始引入竞争机制,并通过竞争法的调节来严格控制政府干预,从而使得适用除外制度被弱化。日本的适用除外制度之演进过程,从根本上折射了不同经济阶段下的产业政策法与竞争法之互动发展进程,以及两者在经济领域的不同推动作用。

第一节 适用除外制度的历史演进

所谓适用除外制度,是指某种行为在形式上符合反垄断法的禁止性规定,但从产业政策、社会公共利益、竞争秩序等角度进行价值考量,该行为具备有益性,因此被排除在反垄断法的适用范围之外的一种制度。从形式上看,适用除外制度在日本主要体现为以下三种模式:(1)《禁止垄断法》第 6 章中的适用除外条款,包括现行法规定的知识产权的行使行为、一定的合作社组织的行为、转售价格维持协议,以及已经废止的自然垄断的固有行为、基于特别事业法律的正当行为、经济危机卡特尔和合理化卡特尔;(2)《关于禁止私人垄断及确保公正交易法施行令》等反垄断法相关法令所规定的适用除外条款;(3)《中小企业团体组织法》《农业合作社法》《保险业

---

① 本章内容来自本人发表的下列论文成果:《日本反垄断法适用除外制度及启示》,《东北大学学报(社会科学版)》2011 年第 1 期;《21 世纪日本反垄断法的适用除外制度——最新发展与制度适用》,《河南警察学院学报》2012 年第 4 期。

法》等特别事业法令所规定的适用除外条款。在日本倚重竞争政策与产业政策来解决不同的"市场失灵"问题的不同时期,适用除外制度呈现出不同的发展态势。

一、适用除外的兴盛期:1947—1990年

在1947年制定《禁止垄断法》之初,日本就未将该法适用于所有的产业,其认为就某些特殊产业或经营者的经营活动而言,与其贯彻经济自由的竞争政策,莫如承认其垄断,因为这更适应和有利于整个国民经济的健康发展。[①] 基于上述认识,在经济的育成及发展阶段,为实现培育本国产业、加大企业规模、强化企业国际竞争力等政策目标,日本广泛设置并运用反垄断法的适用除外制度。

在1947年颁布的《禁止垄断法》中,适用除外制度适用于自然垄断的固有行为、基于事业法令的正当行为、知识产权行为和一定的社团组织行为。

20世纪50年代,在倚重产业政策来加快产业发展的背景下,适用除外制度开始遍地开花:(1)1953年的《禁止垄断法》修改了对不正当交易限制[②]予以全面禁止的规定,引入了经济危机卡特尔和合理化卡特尔的适用除外规定;同时,基于保护中小销售业者免受不当低价销售及恶意低价销售的侵害之目的,1953年的《禁止垄断法》引入了转售价格维持协议的适用除外规定。(2)日本的产业部门颁布了一系列有关适用除外的特别事业法令,如1952年8月的《特定中小企业稳定临时措施法》和《进出口交易法》、1954年的《出口水产品振兴法》、1956年的《机械工业振兴临时措施法》等。

20世纪60年代,日本的产业部门颁布适用除外法令的热情达到顶峰,其共计颁布了以下8部法令:《中小企业团体组织法》《进出口交易法》《特定产业结构改善临时措施法》《机械工业振兴临时措施法》《电子工业振兴临时措施法》《关于振兴出口水产业的法律》《有关环境卫生营业的运营适当化法律》《国内航线海运协会法》。适用除外所涉及的产业领域在日本全国产业中所占的比重为13.29%。[③] 1969年,根据上述8部适用除外法令所实施的卡特尔豁免案件之数量高达913件,较1960年增加349件,增

---

① 满达人:《现代日本经济法律制度)》,兰州大学出版社1998年版,第56页。
② 日本的《禁止垄断法》将经营者间联合限制竞争的协议称为"不当な取引制限",即不正当交易限制。
③ [日]潼川敏明:《日本,EU の独禁法と競争政策》,青林書院1996年版,第57页。

幅达 62％,适用除外法令的实施达到顶峰(见表 1)。

表 1　1955—1969 年日本主要适用除外法令的卡特尔案件数量[1]

年份＼依据的法令	a	b	c	d	e	f	g	h
1955	143	14	—	—		0		
1960	370	172		1	0	11	0	10
1965	587	210	—	14	1	12	122	14
1969	522	221	—	17	0	8	123	22

注：a＝《中小企业团体组织法》;b＝《进出口交易法》;c＝《特定产业结构改善临时措施法》;d＝《机械工业振兴临时措施法》;e＝《电子工业振兴临时措施法》;f＝《关于振兴出口水产业的法律》;g＝《有关环境卫生营业的运营适当化法律》;h＝《国内航线海运协会法》。

　　进入 20 世纪 70 年代后,为解决产业结构方面的问题,日本又在因长期不景气而劳动率低下和设备过剩的钢材、铝、纤维、纺织、造船等产业领域实施调整援助政策,并制定了《特定不景气产业安定临时措施法》(1978—1983 年)和《特定产业结构改善临时措施法》(1983—1988 年),从而使企业结成设备卡特尔、价格卡特尔和产量卡特尔的做法得到容许。这一时期,适用除外制度已涉及 28 个产业部门、28 部适用除外法律和 47 项适用除外制度,形成了一个极其庞大、复杂的反垄断法适用除外制度体系。[2]

二、适用除外的减少期:20 世纪 90 年代至今

　　20 世纪 80 年代,日本的经济增长速度放缓,部分保障产业政策实施的适用除外制度日益成为经济体系持续性、开放性发展的障碍,因此日本各界及美国等国家强烈要求日本政府放松管制,并改革封闭性、排他性的市场结构,将原有的适用除外领域交给竞争法进行调节。之后,随着 1990 年《日美构造协议》[3]的签署,保障开放式市场竞争秩序的竞争政策开始优

---

① ［日］后藤晃、［日］铃村与太郎:《日本的竞争政策》,大学出版会 1999 年版,第 388 页。

② ［日］伊从宽:《禁止垄断法の理论と实践》,青林书院 2000 年版,第 410 页。

③ 20 世纪 80 年代末期,在出口贸易不断扩大、贸易顺差大幅增加、贸易摩擦日益严峻的背景下,日美两国从 1988 年开始就日本市场封闭性、排他性等构造性问题展开协商。经过 5 轮磋商,日美双方最终于 1990 年 6 月 28 日达成协议,并各自发表最终报告,宣布各自改革市场结构的措施,该协议被称为 1990 年《日美构造协议》。在《日美构造协议》中,日本政府被要求放松政府管制及强化《禁止垄断法》的执行。正是在这样的背景下,日本的适用除外制度被大量废止。

位于产业政策。20 世纪 90 年代末,在"把经济社会建设成为国际开放性的、立足于自我责任原则和市场原理下的自由经济社会"之指导思想下,日本先后废止了与新型反垄断法的立法宗旨相违背或无实际意义的适用除外制度,反垄断法在各个产业中的经济活动基本准则之地位由此被确定下来。

其一,1995 年 3 月,日本内阁会议制定了《推进缓和规制计划》,提出将基于特别事业法令的适用除外"原则上加以废除"的修改方针。同时,日本内阁会议于 1997 年 6 月 20 日颁布了《关于整理禁止私人垄断及确保公正交易法适用除外制度法》,将原有的 28 部适用除外法律废除、缩减为 20 部,将原规定中的 47 种卡特尔废除、缩减为 35 种。截至 2017 年,适用除外法律已减至 17 部,适用除外制度减至 24 种。

其二,1998 年 3 月,日本内阁在《推进规制缓和三年计划》中提出,废除经济危机卡特尔和合理化卡特尔的适用除外,以及废除《适用除外法》的修正案。1999 年 6 月 15 日,日本众议院通过了《关于反垄断法适用除外制度的整理法案》,要求废除《适用除外法》以及与该法相联系的原《禁止垄断法》第 22 条"基于事业法令的正当行为"、第 24 条之三"经济危机卡特尔"、第 24 条之四"合理化卡特尔"适用除外的规定。在此状况下,20 世纪 90 年代的卡特尔适用除外案件的数量明显减少,1999 年只有 15 起相关案件(参见表 2)。[①]

表 2:The numbers of exempted cartels(被豁免的卡特尔)

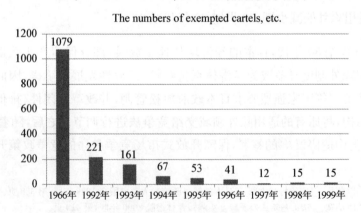

The numbers of exempted cartels, etc.

---

① 资料来源:http://www.jftc.go.jp/e—page/aboutjftc/role/q—3.htm,访问日期:2005 年 3 月 1 日。

其三,20 世纪 90 年代,随着技术的革新,铁道、燃气、电气、通讯等公益行业的自然垄断属性日渐淡化,社会各界开始认同在这些产业领域继续实行特别事业法的严格管制必将存在一定弊端,因此许多人主张政府应当放松管制、引入市场竞争机制、推进民营化改革。为此,日本国会于 1999年正式废除原《禁止垄断法》的第 21 条"自然垄断固有行为的适用除外规定"。公正交易委员会与经济产业省于 1999 年和 2000 年联合颁布《合法电力交易指针》(2002 年修订)和《合法燃气交易指针》。2001 年,公正交易委员会与日本总务省共同颁布《促进电气、通讯事业领域内竞争的指针》(2002 年修订);1999 年 7 月 23 日,日本参议院通过《关于依靠民间资金的活用促进公共设施等整备的法律》(简称 PFI 法,2001 年 12 月修订),以推进自然垄断行业的民营化改革。

如今,日本缩小了除外制度的适用领域,仅中小企业、出口、航运、保险、农业等领域保留了适用除外制度。截至 2009 年 3 月,基于特别事业法的适用除外制度仅限于以下 14 部法律中的 18 项制度(详见表 3)。[①] 现行的《禁止垄断法》仅在知识产权行使行为、一定的合作社行为和转售价格维持协议三个方面保留了适用除外制度,但其对转售价格维持协议的适用除外进行了严格的限定。

表 3　基于个别法的适用除外(14 部法律、18 项制度)

管辖机构	法律名称	适用除外制度名称	适用除外制度制定年份
金融厅	《保险法》	保险卡特尔	1951 年
	《关于损害保险费率算出团体的法律》	基准费率的计算(自赔责任、地震)	1999 年
法务省	《破产法》	破产经营者的股份取得	1952 年
财务省	《关于保全酒税及酒业工会的法律》	合理化卡特尔	1959 年
文部科学省	《著作权法》	关于商用唱片的二次使用费的决定	1960 年
厚生劳动省	《关于规范和振兴生活卫生产业运营的法律》	防止过度竞争的卡特尔	1957 年

① [日]日本公正交易委员会发表资料:《独占禁止法适用除外根拠法令一覧》,2009 年 11 月 19日,http://www.jftc.go.jp/info/nenpou/h20/table/table_03.html,访问日期:2017 年 1 月 5日。

续　表

管辖机构	法律名称	适用除外制度名称	适用除外制度制定年份
农业水产省	《农业合作法》	农业合作社中央会	1999 年
		农业合作社法人	1999 年
经济产业省	《进出口交易法》	出口卡特尔	1952 年
	《中小企业团体组织法》	共同经济事业	1957 年
	《中小企业等合作社法》	中小企业团体中央会	1999 年
国土交通省	《海上运输法》	海运卡特尔(内航)	1949 年
		海运卡特尔(海航)	1949 年
	《道路运输法》	运输卡特尔	1951 年
	《航空法》	航空卡特尔(国内)	1952 年
		航空卡特尔(国际)	1952 年
	《内航海运组合法》	内航海运卡特尔	1957 年
		共同海运事业	1957 年

第二节　适用除外制度的类型及发展趋势

根据与反垄断法的宗旨之关系不同,上述适用除外制度被划分为两种类型,即确定性适用除外和倒退性适用除外。基于存在的正当性,以及与竞争政策关系之不同,两种适用除外呈现出不同的发展趋势。

一、确定性适用除外

所谓确定性适用除外,是指某些行为与反垄断法的维护竞争秩序之立法目的相矛盾或相冲突,因此当然被排除在反垄断法的适用范围之外。确定性适用除外主要适用于以下行为:

第一,以中小经营者(中小企业、农民)或消费者的相互扶助为目标的合作社所实施的行为(《禁止垄断法》第 22 条)。在生产社会化的市场经济条件下,作为单独的市场主体,小规模经营者(中小企业、农民、渔民等)或消费者很难在市场中拥有与经济力较强的大企业进行有效竞争或交易的能力,他们往往被置于不利竞争或不当交易之环境下。由法律赋予上述主体通过合作社组织来加强自身经济力的权利,并允许其通过合作社组织实施共同的购买或销售行为,可以使小规模经营者或消费者通过合作社组织获得与大企业开展有效竞争或交易的能力,从而在一定程度上对大企业的市场支配力进行相应的排除或限制。上述行为可以有效保障市场竞争机制的发挥及消费者权益的实现,并且其与反垄断法所追求的维护竞争机制之价值目标相一致,因此应当被排除在反垄断法的适用范围之外。

第二,行使知识产权的行为(《禁止垄断法》第21条)。关于知识产权法与反垄断法的关系,日本近年的通说认为,知识产权法通过保护特定的知识财产垄断性使用权来实现利用知识财产促进竞争的效果,而反垄断法则通过排除垄断来实现保护竞争的效果。虽然知识产权法与反垄断法所使用的手段不同,但是两者相互补充,共同实现着促进竞争、推动产业发展的目标。因此,知识产权法上的权利行使行为当然地与反垄断法的保护竞争之宗旨相一致,而反垄断法的禁止性规定也就当然不适用于知识产权法上的权利行使行为。

第三,自然垄断的固有行为(原《禁止垄断法》第21条,现已被废止)。针对铁道、燃气、电气、通讯等具有自然垄断属性的行业,由于其投资规模巨大,且固定资产投资在总成本中所占的比例较高,因此在市场经济及技术条件尚不发达的情况下,规模经济更有利于社会总体经济效益之实现。有鉴于此,自然垄断行业的经营者在上述条件下所实施的固有行为并不违反《禁止垄断法》的保护竞争之原理,应当被排除在反垄断法的适用范围之外。

在上述的确定性适用除外制度中,进入20世纪90年代之后,随着技术的革新,铁道、燃气、电气等行业的自然垄断属性日益淡化,因此自然垄断的固有行为之适用除外的正当性逐渐消失。1999年,日本正式废除了自然垄断固有行为的适用除外规定(原《禁止垄断法》第21条),并在相关产业领域导入市场竞争,以严格控制政府干预。但是,知识产权的行使行为和一定的合作社组织的行为之适用除外却伴随着竞争政策的强化一直延续至今。

二、倒退性适用除外

所谓倒退性适用除外,是指某些行为虽为反垄断法所禁止,但其因产业政策或其他政策之目的而具有正当性,应当被排除在反垄断法的适用范围之外。① 倒退性适用除外曾适用于以下行为:

---

① ［日］铃木满:《日本反垄断法解说》,武晋伟译,河南大学出版社2004年版,第116页。

第一,基于事业法令的正当行为(原《禁止垄断法》第 22 条),即为实现特定的产业政策目标,基于特别事业法令而实施的行为。上述行为的适用除外之设置主要是为了实现特定产业加速发展或相关产业结构调整之政策目标。1947 年,日本在颁布《禁止垄断法》时引入上述行为的适用除外制度。20 世纪 50 年代至 20 世纪 70 年代,为了推动特定产业的发展,日本更是制定了 28 部适用除外法律和 47 项适用除外制度,从而使上述行为的适用除外之运用达到了顶峰。

第二,经济危机卡特尔(原《禁止垄断法》第 24 条之三)和合理化卡特尔(原《禁止垄断法》第 24 条之四)。1952 年,随着朝鲜战争的结束,日本产业过剩,经济陷入了严重的不景气状况。在当时经济体制及企业制度还比较脆弱的条件下,为解决市场失灵问题,日本于 1952 年 2 月首先在棉纺产业劝告企业压缩生产,并通过行政指导来实施与卡特尔具有相同效果的限制竞争措施。之后,日本于 1953 年在《禁止垄断法》中引入经济危机卡特尔和合理化卡特尔的适用除外规定。

第三,转售价格维持协议(《禁止垄断法》第 22 条)。20 世纪 50 年代,在经济危机的背景下,为了实现保护特定领域中小企业者免受不当低价销售侵害、维护制造业者的商标信誉以及普及文化的社会政策目标,日本于 1953 年引入了转售价格维持协议的适用除外,该制度涉及两种情形:一种为著作物转售价格维持行为的适用除外(简称"著作物转售制度"),另一种为公正交易委员会指定商品的转售价格维持协议的适用除外(简称"指定商品转售制度")。自 1953 年指定商品适用除外制度被引入至 1959 年,公正交易委员会共指定了化妆品、染发剂、牙膏、家用肥皂、合成洗涤剂、杂酒、奶糖、医药品、照相机、成衣衬衫共九类商品的适用除外。

上述倒退性适用除外均是日本在市场机制尚不健全、相关产业尚不成熟、企业缺乏活力的经济背景下,为实现资源高效配置、集中力量发展相关产业、解决经济结构性失衡等特定的政策目标而优先于反垄断法竞争政策被制定和运用的。上述倒退性适用除外的正当性就在于实现特定的政策目标,即在市场机制尚未健全的条件下,为国家倚重产业政策来解决"市场失灵",从而促进经济及相关产业高速发展提供保障。因此,一旦上述行为存在的基础——特定的政策目标得以实现,排除其反垄断法适用的目的或手段之正当性就会消失,倒退性适用除外也就会相应地被废止或限定适用。

20 世纪 90 年代,基于事业法令正当行为、不景气卡特尔及合理化卡特尔的适用除外日益成为日本开放式经济体系持续发展的障碍,其正当性日渐丧失。在此背景下，日本于 1997 年缩减了相关事业法令，并于 1999 年正式废除了《禁止垄断法》中基于事业法律的正当行为、经济危机卡特尔和合理化卡特尔的适用除外之规定。

同时，为了保障流通体系的竞争机制，日本限定了转售价格维持协议适用除外的运用：(1)1966 年，为了不侵害消费者的权益及经营者的公平竞争，在经济企划厅的建议下，公正交易委员会开始逐渐缩限指定商品的范围。1973 年，公正交易委员会将指定商品限定在 26 种一般用医药品及 1000 日元以下的化妆品。1997 年，公正交易委员会取消了全部的指定商品。(2)20 世纪 90 年代以来，日本各界从"维护竞争政策""普及文化、保障公民知情权、维持文化水准"等方面对著作物转售制度的存废展开了激烈讨论。2001 年 3 月，公正交易委员会基于"日本国内尚没有就废除该制度形成国民合意"之理由，在《关于著作物转售制度的处理》中得出了保留著作物转售制度的结论。但是，为了促进著作物领域内的自由竞争，公正交易委员会于 2001 年 12 月发布了《关于著作物弹性运用的相关行业的应对状况》，指明了杂志、书籍、CD 等著作物相关产业完善竞争机制的基本方向(适用除外制度的种类及沿革参加表 4)。

表 4　日本《禁止垄断法》适用除外制度的种类及沿革

适用除外的种类	适用的行为类型	1947 年制定法	1953 年修订法	1999 年修订法
倒退性适用除外	基于事业法令的正当行为	引入（旧法 22 条）		废除
	经济危机卡特尔		引入（旧法 24 条之三）	
	合理化卡特尔		引入（旧法 24 条之四）	
	转售价格维持协议		引入（旧法 23 条之二）	限定性适用（新法 23 条）
确定性适用除外	自然垄断行为	引入（旧法 21 条）		废除
	知识产权行为	引入（旧法 23 条）		适用（新法 21 条）
	一定的社团组织之行为	引入（旧法 24 条之一）		适用（新法 22 条）

第三节 《禁止垄断法》中的适用除外制度之运用

一、一定合作社行为的适用除外

(一)一定合作社行为适用除外的正当性基础

一定合作社行为的适用除外制度在 1947 年就已被引入《禁止垄断法》,其是《禁止垄断法》中的三大适用除外制度之一。一定合作社行为的适用除外制度从保障中小经营者竞争权益及消费者交易权益的角度出发,规定了以小规模经营者或消费者相互扶助为目标的合作社行为除外适用《禁止垄断法》。

针对一定合作社行为的适用除外之正当性,日本社会各界认为,在生产社会化的经济条件下,作为单独的市场主体,小规模经营者或消费者在市场中很难拥有与经济力较强的大企业进行有效竞争或交易的能力,他们往往被置于不利竞争或不当交易之环境下。由法律赋予上述主体通过合作社组织来实施共同的购买或销售行为,可以有效促使小规模经营者或消费者通过合作社组织获得与大企业开展竞争或交易的能力,从而在一定程度上对大企业的市场支配力进行相应的排除或限制。上述行为可以有效保障市场竞争机制的发挥及消费者权益的实现,并且其与反垄断法所追求的维护竞争机制之价值目标相一致。

(二)一定合作社行为适用除外的适用条件

《禁止垄断法》第 22 条规定,以中小经营者(中小企业、农民)或消费者的相互扶助为目标的合作社行为不适用相关的禁止性规定,但该类适用除外必须满足以下要件:

第一,适用对象必须为基于专门法律而创设的合作社,包括各类小规模经营者组成的合作社、消费者协会以及各类合作社的联合会。其中,创设由小规模经营者组成的合作社的法律专指《农业合作社法》《水产业合作社法》《信用金库法》《劳动金库法》《烟草种植业合作社法》《中小企业等的合作社法》《商店街振兴合作社法》和《林业合作社法》。① 由小规模经营者

---

① [日]日本公正交易委员会:《独占禁止法适用除外根拠法令一覧》,2009 年 11 月 19 日,http://www.jftc.go.jp/info/nenpou/h20/table/table_03.html,访问时间:2019 年 5 月 12日。

组成的合作社专指上述 8 部法律所规定的,经营规模不能与大企业进行对等竞争或交易的由中小企业、农民、渔民、烟草种植户等经营者组成的合作社,而非泛指民商法上的合作组织。另外,在上述有关合作社的法律中,除《中小企业合作社法》对中小企业合作社的成员资格做出了严格规定外,即构成小企业合作社的成员企业仅限于生产行业出资总额不超过 3 亿日元(零售业或服务业不超过 5000 万日元、批发业不超过 1 亿日元)或者生产行业所使用的从业人员不超过 300 人(零售业或服务业不超过 50 人、批发业不超过 100 人)的企业,《水产业合作社法》《农业合作社法》等其他法律均没有对合作社成员做出特殊规定。对于上述合作社而言,其成员只要具有"农民"或"渔民"资格即可。另外,消费者协会专指由进行商品消费的自然人消费者所组成的协会,法人类消费者并未被纳入其中。

第二,合作社应当满足以下条件:(1)合作社必须以小规模经营者或消费者的相互扶助为目标;(2)合作社可以任意设立,且合作社成员可以任意加入或退出;(3)合作社成员应当拥有平等的表决权;(4)对合作社成员进行利益分配的限度应当被规定在法令或章程中。其中,条件(1)是指小规模经营者或消费者通过结成社会团体和相互协作来同大企业展开竞争或交易,从而提高其在市场竞争或交易中的能力与地位;条件(2)是指合作社不能对符合条件的相关经营者的加入条件施加不当限制(如经营地点、经营时间、资本数额等方面的限制),也不得无正当理由地限制经营者的自由退出或强令其退出。在日本的反垄断法实务中,合作社因欠缺上述要件而被认定为违法的案件仅存在几例欠缺要件(2)的情形,其他情形至今尚未出现。[1]

第三,适用行为必须为合作社的行为,但使用不公正交易方法或为了在一定交易领域实质性限制竞争而不合理提高价格的行为除外。日本学界的通说认为,适用除外制度所涉及的合作社行为仅指"合作社的固有行为",即上述各部与合作社相关的法律所明确规定的行为。例如,中小企业合作社的行为仅限于"生产、加工、销售、购买、保管、运输、检查与合作社成员有关的共同设施"。其中,共同设施既包括物的设施(如共建厂房),又包括共同的经济活动(如共同进行技术改造和革新),但合作社对其成员所实施的价格协议行为以及与其他经营者共同实施的卡特尔行为不在此限。不过,也有学者认为,从反垄断法对合作社行为进行规定的意图来看,合作社的行为不应仅限于法律所规定的特有行为,我们应当从合作社的理念出

① 〔日〕根岸哲、〔日〕舟田正之:《日本禁止垄断法概论》,王为农等译,中国法制出版社 2007 年版,第 373—374 页。

发来进行判断,这样更有益于保护合作社的权益。

合作社以小规模经营者或消费者的相互扶助为目标而实施的固有行为不适用《禁止垄断法》,但下列情况除外:(1)使用不公正交易方法。无论是合作社组织以合作社成员的共同行为之名义对外部的其他经营者实施的不公正交易方法行为,还是合作社组织对其内部成员实施的不公正交易方法行为,均属于违法行为。(2)为了在一定交易领域实质性限制竞争而不当提高商品价格。关于合作社的行为是否不当提高了商品价格,我们必须以消费者为对象进行判断,而非以其他经营者为对象进行判断。同时,上述情形只要求合作社的行为存在提高价格之危险即可,并不需要提高价格的实际结果之出现。

二、转售价格维持行为的适用除外

(一)引入转售价格维持行为适用除外的缘由

由于转售价格维持行为限制了销售业者间的价格竞争,因此日本原则上根据《禁止垄断法》第 12 条"不公正交易方法"条款对其进行规制。但是,如果转售价格维持行为导致了一定交易领域实质性限制竞争的后果,那么日本会根据《禁止垄断法》第 7 条"不正当交易限制"条款对其进行规制。针对最低转售价格维持行为,日本一般根据"原则违法原则"对其进行规制。[①] 但是,进入 20 世纪 50 年代后,随着经济危机的爆发,为了实现保护特定领域内的中小企业者免受不当低价销售侵害之社会政策目标,日本于 1953 年引入了转售价格维持行为的适用除外规定。

1950 年,化妆品领域的滥卖、特卖、退货等销售问题十分严重,为了应对此种局面,东京化妆品批发销售合作社与各生产经营者达成了转售价格维持协议,但该协议因固定价格而受到了公正交易委员会的规制,从而给化妆品行业的销售体系带来很大冲击。为此,化妆品行业的生产商和销售商联合起来,请求公正交易委员会不要对该行业的转售价格维持行为进行处理,并请求国会将转售合同纳入反垄断法的适用除外范围之内。进入 1952 年后,随着朝鲜战争的结束,日本出现了经济危机,上述销售问题日益严重化。在此背景下,为了实现防止特定产业"过度竞争"及保护中小零售商免受不当低价销售侵害之社会政策目标,日本于 1953 年引入了转售价格维持行为的适用除外规定,但该项适用除外制度被限定为两种类型:一种为公正交易委员会指定商品的转售价格维持行为的适用除外(简称

---

① 王玉辉:《日本不正当交易限制的法律规制及宽大方针》,《河南师范大学学报》2011 年第 4 期。

"指定商品转售制度");另一种为著作物转售价格维持行为的适用除外(简称"著作物转售制度")。

(二) 指定商品转售制度的适用条件及发展趋势

根据《禁止垄断法》第 22 条的规定,指定商品的转售价格维持行为之适用除外应当满足以下要件:

第一,指定商品转售制度的适用对象仅限于公正交易委员会指定的符合如下要求的商品:(1)属于易于识别、同品质的商品;(2)属于消费者日常使用的日用品;(3)该类商品存在品牌间竞争;(4)必须以公告的方式进行。

第二,适用的行为必须是经营者单独与每个交易方实施的个别转售价格维持行为。经营者有下列情形之一的,不能适用指定商品转售制度:(1)不当侵害消费者的一般利益;(2)转售行为违背商品生产者意图;(3)在个别转售行为中,对不履行者施加减少回扣、支付违约金、停止供货等制裁措施的,我们应当按照《禁止垄断法》第 13 条"附不正当拘束条件的交易"条款对其进行规制;(4)针对该商品经营者或交易相对方的经营者共同实施的转售价格维持行为,或者经营者团体①参与实施的转售价格维持行为,我们应当按照"不正当交易限制"条款对其进行规制。

第三,指定商品实施转售契约申报制度,即就指定商品达成转售契约时,经营者必须自契约成立之日起 30 日内,向公正交易委员会进行申报。

1953 年至 1959 年,公正交易委员会共指定了化妆品、牙膏、洗涤剂、杂酒、衬衫等九类商品的适用除外。之后,为了不侵害消费者的权益及经营者的公平竞争,公正交易委员会开始逐渐缩减指定商品的范围。1973年,公正交易委员会将指定商品限定为 26 种一般用医药品及 1000 日元以下的化妆品。20 世纪 90 年代,随着竞争政策的强化运用,公正交易委员会组织了专门研究小组对指定商品除外制度的正当性予以重新认定。经过调研,研究小组提出如两点意见:(1)一旦某商品被指定可以获得转售价格维持适用除外的许可后,大多数生产者都会采取该措施,但厂商的定价政策将会因此而受到影响,从而导致转售价格维持垄断组织的产生,并对日本市场造成严重损害;(2)转售价格维持行为消除了同品牌产品间的竞争,适用除外的商品将会对没有获得适用除外许可的同类产品造成不良

---

① 该经营者团体也包括以消费者及中小经营者的互助为目标,依下列法律而创设的团体:《国家公务员法》《农业合作社法》《国家(地方)公务员互助合伙法》《消费生活合作社法》《水产业合作社法》《特定独立行政法人等劳动关系法》《劳动工会法》《中小企业等合作社法(团体组织法)》《地方公务员法》《森林合伙法》《地方公营企业等劳动关系法》。

影响。于是,20 世纪末,公正交易委员会取消了全部的指定商品。

(三) 著作物转售制度的适用条件及发展趋势

根据《禁止垄断法》第 22 条的规定,著作物转售价格维持行为的适用除外应当满足以下要件:

第一,著作物转售制度的适用对象为著作物,包括书籍、杂志、报纸、录音带、音乐用磁带及 CD,但不包括计算机程序、数据库、镭射光盘及录像。

第二,适用的行为必须是经营者单独与每个交易方实施的个别转售价格维持行为。经营者有下列情形之一的,不能适用著作物转售制度:(1)不当侵害消费者的一般利益;(2)转售行为违背著作物发行者的意图;(3)在个别转售行为中,对不履行者施加减少折扣、支付违约金、停止供货等制裁措施;(4)该商品经营者或交易相对方的经营者共同实施的转售价格维持行为,或者经营者团体参与实施的转售价格维持行为。

进入 21 世纪后,日本各界从"维护竞争政策""普及文化、保障公民知情权、维持文化水准"等角度出发,对著作物转售制度的存废展开了激烈讨论。2001 年 3 月,公正交易委员会基于"日本国内尚没有就废除该项制度形成国民合意"之理由,在《关于著作物转售制度的处理》中得出了保留著作物转售制度的结论。与此同时,为了促进著作物领域的自由竞争,公正交易委员会又于 2001 年 12 月发布了《关于著作物弹性运用的相关行业的应对状况》,指出了杂志、书籍、CD 等著作物相关产业应当致力于竞争机制的完善。

三、知识产权行使行为的适用除外

(一) 知识产权行使行为适用除外的正当性基础

在 1947 年的《禁止垄断法》中,日本引入了知识产权行使行为的适用除外规定。关于反垄断法与知识产权法的关系,日本近年来的通说认为[①],反垄断法通过排除垄断来达到保护竞争的目的,而知识产权法通过保护特定知识财产的垄断性使用权来达到利用知识财产促进竞争的效果。虽然反垄断法与知识产权法所使用的手段不同,但是两者相互补充,共同推动着促进竞争与加速经济发展的目标之实现。因此,知识产权法上的权利行使行为有利于维护知识产权领域的竞争机制,并且与反垄断法的维护竞争机制之宗旨相一致。基于上述正当性基础,日本将知识产权行使行为排除在反垄断法的适用范围之外。

---

① [日]根岸哲、[日]舟田正之:《禁止垄断法概说》,有斐阁 2006 年版,第 367 页。

（二）知识产权行使行为适用除外的运用

根据《禁止垄断法》第 21 条的规定："行使著作权法、专利法、实用新型法、外观设计法或商标法之权利的行为，不适用本法。"基于知识产权法与反垄断法在保护竞争方面的互补关系，公正交易委员会对上述条款进行了如下运用：（1）知识产权法"予以承认的知识产权的行使行为"不适用反垄断法，不构成反垄断法上的违法行为；（2）即使被视为是基于知识产权法的"权利行使行为"，只要其背离了知识产权保护制度的宗旨，就不再被认为属于"行使权利行为"，因此可以适用《禁止垄断法》的相关规定。

另外，为了进一步明确专利、技术秘密许可协议与反垄断法的关系，公正交易委员会于 1999 年颁布了新的《关于专利、技术秘密许可协议的反垄断法指南》，将专利、技术秘密许可协议分为"白色条款""灰色条款"和"黑色条款"三种，并列举了各类条款的具体类型。其中，白色条款是反垄断法允许订立的条款，灰色条款是需要根据具体情况来确定其合法性的条款，黑色条款是反垄断法明确禁止订立的条款。

第四节　日本的适用除外制度所揭示的原理及启示

进入 21 世纪后，《禁止垄断法》将适用除外制度的对象限定于知识产权行为、一定的合作社行为及转售价格维持行为。同时，根据与反垄断法的维护竞争机制之宗旨的关系，上述行为的适用除外又被分为倒退性适用除外和确定性适用除外。其中，倒退性适用除外适用于转售价格维持行为，其保障了国家管制，并且有利于产业政策等相关政策的目标之实现，但与反垄断法的维护竞争机制之宗旨相违背。因此，随着市场机制的完善与竞争政策的强化，倒退性适用除外领域必然会逐渐引入竞争机制，以限制政府干预，并随着反垄断法的强化运用而被限定适用乃至被废止。确定性适用除外适用于知识产权行为和一定的合作社行为，其有利于知识产权领域的竞争机制之实现，以及中小经营者和消费者的竞争能力与交易能力之维护，并且与反垄断法的维护竞争之宗旨相一致。确定性适用除外必将在市场机制日益健全和竞争政策日益强化的背景下被深化运用。我们可以发现，正是由于存在的正当性基础不同，因此上述适用除外在不同时期对经济发展起到了不同的推动作用，并呈现出了不同的发展趋势。

在社会主义市场经济的建设过程中，我国同样需要处理好市场与政府的关系，以及竞争政策与产业政策的关系，因此日本运用适用除外制度的经验与教训具有一定的借鉴意义。

首先,基于适用除外制度与反垄断法的宗旨之间的不同关系,日本将适用除外划分为倒退性适用除外和确定性适用除外,该种划分从根本上揭示了不同类型的适用除外制度存在的正当性基础,明确了不同类型的适用除外与竞争政策之间的关系,以及它们具有不同发展趋势的缘由。上述划分指明,倒退性适用除外能够保障国家管制,并有利于产业政策目标的实现,但其与反垄断法的维护竞争机制之宗旨相违背。因此,经济危机卡特尔、合理化卡特尔、基于特别事业法律的正当性行为等倒退性适用除外必将随着市场机制的完善与竞争政策的强化而逐渐退出历史舞台。确定性适用除外有利于竞争机制的维护,其与反垄断法的宗旨相一致,因此必将在市场机制日益健全和竞争政策日益强化的背景下被强化运用。

其次,从根本上说,倒退性适用除外制度的发展轨迹反映了日本经济从政府主导到市场主导的演进历程,体现了产业政策与竞争政策在不同经济背景下解决各种类型的市场失灵问题和促进经济高效发展的不同作用,展现了各主体相互间此消彼长的互动关系。在相关产业尚未成熟,且企业规模及竞争力尚显不足的条件下,国家往往借助政府主导型的经济模式,依据产业政策、计划等宏观调控方式来推动资源高效配置,促进相关产业及企业快速成长,从而实现市场结构失衡等市场失灵问题的快速解决。这一时期,倒退性适用除外有效保障了国家能够倚重产业政策来实现上述政策目标。在实行政府主导型经济发展模式的过程中,为实现资源的高效配置,以及优势产业和相关企业经济力的快速提升与产业结构的合理调整,我国也应当通过完善及强化反垄断法的适用除外制度来保障相关政策目标的有效实现。

最后,我们也应当看到并吸取日本在运用经济政策及适用除外制度过程中的教训。1970 年后,日本的经济增长速度开始放缓,而 20 世纪 90 年代的泡沫经济之出现,很大程度上源于日本在经济增长到一定程度后,没有及时根据本国经济情况的变化来调整经济政策,如限定和废止倒退性适用除外的运用,并在该相关产业领域引入竞争机制与强化竞争政策。20 世纪 70 年代以前,特别事业法令适用除外所带来的特定产业的发展,"多数只是单纯起着保护该产业中现有的事业之作用"。[1] 在规模经济中,企业通过国家产业扶持政策来拉动经济的高速增长,但产业内部却没有形成真正的竞争机制。因此,20 世纪 70 年代后,倒退性适用除外所保障的封

---

[1] 吴小丁:《日本竞争政策过程的制度特征》,《日本学刊》2001 年第 2 期,第 54 页。

闭式、管制式的市场结构已日益成为经济持续性、开放性发展的障碍,其最终导致了泡沫经济的出现。有鉴于此,在倒退性适用除外领域,尤其是基于个别产业法令的适用除外领域,我国在倚重适用除外所保障的产业政策来推动经济高速发展的同时,也一定要及时根据相关产业的发展状况来严格控制政府干预和加快市场自由准入,并通过强化竞争政策来健全市场竞争机制,以实现市场经济效率的扩容式发展,从而保障我国的经济从高速增长模式平稳过渡到可持续发展模式。

第十三章　公正交易委员会的中心地位

第一节　公正交易委员会的性质及中心地位

一、公正交易委员会的性质

由于日本没有反托拉斯政策的运用经验,因此为了对复杂多样且不断变化的经济活动进行有效规制,其寄希望于专门性的一元化处理来确保反垄断执法的统一和高效。[①] 1947 年,以美国联邦贸易委员会为蓝本,日本设立了专门负责竞争事务的公正交易委员会(Fair Trade Commission,简称 FTC),并使其在反垄断执法体系中发挥中心作用。

从性质上看,公正交易委员会属于行政机关,其享有行政处罚权、行政许可权等行政权力,并具有制定反垄断行政法规的立法权。不过,公正交易委员会不同于一般的行政机关,其机构设置具有国家行政委员会的属性。[②] 公正交易委员会的职权行使不受内阁干涉,其仅在预算方面受内阁制约。日本之所以赋予作为专门性执法机关的公正交易委员会国家行政委员会的属性,并使其在反垄断执法体系中发挥中心作用,就是因为垄断案件具有高度的专业性和复杂性,且公正交易委员会往往是针对具有市场力量的大企业展开调查。日本希望通过专门机构的执法来确保难度高、专业性强的垄断案件得到统一处理,并避免普通的国家行政机关在解决竞争

---

① ［日］伊从宽:《独占禁止法の理论と实践》,青林书院 2000 年版,第 386 页。
② 日本的行政委员会是以美国的行政委员会制度为蓝本的。二战后,在美国的督导下,日本移植了行政委员会制度。具有行政委员会性质的机构有公正交易委员会、公害调整委员会及国家公安委员会。移植之初,日本各界认为,行政委员会制度与日本的行政体系不相适应,因此他们常常采取抵制的态度。后来,行政委员会制度因在日本社会取得较大成效而被广泛接受。

事务时所引发的政府失灵（Government Failure）。① 实际上，世界上的很多国家在一些领域设立国家行政委员会也是基于相似的原因。②

二、公正交易委员会的中心地位

由于日本没有反垄断执法的经验，因此为了保证反垄断法执法的统一和高效，其设置了专门性的执法机关——公正交易委员会。为了实现设置公正交易委员会的初衷，日本将反垄断法领域的大部分执法权力交给了公正交易委员会来行使，从而使公正交易委员会在反垄断执法中处于中心地位，即日本实行"公正交易委员会中心主义"。③ 具体来看，公正交易委员会的中心地位主要体现在以下几个方面：

（一）公正交易委员会的行政处罚居于核心地位

在 1947 年的《禁止垄断法》中，虽然日本也采用了行政、民事与刑事多元化融合的执法体系，但是其却将大部分的垄断行为规制权限赋予给了公正交易委员会，从而使得民事追责和刑事追责在日本的运用一直都非常消极。在反垄断执法中，公正交易委员会始终处于中心地位，其通过排除措施来促使行为人停止违法行为，通过征缴课征金来给予违法行为人经济制裁，通过责令违法行为人采取恢复竞争状态的措施来恢复市场竞争秩序。2017 年，公正交易委员会共计审查了 143 件反垄断案件，并且当年就审结了其中 118 件。针对上述案件，公正交易委员会做出了 13 项排除措施命令，并对 32 家经营者处以了超过 18 亿日元的课征金。④

2013 年之前，通过实质性证据规则和新证据提出限制规则，日本赋予了公正交易委员会在垄断案件事实认定方面的专属权限。即使在取消公正交易委员会行政处罚决定的行政诉讼程序中，日本法院的司法审查也需要尊重公正交易委员会的事实判断。同时，公正交易委员会的行政处罚决定还具有准一审判决效力。对公正交易委员会的行政处罚决定不服的当

---

① ［日］驹村圭吾：《独立機關と權力分立，その總括—"關数としての權力分立"の觀点から》，《白鷗法學》1996 年第 6 期。

② 例如，美国联邦政府机构中的联邦贸易委员会、联邦电讯委员会、联邦能源委员会等机构，以及韩国的商标评审委员会等机构均是因为其管辖的事务具有高度的专业性而被设定为国家行政委员会，并行使一定的准司法权。行使准司法权是国家行政委员会的一个本质特征。

③ ［日］根岸哲、［日］栗田誠、［日］正田彬等：《独占禁止法等の改正案に関する意见》，《法律时报》2008 年第 80 卷第 5 号。

④ ［日］公正取引委員会：《平成 29 年（2017 年）度公正取引委員会年次報告について》，2018 年 9 月 18 日，https://www.jftc.go.jp/houdou/pressrelease/h30/sep/180918.html，访问日期：2019 年 5 月 12 日。

事人不能根据《行政不服审查法》提出不服申请,其只能向东京高等法院提起上诉(《禁止垄断法》第85条),东京高等法院享有专属管辖权。在日本,普通的行政诉讼程序实行三审终审制,对一审判决不服的当事人可以向高等法院提起上诉审,对上诉审不服的当事人可以向最高法院提起上告审。上告审为第三审,其仅对法律问题进行审查。在垄断案件取消审决的行政诉讼中,日本没有采取普通行政诉讼案件的三审终审制,而是采取了特殊的二审终审制,并且明确规定,对审决不服的当事人只能提起"上诉"。因此,通过取消审决行政诉讼中的受诉法院及二审终审制的特殊规定,日本从实质上肯定了公正交易委员会做出的行政处罚决定具有与一审判决相同的效力。

2013年12月,上述审判程序因导致了行政执法的低效而被废止。在此背景下,日本完善了事前审查程序和意见听取程序,以保障公正交易委员会的行政处罚程序对涉嫌违法行为人的正当程序利益之保护,从而彰显了公正交易委员会在行政处罚领域的中心地位。

(二) 刑事案件专属告发权

《禁止垄断法》第96条还赋予了公正交易委员会针对垄断行为所引发的刑事案件的专属告发权。如果没有公正交易委员会的告发,那么检察机关不得就因垄断行为而引发的刑事案件提起公诉。对此,公正交易委员会于1990年发布了《刑事案件告发方针》,明确了其将对下列案件实施积极的刑事告发:(1)对国民生活产生广泛影响的恶性不正当交易限制案件,即价格卡特尔、数量卡特尔、市场分割协议、串通招投标、共同交易拒绝等;(2)通过行政处罚不能实现反垄断法目标的,由反复从事违法行为或不服从排除措施的经营者所实施的违法案件。

同时,为了确保公正交易委员会的专属告发权之积极运用,日本于2005年对公正交易委员会在刑事案件中的权限行使程序及配套权力进行了如下改进:(1)为解决专属告发权的程序正当性问题,公正交易委员会被赋予了调查犯罪案件所必须具备的强制调查权;(2)为避免引发"借行政调查之名实施刑事告发"的质疑,公正交易委员会在其审查局内部增设了犯罪调查部,以确保行政调查机构与刑事调查机构相分离。

(三) 对民事损害赔偿诉讼程序的影响作用

在日本,受垄断行为侵害的受害人既可以根据《禁止垄断法》第25条提起无过失损害赔偿诉讼,又可以根据《民法》第709条提起普通的损害赔偿诉讼。①

---

① 受垄断行为侵害的受害人也可以根据日本《民法》第709条提起损害赔偿诉讼。依《民法》提起的诉讼实行过错归责原则,诉讼时效为当事人知道损害和侵权人之日起3年内,或者违法行为发生之日起20年内;而依《禁止垄断法》第25条提起的损害赔偿诉讼实行无过错归责原则,诉讼时效为公正交易委员会的审决生效之日起3年内。

在上述两种损害赔偿诉讼中,公正交易委员会均可以对受害人的民事权利之行使产生一定的影响。

首先,如果受害人根据《禁止垄断法》第 25 条提起无过失损害赔偿诉讼,那么此诉讼应以公正交易委员会对垄断行为做出了生效审决(行政处罚决定)为前提,即"生效审决前置主义"。如果行政审决尚未做出或生效,那么受害方不得提起反垄断法上的无过失损害赔偿诉讼。但是,受害人根据《民法》第 709 条提起普通的损害赔偿诉讼的,不受上述限制。

其次,无论是依《禁止垄断法》第 25 条提起的无过失损害赔偿诉讼,还是依《民法》第 709 条提起的普通民事诉讼,公正交易委员会的生效审决所认定的垄断案件事实,均具有推定违法行为存在之效果,从而对法院具有一定的影响力。公正交易委员会所确认的事实可被视为是原告方的举证,被告方对此享有提出反证的权利。①

最后,在因垄断行为而引发的损害赔偿诉讼中,东京高等法院对损害赔偿数额的确定实行职权探知主义。在受理案件后,法院会就损害赔偿的具体数额(损害、违法行为与损害的因果关系、损害金额)向公正交易委员会征求意见,并依职权来确定赔偿的具体额度。损害额征求意见制度最早被规定于日本的《民事诉讼法》第 248 条之中。2009 年的《禁止垄断法》再次对损害额征求意见制度进行明确,该法第 84 条规定,东京高等法院在损害赔偿诉讼中应发挥积极作用,在损害额的确定方面应充分利用公正交易委员会的专业能力,尽快就因垄断行为而产生的损害额向其征询建议,以确定具体的赔偿数额。损害额征求意见制度使受害人利用公正交易委员会的专业能力来进行判断成为可能,从而免去了原告就损害额度再行举证的诉累。

第二节　公正交易委员会的组织机构

作为特殊的国家行政机关,公正交易委员会是最重要的反垄断执法机关。1947 年至 2001 年,公正交易委员会属于总理府的直属局;2001 年至 2003 年,公正交易委员会属于总务府的直属局;2003 年 3 月,公正交易委员会转为内阁府的直属局。正如图 1 中的公正交易委员会的机构徽标所

---

① ［日］酒井紀子、［日］垣内晋治:《独占禁止法の審査・審判手続における経験則》,http://www.jftc.go.jp/cprc/english/cr—0407,访问日期: 2008 年 3 月 12 日。

示,日本希望公正交易委员会承担如下的使命和职责:(1)该徽标整体上被设计成一只眼睛,预示着公正交易委员会应当成为"市场守夜人"的"眼睛",承担密切关注市场和经济动向的职责;(2)该徽标的中心是在天空中自由飞翔的鸟和没有偏差的圆,预示着反垄断法的宗旨是确保自由、公平的竞争;(3)该徽标也体现了新时代下的公正交易委员会与世界各国竞争执法机构合作执法之全球意识,展现了公正交易委员会在新时代下的竞争执法之责任担当。①

图1　公正交易委员会的徽标

一、委员长和四名委员

公正交易委员会由委员长及四名委员组成,委员长总负责公正交易委员会的事务。委员长和委员由内阁总理大臣经两院同意后,从年满 35 周岁,且具有法律或经济学识经验的人员中选任。委员长和委员的任期为 5 年,可以连任,但年龄最高不得超过 70 岁。

为了保障公正交易委员会能够不受政治等因素影响地长期稳定运行,《禁止垄断法》第 28 条赋予了公正交易委员会的委员长和委员独立行使职权的权限,并在以下方面建立了完备的保障机制:(1)任用保障机制。《禁止垄断法》第 29 条规定,委员长及委员由内阁总理大臣经两院同意后任命。(2)身份保障制度。《禁止垄断法》规定,除下述法定的特殊情形外,委员长及委员不得在任期内违背其意愿被罢免:受到破产宣告的;受到惩戒免职处分的;因违反《禁止垄断法》的规定被处以刑罚的;被处以有期徒刑以上刑罚的;公正交易委员会对其做出因健康原因不能履行职务决定的;根据前条第 4 款的情形,没有得到两院事后承认的。(3)薪酬保障制度。《禁止垄断法》第 36 条规定,委员长和委员的报酬不得在任期内被随意减少。

公正交易委员会采取如下的议事与决议方法(《禁止垄断法》第 34 条):

---

① ［日］公正取引委員會:《シンボルマークについて》,https://www.jftc.go.jp/soshiki/profile/emblem.html,访问日期:2018 年 10 月 5 日。

(1)公正交易委员会的会议召开必须有委员长和两名以上的委员参加,否则不得进行审议和表决;(2)公正交易委员会的审议必须获得过半数出席者的支持,赞成票数与否决票数相同时,由委员长决定;(3)委员因身心健康问题而无法履行职务的,公正交易委员会可以对其做出免职决定,但需要获得该委员之外的全体委员的一致同意;(4)委员长因故不能履行职务的,由代理委员长代为履行职务。

二、事务总局

公正交易委员会设立事务总局来处理相关事务。根据《国家行政组织法》第 7 条第 7 款及《禁止垄断法》第 35 条的规定,公正交易委员会下设事务总局,事务总局含有如下机构(参见图 2):(1)事务总局设有事务总长,负责统理事务总局的事务。同时,事务总局下设有办公室、经济交易局和审查局三大部门。(2)经济交易局下设有交易部。同时,经济交易局下设有总务科、调整科和企业结合科。交易部下设有交易企划科和企业交易科。(3)审查局负责审查和处理违法案件。审查局下设有特别审查部,负责大企业的违法案件及重大的违法案件。同时,审查局下设有管理企划科、第一至第五审查长和诉讼官。特别审查部下设有第一特别审查长和第二特别审查长。(4)办公室下设有总务科、人事科和国际科。(5)公正交易委员会还在全日本七个地方设置了七个地方事务所(北海道事务所、东北事务所、中部事务所、近畿中国四国事务所、近畿中国四国事务所四国支

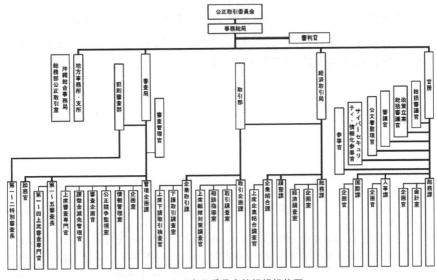

图 2　公正交易委员会的组织机构图

所、近畿中国四国事务所中国支所、九州事务所)。此外,冲绳综合事务局事务部公正交易室也具有和地方事务所同样的功能(参见图 3)。事务总局的职员属于国家公务员,其接受《国家公务员法》第 35 条之三的管理。另外,《禁止垄断法》规定,事务总局的职员应当包括检察官、执业律师或有律师资格的人员,具有检察官身份的职员仅负责处理触犯反垄断法的案件。

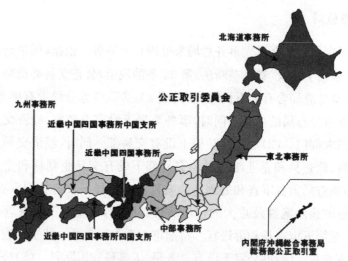

图 3　事务总局的七个地方事务所①

自公正交易委员会成立以来,随着日本竞争政策的强化,公正交易委员会事务总局的执法人员数量及预算支出逐年递增。其中,1999 年的事务总局职员人数为 558 人,预算额超过 61 亿日元。② 2003 年,事务总局职员人数达到 643 人,预算额超过 78 亿日元。③ 到了 2019 年,公正交易委员会将事务总局职员人数核定为 839 人(比 2018 年增加了 21 人),将预算额核定为 113 亿日元(比 2018 年增加了 3.8%)。④ 上述数据的逐年递增形象地说明,公正交易委员会的中心地位正日益增强,其行政执法权日益得到强化。

---

① 〔日〕公正取引委員會:《公正取引委員会の組織図》,https://www.jftc.go.jp/soshiki/
profile/annai/index.html,访问日期:2018 年 6 月 25 日。

② 〔日〕根岸哲、〔日〕舟田正之:《禁止垄断法概说》,王为农等译,中国法制出版社 2007 年版,第
298 页。

③ 〔日〕铃木满:《日本反垄断法解说》,武晋伟、王玉辉译,河南大学出版社 2001 年版,第 37 页。

④ 〔日〕公正取引委員會:《平成 31 年度予算案における公正取引委員会の予算及び機構・定員
について》,2018 年 12 月 21 日,https://www.jftc.go.jp/soshiki/kyotsukoukai/yosan/
yosankessan/h31_files/31kikouteiin.pdf,访问日期:2019 年 2 月 7 日。

第三节　公正交易委员会的权限

在日本,公正交易委员会负责《禁止垄断法》《景品表示法》和《分包法》的执行。作为行政机关,公正交易委员会拥有的最主要权限包括行政处罚权、行政许可权等行政权。另外,不同于一般的行政机关,公正交易委员会还拥有准立法权和一定的准司法权(准司法权于2019年被废止)。在日本,公正交易委员会之所以享有广泛的权力,主要是因为日本没有反垄断法的执法经验,所以其希望通过专门性的一元化处理来确保反垄断执法的统一和高效。

一、公正交易委员会的行政权

1. 行政处罚权。公正交易委员会享有对不正当交易限制、私人垄断、不公正交易方法等违法行为施加做出排除措施命令、征缴课征金、采取恢复竞争措施等手段的行政处罚权。

2. 公正交易委员会享有受理经营者团体的申报、认可除外适用股份保有的规制、征收同步涨价理由的报告等方面的权力。

3. 强制调查权。公正交易委员会享有如下两方面的强制调查权:(1)《禁止垄断法》第40条所规定的一般性强制调查权,即为了履行职务,公正交易委员会可以要求国家机关、基于特别事业法令而设立的法人、经营者、经营者团体及其职员接受调查,并提交必要的报告、资料或信息。(2)《禁止垄断法》第47条所规定的特殊的强制调查权,即公正交易委员会对垄断案件享有特殊的强制调查处分权,其可以对与案件相关的当事人、鉴定人等开展下列调查行为:①责令案件关系人或证人接受询问,或者向这些人征求意见或报告;②要求鉴定人进行鉴定;③责令账簿等物品的持有人提交物品或扣留该物品;④进入案件当事人的经营场所或其他必要场所,对业务或财务状况、账簿及其他物品进行检查。《禁止垄断法》第94条规定,上述人员因拒不执行公正交易委员会的调查决定而构成犯罪的,处以1年以下有期徒刑或者300万日元以下罚款。

4. 委托调查权(《禁止垄断法》第41条)。为履行职务,公正交易委员会可以委托国家机关、基于特别事业法令而设立的法人、学校、经营者、经营者团体、有学识经验者及其他人开展必要的调查。

5. 召开听证会权(《禁止垄断法》第42条)。为履行职务,公正交易委员会可以通过举行听证会来征求一般性意见。

6. 发布必要事项权(《禁止垄断法》43条)。为了保证反垄断法的正当运行,公正交易委员会可以发布除经营者秘密之外的必要事项。

7. 向外国竞争当局提供信息权(《禁止垄断法》第43条之二)。公正交易委员会可以向外国的竞争执法机关提供一定的信息。但是,需要注意的是,公正交易委员会向外国的竞争执法机关提供信息需要满足法律所规定的以下条件:(1)公正交易委员会可以向外国的竞争当局提供有助于该竞争当局执行职务的信息,但信息提供行为妨碍法律的适当执行,且可能侵害日本本国利益的除外;(2)该外国的竞争当局也同样会向日本提供相当的信息;(3)该外国的竞争当局对其所提供的信息的保密程度与日本相当;(4)该外国的竞争当局不会将信息用于其职务以外的目的;(4)公正交易委员会提供的信息不得被用于外国的法院或法官所参与的刑事程序。

8. 向国会报告和提出意见的权利(《禁止垄断法》第44条)。公正交易委员会可以通过内阁总理大臣,就每年的反垄断法实施情况向国会进行报告,或者就有关反垄断法的必要事项之实现向国会提出意见。

9. 垄断罪的专属告发权(《禁止垄断法》第96条)。《禁止垄断法》赋予了公正交易委员会对垄断罪的专属告发权。如果没有公正交易委员会的告发,那么检察机关不得就因垄断行为而引发的刑事案件提起公诉。

二、公正交易委员会的准立法权

《禁止垄断法》第76条赋予了公正交易委员会如下较为广泛的规则制定权(准立法权限):(1)公正交易委员会可以制定内部规章和案件的处理程序。为了保障执法依据的明确性,公正交易委员会制定了大量的规章和指南。其一,在执法程序方面,公正交易委员会制定了《关于公正交易委员会的审查规则》、《关于公正交易委员会犯罪案件调查规则》(《公正取引委员会の犯则事件の调查に关する规则公正取引委员会の审查に关する规则》)、《关于公正交易委员会意见听取程序的规则》》(《公正取引委员会の意见聴取に关する规则》)、《关于公正交易委员会确约程序的规则》(《公正取引委员会の确约手続に关する规则》)、《关于反垄断法审查程序的指南》(禁止垄断法审查手続に关する指针)等规则。上述规则在公正交易委员会的执法程序之正当化方面发挥了重要的保障作用。其二,在反垄断执法领域,公正交易委员会颁布了《关于经营者团体活动在反垄断法上的指南》(《事业者团体の活动に关する禁止垄断法上の指针》)、《关于行政指导在反垄断法上的考量方法》(《行政指导に关する禁止垄断法上の考え方》)、

《关于企业结合审查的反垄断法运用指针》(《企業結合審査に関する禁止垄·法の運用指針》)、《关于排除型私人垄断的反垄断法指南》(《排除型私的独占に係る禁止垄断法上の指針》)、《关于流通与交易惯行的反垄断法指导方针》(《流通·取引慣行に関する禁止垄断法上の指針》)、《关于不正当低价销售在反垄断法上的考量方法》(《不当廉壳に関する禁止垄断法上の考え方》)等规则。上述指南细化了具体垄断行为的执法标准,增加了反垄断执法的确定性。(2)公正交易委员会以公告方式进行的不公正交易方法的指定(《禁止垄断法》第72条)和转售价格维持协议适用除外商品种类的指定(《禁止垄断法》第24条之二第3款)。在反垄断法领域,公正交易委员会共计颁布了51部指南(具体请参见表1:公正交易委员会的指导方针)。

表1　公正交易委员会的指导方针①

审查程序领域的指南(5部)

1. 《〈禁止私人垄断及确保公平交易法〉第47条第2项有关审查官指定的政令》(1954年/2015年)
2. 《关于课征金减免提出报告及资料的规则》(2001年/2005年)
3. 《关于公正交易委员会犯罪案件调查的规则》(2001年)
4. 《给予公正交易委员会审查的规则》(2001年/2017年)
5. 《关于反垄断法调查程序中证人与鉴定人的差旅费及津贴的政令》(1948年/2015年)

确认程序领域的指南(1部)

1. 《关于公正交易委员会的确约程序的规则》(2017年)

意见听取程序领域的指南(1部)

1. 《关于公正交易委员会意见听取的规则》(2015年)

裁判程序领域的指南(2部)

1. 《关于公正交易委员会审判费用的政令》(1948年/2004年)
2. 《关于公正交易委员会审判的规则》(2005年)

企业合并程序领域的指南(4部)

1. 《〈禁止垄断法〉第10条第3项保险业公司外公正交易委员会规则确定的公司的规则》(2006年)
2. 《〈禁止垄断法〉第10条第3项其他国家公司外,公正交易委员会规则确定的公司的规则》(2002年/2014年)
3. 《关于〈禁止垄断法〉第9条至第16条规定的许可申请、报告及申报等相关规则》(1953年/2019年)
4. 《关于〈禁止垄断法〉第11条第1项第6号规定的其他国内公司事业活动不受拘束的规则》(2002年)

---

① ［日］《法令·ガイドライン等》(独占禁止法),https://www.jftc.go.jp/dk/guideline/index.html,访问日期:2019年6月28日。

适用基准领域的指南（36 部）
（一）行政指导关系领域的指南（1 部）
1.《关于行政指导在反垄断法上的考量方法》（1994 年/2010 年）
（二）私人垄断领域的指南（1 部）
1.《关于排除型私人垄断的反垄断法指南》（2009 年）
（三）流通、贸易关系领域的指南（1 部）
1.《关于流通与交易惯行的反垄断法指导方针》（1991 年/2017 年）
（四）经营者团体关系领域的指南（5 部）
1.《关于经营者团体活动在反垄断法上的指南》（1995 年/2010 年）
2.《关于医师协会活动在反垄断法上的指导方针》（1981 年/2010 年）
3.《关于政府采购中经营者和经营者团体活动在反垄断法上的指导方针》（1994 年/2015 年）
4.《关于循环利用的共同合作在反垄断法上的指导方针》（2001 年/2010 年）
5.《关于资格者团体活动在反垄断法上的考量方法》（2001 年/2010 年）
（五）不公正交易方法领域的指南（20 部）
1.《关于不正当低价销售在反垄断法上的考量方法》（2009 年/2017 年）
2.《酒类流通中的不正当低价销售、差别性价格等问题的对策》（2009 年/2017 年）
3.《汽油流通中的不正当低价销售、差别性价格等问题的对策》（2009 年）
4.《家用电器流通中的不正当低价销售、差别性价格等问题的对策》（2009 年/2017 年）
5.《关于共同研究开发的反垄断法指南》（1993 年/2017 年）
6.《关于委托劳务交易中滥用优势地位行为在反垄断法上的指导方针》（1998 年/2011 年）
7.《关于知识产权利用的反垄断法指南》（2007 年/2016 年）
8.《关于适当的电力交易的指南》（2019 年）
9.《关于天然气公正交易的指南》（2019 年）
10.《关于促进电信事业领域竞争的指南》（2018 年）
11.《关于特许经营在反垄断法上的考量方法》（2002 年/2011 年）
12.《关于手机号码可携性在反垄断法上的考量方法》（2004 年）
13.《关于放宽金融机构分类和扩大业务范围的不公正交易方法》（2004 年/2011 年）
14.《关于标准化专利技术形成在反垄断法上的考量方法》（2005 年/2007 年）
15.《关于快速公交联合运营在反垄断法上的考量方法》（2004 年）
16.《大型零售商与供货商交易中的特定不公正交易方法的适用准则》（2005 年/2011 年）
17.《关于独占状态规定义中事业领域的考量方法》（1977 年/2018 年）
18.《经营者活动的事前咨询制度》（2000 年/2015 年）
19.《关于农业协会活动的反垄断法指南》（2007 年/2018 年）
20.《关于滥用优势地位在反垄断法上的考量方法》（2010 年/2017 年）
（六）企业合并领域的指南（5 部）
1.《关于企业结合审查的反垄断法运用指针》（2004 年/2011 年）
2.《企业结合审查程序的指导方针》（2011 年/2018 年）
3.《关于事业支配力过度集中公司的考量方法》（2002 年/2010 年）
4.《〈禁止垄断法〉第 11 条规定的银行或者保险公司表决权保有等事项认可的考量方法》（2002 年/2014 年）
5.《关于〈禁止垄断法〉第 11 条对债务股份化予以认可的考量方法》（2002 年/2015 年）

（七）审查程序领域的指南（2 部）
1.《关于反垄断法审查程序的指针》（2015 年）
2.《关于违反〈禁止垄断法〉的涉嫌违法案件行政调查程序的概要》（2015 年）
（八）确认程序领域的指南（1 部）
1.《关于确认程序的指导方针》（2018 年）
公共再生支援领域的指南（1 部）
1.《关于公共再生支援在竞争政策竞争上的考量方法》（2016 年）
地方公共团体的指南（1 部）
1.《地方公共团体职员的竞争政策·反垄断法手册》（2019 年）

三、公正交易委员会的准司法权

在日本，为了保障公正交易委员会专业化、统一化的执法判断，反垄断法曾赋予公正交易委员会以准司法权（quasi—judicial），旨在使其做出的生效行政处罚决定具有一审判决的效力。[①]

（一）垄断案件事实认定的专属权

在 2013 年修法之前，日本赋予了公正交易委员会认定垄断案件事实的专属权，并通过创设实质性证据规则和新证据提出限定规则来对此项专属权进行保障。[②]

根据《禁止垄断法》原第 80 条的规定，所谓实质性证据规则，是指在请求撤销公正交易委员会审决的行政诉讼中，如果有实质性证据证明公正交易委员会认定的事实存在，那么该事实对法院具有拘束力。其中，实质性证据的有无，由法院进行判断。上述规定一方面明确了公正交易委员会所认定的事实具有拘束法院的效力，另一方面也赋予法院一定的司法审查权，以对实质性证据的有无进行判断。不过，为了保证公正交易委员会的专业判断得到尊重，并且确保其认定的事实能够达到有效拘束司法的效力，日本最高法院于 1975 年通过判例就法院对实质性证据进行司法审查的范围进行了限定性解释。上述限定性解释指出，在实质性证据规则下，"法院对公正交易委员会在审决中认定的事实并非以独自的立场重新认定，而仅是就审判过程中根据证据推定事实的合理性进行审查"。[③] 如此一来，在反垄断行政诉讼案件中，法院的司法审查权限就受到了进一步的

[①] 公正交易委员会的准司法权及保障准司法权行使的审判程序制度于 2013 年被废止。

[②] ［日］根岸哲：《注释独占禁止法》，有斐阁 2009 年版，第 781 页。

[③] ［日］《日本最高裁判所民事判例集》1975 年第 29 卷，第 899 页。

限定。法院不得重新调查证据和认定事实,其仅可在既存证据的基础上,判断原认定事实的合理性。因此,实质性证据规则就从根本上限定了法院认定垄断案件事实的权力,从而将一部分司法权真正转移给了公正交易委员会。

所谓新证据提出限定规则,是指在取消公正交易委员会行政处罚审决的行政诉讼中,法院限定当事人提出新的证据。当事人仅能在公正交易委员会无正当理由拒不采取该证据,或者审判时未能提出该证据且不存在重大过失这两种情形下,才可以向法院申请提出与案件有关的新证据。对此,尤其值得注意的是,即使当事人提出的新证据符合上述法定情形,法院也不能自行审理,而是只能将案件退回公正交易委员会,并由其在调取新证据的基础上重新做出审决(《禁止垄断法》原第 81 条)。

由此可见,通过上述两项规则的运用,在取消公正交易委员会行政处罚决定(审决)的行政诉讼中,日本限定了司法机关对垄断案件事实进行认定的权限,并在实质上赋予了公正交易委员会对垄断案件事实进行认定的专属权限。

(二)行政处罚决定的准一审判决效力

在日本于 2013 年修订《禁止垄断法》之前,公正交易委员会对垄断行为做出的行政处罚决定(审决)被赋予了一审判决的效力。当事人对公正交易委员会的行政处罚决定不服的,其不能依据普通的行政救济程序提起行政诉讼,而是只能向东京高等法院提起上诉(《禁止垄断法》第 85 条),东京高等法院享有专属管辖权。在日本,普通的行政诉讼程序实行三审终审制,对一审判决不服的当事人可以向高等法院提起上诉审,对上诉审不服的当事人可以向最高法院提起上告审。上告审为第三审,仅对法律问题进行审查。但是,在取消垄断案件中的行政处罚决定之行政诉讼中,日本没有采取普通行政诉讼案件中的三审终审制,而是选择了特殊的二审终审制,并且明确规定,对行政处罚决定(审决)不服的当事人只能提起"上诉"。如此一来,通过取消行政处罚决定(取消审决)的行政诉讼受诉法院以及对二审终审制的特殊规定,日本从实质上确认了公正交易委员会做出的行政处罚决定具有与一审判决相同的效力。

(三)准司法权行使的正当程序:审判程序

通过上述制度的设置,日本从实质上赋予了公正交易委员会对垄断案件事实进行认定的最终权限,并使其做出的行政处罚决定具有与一审判决相同的效力。为了保障公正交易委员会准司法权限的行使,以及具有准司法效力的行政处罚决定的正当性,日本没有在公正交易委员会准司法权限行使的正当程序(Due process)中采取类似于《行政诉讼法》与《不服行政处罚法》的普通程序规定,而是在《禁止垄断法》中为其专门设置了具有准司法程序特色的正当程序制度。此外,日本于 2005 年分别颁布了《公正交易委员会审查规则》(2009 年修订)和《公正交易委员会审判规则》,以专门规范和保障公正交易委员会准司法权行使的正当性。

　　在 2013 年修法之前,日本反垄断法的正当程序由"事前审查程序""事后救济的审判程序"和"审决程序"三部分构成。其中,审判程序是保障公正交易委员会准司法权行使的关键性正当程序。1947 年,在制定《禁止垄断法》时,日本将审判程序定位为事前做出行政处罚决定(排除措施命令与征缴课征金命令)的事前审查型的审理程序。在 2005 年的《禁止垄断法》修订工作中,日本将审判程序修改为被处罚人对公正交易委员会依审查程序做出的行政处罚决定不服而进行复审的事后救济程序。无论是事前审查型的审判程序,还是修改后的事后救济型的审判程序,在审判程序的程序构造方面,日本始终没有采取普通的行政程序的模式,而是采取了准司法程序的模式,即"分担追诉职能的审查官与行使防御权的被审人处于对立地位,审判官居间审判的对审式构造,对不服行政处罚决定的请求进行审理"。[①] 在准司法程序中,审查官行使追诉职能、列席审判,并就原行政处分所依据的事实与适用法律的适当性进行陈述和提交证据加以证明。被审人享有防御权限,能够就原处分的不适当性进行证明,并可以请求公正交易委员会询问证人和鉴定人、要求入内检查等。公正交易委员会委任的审判官主宰审判程序,并在审查官与被审人间,就争议的行政处罚决定进行居间裁判。[②] 日本反垄断法的审判程序之对审式制度设计,不但有效保障了诉审分离机制的实现,确保了案件复审者的中立性和公正性之地位,而且为被审人提供了主张和抗辩的机会,充分保障了被审人的程序利益,从而在根本上解决了具有准司法效力的行政处罚决定之正当性问题。

　　尽管公正交易委员会准司法权的赋予与准司法程序的制度设计有助于保障反垄断法执法的统一性和当事人的程序权益,但是在实际执法中,上述模式具有如下的弊端:(1)审判程序制度的设计使得行政处罚程序的周期变得很长,行政执法效率低下。(2)集审查、追诉、审判为一体的公正交易委员会不可避免地将遇到职能分离和公平审理的问题。例如,在"东芝 KEMIKARU 请求撤销裁决案"中[③],审判程序的委员由公正交易委员

---

① [日]矢吹公敏:《独占禁止法の改正と審判制度》,《東京大学法科大学院ローレビュー》2008 年第 3 期。

② [日]内田衡純、[日]笹井かおり:《公正取引委員会における審判制度の廃止》,《立法と調査》2010 年第 5 号。

③ [日]中川政直:《理想状态下的公正交易委员会及其行政审理程序——为实现公正且迅速的裁决和加强裁判公平性的法制度设计研究》,毛智琪、张琦、郑双十译,《经济法学评论》2010 年第 10 卷。

会的事务局审查部长担任,但是该委员同时是审查阶段的委员,其曾参与对东芝的裁决,因此东京高等法院认定其违反了《宪法》第 31 条和第 32 条的规定,从而撤销了公正交易委员会的处罚决定。(3)虽然公正交易委员会的审判与一审行政诉讼具有相同的效力,但是这实际上却限制了经营者的反驳,从而影响了经营者的权益救济。①

基于以上各种原因,日本社会各界再度对审批程序制度的存废展开了深入讨论。2010 年 3 月,公正交易委员会向第 174 次国会提交了关于废止审判制度的《禁止垄断法》修正案,其中提出废止审判制度,并规定对行政处罚决定不服的审查由东京地方法院通过抗告诉讼审理。由于种种原因,上述修正案于 2012 年 11 月未获国会通过。2013 年 5 月,公正交易委员会又再次向第 183 次国会会议提交了《禁止垄断法》修正案,其中明确提出废止审判程序。2013 年 12 月 13 日,修正案获得国会批准。自此,日本废除了原《禁止垄断法》第 52 条至第 68 条的规定,终结了运行 66 年之久的审判制度。审判程序的废除,标志着公正交易委员会的准司法权之丧失(日本审判程序的演进请参照表 2)。

○ 2005 年(平成 17 年)修法之前
＊ 事前审查型的审判程序:行政处罚决定的事前审理程序

$\boxed{劝告} \rightarrow \boxed{事前审判} \rightarrow \boxed{审判审决} \rightarrow \boxed{东京高院} \rightarrow \boxed{最高院}$

○ 2005 年(平成 17 年)4 月修法之后
＊ 不服审查型的审判制度:不服行政处罚决定的事后复审程序

• $\boxed{事前程序} \rightarrow \boxed{行政处分} \rightarrow \boxed{事后审判} \rightarrow \boxed{东京高院} \rightarrow \boxed{最高院}$

• 附则第 13 条:
(日本)政府在(2005 年)法律实施后的 2 年内,根据新法的实施状况、社会经济情况的变化等因素,根据课征金制度、违法行为排除措施命令的程序、审判程序制度的实施结果提出改善措施。

○ 2005 年 7 月—2007 年 6 月
＊ 《禁止垄断法》基本问题恳谈会
• 根据 2005 年修订的《禁止垄断法》附则第 13 之规定召开
＊ 《禁止垄断法》恳谈会报告书发布
• 当前,维持不服审查型的审判程序是适当的
• 一定条件具备后,应当改革不服审查型的审判程序制度

表 2　日本反垄断法审判程序的演进过程②

---

① [日]平林英胜:《公正交易委员会的审判废止所带来的影响》,《筑波法律评论》2008 年 9 月号。

② [日]公正取引委员会事务总局:《平成 25 年改正独占禁止法》,https://www.jftc.go.jp/dk/kaisei/h25kaisei/index_files/h25setsumei.pdf,访问日期:2016 年 12 月 20 日。

◦ 2008 年 3 月
＊《禁止垄断法》修正法案向第 169 次国会提交——≫2008 年 12 月未通过
● 附则第 19 条：(日本)政府对《禁止垄断法》中有关审判程序规定的改革要全面开展,在 2008 年度进行检讨,并根据检讨的结果提出改进措施。
◦ 2009 年 6 月
＊ 2009 年《禁止垄断法》修正法案颁布
● 附则第 20 条第 1 项：
(日本)政府对禁止垄断法中有关审判程序规定的改革要全面开展,在 2009 年度进行检讨,并根据检讨的结果提出改进措施。
● 众议院经济产业委员会(2009 年 4 月 24 日)、参议院经济产业委员会(2009 年 6 月 2 日)附带的决议：
(1) 针对审判程序的规定,根据《禁止垄断法》附则提出的在 2009 年度根据检讨的结果提出改进措施,应当明确是继续维持现行的审判制度现状、恢复到 2005 年修法前的事前审判制度,还是废止该项制度。
(2) 公正交易委员会的审查和意见听取程序,应当从经营者必要防御权的行使可能性角度,参考外国的事例,就本国的代理人选任、参与会议、供述调查书的提交,以及确保本国行政程序与刑事程序的整合性改革的推进进行检讨。
◦ 2010 年 3 月
＊《禁止垄断法》修正法案向第 174 次国会提交——≫2012 年 11 月未通过
● 审判制度的废止
废止公正交易委员会进行的审判制度。对行政处罚决定不服的审查由东京地方法院通过抗告诉讼审理。
● 修改排除命令等有关的意见听取程序
从完备处分前程序的观点出发,基于确保行政程序法所要求的听闻程序的程序保障水平,进行意见听取程序的完善。
◦ 2013 年 5 月
＊《禁止垄断法》修正法案向第 183 次国会会议提交——≫ 20113 年 12 月 13 日通过
● 修改的内容为 2010 年《禁止垄断法》修正法案的内容

四、公正交易委员会的义务

《禁止垄断法》明确规定,公正交易委员会负有如下义务：

1. 禁止特定行为(《禁止垄断法》第 37 条)。公正交易委员会的委员长、委员及公正交易委员会事务总局的职员在任期内不得实施下列行为：(1)担任国会或地方广告团体的议会的议员,或者进行积极的政治活动;(2)除内阁总理大臣许可的情况外,从事获取报酬的其他职务;(3)进行商业经营或其他以金钱利益为目的之业务。

2. 禁止发表意见(《禁止垄断法》第 38 条)。公正交易委员会的委员长、委员及公正交易委员会事务总局的职员不得对外发表有关案件事实的有无与法律适用的意见,但是法律规定的情况或者发表法律相关研究成果的意见不受此限。

3. 保密义务 (《禁止垄断法》第 39 条)。公正交易委员会的委员长、委员及公正交易委员会事务总局的职员负有保守"企业秘密的义务,不得泄露和窃取企业秘密"。

第十四章　反垄断法的责任体系

一般来说,反垄断法的执行体制分为如下两种类型:一种是反垄断法的公力执行(行政执法、刑事制裁),另一种是反垄断法的私人执行(即赋予包括违法受害人在内的利害关系人向法院提出民事诉讼的权利)。从国际方面来看,在美国,刑事制裁和私人执行均因受到重视而被适用得较多,日本、中国等国家则都是采取以竞争执法机关的行政执法为主的方法。日本实行"公正交易委员会中心主义",因此行政执法处于核心地位,刑事制裁和民事损害赔偿诉讼被运用得较少。不过,进入 21 世纪后,日本开始强化多元化的执法体系,其在以公正交易委员会的行政执法为核心之基础上,开始强化刑事制裁和民事诉讼制度。

第一节　反垄断法的行政责任

在日本,反垄断法上的罚款被称为"课征金"。之前,日本规制垄断行为的手段主要是行政处罚,且仅限于排除措施命令,并且刑事处罚及民事损害赔偿均没有被灵活运用,因此基于垄断行为而获得的不正当经济利益无法被有效剥夺,违法行为也不能得到根治。在此背景下,为剥夺基于垄断行为而获得的不正当利益,日本于 1977 年在《禁止垄断法》中引入了课征金(行政罚款)制度。随着竞争政策的强化,日本建立起了严厉、完备的课征金制度体系①,并使课征金成为反垄断执法的核心,从而为有效制裁垄断行为奠定了基础。

---

① 日本于 1977 年引入课征金制度时,其确定的征收比率为 1.5%。1991 年,日本将课征金的征收比率由原来的 1.5%提升为 6%,2005 年,日本又将课征金的征收比例提高至 10%。随着竞争政策的强化,日本又引入了罚款减免制度。同时,日本课征金制度的征收对象范围也不断扩大,从最初的仅适用于不正当交易限制,扩展到适用于私人垄断和不公正交易方法。此时,日本还建立了完备的课征金加罚体系。

一、课征金征缴制度①

(一) 课征金的性质

"课征金"这一术语是日本指称行政罚款的独有用语,最早出现在 1947 年的《日本财政法》中。1973 年,日本在《安定国民生活紧急措施法》中继续沿用"课征金"这一术语。1977 年,在修改《禁止垄断法》时,日本引入了以剥夺基于不正当交易限制行为而获得的非法利益为目标的"课征金"制度。"课征金"制度旨在通过向实施"不正当限制交易"行为的经营者征收一定数额的罚款,将其从限制竞争中所获得的不当利益收归国库,以此更有效地预防价格协议等违法共同行为。② 课征金制度的引入极大地提高了反垄断执法的实效性。③ 关于《禁止垄断法》中的课征金之性质,日本的理论界及立法实务界主要形成了两种学说,即"制裁说"和"非制裁说"。上述两种学说的争议焦点主要是课征金有无制裁性。

"非制裁说"认为,《禁止垄断法》上的课征金只是为了剥夺基于违法行为而产生的不正当经济利益,其并不具有制裁性。"非制裁说"在《禁止垄断法》被运用之初处于主导地位。基于"非制裁说",在 1977 年引入课征金制度时,日本根据当时企业经营的平均利润率,将课征金的比率设定为 1.5%。1991 年,鉴于本国企业平均利润率的提升,即昭和 53 年(1978 年)到平成元年(1988 年)的资金超过 1 亿日元以上企业的平均经营利润率已达 5.9%之事实,日本将课征金的比率提高到 6%。对此,日本学者指出,从对卡特尔行为的抑制作用上看,我们不能否定课征金具有一定的制裁作用,但是课征金的基本目标是确保社会公正,剥夺基于违法卡特尔而产生的不正当经济利益,以及抑制卡特尔的好处并防止其再发,所以它和刑事处罚在宗旨、目的和性质上都是不相同的。④ 东京高等法院在"ラップ价格カルテル案"中指出,课征金是由国家剥夺参加不正当交易限制⑤的经营者因违法行为而获得的不正当利益,从而在确保社会公正的同时,力图

---

① 与课征金制度相关的内容,来自笔者发表于《河北法学》2010年第 3 期的《日本〈禁止垄断法〉罚款及其减免制度研究—兼谈对我国〈反垄断法〉相关制度的借鉴》。
② [日]今村成和:《独占禁止法》,有斐阁出版社 1990 年版,第 345—354 页。
③ [日]杉本和木(日本公正交易委员会委员长):《独占禁止法施行 70 周年に当たって》,平成 29 年(2017 年 7 月),https://www.jftc.go.jp/soshiki/kyotsukoukai/kenkyukai/dk—kondan/kaisai_h29_files/208_1.pdf,访问日期: 2019 年 1 月 25 日。
④ [日]丹宗昭信、[日]岸井大太郎:《独占禁止手続法》,有斐閣 2002 年版,第 119 页。
⑤ 在日本,《禁止垄断法》的规制对象为私人垄断、不正当交易限制和不公正交易方法。其中,不正当交易限制被称作"垄断协议"或"限制竞争协议"。

抑制违法行为,其是为确保禁止不正当交易限制之规定的时效性而被采用的行政措施。[①] 公正交易委员会也认为,同着眼于不正当交易限制的反社会性和反道德性的刑事制裁措施相比,课征金制度的宗旨、目的、程序等有所不同。因此,对违法行为人同时处以课征金与罚金,并不违反宪法第 39 条的"禁止双重处罚"之规定。[②]

"制裁说"认为,除剥夺基于违法行为而产生不正当利益之作用外,课征金还应具有违法制裁性。随着国外许多国家的罚款比率之不断提高,以及加大制裁恶性垄断行为的力度之需要,日本多数学者提出,课征金的性质("剥夺不正当经济利益")应该在理论上被重新界定。目前,"制裁说"逐渐居于主导地位。之后,日本最高法院的判例认定,课征金是一种具有多元性格的制度,其具有制裁机能。公正交易委员会也在 2005 年的《禁止垄断法》修改工作中承认,课征金的作用并不仅仅是"剥夺不正当经济利益",其还具有"行政上的制裁性"。因此,公正交易委员会将课征金的比率提高到 10%。针对 2005 年的法律修订,公正交易委员会指出,将课征金从"征收与不当得利相当的金额"变更为"征收超过不当得利之金额"会使其成为一种行政制裁。同时,考虑到课征金在制裁性上与罚金具有一定的共同点,为防止"禁止二重处罚"的问题之出现,公正交易委员会应对《禁止垄断法》第 7 条之二、第 14 款、第 15 款、第 16 款及第 51 条进行修改,规定在并处罚金与课征金的情况下,其应当从课征金中扣除二分之一的罚金数额。

(二) 课征金适用的行为类型

1. 1997 年的课征金之限定适用:不正当交易限制行为

课征金制度于 1977 年被引入时,其适用对象最初仅限于不正当交易限制行为。所谓不正当交易限制,是指经营者以契约、协定或其他方式,与其他经营者共同决定、维持或提高交易价格,对数量、技术、产品、设备、交易对象等加以限制,以拘束对方的经营活动,从而违反公共利益,并对一定交易领域内的竞争构成限制的行为(《禁止垄断法》第 2 条第 6 款)。不正当交易限制行为的本质"在于复数经营者实施的共同行为及经营活动的相互制约"。[③]

2. 2005 年的课征金适用对象之扩展:不正当交易限制行为、支配型私人垄断行为

私人垄断行为与不正当交易限制行为均以"一定交易领域实质性限制

---

① ［日］《ラツプ价格カルテル刑事事件东京高等法院判决》,《高裁刑集》1993 年,第 46 号。
② ［日］根岸哲、［日］舟田正之:《禁止垄断法概说》,有斐阁 2002 年版,第 309 页。
③ ［日］舟田正之:《公共调达と独禁法、入札契约制度等》,日本经济法学会:《谈合と禁止垄断法》,有斐阁 2004 年版,第 35 页。

竞争"为要件,因此两类行为在实际的经济活动中均会产生限制竞争的效果,于是 2005 年的《禁止垄断法》将课征金的适用对象扩展至针对供给的支配型私人垄断行为,并且将上述不正当交易限制行为与支配型私人垄断行为限定于以下情形:(1)与商品或服务的价格相关之行为;(2)实质性限制商品或服务的下列任何一项要素,从而可能影响其价格之行为:A. 供给量与买入量;B. 市场占有率;C. 交易相对方。2005 年的法律修订改变了原有的"对价格有影响"之要件的规定,将其扩展为"可能影响价格",即只要私人垄断行为和不正当交易限制行为存在影响价格的高度盖然性,公正交易委员会就可以对其征收课征金。上述规定旨在加大对不正当交易限制行为和支配型私人垄断行为的制裁力度,从而保障竞争秩序。

3. 2009 年的课征金对象之进一步扩大

2009 年的《禁止垄断法》将课征金的适用对象从原有的私人垄断行为和不正当交易限制行为,扩展到排除型私人垄断行为和特定类型的不公正交易方法行为(联合抵制交易、差别对价、低价倾销、转售价格维持协议和滥用优势地位)。

表 1 课征金适用对象的逐步扩大

时间	适用对象
1977 年	不正当交易限制
2005 年	不正当交易限制、排除型私人垄断
2009 年	不正当交易限制、排除型私人垄断、支配型私人垄断、特定的不公正交易方法(联合抵制交易、差别对价、低价倾销、转售价格维持协议和滥用优势地位)

(三) 课征金的计算方法

1. 课征金的征收比率

(1)基本的征收比率:逐年提高

在 1977 年引入课征金制度时,日本将课征金的征收比率设置为 1.5％。1991 年,日本将课征金的征收比率提高至 6％。1.5％和 6％均为日本当年企业的平均利润率。因此,当时的课征金缴纳仅仅是被用来剥夺经营者基于违法行为的非法获利。为了改变上述现状,日本于 2005 年将课征金的基本征收比率提高至 10％,从而使得课征金的征缴具有了惩罚的性质。

(2)根据产业领域及经营者规模设定的固定比率:2019 年被废止

1991 年,在将课征金的基本征收比率由 1.5％提高至 6％时,日本又根据不同的产业领域及经营者规模分别设定了固定的分档比率(具体参见表2)。

表 2　1991 年课征金征收比率

经营规模	产业领域	课征金比率
大企业	制造业等	6%
	批发业	2%
	零售业	1%
中小企业	制造业等	3%
	批发业	1%
	零售业	1%

2005 年,日本将根据不同产业领域及经营者规模所设定的不同课征金征收比率分别提高了 2%,具体如下：对生产领域中的大企业征收 10% 的课征金,对中小企业（300 人以下或 1 亿日元以下）征收 4% 的课征金;在批发业领域中,对大企业征收 3% 的课征金,对中小企业（100 人以下或 3000 万日元以下）征收 1.2% 的课征金;在零售业领域中,对大企业征收 2% 的课征金,对中小企业（50 人以下或 1000 万日元以下）征收 1% 的课征金;针对支配型私人垄断,对制造业、建筑业、服务业等领域中的大企业征收 10% 的课征金,对批发业领域中的大企业征收 3% 的课征金,对零售业领域中的大企业征收 2% 的课征金（具体请参见表 3）。[①]

表 3　2005 年课征金征收比率

修订前的课征金征收比率				修订后的课征金征收比率
大企业	制造业等	6%		10%
	批发业	2%		3%
	零售业	1%	修订后	2%
中小企业	制造业等	3%		4%
	批发业	1%		1.2%
	零售业	1%		1%

2009 年,随着课征金适用对象的扩大,日本再一次完善了根据不同行为、不同产业领域和不同经营规模所设定的课征金征收比率数额（参见表 4）。

---

① ［日］公正取引委员会：《独占禁止法改正案の概要及び独占禁止法改正案の考え方に対して寄せられた意见について》,http://www.jftc.go.jp/pressrelease/04.august/040804.pdf,访问日期：2005 年 6 月 12 日。

表 4　2009 年课征金的征收对象及算定率①

行为类型	产业领域		
	制造业	批发业	零售业
不正当交易限制	10%(4%)	3%(1.2%)	2%(1%)
支配型私人垄断	10%	3%	2%
排除型私人垄断	6%	2%	1%
低价倾销、差别对价、联合抵制交易、转售价格维持协议(不公正交易方法)	3%	2%	1%
滥用优势地位(不公正交易方法)	1%		

　　在不正当交易限制行为方面,对制造业、建筑业、服务业等领域中的大企业征收 10% 的罚款。同时,鉴于零售业与批发业的经营规模一般较小,且经营利润率较低,从而使得基于垄断行为而获得的经济利益也相对较小之情况,《禁止垄断法》对上述产业领域的经营者设定了低于 10% 的课征金征收比率。具体来说,对中小企业(300 人以下或 1 亿日元以下)征收 4% 的课征金;在批发业领域中,对大企业征收 3% 的课征金,对中小企业(100 人以下或 3000 万日元以下)征收 1.2% 的课征金;在零售业领域中,对大企业征收 2% 的课征金,对中小企业(50 人以下或 1000 万日元以下)征收 1% 的课征金。

　　在私人垄断行为方面,《禁止垄断法》区别了排除型私人垄断和支配型私人垄断,并设置了不同的课征金比率。其中,针对支配型私人垄断,对制造业、建筑业、服务业等领域中的大企业征收 10% 的课征金,对批发业领域中的大企业征收 3% 的课征金,对零售业领域中的大企业征收 2% 的课征金。针对排除型私人垄断,对制造业、建筑业、服务业等领域中的大企业征收 6% 的课征金,对批发业领域中的大企业征收 2% 的课征金,对零售业领域中的大企业征收 1% 的课征金。由于私人垄断行为仅能由市场中具备一定市场力的企业来实施,因此《禁止垄断法》未再区别不同的企业经营规模来进一步设置课征金比率。

　　在不公正交易方法方面,《禁止垄断法》分两种情况来征缴课征金。针对低价倾销、联合抵制交易、差别对价和转售价格维持协议,对制造业、建筑业、服务业等领域中的企业征收 3% 的课征金,对批发业领域中的企业

① ［日］公正取引委員会事務総局:《独占禁止法改正法の概要》,https://www.jftc.go.jp/dk/kaisei/h21kaisei/index_files/091203setsumeikaisiryou.pdf,访问日期: 2016 年 12 月 28 日。

征收 2％的课征金，对零售业领域中的大企业征收 1％的课征金。针对滥用优势地位行为，对企业统一征收 1％的课征金。

在 2019 年的《禁止垄断法》修订工作中，日本取消了根据行业来分设课征金基本算定率的做法，其将不正当交易限制行为和私人垄断行为的课征金追缴比率统一为 10％，并对其他行为的课征金征缴比率也进行了统一（参见表 5）。

表 5 2019 年 6 月 19 日之后的课征金适用对象及算定率①

违法行为	课征金比率
不正当交易限制	10％
支配型私人垄断	10％
排除型私人垄断	6％
低价倾销、差别对价、联合抵制交易、转售价格维持协议（不公正交易方法）	3％
滥用优势地位（不公正交易方法）	1％

（3）课征金加罚制度

为了加大对特定类型行为的惩戒力度，日本建立了加罚制度，即针对特定类型的违法行为，在基本课征金比率的基础上，额外加征一定比率（50％）的课征金。具体来看，加罚制度主要适用于以下两种情形：

第一，10 年内再次实施垄断行为者。2005 年，日本增设了加罚制度，规定从调查开始时（原则上为进入检查时）向前推算，10 年以内受到行政处罚且再次实施不正当交易限制的经营者，多征收 50％的课征金。② 上述加罚制度的适用对象包括三种类型：第一，10 内再次实施不正当交易限制行为的经营者；第二，过去 10 年实施了垄断行为的子公司的母公司，即子公司实施了垄断行为，其母公司在 10 年内又再次实施垄断行为的，对母公司加征 50％的课征金；第三，从违法行为者处继受违法经营事业的经营者，即如果经营者 A 实施了垄断行为，经营者 B 从经营者 A 处继受了与经营者 A 原先实施的垄断行为相关的经营事业，且经营者 B 在经营者 A 实施原垄断行为之日起 10 年内再次实施垄断行为的，那么对经营者 B 加征 50％的课征金。上述第二种情形和第三种情形是日本于 2019 年修订课征

---

① ［日］公正取引委員会事務総局：《独占禁止法改正法の概要》，https://www.jftc.go.jp/dk/kaisei/h21kaisei/index_files/091203setsumeikaisiryou.pdf，访问日期：2016 年 12 月 28 日。

② ［日］金井貴嗣：《課徵金制度の見直しについて》，《ジュリスト》，2005 年第 270 号。

金制度时增加的。[①]

第二,在卡特尔、串通投标等行为中起主导作用的经营者。起主导作用的经营者主要包括以下两种类型:(1)在卡特尔、串通投标等行为中起主导作用的经营者,其被加征50%的课征金。此种类型在日本于2009年修订《禁止垄断法》时,被纳入课征金的加罚制度。(2)妨碍公正交易委员会调查行为(隐蔽、伪装证据等)的经营者,其被加罚50%的课征金。此种类型的加罚制度在日本于2019年修订《禁止垄断法》时被引入。

(4)提前退出者的课征金减免制度

为奖励提前退出的经营者,日本在2005年的《禁止垄断法》中增设了课征金减免制度,规定提前退出不正当交易限制的经营者(不正当交易限制存续期间不超过2年,且从调查开始之日起1个月内退出该违法行为的经营者)可以获得20%的课征金减免。2019年,在《禁止垄断法》的修订工作中,日本废止了提前退出者的课征金减免制度。[②]

2. 算定基础:违法所得+不当得利

在日本,课征金的征收基础包括两个部分。第一部分为经营者违法行为所涉及的商品或服务的销售额。自日本于1977年引入课征金制度至日本于2019年6月修订课征金制度,课征金的征收基础仅限于经营者违法行为所涉及的商品或服务的销售额。第二部分是因违法行为而获得的不当得利。在2019年修订课征金制度时,为了提高反垄断法的制裁力度,日本将基于违法行为而获得的不当得利追加为课征金征收的基础。具体来看,不当得利包括以下几个方面:(1)因不提供服务或者商品而得到的利益,如在招投标中,因配合串通投标而获得的串通金;(2)与作为违法行为对象的商品或者服务密切相关的其他经营活动的销售额;(3)对经营者做出指示或提供信息的集团公司的一定的销售额。此外,针对之前法律仅对那些在公正交易委员会启动调查程序后继受违法经营活动的企业才征收课征金的现状,日本在修法中扩大了继受违法经营活动的经营者之受处罚范围,将调查开始之前继受违法经营活动的子公司也确认为课征金的征缴对象,并对其征缴课征金。

---

① [日]公正取引委員會:《独占禁止法の一部改正法(概要)—課徴金制度等の見直し》,2019年6月,https://www.jftc.go.jp/houdou/pressrelease/2019/mar/keitorikikaku/190312besshi1.pdf,访问日期:2019年6月22日。

② 在2019年的《禁止垄断法》修订工作中,日本对课征金减免制度的适用人数进行了根本性修改,即不设减免数量的上限。自此,日本废除了针对提前退出者的课征金减免制度,从而保障了制度上的衔接。

3．算定期间：违法行为的实施期间

（1）课征金的起征点与算定期间

在日本，课征金数额是由违法行为实施期间，以及违法行为所涉及的商品或服务的销售额乘以法定的征收比率来确定的。《禁止垄断法》第 7 条之二规定，经营者应当向国库缴纳从实施该行为到停止该行为期间的商品或劳务之销售额乘以 10％的课征金。由此可见，课征金的起算点是确定实施期间与计算课征金额度的关键。关于如何确定课征金的起算点，日本学界曾存在一定的争议，主要有如下两种学说：

一种学说为"实施必要说"，即课征金必须以私人垄断行为或不正当交易限制行为的"实施"为要件。课征金制度是为了剥夺基于违法行为而产生的不正当经济利益并抑制其好处，从而防止其再发而设立的一种制裁制度，因此若没有产生不正当经济利益，则课征金也不需要被征缴。此外，在要求违法主体缴纳课征金时，我们应当从行为实施之日起开始征收。

另一种学说为"实施不要说"，即课征金不以违法行为的实施为要件。例如，不正当交易限制行为于"合意"达成时成立，其实施行为是日后按照合意内容进行的共同涨价或限产行为。课征金的缴纳以合意达成为标准。依据"实施不要说"，课征金应当从不正当交易限制行为成立时开始征收。

在日本，学者多认为"实施必要说"更为恰当[①]，即我们应当将实施协议内容之日（也就是实施涨价、限制产量等行为之日）作为课征金的起算点。我们可以通过图 1 来阐述课征金的计算方法。

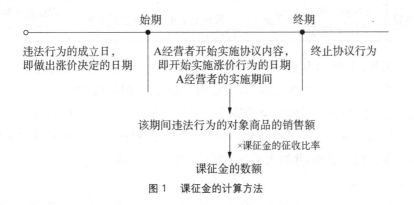

图 1　课征金的计算方法

---

① ［日］舟田正之：《公共調達と独禁法、入札契約制度等》，日本経済法学会：《談合と禁止垄断法》，有斐閣 2004 年版，第 76 页。

根据图 1,实施期间是从垄断行为所规定的经营活动实施之日起(始期)至停止该经营活动之日止的期间。始期是实施违法经营活动的日期,终期是停止违法行为的日期。关于终期的判断,我们一般分以下三种情形处理:(1)违法行为基于公正交易委员会的排除措施命令而停止的,公正交易委员会做出的行政处罚决定之生效日期就是终止日期;(2)经营者在规制机关发布排除措施命令前停止违法行为的,经营者停止违法行为的时间就是终期;(3)不正当交易限制组织中的成员提前退出协议的,经营者脱离协议组织的日期就是终期。

(2)算定期间的限制性规定

日本于 1977 年引入课征金制度时,并没有规定课征金算定的最长期间。1999 年,日本将课征金的算定期间设定为 3 年。经营者实施违法行为的期间超过 3 年的,自该违法行为的经营活动结束之日起向前追溯 3 年,作为课征金算定的"实施期间"。因此,作为课征金算定基础的营业额最多为经营者 3 年的营业收入。2019 年,为了加强对垄断行为的惩治,以及提高制裁的威慑性,日本将课征金算定的期间延长至 10 年(参见表 6)。公正交易委员会对经营者征收的课征金最多是经营者 10 年的营业额收入。

表 6　日本其他经济法律和域外竞争法对课征金除斥期间的规定[1]

法律	《国税通则法》	《金融商品交易法》	《公认会计师法》	美国的反托拉斯法对卡特拉等行为的规制	欧盟竞争法对卡特尔等行为的规制
刑罚	加算税 5 年重加算税 10 年	课征金 3 年	课征金 7 年	刑事罚 5 年	课征金 5 年最长 10 年

另外,在 2019 年的法律修订工作中,日本还将除斥期间由原来的 5 年延长至 7 年。[2] 2009 年之前,日本征缴课征金的除斥期间为 3 年;2009 年至 2019 年,日本征缴课征金的除斥期间为 5 年;2019 年 6 月之后,日本征缴课征金的除斥期间又提升至 7 年。2019 年的修法充分展现了日本强化课征金实施的意愿,并加大了对垄断行为的追责力度。

---

[1]　[日]公正取引委员会事务総局:《独占禁止法改正法の概要》,https://www.jftc.go.jp/dk/kaisei/h21kaisei/index_files/091203setsumeikaisiryou.pdf,访问日期:2016 年 12 月 28 日。

[2]　[日]公正取引委員會:《独占禁止法の一部改正法(概要)—課徴金制度等の見直し》,2019 年 6 月,https://www.jftc.go.jp/houdou/pressrelease/2019/mar/keitorikikaku/190312besshi1.pdf,访问日期:2019 年 6 月 22 日。

二、课征金减免制度

减免方针又被称为反垄断法中的"宽大制度"（leniency policy），是指联合行为的参加者在行为尚未被发现前，或者被发现后但未被认定违法前，自首或检举揭发其他经营者，从而减轻或免除一定法律责任的制度。1978年，美国最先建立了宽大制度，之后各国纷纷开始效仿。在日本，由于《禁止垄断法》最初没有设定减免制度，因此不正当交易限制案件很难被发现并受到规制。为了改变上述状况，以使得对同谋的揭发与证明变得更为积极和容易，2005年的《禁止垄断法》在借鉴美国的"leniency policy"（罪责减免政策）①及欧盟课征金减免制度②的基础上，制定了具有日本特色的课征金减免制度和刑事责任减免制度。2010年的《禁止垄断法》修订工作又对宽大方针的适用范围进行了扩充。2019年6月19日，修订后的《禁止垄断法》又再次对课征金减免制度进行了完善。③

（一）日本课征金减免制度的引入及修订进程

1. 2005年的课征金减免制度之引入

在日本，"劝其进行密告或倒戈，而不追究其犯罪责任"的做法实际上有违日本国民的道德理念，因而针对减免制度，很多日本人曾表示过激烈的反对，但经济犯罪不同于一般类型的犯罪，其具有隐蔽性和秘密性，并且一般不会为外人知晓，因此通过严格的审讯调查使违法行为人招供，远远不如通过减免制度促使其自首的效率高。④为了改变上述状况，以使得对同谋的揭发与证明变得更为积极和容易，日本于2005年制定了具有本国特色的课征金减免制度和刑事责任减免制度。⑤

---

① U. S Department of Justice, *Antitrust division*, *Corporate Leniency Policy*, 10 August 1993. U. S Department of Justice, *Antitrust division*, *Leniency Policy for Individual*, 10 August 1994. 其中，"corporate leniency policy"（对企业的宽免制度）也被称作"corporate immunity policy"（免除企业责任的方针）。美国的"leniency policy"仅适用于对申请者的刑事责任之减免。

② 欧盟的减免制度仅指行政罚款的免除和减轻。

③ 2019年6月19日，日本修订《禁止垄断法》，但本次修法仅涉及课征金制度一个方面。《〈私的独占の禁止及び公正取引の確保に関する法律の一部を改正する法律〉の成立について》，https://www. jftc. go. jp/houdou/pressrelease/2019/jun/keitorikikaku/190619pressrelease. pdf，访问日期：2019年6月20日。

④ ［日］村上政博：《日本禁止垄断法》，姜珊译，法律出版社2008年版，第155页。

⑤ 在日本，有人认为"劝其进行密告或倒戈，而不追究其犯罪责任"的做法违背了日本国民的道德理念，因此他们强烈反对日本引入减免制度。但是，大多数人认为，经济犯罪不同于普通犯罪，与其通过严格调查使违法行为人招供，还不如有效利用减免制度来使其自首，从而提高调查效率。［日］村上政博：《日本禁止垄断法》，姜珊译，法律出版社2008年版，第155页。

关于引入课征金减免制度的意义,公正交易委员会在《〈禁止垄断法〉改正案概要》中曾指出,该制度旨在:(1)奖励不正当交易限制参加者"背叛",以谋求破坏既存的违法行为;(2)使行为者产生不安,以防止不正当交易限制的再次形成;(3)使搜查当局的证据收集工作更为容易。[1] 课征金减免制度现已成为日本"破获卡特尔违法行为的最有效工具",其已被确认为是解决反垄断执法困境的一项重要制度。

根据 2005 年的《禁止垄断法》之规定,符合法定条件的经营者(参加了不公正交易限制行为的经营者自动停止违法行为并向公正交易委员会提供相关信息)可以免除或者减轻课征金,具体包括如下情形:(1)在公正交易委员会启动案件调查程序前,首位主动检举揭发违法行为和提交相关证据资料,并在后续的调查中给予持续、真诚、全面协助的申请者可以获得100%的课征金,第二位申请者可以获得 50%的课征金减免,第三位申请者可以获得 30%的课征金减免;(2)在公正交易委员会启动案件调查程序后,申请者可以获得 30%的课征金减免。另外,《禁止垄断法》规定,无论启动调查程序前,还是启动调查程序后,课征金减免申请人的数量合计不得超过 3 人。[2] 自日本于 2005 年引入课征金减免制度以来,截至 2009 年 3 月,共有 264 件宽大申请案件得到了处理,反垄断执法实践取得了显著的成就。

2. 2009 年的课征金减免制度之修订

为了推动课征金减免制度的进一步发展,在 2009 年的《禁止垄断法》修订工作中,日本对课征金减免制度进行了补充完善。[3] 具体来看,2009年的课征金减免制度之修订主要体现为以下几方面的内容。

第一,引入了企业集团的共同申请制度。允许企业集团内部的母子公司以及各子公司共同提交宽大申请是 2009 年的《禁止垄断法》修订工作的重大制度创新,其已成为日本在相关制度领域的一大特色。企业集团的共同申请制度就是联合申请者可以获得同等减免,即如果有两个或者多个同一企业集团的违法者联合向公正交易委员会申请适用宽大制度,那么所有的申请者将在被视为同一申请顺序的基础上得到减免。《禁止垄断法》第

---

① [日]《独占禁止法改正案の概要及び独占禁止法改正案の考え方に対して寄せられた意見について》,http://www.jftc.go.jp/pressrelease/04.august/040804.pdf.访问日期:2019 年 5 月 21 日。

② [日]宫澤健一:《競争政策の方向と新独占禁止法》,日本学士院紀要,第六十三巻第一号,第 51 頁。

③ 在 2013 年的《禁止垄断法》修订工作中,日本没有再就课征金减免制度进行完善。

7条第13款之二对企业集团的共同申请情形做出了全面、具体的规定。《禁止垄断法》认可的公司共同申请宽大制度主要涉及以下几种情形：(1)共同申请者在提交报告及资料时互为母子公司,此种情形包括：A.共同申请者为母子公司关系,即其中一个经营者拥有其他共同申请者半数以上的全体股东表决权(不可以对能够在股东大会上进行表决的全部事项行使表决权的股份的表决权除外);B.共同申请者为同一母公司的子公司,即该共同申请者拥有同一家母公司;(2)共同申请者在实施违法行为的整个期间互为母子公司,但仅报告及资料提交之日起上溯五年内有效,超过五年则不被视为具有母子公司关系;(3)共同申请者本不为母子公司关系,但是其中的申请者从与共同申请者有母子公司关系的其他经营者处受让或转让了事业,因此按照母子公司关系来对待他们,此种情形包括：A.其中一个共同申请者从与其他共同申请者有母子公司关系的企业处受让或继承了与该违法行为相关的部分或全部事业,并且该申请者自该转让或分立之日起实施违法行为;B.其中一个共同申请者通过转让或分立之方式将自己的事业转让给其他企业,而该企业与共同提出申请的其他主体具有母子公司关系,并且该行为是转让或分立前实施的。

第二,增加了宽大适用者的数量。具体而言,在公正交易委员会开始调查前后,总共有5个申请者可以得到减免。其中,在公正交易委员会开始调查后提交申请的人数不得超过3人,且与调查开始前的申请者相加的总人数不得超过5人。日本的课征金减免制度所适用的申请企业数量最多为5个。根据《禁止垄断法》第7条第11款之二的规定,在公正交易委员会开始调查前提交减免申请的经营者人数不得超过5人。调查开始后提交减免申请的经营者人数不得超过3人,且与调查开始前的申请者相加后的总人数不得超过5人。对此,《禁止垄断法》第7条第12款之二规定,在调查开始前,对违法行为进行报告并提交证据者的人数不足5人的,同时在调查开始后,报告并提交证据的申请者总数不超过3人,且与调查开始前的报告并提交证据的申请者相加后的总人数不超过5人的,公正交易委员会给予其30%的课征金减免。

第三,增加课征金减免的幅度。2009年的《禁止垄断法》规定,在公正交易委员会开始调查前,首位进行报告并提交资料的申请者应当获得课征金的全部免除,第二位申请者应当获得50%的课征金减免,第三位至第五位申请者应当获得30%的课征金减免。在公正交易委员会开始调查后,无论申请者的优先序位如何,公正交易委员会均给予其30%的课征金减免。①

3. 2019 年的课征金减免制度之修订

为了提高经营者协助公正交易委员会进行调查的效率,以及更好地阐明案件实际情况并扩大公正交易委员会的案件处理范围,从而应对复杂的经济环境,日本于 2019 年 6 月 19 日对《禁止垄断法》中的课征金制度进行了修改。2019 年的法律修订涉及实体和程序两大方面,具体修订内容主要包括以下几个方面:

其一,废除对申请者数量上限的限制,给予全部参与者自主协助执法机关调查的机会。之前,无论是在调查程序开始前,还是在调查程序开始后,公正交易委员会总共只给予前 5 位申请者以课征金减免。2019 年的法律修订废除了对申请者数量的限制,从而使得全部的违法行为参与者均有机会因检举揭发而获得课征金减免。

其二,在原有的针对申请序位设置的固定减免幅度之基础上,日本又针对申请者在查明案件工作中的协助程度,全新引入了附加减免率。日本根据经营者在查明案件实际情况过程中的协助程度(如申请者主动提交的证据对案件的作用等),执法机关可以附加给予额外的课征金减免。其中,在调查程序启动前,根据经营者的协助程度,执法机关最高可以给予 40% 的课征金减免;在调查程序启动后,根据经营者的协助程度,执法机关最高可以给予 20% 的课征金减免。

其三,降低了原有的针对申请序位设置的课征金减免幅度。基于2019 年的法律修订增加了根据协助程度额外赋予课征金减免之措施,日本降低了原有的根据申请序位设置的固定课征金减免率。其中,调查开始前的首位申请者仍旧可以获得课征金的全额减免,第二位申请者的减免率由原来的 50% 下调为 20%,第三位至第五位申请者的减免率由 30% 下调为 10%,第六位及以后的申请者则可以获得 5% 的课征金减免。在公正交易委员会启动调查程序之后,前三位申请者的减免率由 30% 下调为 10%,第三位之后的申请者则可以获得 5% 的课征金减免。尽管 2019 年的法律修订降低了原有的依申请序位所获得的减免幅度,但是考虑到新增的基于协助程度的附加减免制度,两类减免率相加后所获得的总减免幅度是更大的。

---

① 参见 2009 年的《禁止垄断法》第 7 条第 10 款和第 11 款。

表7　2019 年 6 月 19 日之前的课征金减免率

调查开始	申请序位	基于申请序位的减免率
前	第一位	全额减免
	第二位	50％
	第三位至第五位	30％
	第六位及以后	无
后	前三位经营者	10％
	第三位以后	无

表8　2019 年 6 月 19 日之后的课征金减免率

调查开始	申请序位	基于申请序位的减免率	基于协助程度的减免率
前	第一位	全额减免	
	第二位	20％	＋最大 40％
	第三位至第五位	10％	
	第六位及以后	5％	
后	前三位经营者	10％	＋最大 20％
	第三位以后	5％	

资料出处：公正交易委员会：《禁止垄断法の一部改正法（概要）—課徵金制度等の見直し》。[1]

　　其四,新增公正交易委员会与申请者就协助内容和额外附加课征金减免率进行协商的制度。目前看来,课征金减免的程序如下:在提交减免申请之后,经营者与公正交易委员会就协助内容和附加的减免率进行协商;如果双方就相关内容达成了合意,那么申请者应当根据协商内容提交相关证据,并实施协助行为;如果申请者按照协商内容实施了协助行为,那么公正交易委员会将给予其附加的课征金减免。需要注意的是,如果双方没有就相关内容达成合意,那么执法机关也不能将协商过程中所记录的申请者的说明内容当成证据使用。同时,如果经营者存在不具有减免资格的情况,那么基于申请序位的课征金减免和基于协助程度的额外课征金减免均无法适用。

　　此外,为了提高协商制度的预测性,日本还完善了协助内容(提交证

---

① ［日］《独占禁止法の一部改正法（概要）—課徵金制度等の見直し》,https://www.jftc.go.jp/houdou/pressrelease/2019/jun/keitorikikaku/190619besshi1.pdf,访问日期：2019 年 6 月 20 日。

据)评价方法的指导方针,包括协助内容(经营者主动提供的证据等)对案件实际情况证明程度的评价方法,以及证据的内容对证明违法行为的相关信息(卡特尔、串通投标等行为所涉及的对象商品或服务,参加的经营者、实施期间、实施状况,等等)证明价值的评价方法。

减免申请 —— 就协助内容和减免率达成协议 —— 提交证据 —— 做出课征金减免决定

(二)课征金减免制度的适用条件

1. 适用的违法行为类型:不正当交易限制行为

课征金减免制度是为了解决通谋行为具有隐蔽性、证据难以获得等问题而被创设的,其在日本也仅仅适用于经营者联合实施的不正当交易限制行为。

表9　针对各类行为的课征金相关制度适用表[①]

行为类型	课征金减免申请	反复违法加征50%罚款	主导经营者加征50%罚款	提前退出减少20%罚款
不正当交易限制	√	√	√	√
支配型私人垄断	×	√	×	×
排除型私人垄断	×	√	×	×
低价倾销、联合抵制、差别对价、转售价格维持协议	×	×	×	×
滥用优势地位	×	×	×	×

2. 适用主体:除单独的经营者外,还包括企业集团且总数不受限制

一般而言,域外的反垄断法宽大制度之适用主体仅限于单独提交申请的企业或个人,不包括企业集团,并且申请者的数量受到严格限制。但是,在2009年和2019年的《禁止垄断法》修订工作中,日本允许企业集团共同提交课征金减免申请,并且对申请者的数量不做限制。具体来看,上述法律修订体现出以下几个特点:

(1)允许企业集团共同申请

日本允许同属于一个企业集团的多个企业共同提交课征金减免申请。因此,《禁止垄断法》第7条第13款之二对企业集团共同申请的情形做出

---

① [日]《独占禁止法の一部改正法(概要)——課徴金制度等の見直し》,https://www.jftc.go.jp/houdou/pressrelease/2019/jun/keitorikikaku/190619besshi1.pdf,访问日期:2019年6月20日。

了全面、具体的规定。

首先,企业集团共同申请课征金减免主要有以下几种情形:第一,共同申请者在提交报告及资料时互为母子公司,此种情形包括:A. 共同申请者为母子公司关系,即其中一个经营者拥有其他共同申请者半数以上的全体股东表决权(不可以对能够在股东大会上进行表决的全部事项行使表决权的股份的表决权除外);B. 共同申请者为同一母公司的子公司,即该共同申请者拥有同一家母公司;第二,共同申请者在实施违法行为的整个期间互为母子公司等关系,但仅报告及资料提交之日起上溯五年内有效,超过五年则不被视为母子公司关系;第三,共同申请者本不为母子公司关系,但其中的申请者与共同申请者有母子公司关系的其他经营者处受让或转让了事业,因此按照母子公司关系来对待他们,此种情形包括:A. 其中一个共同申请者从与其他共同申请者有母子公司关系的企业处受让或继承与该违法行为相关的部分或全部事业,并且该申请者自该转让或分立之日起实施违法行为;B. 其中一个共同申请者通过转让或分立之方式将自己的事业转让给其他企业,而该企业与共同提出申请的其他主体具有母子公司关系,并且该行为是转让或分立前实施的。

其次,明确了共同申请的结果。《禁止垄断法》规定,两个以上的经营者共同向公正交易委员会报告违法行为事实并提供资料的,在符合上述情形之基础上,他们将被视为是一个经营者。

最后,明确了不按照同一序位对待共同申请者的情形。《禁止垄断法》规定,如果共同申请者中的任意一位不符合课征金减免条件,那么共同申请者均不能获得课征金减免。实际上,上述规定也避免了一些违法企业借企业集团的共同申请来掩饰自己的主体不适格性之做法。

(2) 适用数量不做任何限制

2019 年之前,与其他国家或地区一样,日本也将课征金减免制度的适用主体限定为一定数量的申请者,即前五位申请者。2019 年 6 月 19 日,在修订《禁止垄断法》中的课征金减免制度时,为了激励更多的经营者检举揭发以提高不正当交易限制案件的发现率,日本废除了对申请者数量的限制,给予协助执法机关调查的全部参与者获得课征金减免的机会。

(3) 明确了不适格主体的类型

为保障课征金减免制度的公平性与时效性,日本将在不正当交易限制行为中起胁迫作用的经营者排除在外。近年来,随着社会经济的发展,日本逐渐开始摒弃基于发起者或领导者视角的主观认定,其直接在立法中采取基于胁迫者视角的客观标准。《禁止垄断法》第 7 条第 17 款之二规定，"在经营者实施的与违法行为相关的案件中，强迫其他经营者参加违法行为或者妨害其他经营者停止违法行为的经营者，不得适用课征金减免制度"。也就是说，如果申请者存在强迫其他经营者从事违法行为或者妨碍其他经营者停止违法行为的情形，那么即使其符合独立申请的顺序，也不能适用宽大制度，执法机关不得对其进行课征金的减免。

3. 明确的行为要件

根据《禁止垄断法》第 7 条第 10 款、第 11 款和第 17 款之二的规定，想获得课征金减免的经营者必须满足以下条件：

第一，经营者较早地向公正交易委员会报告违法行为且提供必要的证据资料。调查开始前申请课征金减免的经营者所提供的证据资料，应当有助于公正交易委员会的调查，并且不同申请序位的经营者要符合不同的要求。(1)调查开始前的第一位至第三位向公正交易委员会报告的申请者未被设定限制性要求，即他们只要向公正交易委员会提供有利于认定违法的证据就可以了。(2)针对调查开始前的第四位之后的申请者，《禁止垄断法》做出了限定性规定，即他们所提供的证据资料不能涉及以下三种情形：A. 与《禁止垄断法》第 45 条第 1 款所规定的其他人向公正交易委员会告发的事实相关；B. 与《禁止垄断法》第 45 条第 4 款规定的公正交易委员会认为有违法行为时所采取的必要措施相关；C. 其他执法机关已经掌握的事实。

调查开始后提交课征金减免申请的经营者应当提供有助于公正交易委员会认定违法行为存在的证据资料，并且相关证据材料不能涉及以下几种情况：(1)与《禁止垄断法》第 47 条第 1 款规定的公正交易委员会以调查为目的而实施的强制处分相关①；(2)与《禁止垄断法》第 102 条第 1 款规定的公正交易委员会的检查、搜查、扣押等措施相关；(3)公正交易委员会已经掌握的事实。

第二，申请者应当在《禁止垄断法》所规定的特定日期之前停止违法行为。其中，调查前提交课征金减免的申请者，应当在公正交易委员会开始调查之日前停止违法行为；调查开始后提交课征金减免申请的经营者，应当在向公正交易委员会报告且提交证据资料之日前停止垄断

---

① 该类强制处分包括：(1)责令案件相关人员或证人出面接受讯问，或者向其征求意见；(2)要求鉴定人进行鉴定；(3)责令账簿资料等物品的持有人提交物品或扣留该物品；(4)进入案件相关人的经营场所及其他必要场所，对业务或财产状况、账簿资料及其他物品进行检查。

行为。

第三,经营者向公正交易委员会提供的信息必须真实。公正交易委员会要求进一步追加信息的,经营者不得拒绝提交相关材料。

在2019年的《禁止垄断法》修订工作中,日本额外增加了基于申请者协助程序(证据对案件的证明程度)的课征金减免制度。其中,在调查程序启动前,公正交易委员会最高给予经营者40%的课征金减免;在调查程序启动后,公正交易委员会最高给予经营者20%的课征金减免。附加减免制度的引入,有力地提升了申请者所提交的证据之质量。

(三) 课征金减免的幅度

在课征金减免额度的确定方面,日本采用的是差别性"分层级责任减免"的模式。在日本,课征金减免率分为如下两种类型:一种是根据申请序位设置的固定比率的减免率(减免幅度);另一种是根据申请者对调查活动的协助程度设置的附加的、额外的课征金减免率。以上两种类型的课征金减免率会被叠加计算。按照2019年的《禁止垄断法》之规定,课征金减免的幅度具体分为如下一些情况:

其一,调查开始前的首位申请者可以获得课征金的全额免除。在公正交易委员会启动案件调查程序之前,单独第一个主动报告不正当交易限制案件事实并提供证据资料的经营者可以获得课征金的全额免除,并且因全额免除课征金而不适用附加课征金减免率。

其二,调查开始前的其他序位申请者可以获得基于相应序位固定减免率的课征金减免,并且能够依据协助程序而获得40%以下的附加课征金减免。具体来看,调查开始前的第二位申请者可以获得20%的课征金减免,第三位至第五位申请者可以获得10%的课征金减免,第六位及以后的申请者可以获得5%的课征金减免。另外,在上述减免的基础上,公正交易委员会将根据经营者的协助程度,额外再追加40%以下的课征金减免。

其三,在调查开始后,前三家提交申请的经营者(申请者数量被限定为三家经营者)可以获得10%的课征金减免,第三家经营者之后的其他经营者可以获得5%的课征金减免。另外,在上述基于申请序位的减免之基础上,公正交易委员会还将根据经营者的协助程度,额外再追加20%以下的课征金减免。

表10　2019 年 6 月 19 日之后的课征金减免率①

调查开始	申请序位	基于申请序位的减免率	基于协助程度的减免率
前	第一位	全额减免	+最大 40％
	第二位	20％	
	第三位至第五位	10％	
	第六位及以后	5％	
后	前三位经营者	10％	+最大 20％
	第三位以后	5％	

(四) 规范化的适用程序

为了促进不正当交易限制行为参加者的自首积极性,并保障机会的均等性与透明性,日本于 2005 年发布《课征金减免提交资料规则》,明确了课征金减免申请的提交程序(具体参见图 2 和图 3)。

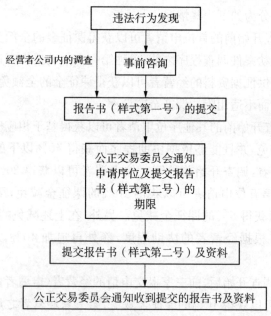

图 2　公正交易委员会开始调查前的情形

① [日]公正取引委員會:《独占禁止法の一部改正法(概要)～課徴金制度等の見直し》,https://www.jftc.go.jp/houdou/pressrelease/2019/jun/keitorikikaku/190619besshi1.pdf,访问日期:2019 年 6 月 20 日。

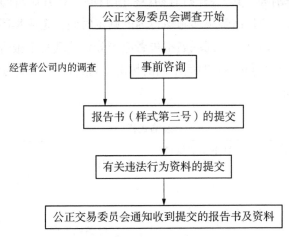

图3　公正交易委员会开始调查后的情形

1. 事前咨询程序

在课征金减免申请提交环节之前,日本设置了事前咨询程序,以对涉嫌违法的经营者所提出的问题进行解答。事前咨询程序并不是课征金减免制度的必经程序,其仅仅是帮助申请者了解更多信息,并指导申请者更有效地提出申请。事前咨询程序不能被当成是正式申请或登记申请,因此其无法确定经营者的优先序位。为保障咨询者的利益,法律允许咨询者以匿名的方式或假设性的方式进行咨询,并同意经营者委托代理人进行咨询。在咨询过程中,反垄断执法机关所获取的相关案件信息,不得被用作追究经营者违法行为责任的证据。

2. 正式申请:以传真方式发送格式化的《有关课征金减免的报告书》

在对自己的状况有了预期判断后,经营者会正式提交课征金减免申请。《课征金减免提交资料规则》规定,申请者应当通过传真方式首次提交报告。《课征金减免提交资料规制》还明确规定了报告书的范本(《有关课征金减免的报告书》样式第一号),并指明了应记载的内容。公正交易委员会以收到传真的时间为准,并且申请者还应及时将书面报告送达公正交易委员会。公正交易委员会依据收到初次报告的时间来确定申请者的先后顺序。在报告书的范本中,需要记载的违法行为的概要主要包括以下内容:其一,行为对象的商品及服务,即日本标准产业分类(平成21年总务省告示第175号)所规定的大分类F、工业统计调查规则(昭和26年通商产业省令第81号)所规定的工业统计调查用产业分类(六大类),以及日本标准产业分类的细分类(四类)。其二,行为的性质,包括价格卡特尔、串通

投标、市场分割等。其三,开始时期(终止时期)。在开始时间不能确定的
情况下,报告者应记载最早实施该行为的确定时间。企业集团及其成员共
同申请课征金减免的,共同联名报告者应当分别记载每个报告者的姓名并
盖章。在开始时间和终止时间不同的情况下,报告者应当分别记载每个开
始时间和终止时间。

表格式样一

样式第 1 号(用纸大小为日本工业规格 A4)

课征金减免报告书

平成　年　月　　　日

公正交易委员会
(传真号　03—3581—5599)

> 姓名或名称
> 住所及所在地
> 代表者的职务及姓名　　　　盖章
>
> 联络部署名
> 住所及所在地(邮编)
> 负责人的职务及姓名
> 电话号码
> 传真号

　　按照《禁止垄断法》第 7 条第 10 款之二第 1 项及第 11 款第 1 项至第 3 项(《禁止垄断法》第 8 条第 3 款之二的情况准用)的规定写明如下信息。

○ 报告的违法行为的概要

1. 作为该行为对象的商品及服务	
2. 该违法行为的性质	(1)
	(2)
3. 开始时间(终止时间)	年　月(～　年　　月结束)

3. 公正交易委员会与申请者的协商程序

　　2019 年 6 月 19 日,修订后的《禁止垄断法》新增了公正交易委员会与
申请者就协助内容和额外附加课征金减免比率进行协商的制度。在协商
程序中,双方就协助内容和附加的课征金减免比率进行协商。如果双方达
成合意,那么申请者必须根据协商内容提交证据,并实施协助行为。申请
者按协商内容实施了协助行为后,公正交易委员会应当按照双方协商的比
率给予申请者附加的课征金减免。需要注意的是,如果双方没有达成合
意,那么执法机关不能将申请者在协商过程中提交的说明内容当成证据使
用。此外,为了提高协商制度的预测性,日本完善了协助内容(提交证据)
评价方法的指导方针,包括协助内容(经营者主动提供的证据等)对案件实

际情况证明程度的评价方法，以及证据的内容对证明违法行为的相关信息（卡特尔、串通投标等行为所涉及的对象商品或服务，参加的经营者、实施期间、实施状况，等等）证明价值的评价方法。

4. 提交详细的《课征金减免报告书》样式 2 或样式 3

在收到申请者的申请后，公正交易委员会应当尽快确定申请者的先后顺序并告知申请者。优先序位以公正交易委员会收到通过传真方式发送的报告书之日期为准进行确定。之后，申请者负有提交详细报告书的义务，详细报告书可以通过传真、直接送达、挂号信等方式提交。在公正交易委员会认可的情况下，申请者甚至可以进行口头报告。不过，日本也要求申请者依据范本来提交详细报告书。如果是调查前申请的，申请人应当使用公正交易委员会制作的《课征金减免报告书样式 2》。

表格式样二

样式第 2 号（用纸大小为日本工业规格 A4）

课征金减免报告书

平成　年　月　　日

公正交易委员会

（传真号　03—3581—5599）

姓名或名称
住所及所在地
代表者的职务及姓名　　　　　盖章
联络部署名
住所及所在地（邮编）
负责人的职务及姓名
电话号码
传真号

按照《禁止垄断法》第 7 条第 10 款之二第 1 项及第 11 款第 1 项至第 3 项（《禁止垄断法》第 8 条第 3 款之二的情况准用）的规定写明如下信息。

1. 报告的违法行为的概要

1. 作为该行为对象的商品及服务	
2. 该违法行为的性质	（1）
	（2）
3. 共同实施该违法行为的其他经营者的名称、住所及经营场所所在地	
4. 开始时间（终止时间）	年　月（　年　月结束）

2. 报告者（联名情况下各报告者）中与该违法行为有关的职员的姓名等情况

报告者名称	现任的职务 及所属的部门	实施违法行为时的 职务及所属的部门	姓名

3. 共同实施该违法行为的其他经营者中与该违法行为有关的职员的姓名等情况

经营者名称	现任的职务 及所属的部门	实施违法行为时的 职务及所属的部门	姓名

4. 其他可供参考的事项
5. 提出资料

编号	资料的名称	资料内容的说明（概要）	备注

表格式样三

样式第 3 号（用纸大小为日本工业规格 A4）
课征金减免报告书

平成　年　月　日

公正交易委员会
（传真号　03—3581—5599）

姓名或名称
住所及所在地
代表者的职务及姓名　　　　　盖章

联络部署名
住所及所在地（邮编）
负责人的职务及姓名
电话号码
传真号

　　《禁止垄断法》第 7 条第 10 款之二第 1 项及第 11 款第 1 项至第 3 项（《禁止垄断法》第 8 条第 3 款之二的情况准用）的规定写明如下信息。

1. 报告的违法行为的概要

1. 该违法行为的性质	(1)
	(2)
2. 共同实施该违法行为的其他经营者的名称、住所及经营场所所在地	
3. 开始时间(终止时间)	年 月(年 月结束)

2. 报告者(联名情况下各报告者)中与该违法行为有关的职员的姓名等情况

报告者名称	现任的职务及所属的部门	实施违法行为时的职务及所属的部门	姓名

3. 共同实施该违法行为的其他经营者中与该违法行为有关的职员的姓名等情况

经营者名称	现任的职务及所属的部门	实施违法行为时的职务及所属的部门	姓名

4. 作为该行为对象的商品或服务
5. 该行为的实施情况及与共同实施该行为的其他经营者的接触情况
6. 其他参考的事项
7. 提出资料

编号	资料的名称	资料内容的说明(概要)	备注

4. 申请书的审查及处理

在收到经营者提交的详细报告书后,公正交易委员会应当立即通过书面的方式将相关事项告知申请者。如果申请者提交的材料不全面,那么公正交易委员会应当通知经营者补充资料。如果申请者向公正交易委员会提交的报告或资料不真实,或者申请者没有按照公正交易委员会的要求提交相关资料,或者申请者强迫其他经营者参与不正当竞业限制行为或阻止其他经营者停止不正当竞业限制行为,那么公正交易委员会将不允许其适用课征金减免制度。如果经营者提交的报告和资料符合相关规定,那么公正交易委员会将按照法定序位给予其课征金的减免。同时,公正交易委员会还要判断申请者是否按照协商内容提交了相关证据;如果申请者提交的相关证据符合要求,那么公正交易委员会将再给予申请者额外的 40％以下或 20％以下的附加课征金减免。

三、行政排除措施制度

在垄断案件审查终结时,规制机关往往会采取一定的排除措施。排除措施是反垄断执行机关责令不正当交易限制、私人垄断、企业结合等违法行为的实施者通过作为或不作为之方式,清除违法行为并恢复竞争秩序的措施。排除措施包括法律上的排除措施和一般的排除措施。

1. 法律上的排除措施

法律上的排除措施适用于私人垄断、不正当交易限制、企业结合、经营者团体活动、缔结具有不正当交易限制或不公正交易方法内容的国际契约或协定等行为。排除措施命令以裁决的形式做出,并且执法机关在裁决书中会明确记载排除措施命令的具体内容。排除措施的适用对象是实施了违法行为的经营者或经营者团体。因教唆行为或帮助行为而参与到违法活动中的人,即使其受到了刑事追责,也不能成为排除措施的适用对象。

根据《禁止垄断法》的规定,针对实施私人垄断、不正当交易限制、缔结具有不正当交易限制或不公正交易方法内容的国际协定或契约等行为的主体,公正交易委员会将对其施加责令停止违法行为、让渡部分营业等排除措施;针对经营者团体的违法行为,公正交易委员会可以责令其进行申报、停止违法行为或解散团体;针对企业合并,公正交易委员会可以施加责令提交报告书和进行申报、全部或部分地处分股份、让渡部分营业、辞退公司的管理人员等排除措施;针对不公正交易方法行为,公正交易委员会可以责令行为人停止违法行为或删除合同中的相应条款。

2. 一般的排除措施:警告

在因认定违法事实的证据不足而不能采取法律措施时,公正交易委员会可以在如下情形中做出警告:(1)没有充分的证据证明可以对垄断行为采取法律措施,但是对该行为又不能置之不理,此时"警告"为灰色的处理方法;(2)虽然具备采取法律措施的事实,但是已过采取法律措施的法定期限;(3)有必要尽快排除违法行为,但处理该行为还需一定的时间,此时可以不采取法律措施,而是选择程序简便的"警告";(4)因受到有关政策的影响而没有能够采取法律措施。另外,当规制机关发现经营者的行为可能发展成不正当交易限制行为时,为了防患于未然,其也可以对经营者进行提醒，以引起经营者的警示，从而使其停止相关行为。

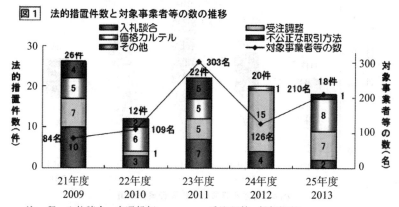

图 4　2009—2013 年的日本排除措施命令案件数量①

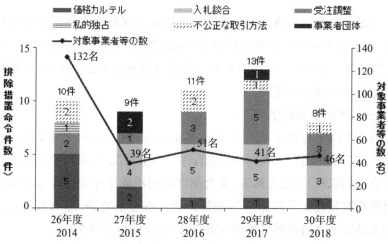

图 5　2014—2018 年的日本排除措施命令案件数量②

①　［日］《独占禁止法の一部改正法（概要）—課徴金制度等の見直し》，https：//www．jftc．go．jp/houdou/pressrelease/2019/jun/keitorikikaku/190619besshi1．pdf，访问日期：2019 年 6 月 20 日。

　　［日］公正取引委員会：《平成 25 年度における独占禁止法違反事件の処理状況について》，2014 年 5 月 28 日，https：//www．jftc．go．jp/houdou/pressrelease/h26/may/140528．html，访问日期：2019 年 3 月 18 日。

②　［日］公正取引委員會：《平成 30 年度における独占禁止法違反事件の処理状況について》，2019 年 6 月 5 日，https：//www．jftc．go．jp/houdou/pressrelease/2019/jun/190605．html，访问日期：2019 年 6 月 20 日。

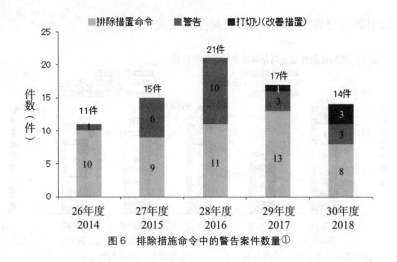

图 6　排除措施命令中的警告案件数量①

四、行政处罚程序

公正交易委员会做出施加排除措施和征缴课征金命令的行政处罚程序由"事前审查程序""意见听取程序""行政处罚决定做出程序"及"不服行政处罚决定的救济程序"共四个部分构成,《禁止垄断法》第 45 条至第 70 条对此做出了详细的规定。

(一) 事前审查程序

所谓事前审查程序,是指公正交易委员会的审查官对垄断案件进行调查并做出预实施的行政处罚决定之程序。一般情况下,公正交易委员会在通过自己的职权、一般人揭发、宽大制度的利用或中小企业厅及警察总长的通知获取相关案件信息后②,如果认为存在违法之嫌,那么其将指定审查局或地方事务所的职员来担任审查官,对案件展开调查。

根据 2009 年修订的《公正交易委员会审查规则》,审查官在垄断案件调查中享有如下职权:(1)询问案件当事人或证人;(2)要求鉴定人进行鉴定;(3)查封、扣押账簿等相关证据;(4)进入案件关系人的经营场所等地进行入内检查。③ 需要注意的是,入内检查权在日本仅被视为"间接强制

---

① ［日］公正取引委員會:《平成 30 年度における独占禁止法違反事件の処理状況について》,2019 年 6 月 5 日,https://www.jftc.go.jp/houdou/pressrelease/2019/jun/190605.html,访问日期:2019 年 6 月 20 日。

② ［日］日本公正取引委員会:《公正取引委員会審查審判手続》,http://www.jftc.go.jp/dk/sinsa.html,访问日期:2010 年 5 月 12 日。

③ ［日］日本公正取引委員会:《公正取引委員会の審查に関する規則》,http://www.jftc.go.jp/dk/shinsakisoku.html,访问日期:2009 年 10 月 28 日。

权",审查官的入内检查必须在被检查人同意且在场的情况下进行。如果被检查人拒绝入内检查,那么审查官不得强制进入。但是,若被检查人无正当理由地拒绝入内检查,那么审查官可以根据《禁止垄断法》第94条追究其刑事责任,并处以20万日元以内的罚金。不过,针对上述情形,"至今尚未有一例刑事处罚的实际判决"。[①]

(二) 意见听取程序

所谓意见听取程序,是指公正交易委员会在完成审查调查后,将预做出的行政处罚的内容告知涉嫌违法行为人,并听取涉嫌违法行为人的意见与抗辩之程序。在意见听取程序之后,公正交易委员会将根据相关证据下达施加排除措施之命令及课征金给付之命令。意见听取程序于2013年被引入《禁止垄断法》。2015年1月21日,公正交易委员会颁布了《关于公正交易委员会意见听取的规则》(《公正取引委員会の意見聴取に関する規則》,以下简称《意见听取规则》)[②],对公正交易委员会的意见听取程序进行了详细规定。具体来看,公正交易委员会的意见听取程序主要包括以下几项制度:[③]

1. 意见听取的通知程序(《禁止垄断法》第54条第1款、《意见听取规则》第9条)

意见听取程序由意见听取官主导,意见听取官是审查官之外的从事案件调查等事务的职员。同时,在意见听取官之外,日本还规定了事务辅助者来辅助意见听取官完成意见听取程序。

意见听取程序的第一阶段是通知程序。在通知程序中,意见听取官首先将记载审查官预采取的排除措施命令、课征金命令等内容的意见听取通知书送达当事人。意见听取通知书应当记载如下内容:(1)案件名;(2)预采取的排除措施命令的内容;(3)公正交易委员会认定的事实和适用的法律;(4)公正交易委员会认定事实的主要证据和证据目录;(5)听取意见的时间和场所;(6)负责意见听取事务的组织名称和地址。意见听取通知书通过政府报刊或新闻报刊的方式进行公示送达。

2. 第一回意见听取程序(《禁止垄断法》第52条和第54条、《意见听取规则》第12条至第14条及第16条)

第一回听取意见程序在当事人收到意见听取通知书后的两周至一个

---

① ［日］村上政博:《日本禁止垄断法》,姜珊译,法律出版社2008年版,第61页。

② ［日］公正交易委员会:《公正取引委員会の意見聴取に関する規則》,https://www.jftc.go.jp/dk/guideline/ikentyousyu/ikentyousyukisoku.html,访问日期:2016年12月1日。

③ 王玉辉、张雅:《中国与世界:竞争法发展研究报告(2017年卷)》,第264页。

月内进行。在第一回意见听取程序开始前,相关人员主要完成以下几方面任务:(1)向当事人告知意见听取官的姓名(《意见听取规则》第 14 条)。(2)当事人向意见听取官请求阅览、复印相关证据(《禁止垄断法》第 52 条、《意见听取规则》第 12 条和第 13 条)。2013 年修订的《禁止垄断法》第 52 条规定,在收到意见听取程序通知之日起,一直到意见听取程序结束,当事人可以请求阅览公正交易委员会在有关意见听取案件中所认定的事实和所依据的证据。同时,当事人可以请求复印自己企业或企业员工提交和供述的证据。在 2013 年的法律修订之前,事前程序中的证据披露形式仅限于审查官的说明。2013 年的法律修订扩大了经营者阅览、复印证据的范围,从而保障了其合法权益。(3)如果意见听取官认为有必要,那么其可以要求当事人在意见听取程序前提交记载有听取事项、证据及质证审查官事项的书面申请书。

之后,当事人将正式进入第一回意见听取程序。2013 年修订的《禁止垄断法》第 54 条规定,在第一回意见听取程序中,审查官首先就预做出的排除措施命令的内容及依据的主要证据进行说明。其次,在得到意见听取官的同意后,当事人对审查官认定的事实和提交的证据进行质证,并进行意见陈述及提交证据。《禁止垄断法》第 54 条第 2 款规定,当事人于意见听取日出席意见听取程序,提出自己的意见和证据,并在征得指定职员同意的情况下,向审查官进行质问。当事人也可以通过代理人进行第一回意见听取程序。需要注意的是,在陈述与质证时,当事人必须应意见听取官的要求提交相关证据材料,并且当事人应当现场进行质证或意见陈述。相较于之前处在公正交易委员会认可情形之外的书面审理,2013 年的法律修订更加侧重经营者及公正交易委员会之间的交流和质证,从而更好地保障了涉嫌违法行为人的抗辩权等正当程序性权益。

3. 第二回意见听取程序(《禁止垄断法》第 58 条、《意见听取规则》第 21 条和第 22 条)

第二回意见听取程序在意见听取官制作好调查书并将其送达当事人后的两周至一个月内进行。在第二回意见听取程序开始前,相关人员需完成如下几方面任务:(1)意见听取官将制作好的调查书送达当事人(《禁止垄断法》第 58 条、《意见听取规则》第 21 条)。调查书应当记载当事人在意见听取日的意见陈述经过。(2)当事人向意见听取官请求阅览调查书(《禁止垄断法》第 58 条、《意见听取规则》第 22 条)。

在第二回意见听取日,当事人必须到场将意见书面提交给意见听取官,并再次陈述意见和提交证据。自此,意见听取程序最终结束。之后,意见听取官将制作出最终的意见听取调查书和意见听取报告书(《禁止垄断法》第 58 条、《意见听取规则》第 22 条)。意见听取报告书必须整理并记载意见听取程序所涉案件的论点。当事人可以再度请求阅览上述两份文件。

(三)行政处罚决定做出程序

在意见听取程序后,公正交易委员会将根据意见听取官制作的意见听取调查书和意见听取报告书来做出最后的涉及排除措施命令、课征金征缴命令、有关独占状态的竞争恢复措施命令等内容的行政处罚决定。

公正交易委员会以合议的方式做出行政处罚决定,并遵守如下几方面的程序性要求:(1)公正交易委员会的会议必须有委员长和两名以上的委员参加,否则不得进行审议和表决。(2)公正交易委员会的审议决定必须获得过半数的出席者之支持。在赞成票数与否决票数相同的情况下,委员长做出最终决定。(3)委员长因故不能履行职务时,代理委员长代为履行职务。

(四)不服行政处罚决定的救济程序

在 2013 年的《禁止垄断法》修订之前,当事人对行政处罚决定不服的,公正交易委员会将通过审判程序进行事后救济。2013 年,日本废除了公正交易委员会对当事人不服的行政处罚决定进行事后审理的审判制度,并明确规定,对公正交易委员会的行政处罚决定不服的案件由东京地方法院审理。2018 年,日本共受理请求取消行政处罚决定的行政诉讼 10 起。[①]如今,日本的不服行政处罚决定的事后救济程序具有如下特点:

第一,具有一审职能的地方法院成为受诉法院。《禁止垄断法》第 85 条规定,对公正交易委员会(排除措施命令、课征金缴纳命令)的行政处罚决定不服的经营者,可以向具有一审审判职能的东京地方法院提起抗告。法律修改后,与其他行政诉讼程序一样,日本垄断案件的行政诉讼程序也实行"三审终审制",后续的二审与三审分别由东京高等法院及最高法院审理。

第二,法院专门性确保(东京地方法院集中管辖)。反垄断法违法案件均为复杂的经济案件,在经济上和法律上的专门性要求都特别高。因此,《禁止垄断法》第 85 条规定,对公正交易委员会的行政处罚决定不服的行政诉讼案件的一审管辖权由东京地方法院来行使,以确保审判的统一性,并有助于法院积累垄断案件的专门性知识。

---

① [日]公正取引委员会:《平成 30 年度における独占禁止法違反事件の処理状況について》,2019 年 6 月 5 日,https://www.jftc.go.jp/houdou/pressrelease/2019/jun/190605.html,访问日期:2019 年 6 月 20 日。

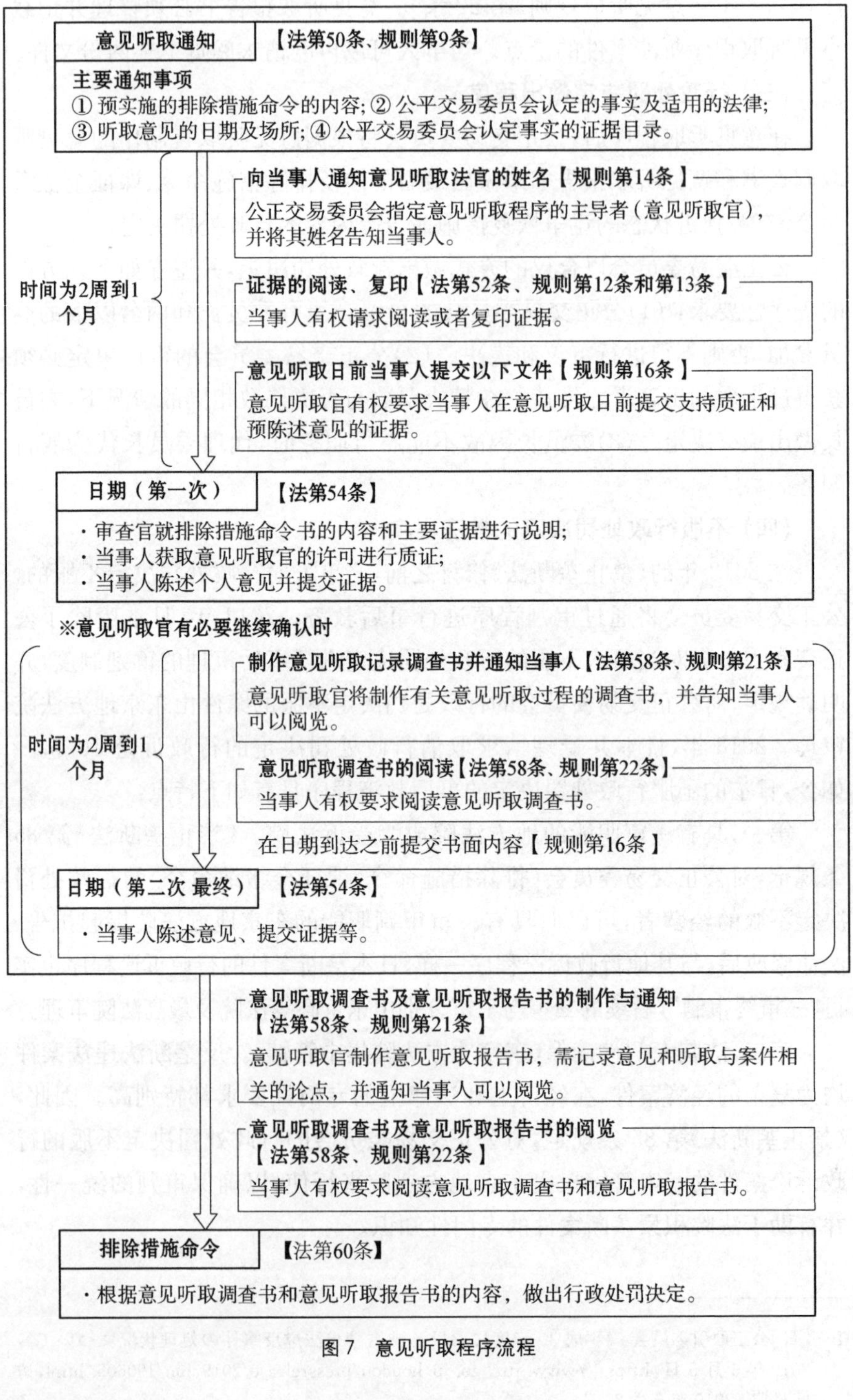

意见听取通知　【法第50条、规则第9条】

主要通知事项
① 预实施的排除措施命令的内容; ② 公平交易委员会认定的事实及适用的法律;
③ 听取意见的日期及场所; ④ 公平交易委员会认定事实的证据目录。

时间为2周到1个月

向当事人通知意见听取法官的姓名【规则第14条】
公正交易委员会指定意见听取程序的主导者(意见听取官),
并将其姓名告知当事人。

证据的阅读、复印【法第52条、规则第12条和第13条】
当事人有权请求阅读或者复印证据。

意见听取日前当事人提交以下文件【规则第16条】
意见听取官有权要求当事人在意见听取日前提交支持质证和
预陈述意见的证据。

日期(第一次)　【法第54条】
· 审查官就排除措施命令书的内容和主要证据进行说明;
· 当事人获取意见听取官的许可进行质证;
· 当事人陈述个人意见并提交证据。

※意见听取官有必要继续确认时

时间为2周到1个月

制作意见听取记录调查书并通知当事人【法第58条、规则第21条】
意见听取官将制作有关意见听取过程的调查书,并告知当事人
可以阅览。

意见听取调查书的阅读【法第58条、规则第22条】
当事人有权要求阅读意见听取调查书。

在日期到达之前提交书面内容【规则第16条】

日期(第二次 最终)　【法第54条】
· 当事人陈述意见、提交证据等。

意见听取调查书及意见听取报告书的制作与通知
【法第58条、规则第21条】
意见听取官制作意见听取报告书,需记录意见和听取与案件相
关的论点,并通知当事人可以阅览。

意见听取调查书及意见听取报告书的阅览
【法第58条、规则第22条】
当事人有权要求阅读意见听取调查书和意见听取报告书。

排除措施命令　【法第60条】
· 根据意见听取调查书和意见听取报告书的内容,做出行政处罚决定。

图7　意见听取程序流程

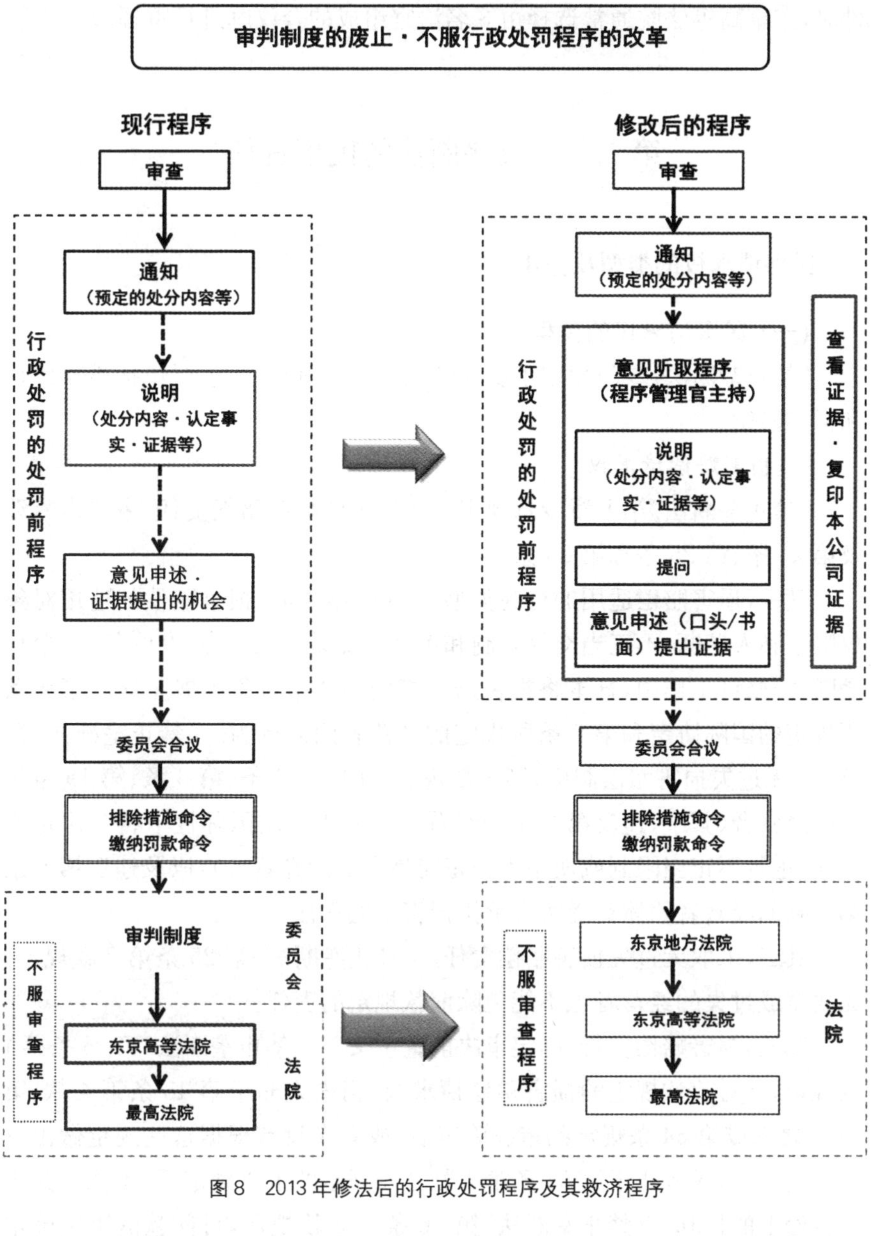

审判制度的废止·不服行政处罚程序的改革

现行程序

审查

↓

通知
（预定的处分内容等）

说明
（处分内容·认定事实·证据等）

意见申述·证据提出的机会

行政处罚的处罚前程序

↓

委员会合议

↓

排除措施命令缴纳罚款命令

↓

审判制度

不服审查程序

东京高等法院

↓

最高法院

委员会

法院

修改后的程序

审查

↓

通知
（预定的处分内容等）

↓

意见听取程序
（程序管理官主持）

说明
（处分内容·认定事实·证据等）

提问

意见申述（口头/书面）提出证据

行政处罚的处罚前程序

查看证据·复印本公司证据

↓

委员会合议

↓

排除措施命令缴纳罚款命令

↓

东京地方法院

↓

东京高等法院

↓

最高法院

不服审查程序

法院

图 8　2013 年修法后的行政处罚程序及其救济程序

第三，法院慎重审理的保障措施。《禁止垄断法》第 86 条和第 87 条规定，针对不服公正交易委员会的行政处罚决定的抗告诉讼，作为一审法院的东京地方法院通过由 3 名法官组成的合议庭进行审理。另外，东京地方法院也可以通过由 5 名法官组成的合议庭进行审理（在审理一审案件时，日本地方法院通常选择由 1 名法官进行独任制审判）。在审理上诉案件时，东京高等法院通过由 5 名法官组成的合议庭进行审判（在审理上诉案件时,东京高等法院通常选择由 3 名法官组成的合议庭进行审理。)

第二节　反垄断法的民事责任①

一、民事请求权的类型及作用

(一) 民事请求权的类型

《禁止垄断法》专门规定了反垄断法上的民事责任,主要包括排除侵害和损害赔偿。

1. 损害赔偿请求权

《禁止垄断法》第七章专章规定了无过失的损害赔偿责任,主要内容涉及第 24 条、第 25 条和第 26 条。

其一,损害赔偿适用的行为类型。1999 年之前,损害赔偿的适用对象仅限于私人垄断、不正当交易限制和不公正交易方法。在 1999 年的《禁止垄断法》修订工作中,日本将损害赔偿责任的适用对象扩展至该法第 6 条所规定的国际协定和第 8 条所规定的经营者团体行为。《禁止垄断法》第 25 条(无过失损害赔偿制度)第 1 款规定,违反第 3 条、第 6 条、第 19 条规定的经营者(其中,违反第 6 条的经营者仅限于违反国际性卡特尔协定或合同,进行不正当限制或使用不公正交易方法的经营者),以及违反第 8 条第 1 款的经营者团体对受害人承担损害赔偿责任。

其二,采取无过失损害赔偿责任。《禁止垄断法》第 25 条第 2 款规定,无故意或过失的经营者也不能免除前款规定的责任。

其三,损害赔偿实行"确定审决前置主义"。《禁止垄断法》第 26 条第 1 款规定,针对前款规定的损害赔偿请求权,当事人非于第 48 条第 4 款、第 53 条之三或第 54 条规定的审决确定后,或者在没有根据这些规定做出审决的情形下,或者非于第 54 条第 1 款之二规定的审决确定后,不能对此主张诉讼上的权利。《禁止垄断法》第 26 条第 2 款规定,自前款的审决确定之日起满三年的,该款规定的请求权因时效而消灭。针对上述诉讼,东京高等法院享有专署管辖权(《禁止垄断法》第 85 条第 2 款)。此外,日本判

---

① 该部分内容来自笔者于《现代财经》2005 年第 4 期发表的《日本反垄断法损害赔偿制度探讨》、于《河南社会科学》2010 年第 2 期发表的《反垄断法中消费者损害赔偿权研究》,以及于《河南警察学院学报》2011 年第 6 期发表的《我国反垄断法消费者诉讼模式的选择与构建》三篇文章。

例表明,如果确定审决尚未做出,那么违法行为的受害人可以依据《民法》第 709 条(不法行为)提出损害赔偿的请求。

2. 停止侵害请求权

20 世纪 80 年代,以《日美框架协定》为契机,日本为加强反垄断法执行力而强化了课征金制度,并提高了刑事处罚额的上限。但是,在民事救济制度的扩充与强化方面,日本并没有什么大的动作,只是制定了《有关反垄断法违法行为损害赔偿请求诉讼的资料提供的方针》,规定在当事人进行损害赔偿诉讼时,公正交易委员会应向其提供资料。总之,日本并未对损害赔偿制度本身进行改革。① 同时,自日本引入反垄断法后的 50 多年来,对反垄断法违法行为的停止请求一直以来只能由公正交易委员会提出。为了充实民事救济手段,在 1999 年的《禁止垄断法》修订工作中,日本规定了违法行为的受害者可以直接向法院提出请求停止该行为的诉讼。《禁止垄断法》第 24 条(停止请求)规定,因违反第 8 条第 1 款第 5 项的规定而使利益受到侵害或可能受到侵害的当事人在遭受严重损害或可能遭受损害时,可以向侵害利益或者可能带来侵害的经营者或经营者团体提出停止或预防该侵害之请求。

（二）民事请求权的功用

民事责任制度原本以弥补市场主体的个人损害为目的,其并非为了维持社会秩序。但是,在反垄断法领域设置民事责任制度不仅可以使受害人切实、迅速地挽回因垄断行为而遭受的损害,而且也会在一定程度上抑制违法行为的发生。具体来看,民事责任制度主要具有如下的作用:其一,反垄断法上的停止侵害诉讼有助于抑制反垄断法违法行为的发生;其二,反垄断法上的私人执行制度有助于弥补公正交易委员会因预算和人员限制而遭遇的公力执行能力之不足,"在强化反垄断法的执行方面关系重大"②;其三,反垄断法的私人执行在客观上会给公正交易委员会带来紧迫感,从而推进其高效执法。

尽管反垄断法上的民事责任制度具有重要的地位,但是基于公力执法长期处于核心地位之传统,日本反垄断法的私人执行制度并未得到很好的运用。③

① ［日］公正交易委员会编:《反垄断政策五十年史》上卷,1997 年版,第 79 页。
② ［日］伊从宽:《反垄断法的理论和实践》,青林书院 2000 年版,第 423 页。
③ 20 世纪 60 年代,美国的反托拉斯局和 FTC(联邦交易委员会)受理的案件很多,每年达到 200 件至 300 件,但触犯反托拉斯法的民事案件却较少。自 1960 年左右开始,美国的反托拉斯局和 FTC 受理的诉讼案件逐渐减少,平均每年在 100 件以下,但个人诉讼(反托拉斯的民事诉讼案件)却在逐年增加,特别是 1971 年以后,个人诉讼的案件每年达到 1000 多件。德国也承认损害赔偿诉讼和禁止请求的民事诉讼之案件数量每年达到 200 多件。

"根据《民法》第 709 条和《禁止垄断法》第 25 条提起损害赔偿诉讼的实际案例并不是很多,胜诉的案例更是尚未有一例(到 2000 年为止)。"[①]日本的经济法学界也普遍认为,反垄断法上的损害赔偿诉讼在司法实践中并没有被有效运用。[②]

二、民事损害赔偿制度

(一)民事损害赔偿制度的实体规则

1. 损害赔偿的请求权人

原则上,凡因反垄断法违法行为而受到损害的主体均可成为损害赔偿的请求权人。因违法行为而遭受损害的竞争经营者应当属于请求权人,这是为世界各主要国家所普遍承认的,但在消费者可否成为请求权人这一问题上,学界却存在争议。《禁止垄断法》第 1 条规定,要确保一般消费者的利益及国民经济的健全发展。关于竞争政策与消费者利益的关系如何,即消费者可否成为反垄断法的权利主体,在日本的经济法学界主要存在以下几种学说:(1)从属说,即消费者的利益应从属于国民经济的全体利益[③],所以消费者的权益保护并非是《禁止垄断法》的目的。从属说也是日本通产省(经济部)所持的观点。(2)结果说,即消费者利益的确保并非是经济政策立法的目的,而是竞争政策的维持所导致的结果,经济政策立法的目的应是国民经济的全体利益。结果说为日本反垄断法执行机构公正交易委员会所持的观点。[④](3)间接目的说,即消费者保护是《禁止垄断法》的立法目的,但并非处于优先的政策地位,所以消费者的保护不属于《禁止垄断法》的直接目的,而是间接目的。(4)经济的从属关系规律说,即经济从属关系的底边是由一般消费者构成的,而对经济从属关系之规制(确保实质的平等权与同等的交易权)是《禁止垄断法》的目的之一,所以消费者的保护是《禁止垄断法》的重要一环。

日本的大多数学者认为,一般消费者可否享有反垄断法上的损害赔偿请求权,关键取决于消费者在反垄断法上的地位。消费者权益属于反垄断法所保护的法益。[⑤]正田教授认为,消费者的权利包括保证生命健康的权利、要求商品确定与特定的权利,以及决定交易条件的权利。但是,卡特尔

---

① [日]铃木满:《日本反垄断法解说》,武晋伟译,河南大学出版社 2004 年版,第 116 页。
② [日]伊从宽:《反垄断法的理论和实践》,青林书院 2000 年版,第 424 页。
③ [日]石井良三:《独占禁止法改订》,海口书房 1948 年版,第 43 页。
④ [日]实方谦二:《竞争秩序的维持与消费者的权利》,《法律时报》第 48 卷第 3 号,第 14 页。
⑤ [日]田中诚二等:《独占禁止法》,劲草书房 1981 年版,第 950 页。

的形成恰恰是对消费者的决定交易条件之权利的侵害。受反垄断法保护的消费者权利仅限于消费者的选择权,而选择权的实现又以市场竞争的维持为基础,所以反垄断法必须以保护消费者的"知的权利"为前提。所以,当反垄断法上的权益受到侵害时,消费者可以成为反垄断法上的赔偿制度之请求权人。

《禁止垄断法》并没有明确规定消费者可以成为反垄断法损害赔偿的请求人,但日本法院的判例表明了上述事实。在1977年的"鹤冈油灯诉讼案"中,东京高等法院在判决中承认了消费者是《禁止垄断法》第25条所规定的损害赔偿请求人。[①] 东京高等法院的判决认为,在因不公正交易方法导致商品零售价格被不当抬高的情况下,以此抬高的价格购买了商品的消费者应该是受害者,因为如果不是由于此种不公正交易,他们就不会蒙受支付超出自由竞争价格的那部分价格的损失,我们不能基于此种损害是因不公正交易方法而形成的事实上的反射性损害而否认其获得损害赔偿的权利。[②] 之后,依据上述判例,日本消费者频频对垄断行为提起损害赔偿诉讼。

2. 主观过错状态

因垄断行为而遭受损害的受害人可以依据《禁止垄断法》或《民法》提出损害赔偿请求。不过,依据《禁止垄断法》和依据《民法》所提起的损害赔偿诉讼在主观过错要件方面存在很大差异。

在日本,反垄断法所规定的损害赔偿制度实行无过错责任原则,即不以当事人的主观过错(故意或过失)为归责要件,当事人无论是否有过错均不能免责。[③] 对此,《禁止垄断法》第25条第2款规定,无故意或过失的经营者也不能免除前款规定的责任。在反垄断法中,受到损害的消费者多为经济上的弱者,而且通谋者多采取极为秘密的方式实施垄断行为。无过错责任之规定可以免除因垄断行为而受到损害的消费者的举证责任,从而减轻其举证负担。同时,反垄断法上的损害赔偿不同于民法上的普通损害赔偿,其还具有抑制垄断行为发生的作用,因此无过错责任更有利于对受害人进行权利救济和对违法行为进行抑制。需要注意的是,依据《禁止垄断法》提起的损害赔偿诉讼由日本东京高等法院行使专属管辖权,并且该程

① [日]1977年9月19日东京高等法院第三特别部判决,《判例时报》(1986)第863号,第20页。
② [日]实方谦二:《东京高裁油灯损害赔偿事件》,《判例评论》1987年第278号,第13页。
③ 我国台湾地区对反垄断法违法行为实行的是无过错责任,但其同时又将主观过错作为加重责任的条件。也就是说,若无故意情节,则法院仅能适用实际损害赔偿;而在存在故意的情况下,法院可以根据情节的严重程度,在一倍至三倍之间酌情确定赔偿数额。

序的启动必须以公正交易委员会做出生效的行政处罚决定为前置条件,即"确定审决前置主义"。

根据《民法》第 709 条提起的普通民事诉讼适用侵权行为法的一般原则,即以当事人具有主观故意或过失为要件(适用过失责任原则)。同时,不同于反垄断法上的民事损害赔偿诉讼,普通民事诉讼由日本的地方法院管辖,并且不以公正交易委员会的生效行政处罚决定为前提。

3. 损害赔偿的适用行为

反垄断法违法行为的发生是反垄断法损害赔偿的前提。但是,并非所有的反垄断法违法行为都会引起损害赔偿。在日本,反垄断法上的损害赔偿被限定为五种行为,即私人垄断、不正当交易限制、不公正交易方法、国际协定和契约以及经营者团体的行为。

4. 损害赔偿的范围

在日本,无论是反垄断法上的损害赔偿,还是民法上的损害赔偿,其额度都以实际损害为限,即日本没有采取美国等国家的三倍损害赔偿之规定。在日本的实务中,关于损害赔偿的算法之通说是,没有加害行为的利益状态减去蒙受加害行为的当前利益状态的差额就是损害额。例如,在"鹤冈灯油事件"中,原告主张被告违反《禁止垄断法》的行为对其造成了损害。在认定损害额时,法院认为被告的卡特尔(Cartel)行为使灯油的原批发价上涨,所以灯油的零售价格(原告购入的价格)与卡特尔未存在时的应有价格间的差额就是损害额。[①] 同时,在确定损害金额时,法院应当征求公正交易委员会的意见。《禁止垄断法》第 84 条第 1 款规定,在当事人依据第 25 条的规定提起损害赔偿诉讼时,法院应尽快向公正交易委员会就因同条规定的违法行为而产生的损害金额征求意见。《禁止垄断法》第 84 条第 2 款规定,前款的规定适用于为抵销债权而在诉讼上主张第 25 条规定的损害赔偿请求之情形。

(二) 损害赔偿制度的程序规则

在日本,受垄断行为侵害之受害人可以根据《禁止垄断法》第 25 条提起无过失损害赔偿诉讼或者根据《民法》第 709 条提起普通的损害赔偿诉讼。反垄断法损害赔偿诉讼不仅具有活化反垄断法的实效性之功能,而且能够发挥辅助公正交易委员会的执法之作用。通过制度设计,日本确保了公正交易委员会将给予经营者的民事诉讼一定的协助,从而使权利人的民事权利能够实现。具体来看,日本在反垄断法民事诉讼领域所设置的程序

① [日]实方谦二:《东京高裁油灯损害赔偿事件》,《判例评论》1987 年第 278 号,第 14 页。

保障制度主要涉及以下内容：

1. 反垄断法损害赔偿诉讼的启动应当以公正交易委员会做出生效的行政处罚决定为前置条件。如果受害人根据《禁止垄断法》第25条提起无过失损害赔偿诉讼，那么公正交易委员会对垄断行为做出生效的行政处罚决定应当被设定为前提条件，即"生效审决前置主义"。如果行政审决尚未生效或未被做出，那么受害方不得提起反垄断法上的无过失损害赔偿诉讼。受害人根据《民法》第709条提起普通损害赔偿诉讼的，不受上述限制。

2. 在因垄断行为而产生的损害赔偿诉讼中，东京高等法院应当向公正交易委员会征求意见，以确定损害赔偿数额。在普通的民事损害赔偿诉讼中，法院实行的是当事人主义的审判模式（Adversary system），即民事诉讼程序的启动与终结、诉讼资料的收集等事项都由当事人完成，法院仅发挥居间裁判之作用。但是，不同于一般的民事诉讼，因垄断行为而产生的反垄断法上的损害赔偿诉讼中的受损害方多为经济上的弱者（如中小企业或消费者），他们很难与实施不正当交易限制行为的经营者相抗衡。因此，从实现社会实质公正的角度出发，法院应当在垄断行为损害赔偿诉讼的举证方面发挥积极作用。对此，日本规定法院在受理案件后，应当就损害赔偿的具体数额（损害、违法行为与损害的因果关系、损害金额）向公正交易委员会征求意见，并依职权确定具体的赔偿额度。损害额征求意见制度最早被规定于日本的《民事诉讼法》第248条之中。2009年，日本又在《禁止垄断法》中对损害额征求意见制度进行明确。《禁止垄断法》第84条规定，在反垄断法损害赔偿诉讼中，东京高等法院应发挥积极作用，并且在损害额确定方面，应充分重视公正交易委员会的专业能力，尽快就因垄断行为而产生的损害额向其征询建议，以确定具体的赔偿数额。损害额征求意见制度使受害人利用公正交易委员会的专业判断来维护自己的权益成为可能，从而使原告不用再行就损害额度进行举证。

3. 受害人无论是依《禁止垄断法》第25条提起无过失损害赔偿诉讼，还是依《民法》第709条提起普通民事诉讼，公正交易委员会的生效审决中所认定的垄断案件事实均具有推定违法行为存在之效果，并对法院具有一定的影响力。公正交易委员会所认定的事实可以被视为是原告方的举证，被告方对此享有反证的权利。① 根据《禁止垄断法》第 80 条之规定,日本学界的通说认为,公正交易委员会对违法事实的认定只有"在有实质证据足以证明时",方能对法院产生拘束力。1975 年,日本最高法院的一份判决就体现了上述观点,该判决指出,"在实质证据规则下,针对审决的事实,法院并非基于独自的立场重新进行认定,而是依据审判过程中的证据推定事实之合理性进行审查"。②

4. 公正交易委员会在诉讼资料提交方面的协助义务。在受害人提起诉讼后,日本法院可以根据《民事诉讼法》第 186 条(调查的嘱托)、第 218 条(鉴定的嘱托)、第 226 条(文书送付的嘱托)和第 319 条之规定,要求公正交易委员会协助转交相关文书资料。在劝告审决之情形下,公正交易委员会应当提供作为事实认定基础的审决审判资料;在审判审决之情形下,公正交易委员会应当提供相关的案件记录等资料。为规范公正交易委员会协助转交相关文书资料的行为,日本于 1991 年 5 月 15 日制定了《有关反垄断法违法行为损害赔偿请求诉讼的资料提供的方针》,明确了下列义务:(1)在反垄断法损害赔偿诉讼被提起前,如果受害者向规制机关请求相关资料,那么规制机关有义务将审决书等副件提供给受害者;(2)提起诉讼后,法院可以要求规制机关协助转交与不正当交易限制相关的文书资料。③

三、请求停止侵害制度

最初的《禁止垄断法》并没有规定请求停止侵害制度,日本的市场主体仅享有损害赔偿请求权。即使是经营者根据《民法》第 709 条提起的停止侵害之诉,其范围也仅限于当事人的经济利益及人格权受到侵害之情形。进入 20 世纪 90 年代后,随着反垄断法的地位之提升,日本开始充实民事救济手段。在 1997 年 4 月 9 日的"日本游戏枪协会案"中,法院首次认可了受害人针对垄断行为提起停止侵害之诉的做法。④ 在 1999 年的《禁止垄断法》修订工作中,日本正式引入了针对垄断行为的请求停止侵害制度。2000 年 5 月开始实施的《禁止垄断法》第 24 条(请求停止违法行为条款)规

---

① [日]酒井紀子、[日]垣内晋治:《独占禁止法の審査・審判手続における経験則》,www.jftc.go.jp/cprc/english/cr—0407.pdf,访问日期:2008 年 3 月 30 日。

② [日]《日本最高裁判所民事判例集》,1975 年第 29 卷第 6 号,第 899 页。

③ 为此,日本在 1991 年 5 月 15 日制定了《有关反垄断法违法行为损害赔偿请求诉讼的资料提供的方针》。

④ [日]根岸哲、[日]舟田正之:《日本禁止垄断法概论》,王为农等译,中国法制出版社 2007 年版,第 352 页。

定,因违反《禁止垄断法》第 19 条规定的行为(经营者的不公正交易方法行为)或第 8 条第 1 款第 5 项规定的行为(经营者团体的不公正交易方法行为)而遭至利益损害或可能遭至利益损害的经营者与消费者,可以向侵害其利益或可能侵害其利益的经营者或经营者团体请求停止该不公正交易方法行为。上述规定一直沿用至今。日本的违法行为请求停止侵害制度具有以下几方面的特点:

其一,日本反垄断法上的请求停止侵害制度仅适用于不公正交易方法行为,不正当交易限制行为和私人垄断行为均不适用请求停止侵害制度。

其二,日本反垄断法上的请求停止侵害制度具有停止违法行为(侵害)和预防侵害两方面的功能,其不仅针对已使当事人遭至损害的不公正交易方法行为,而且针对存在损害危险(可能)的不公正交易方法行为。

其三,日本对受理请求停止侵害之诉的法院做出了特殊规定。反垄断法上的违法行为之认定较为复杂,执法机关一般需基于专业知识来进行判定。同时,基于违法行为认定的专业性和复杂性,我们需要执法机关来确保法律适用的统一性。基于上述两方面原因,日本对受理请求停止侵害之诉的法院做出了特殊规定。《禁止垄断法》第 87 条之二规定,请求停止侵害之诉由东京地方法院或高等法院所在地的地方法院管辖。另外,日本也允许当事人依据《民事诉讼法》第 4 条和第 5 条所规定的一般管辖规则提起请求停止侵害之诉,即向损害发生地或被告住所地的地方法院提起请求停止侵害之诉。

其四,为了防止当事人滥用请求停止侵害之诉,《禁止垄断法》规定了担保制度。《禁止垄断法》第 83 条之二规定,在被告证明原告的请求停止侵害之诉是基于不正当目的之情况下,法院可以命令原告提供担保。

其五,在 2009 年的《禁止垄断法》修订工作中,针对请求停止侵害之诉,日本引入了提交文件命令的特殊规定。2009 年的《禁止垄断法》规定,私人针对不公正交易方法行为提起请求停止违法行为的民事诉讼的,除非存在拒绝提交文件的正当理由,否则法院可以命令被告提交包含经营秘密的所有文件。

其六,公正交易委员会对案件的协助义务。《禁止垄断法》规定,在受理请求停止侵害之诉时,法院可以就案件是否适用《禁止垄断法》征求公正交易委员会的意见。

第三节　反垄断法的刑事责任

一、刑事责任的适用情形

由于日本的反垄断法借鉴了美国的反托拉斯法，因此很多违反《禁止垄断法》的行为可能会构成犯罪。具体来看，《禁止垄断法》第十一章第 89 条至第 94 条规定了以下行为构成犯罪：

（一）与垄断行为相关的犯罪

《禁止垄断法》规定下列垄断行为可能构成犯罪，具体罪名如下：

1. 垄断罪（《禁止垄断法》第 89 条）。经营者或经营者团体实施不正当交易限制行为或者私人垄断行为，并在一定交易领域实质性限制竞争的，分别构成私人垄断罪和不正当交易限制罪，对自然人处以 5 年以下有期徒刑或 500 万日元的罚金[①]，对法人或经营者团体处以 5 亿日元的罚金[②]。

2009 年之前，犯不正当交易限制罪和私人垄断罪的自然人的刑事责任为 3 年以下有期徒刑或 200 万日元以下的罚金；2009 年，上述刑事责任提高为 5 年以下有期徒刑或 500 万日元以下的罚金。提高对自然人的刑罚主要基于以下原因：（1）加大对卡特尔、串通投标等违法事项的惩处力度；（2）与日本国内的其他相关法律及域外的相关规定相比，原规定的处罚力度太轻。[③] 在日本，《金融商品交易法》规定对内幕交易罪处以 5 年以上有期徒刑；《专利法》对侵害专利权的犯罪专门设定了 5 年和 10 年的刑罚期限；《不正当竞争防止法》对不正当竞争行为犯罪处以 5 年有期徒刑，并对窃取商业秘密犯罪处以 10 年有期徒刑。此外，针对通谋行为，域外法律的刑事制裁力度均重于日本，如美国和澳大利亚对通谋行为处以 10 年有期徒刑，加拿大规定了 5 年的刑罚期限。通过与国内的其他法令和国外法律之比较，日本发现对实施不正当交易限制行为的自然人设定 3 年有期徒

---

① 2009 年之前，日本对犯私人垄断罪的自然人征收的罚金数额为 200 万日元；2009 年之后，罚金数额提高至 500 万日元。

② 1993 年 1 月 15 日之前，日本对犯私人垄断罪的经营者征收的罚金数额为 500 万日元；1993 年 1 月至 2002 年，罚金数额为 1 亿日元；2002 年之后，罚金数额提高至 5 亿日元。

③ ［日］公正取引委员会事务総局：《独占禁止法改正法の概要》，https://www.jftc.go.jp/dk/kaisei/h21kaisei/index_files/091203setsumeikaisiryou.pdf，访问日期：2019 年 6 月 1 日。

刑之做法显然过于宽松。为了达到惩戒违法行为人之效果，并增强反垄断法的威慑力，日本将自然人犯不正当交易限制罪的刑事责任修改为 5 年有期徒刑。

表 11　日本其他经济法律和域外竞争法对自然人罚金刑的上限规定①

法律等	《金融商品交易法》		《专利法》		《不正当竞争防止法》		美国反托拉斯法	加拿大竞争法	欧盟竞争法
	内部交易罪	散布虚假信息	无特许权侵害	有特许权侵害	不正当竞争行为	侵犯商业秘密	卡特尔等行为		
刑罚	5 年	10 年	5 年	10 年	5 年	10 年	10 年	5 年	5 年

2. 违反国际协定罪（《禁止垄断法》第 90 条第 1 款）。经营者或经营者团体签订具有不正当交易限制内容的国际协定的，构成违反国际协定罪，处以 2 年以下有期徒刑或者 300 万日元以下的罚金。

3. 违反银行或保险公司取得、保有股份等限制性规定罪（《禁止垄断法》第 91 条之一）。银行或保险公司的经营者违反取得、保有股份等方面的限制性规定的，构成违反银行或保险公司取得、保有股份等限制性规定罪，处以 1 年以下有期徒刑或者 200 万日元以下的罚金。

在日本，《禁止垄断法》所规定的垄断行为包括私人垄断、不正当交易限制、经营者集中、不公正交易方法等。我们通过上述规定可以看出，在日本，需要承担刑事责任的垄断行为之范围非常广泛，除私人垄断和不正当交易限制外，还包括违反经营者集中规定的行为。在日本，仅不公正交易方法行为不构成犯罪，这主要是因为不公正交易方法行为对市场竞争秩序的危害较轻。私人垄断行为和不正当交易限制行为会在一定交易领域实质性限制竞争，而不公正交易方法行为仅具有"公平竞争阻害性"，因此其危害性较小，不会受到刑事追责。但是，需要注意的是，如果公正交易委员会针对不公正交易方法行为做出了排除措施命令或恢复竞争措施命令，而经营者却违反该生效的行政处罚决定，再次实施不公正交易方法行为，那么其构成《禁止垄断法》第 90 条第 3 款所规定的违反生效行政处罚决定罪。

（二）与反垄断执法相关的犯罪

1. 违反生效行政处罚决定罪（《禁止垄断法》第 90 条第 3 款）。经营

① ［日］公正取引委员会事务总局：《独占禁止法改正法の概要》。https://www.jftc.go.jp/dk/kaisei/h21kaisei/index_files/091203setsumeikaisiryou.pdf，访问日期：2019 年 6 月 1 日。

者不遵守公正交易委员会做出的生效的排除措施命令或者恢复竞争措施命令的,构成违反生效行政处罚决定罪,对自然人处以 2 年以下有期徒刑或者 300 万日元以下的罚金,对企业处以 3 亿日元的罚金。2005 年,针对通过实施低价倾销、滥用优势地位等不公正交易方法行为侵害中小经营者利益的经营者,日本规定了拒不执行排除措施命令罪,并设定了严苛的刑事责任,其将罚金额度由之前的 300 万日元提高为 3 亿日元。[①]

2. 违反申报等相关规定罪(《禁止垄断法》第 91 条之二)。案件当事人不按照《禁止垄断法》相关规定提交报告书或提交虚假记载的报告书的,构成违反申报等相关规定罪,处以 200 万日元以下的罚金。

3. 妨碍检查罪(《禁止垄断法》第 94 条之一和第 94 条之二)。妨碍检查罪因犯罪主体不同而被分为如下两类:(1)市场主体违反调查罪(《禁止垄断法》第 94 条之一)。《禁止垄断法》第 47 条将案件的强制调查权授予了公正交易委员会,其可以对案件的相关当事人、鉴定人等主体实施下列调查行为:①责令案件关系人或证人接受询问,或者向这些人征求意见或进行报告;②要求鉴定人进行鉴定;③责令账簿等物品的持有人提交物品或扣留该物品;④进入案件当事人的经营场所或其他必要场所,对业务或财务状况、账簿及其他物品进行检查。《禁止垄断法》第 94 条规定,上述人员拒不执行公正交易委员会的调查决定的,构成市场主体违反调查罪,处以 1 年以下有期徒刑或者 300 万日元以下的罚金。(2)公职人员违反以调查为目的的强制处分等罪(《禁止垄断法》第 94 条之二)。《禁止垄断法》第 40 条规定,为履行职责,公正交易委员会在必要时可以要求国家机关、基于特别事业法令而设立的法人、经营者、经营者团体及其工作人员出面接受调查,或者提交报告、资料或信息。《禁止垄断法》第 94 条之二规定,国家机关、基于特别事业法令而设立的组织及其工作人员拒不执行公正交易委员会的调查决定的,构成公职人员违反以调查为目的的强制处分等罪,处以 20 万日元以下的罚金。

4. 违反保密命令罪(《禁止垄断法》第 94 条之三)。《禁止垄断法》规定,对违反保守秘密命令者处以 5 年以下有期徒刑或者 500 万日元以下的罚金,也可以两者并罚。针对违反保密命令罪,未经控告不得提起公诉。同时,违反保密命令罪也适用于在国外的违法者。

---

① [日]公正取引委员会:《独占禁止法改正案の概要及び独占禁止法改正案の考え方に对して寄せられた意见について》,http://www.jftc.go.jp/pressrelease/04.august/040804.pdf,访问日期:2005 年 6 月 12 日。

（三）反垄断执法工作人员实施的犯罪

违反保密义务罪（《禁止垄断法》第 93 条）。公正交易委员会的委员长、委员及相关工作人员泄露或盗取因职务而知晓的经营者的秘密的，构成违反保密义务罪，处以 1 年以下有期徒刑或者 100 万日元以下的罚金。[①]

二、刑事责任的形式：双罚制或三罚制

针对经营者或经营者团体实施的垄断罪，《禁止垄断法》第 95 条确立了"三罚"的责任形式：

其一，对实施垄断行为的经营者或经营者团体处以罚金（《禁止垄断法》第 95 条之一）。其中，对犯垄断罪（不正当交易限制行为和私人垄断行为）的经营者或经营者团体处以 5 亿日元罚金，对不遵守公正交易委员会做出的生效的行政处罚决定而再次实施垄断行为（包括不公正交易方法行为）的经营者或经营者团体处以 3 亿日元罚金。

其二，对实施了垄断行为的经营者或经营者团体的工作人员（法定代表人、代理人、职员等自然人）处以有期徒刑或罚金（《禁止垄断法》第 95 条之一）。其中，在垄断罪方面，对实施了垄断行为的经营者或经营者团体的相关责任人员（法定代表人、代理人、工作人员等自然人）处以 5 年以下有期徒刑或者 500 万日元的罚金。[②] 对不遵守公正交易委员会做出的生效的行政处罚决定而再次实施垄断行为的（包括不公正交易方法行为）自然人，处以 2 年以下有期徒刑或者 300 万日元以下的罚金。

其三，对虽未实施垄断行为，但明知经营者或经营者团体实施垄断行为而不采取制止措施的经营者或经营者团体的主要负责人处以罚金。在双罚制之外，《禁止垄断法》第 95 条之二和第 95 条之三还规定了垄断罪的"三罚机制"，即经营者的法定代表人、董事、管理人员等自然人，或者经营者团体的法定代表人、董事、管理人员、成员经营者等自然人，明知经营者或经营者团体实施垄断行为而不采取必要措施防止和纠正垄断行为的，将被处以罚金。

最初，日本对经营者及其工作人员（自然人）实行的是罚金数额相同的双罚机制。1984 年，日本最高法院在"石油价格卡特尔刑事案"中最先作出了双罚的裁判。[③] 日本最高法院除判决实施了价格卡特尔的自然人承

[①]　修订后的法律将违反保秘义务罪的罚金从 10 万日元以下提高到 100 万日元以下。

[②]　2010 年，不正当交易限制罪中的自然人之刑事责任为 3 年以下有期徒刑或者 500 万日元以下的罚金。

[③]　1984 年 2 月 24 日日本最高法院对"石油价格卡特尔刑事案"的判决。

担刑事责任外,还要求其所在的企业承担刑事责任。1992 年的《禁止垄断法》修订工作废止了上述做法,其大幅度提高了犯不正当交易限制罪和私人垄断罪的法人(经营者或经营者团体)的刑事责任,将罚金从 500 万日元调整为 1 亿日元(1993 年 1 月 15 日开始实施),从而使法人不再受到与自然人在罚金额度方面相同的刑事追责。之所以《禁止垄断法》会做出上述修订,是因为法人与自然人对罚金的惩戒作用之敏感度不同,并且两者的主观恶性也不同。在刑事犯罪领域,自然人必须主观上存在故意才会受到刑事追责,而企业只要主观上存在过失就可受到刑事追责。因此,日本于1992 年改变了过去对自然人和法人进行同等追责的做法,其大幅度提高了针对法人的罚金数额。2002 年,日本又将针对经营者及经营者团体的罚金上限提高至 5 亿日元。针对通过实施低价倾销、滥用优势地位等不公正交易方法行为侵害中小经营者利益的经营者,日本规定了拒不执行排除措施命令罪,并设定了严苛的刑事责任,其将罚金额度由之前的 300 万日元提高为 3 亿日元。[①]

三、公正交易委员会的专属告发权

在日本,《禁止垄断法》第 96 条赋予了公正交易委员会在刑事案件中的专属告发权。《禁止垄断法》第 96 条规定,针对第 89 条至第 91 条规定的"私人垄断及不正当交易限制罪""违反国际协定、确定审决罪""违反经营者集中限制罪""违法呈报资料罪"等罪名,公正交易委员会享有专属告发权。如果公正交易委员会没有告发上述犯罪,那么检察机关不得提起公诉。检察机关一旦根据公正交易委员会的检举提起公诉,就不得再擅自撤销。1990 年 6 月,日本颁布《刑事案件告发方针》,进一步明确公正交易委员会可以告发的刑事案件范围:一类是市场分割、价格协议、串通投标、限制产量、联合抵制等严重影响国民生活的恶性卡特尔案件;另一类是不服从行政排除措施命令等依靠行政制裁无法实现反垄断法目标的恶性垄断案件。

但是,公正交易委员会的专属告发权在很长一段时间内并未达到预期的效果。据统计,截至 2005 年 12 月底,在公正交易委员会告发后,检察机

---

① ［日］公正取引委员会:《独占禁止法改正案の概要及び独占禁止法改正案の考え方に对して寄せられた意见について》,http://www.jftc.go.jp/pressrelease/04.august/040804.pdf,访问日期:2005 年 6 月 12 日。

关提起公诉的案件只有 16 件,而 2005 年只有 2 件。[①] 究其原因,日本学界认为,主要是受困于以下两方面的问题:一方面,公正交易委员会依据行政调查所获得的证据行使告发权之做法,易被指责为是借行政调查之名行刑事告发之实,从而被认为违反了"令状主义"[②];另一方面,公正交易委员会在行政调查程序中制作的文书在进入刑事诉讼程序后,常常存在证明力不足的问题,因此检察机关往往只有重新制作符合公诉标准的调查书才能提起有效的公诉。针对上述两方面的问题,日本于 2005 年对专属告发制度进行了修改,以确保公正交易委员会对专属告发权的积极运用。

其一,为解决专属告发权的程序正当性问题,公正交易委员会被赋予了调查犯罪所需具备的强制调查权。根据相关规定,公正交易委员会在向其所在地的地方法院或简易法院申请许可令后,享有如下的犯罪调查权限:(1)就相关案情质询违法行为嫌疑人或知情人;(2)可以进行现场检查或扣押相关物品,并且能够请求警察予以协助;(3)进行现场搜查或扣押时,可以禁止未经许可之人进入现场;(4)进入住宅等建筑物或其他场所之内进行搜查。2001 年,日本制定了《关于公正交易委员会犯罪案件调查规则》。

其二,为回应"借行政调查之名实施刑事告发"之质疑,公正交易委员会在其审查局内部增设了犯罪调查部,以确保行政调查机构与刑事调查机构相分离。《禁止垄断法》第 101 条及《公正交易委员会犯罪案件调查规则》第 2 条明确规定,犯罪调查官的人选仅限于犯罪调查部的职员,犯罪调查官不得被指定为行政案件的审查官。在行政调查过程中,即使审查官认定存在刑事犯罪之事实,其也不得直接将上述情况告知给犯罪调查官,而是应当向审查局报告,再由审查局长向公正交易委员会汇报。只有确实存在犯罪之事实,公正交易委员会才可以指定犯罪调查官介入调查。通过上述的法律修订,日本从信息反馈和犯罪调查官的独立任命两方面保障了公正交易委员会所享有的犯罪调查权与行政调查权之分离,从而促进了公正交易委员会对刑事案件专属告发权的合法及积极之运用。

---

① 〔日〕公正取引委员会:《独占禁止法改正案の実績評価書》,http://www.jftc.go.jp/pressrelease/06.july/06071902—02—besshi.pdf,访问日期:2006 年 7 月 29 日。

② 〔日〕根岸哲、〔日〕舟田正之:《日本禁止垄断法概论》,王为农等译,中国法制出版社 2007 年版,第 16 页。

第十五章 日本反垄断法 70 年的
实施成效及启示

日本的《禁止垄断法》是以美国的反托拉斯法为母法,并与本土文化相结合而成的产物。① 1947 年,日本以美国的反托拉斯法为蓝本制定了《禁止垄断法》。《禁止垄断法》制定之初,日本几乎完全借鉴了美国反托拉斯法的体例,甚至某些不符合日本国情的内容也被引入了进来。随后,日本立足于本国的经济实态、法治传统和文化环境,通过多次法律修订,在实体规定、法的运行、法律的执行手段等方面成功地实现了本土化改造,使《禁止垄断法》真正成为扎根于日本的经济、法治与文化实态之中的竞争法。

第一节 日本反垄断法 70 年的实施成效

一、反垄断执法从被迫移植、规制缓和到强化实施

从 1947 年被迫移植美国的反托拉斯法到 2019 年《禁止垄断法》的最新修订,70 年来,日本反垄断法经历了从被迫立法、消极适用到强化实施的演进历程。

(一) 反垄断法的被迫制定

二战后,为防止日本因经济力再度集中而发动战争,美国对日本经济采取了解散财阀、废除经济统制法和清除私人统制团体②、排除经济力量过度集中等一系列经济民主化措施。但是,上述经济民主化措施只是经济体制转变过程中的一次性政策,其不能永久地防范日本财阀的经济力再度

---

① 〔日〕根岸哲、〔日〕舟田正之:《日本禁止垄断法概论》,王为农等译,中国法制出版社 2007 年版,第 18 页。

② 〔日〕中村隆英、〔日〕尾高煌之助:《双重结构·日本经济史·6》,岩波书店 1990 年版,第 337 页。

集中。为了永久性地防止日本财阀的经济力再度集中,并实现日本经济的民主化,在以美国为首的联合国军总司令部的强烈要求下,日本于 1947 年"全盘照搬"式地以美国的反托拉斯法为蓝本制定了《禁止垄断法》,从而使得原始的《禁止垄断法》因没有扎根于日本的经济、法制、文化等本土化土壤而"水土不服"。1949 年,为了满足产业界的发展需要,日本放宽了对企业结合等行为的规制,从而拉开了日本消极、宽松地适用反垄断法之序幕。

(二)寒冬期下的竞争政策之不懈落实

1953 年,随着以美国为首的联合国军总司令部的占领之结束以及朝鲜战争之爆发,日本的产业统制政策重新得到强化,反垄断法上的规制缓和之呼声更为强烈。在此背景下,日本对反垄断法进行了大规模的缓和性修订,经济危机卡特尔、合理化卡特尔、中小企业卡特尔、出口卡特尔等大量适用除外制度开始涌现。另外,日本还通过限制竞争的行政指导,催生了大量企业联合行为。

这一时期,尽管以促导经济自立为目标的产业政策处于优位,但是日本仍然努力坚持着反垄断法的基本原则,以确保维护自由、公平之竞争的政策能够稳定下来。[1] 为了使竞争政策扎根于本国土壤,日本做出了一系列努力。首先,日本于 1953 年将完全照搬美国的"不公正竞争方法"修改为"不公正交易方法",并根据经济结构的实态——日本社会长期存在着的大企业和中小企业差距悬殊的双重经济结构,在不公正交易方法制度中引入了大企业的滥用优势地位规制制度。1956 年,日本又制定了《分包法》,以保障中小型接包商的正当权益。其次,日本从规范不当表示、不当赠品等行为,以维护市场竞争秩序和保护消费者权益的立场出发,于 1962 年制定了《景品表示法》。

1963 年,随着通产省以"促进企业合并、卡特尔适用除外"为中心的《振兴特定产业临时措施法》的颁布,竞争政策的执行进入停滞时期,一大批财阀企业重新实现了恢复性合并,从而导致了经济力重新集中、产业的垄断化倾向增强、物价上涨严重等现象的出现。这一时期,虽然反垄断法的缓和适用达到了顶峰,但是公正交易委员会还是试图努力执法,其先后处理了价格卡特尔、转售价格维持协议、妨碍交易等各种类型的案件。后来,日本先后处理了 1968 年的"八幡制铁和富士制铁公司合并案"、1974

---

[1] 〔日〕杉本和木(日本公正交易委员会委员长):《独占禁止法施行 70 周年に当たって》,2017 年 7 月 20 日,https://www.jftc.go.jp/soshiki/kyotsukoukai/kenkyukai/dk-kondan/kaisai_h29_files/208_1.pdf,访问日期:2019 年 1 月 25 日。

年的"石油价格卡特尔案"等社会影响重大的案件,从而显示了公正交易委员会的反垄断执法之决心。

1977年,日本首次对《禁止垄断法》进行了强化修订,由此拉开了反垄断法强化实施的大幕。为了有效抑制卡特尔行为,日本在《禁止垄断法》中引入了课征金制度。同时,日本还建立了共同调价报告制度,即经营者同步上调商品或服务价格的,应当事先向公正交易委员会报告,以确定其行为是否违法。在1977年的《禁止垄断法》修订工作中,日本还将垄断状态纳入了反垄断法的规制范围,并严格规定了股份持有的控制标准。1977年的《禁止垄断法》之强化修订成为了日本反垄断法史上的一个重要转折点,其拉开了日本强化反垄断法实施的序幕。

(三) 竞争政策的作用不断增强

20世纪80年代,为了推进规制缓和改革与促进自由贸易发展,公正交易委员会推行了如下一系列积极的竞争政策:

首先,表明了推进规制缓和改革的态度。1982年,公正交易委员会提出将重新评判政府的产业统制措施,并从激活民间活力与促进市场竞争的角度推进规制缓和改革。在1979年发布的《关于竞争政策和适用除外或规制领域的OECD理事会劝告》及1986年发布的《前川报告》中,公正交易委员会明确了以市场原理为基础来推进规制缓和改革。1997年,为了防止经济力过度集中,日本对反垄断法中的控股公司制度进行了大幅度修改。

其次,逐渐改革和废除了反垄断法适用除外制度。二战后,为了帮助企业快速发展,日本制定了大量的产业政策来促导企业经济力集中和企业联合。在此背景下,日本通过反垄断法和个别事业法律设定了大量适用除外制度。在鼎盛时期(1965年),涉及适用除外制度的案件数量曾超过1000件。[①] 20世纪80年代,为了激发经济的活力,日本开始对适用除外制度进行改革。1997年,日本颁布了《关于整理禁止私人垄断及确保公正交易法适用除外制度法》,将原有的28部适用除外法律缩减为20部,将原有的47种适用除外制度缩减为35种。1999年,日本废除了经济危机卡特尔、合理化卡特尔等大量的卡特尔适用除外制度。截至2017年,日本的适用除外法律已减至17部,适用除外制度已减至24种。

---

① [日]杉本和木(日本公正交易委员会委员长):《独占禁止法施行70周年に当たって》,2017年7月20日,https://www.jftc.go.jp/soshiki/kyotsukoukai/kenkyukai/dk—kondan/kaisai_h29_files/208_1.pdf,访问日期:2019年1月25日。

其三,逐步解决了日本流通领域中的封闭性市场结构问题和限制竞争问题。在 20 世纪 80 年末之前,日本的市场一直是封闭性结构,从而导致其与美国、欧盟等主体间的贸易摩擦日益严峻。这一时期,即使对出口进行限制,日本也无法解决因封闭性市场结构和关税壁垒而导致的贸易逆差问题。在 1989 年的《日美构造协议》针对日本经济社会提出的六点问题中,有四点问题与日本流通领域的交易习惯有关。有鉴于此,公正交易委员会对日本社会的封闭性、非效率性的市场结构和阻害竞争的行为展开调查,并于 1991 年制定了《关于流通与交易惯行的反垄断法指导方针》,以规范流通领域中的排他性交易等限制竞争的问题,从而根本性地改变了日本封闭性的市场结构,促进了流通领域的市场竞争。

(四) 竞争政策的强化实施

进入 20 世纪 90 年代之后,与产业政策相比,反垄断法处于优位,其经济宪法地位日益提升。与此同时,日本不断强化反垄断法的修订和实施。1991 年,日本提高了课征金的征收比率(6%);1992 年,日本提高了对垄断罪的制裁力度。进入 21 世纪后,日本进一步强化反垄断法的执法体系。2005 年,日本强化了课征金制度(将课征金的征收比率提高至 10%,并扩大了课征金的适用范围①)与刑事制裁措施,并引入了减免制度和公正交易委员会的刑事调查权限。2009 年,日本进一步扩大了课征金及其减免制度的适用范围,强化了对垄断罪的刑事制裁(5 年以下有期徒刑或 500 万日元以下的罚金),修改了企业结合的申报基准及额数标准。2013 年,日本废止了公正交易委员会的审判程序制度,将垄断案件中的行政处罚争议之最终救济权交由司法机关行使,从而强化了司法机关在反垄断案件中的执法地位,丰富了反垄断法的执法体系。同时,日本也完善了程序规则。2019 年,日本强化了课征金及其减免制度的适用规则,对申请课征金减免的人数不再进行限制,以激发更多的人检举揭发,帮助执法机关查处违法。进入 21 世纪以来,日本不断展现着强化反垄断执法的坚定立场,从而使反垄断法成为了真正意义上的经济宪法。

二、自成特色的反垄断规制体系

立足于本国寡占性的市场结构、二元式的经济构造和排他性的流通弊

---

① 1977 年,课征金制度的适用对象为不正当交易限制;2005 年,课征金制度的适用对象扩展至私人垄断和不正当交易限制;2009 年,课征金制度的适用对象又进一步扩展至支配型私人垄断、排除型私人垄断和特定类型的不公正交易方法行为(联合抵制交易、差别对价、低价倾销、转售价格维持协议与滥用优势地位)。

端,日本构建出了旨在解决本国经济结构中的突出问题的经济力集中规制制度和流通交易保障规则,形成了独特的反垄断法规制制度体系。具体来看,《禁止垄断法》主要规制三大行为和两大结构。其中,不正当交易限制、私人垄断和不公正交易方法是行为规制的三大支柱,垄断状态和企业结合是结构规制的两大核心。另外,以规制的实质为标准,上述五类规制制度还可以被划分为对限制、阻害竞争的行为之规制(不正当交易限制、不公正交易方法),以及对引发市场集中、危害竞争性市场结构的行为(私人垄断)或状态(垄断状态、企业结合)之规制。

《禁止垄断法》的行为规制涉及私人垄断(私的独占)、不正当交易限制和不公正交易方法。其中,私人垄断类似于我国的反垄断法所规制的滥用市场支配地位行为。《禁止垄断法》第 2 条第 5 款规定,所谓私人垄断,是指经营者单独或者通过与其他经营者结合、合谋等方式,排除或者支配其他经营者的经营活动,从而违反公共利益,并在一定交易领域实质性限制竞争的行为。但是,在日本,私人垄断的违法性判定标准并未明确要求实施者必须是具有市场支配地位的主体,这不同于欧盟和我国的规定。日本的不正当交易限制类似于我国的反垄断法所规制的垄断协议行为。《禁止垄断法》第 2 条第 6 款规定,所谓不正当交易限制,是指经营者通过合同、协议或其他方式,与其他经营者共同决定、维持或提高交易价格,或者对数量、技术、产品、设备、交易对象等进行限制,以拘束对方的经营活动,从而违反公共利益,并在一定交易领域实质性限制竞争的行为。在日本,不正当交易限制的适用范围最初仅为横向限制,后来逐渐扩展至纵向限制。不公正交易方法是日本独有的反垄断法律制度,该行为是一种尚未构成垄断的轻微反竞争行为。1947 年,在借鉴美国《联邦贸易委员会法》中的不公正竞争行为之基础上,日本引入了不公正交易方法制度。1953 年,立足于本国的立法实际,日本对不公正交易方法制度进行了根本性变革,并将其正式定名为"不公正交易方法"。自此,"不公正交易方法"被重新定位为一种尚未达到在相关市场实质性限制竞争程度的轻微的反竞争行为。在表现方式上,不公正交易方法与私人垄断和不正当交易限制相同,但它们的市场危害后果不同。如果某个行为对市场竞争造成的危害不大,仅具备"阻害市场公平竞争性",那么其将受到不公正交易方法条款之规制;如果某个行为造成了实质性限制竞争之严重危害后果,那么其将转化为私人垄断行为或不正当交易限制行为。如此一来,通过对不公正交易方法的规制,日本实现了先期预防私人垄断行为和不正当交易限制行为发生之目的。

两大结构规制是指对垄断状态和企业结合的规制。依据《禁止垄断法》第 2 条第 7 款,所谓垄断状态,是指政令所规定的同种商品(服务)以及与该类商品(服务)的性能或效用显著类似的类似商品(服务)的国内供应价格在最近一年内总额超过一千亿日元,并在相关市场内存在如下市场结构和市场弊害的状态:(1)在最近一年内,一个经营者的市场占有率超过二分之一,或者两个经营者的市场占有率之和超过四分之三的;(2)新经营者进入该事业领域进行经营活动存在显著困难;(3)在相当长的时间内,经营者提供的商品或服务与需求变动及成本变动相比,价格波动极小。对企业结合的规制属于一般集中的规制,企业结合包括促成特定市场集中的结合和促成国民经济一般性集中的结合两种形式。促成特定市场集中的结合包括股份保有、股份合并、股份分割、共同股份转移、事业受让和职员兼任六种形式。其中,前五种方式在一定程度上属于所有权结构内的结合,易于导致一体化,因此日本对其采取事前申报审查的规制方式。针对职员兼任,日本采取的是事后报告的规制方式。

基于财阀经济的固有特点,日本对集中的规制比其他国家更为严格。私人垄断、垄断状态及企业合并共同构成了日本控制市场集中的反垄断规制制度之对象,日本通过对三者设定不同的制度功能定位来实现对集中的控制。在日本的集中规制体系中,对私人垄断的规制属于行为规制,其旨在规范和制裁促导集中形成、维持与强化的行为,从而防止市场集中的形成及强化。相反,对垄断状态和企业合并的规制则属于结构规制。对垄断状态的规制旨在直接调整具有僵硬价格、高额利润等弊害的非竞争性市场结构,以使其回归竞争性状态。因此,关于对垄断状态的规制,我们以市场结构为基准进行判断即可。虽然对企业合并的规制也属于结构规制,但是企业合并、股份保有等行为具有竞争中性的特点,并不必然具备限制竞争性。所以,在对企业合并等行为的反竞争性进行判断时,我们首先需要确定企业合并等行为是否会导致结合关系,因为只有形成"牢固性"结合关系的企业合并才会引发集中,并带来反竞争问题。然后,我们再对形成结合关系的企业合并等行为的实质性限制竞争之弊害进行判断。由此可见,对企业合并等行为的规制不同于对垄断状态的纯结构性规制,前者关注的是合并、股份保有等行为所引发的"人为"集中。

三、公正交易委员会执法队伍的日益壮大

在日本,作为专门的反垄断执法机构,公正交易委员会在反垄断执法体系中处于核心地位,即日本采取的是"公正交易委员会中心主义"。随着

反垄断执法的强化,公正交易委员会的组织机构日益健全,人员日益壮大。

公正交易委员会由委员长及四名委员组成,下设事务总局,事务总局中的事务总长负责统理事务总局的事务。事务总局由办公室、经济交易局和审查局组成。此外,日本还在全国设置了北海道事务所、东北事务所、中部事务所、近畿中国四国事务所、近畿中国四国事务所四国支所、近畿中国四国事务所中国支所和九州事务所。经过多年改进,日本建立起了体系化的执法机构(参见图 1),从而为反垄断法的强化实施提供了有力的组织保障。

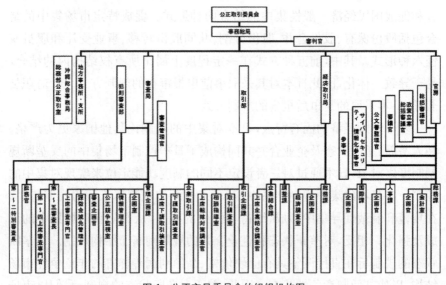

图 1　公正交易委员会的组织机构图

自公正交易委员会成立以来,随着日本的竞争政策及反垄断执法的不断加强,公正交易委员会事务总局的执法人员数量及预算支出逐年递增。其中,1989 年的公正交易委员会事务总局的职员人数才 460 名,而 1999 年的公正交易委员会事务总局的职员人数已达到 558 人,预算额超过 61 亿日元。① 2003 年,公正交易委员会事务总局的职员人数达到 643 人,预算额超过 78 亿日元。② 到了 2019 年,公正交易委员会将事务总局的职员人数核定为 839 人(比 2018 年多了 21 人),预算额为 113 亿日元(比 2018 年

---

① 〔日〕根岸哲、〔日〕舟田正之:《禁止垄断法概论》,王为农等译,中国法制出版社 2007 年版,第 298 页。
② 〔日〕铃木满:《日本反垄断法解说》,武晋伟、王玉辉译,河南大学出版社 2001 年版,第 37 页。

多了 3.8%）。① 2010 年之后，公正交易委员会的人员数量逐年递增（参见表 1）。上述数据形象地说明，日本的反垄断执法力量日益壮大，从而有效地保障了反垄断法的强化实施。

表 1　公正交易委员会的人员及经费预算变化②

年度	人员	经费预算
2019	839	113 亿
2018	834	109 亿
2017	832	112 亿
2016	840	109 亿
2015	838	107 亿
2014	830	113 亿
2013	823	88 亿
2012	832	89 亿
2011	799	89 亿
2010	791	89 亿

注：上述数据来自公正交易委员会于 2010—2019 年发布的年度经费预算及人员资料。

---

① ［日］公正取引委員會：《平成 31 年度予算案における公正取引委員会の予算及び機構・定員について》，2018 年 12 月 21 日，https://www. jftc. go. jp/soshiki/kyotsukoukai/yosan/yosankessan/h31_files/31kikouteiin. pdf，访问日期：2019 年 6 月 7 日。

② ［日］公正取引委員會：《平成 31 年度予算案における公正取引委員会の予算及び機構・定員について》，2018 年 12 月 21 日，https://www. jftc. go. jp/soshiki/kyotsukoukai/yosan/yosankessan/h31_files/31kikouteiin. pdf;《平成 30 年度予算案における公正取引委員会の予算及び機構・定員について》，2017 年 12 月 22 日，https://www. jftc. go. jp/soshiki/kyotsukoukai/yosan/yosankessan/h30_files/30kikouteiin. pdf;《平成 29 年度予算案における公正取引委員会の予算及び機構・定員について》，2016 年 12 月 22 日，https://www. jftc. go. jp/soshiki/kyotsukoukai/yosan/yosankessan/h29_files/29kikouteiin. pdf;《平成 28 年度予算案における公正取引委員会の予算及び機構・定員について》，2015 年 12 月 24 日，https://www. jftc. go. jp/soshiki/kyotsukoukai/yosan/yosankessan/h28_files/28kikouteiin. pdf;《平成 27 年度予算案における公正取引委員会の予算及び機構・定員について》，2015 年 1 月 14 日，https://www. jftc. go. jp/soshiki/kyotsukoukai/yosan/yosankessan/150114kikouteiin _ files/27kikouteiin. pdf;《平成 26 年度予算案における公正取引委員会の予算及び機構・定員について》，2013 年 12 月 24 日，https://www. jftc. go. jp/soshiki/kyotsukoukai/yosan/yosankessan/131224_files/131224. pdf;《平成 25 年度予算案における公正取引委員会の予算及び機構・定員について》，2013 年 1 月 29 日，https://www. jftc. go. jp/soshiki/kyotsukoukai/yosan/yosankessan/h25_files/13012902. pdf;《平成 24 年度予算案における公正取引委員会の予算及び機構・定員について》，2011 年 9 月 30 日，https://www. jftc. go. jp/soshiki/kyotsukoukai/yosan/yosankessan/h24_files/11093003. pdf;《平成 23 年 （转下页）

四、反垄断执法体系的多元化补充与构建

自《禁止垄断法》于 1947 年被制定以来,日本一直确保公正交易委员会在反垄断执法体系中的中心地位,垄断案件的查处也以公正交易委员会的课征金征缴、排除措施命令等行政制裁手段为主。相比之下,刑事制裁和民事损害赔偿诉讼的运用较不活跃。进入 21 世纪后,日本开始构建多元化的执法体系,其在以公正交易委员会的行政执法为核心之基础上,不断强化刑事制裁和民事诉讼制度。

(一) 公正交易委员会在行政执法领域的中心地位

立足于本国通过行政执法来维护社会秩序的法治传统,日本将反垄断法的核心执法权授予公正交易委员会,并使公正交易委员会在反垄断执法体系中处于中心地位,即日本采取的是"公正交易委员会中心主义",具体表现为:

其一,公正交易委员会在反垄断执法体系中始终处于中心地位。公正交易委员会享有针对全部类型垄断案件的执法权,其可以通过排除措施命令来责令违法行为人停止违法行为,可以通过征缴课征金来对违法行为人进行经济制裁,可以通过责令违法行为人采取恢复竞争状态的措施来恢复市场竞争秩序。其中,课征金已成为最为有效的制裁垄断行为之手段。通过 1977 年、2005 年和 2009 年的法律修订,日本将课征金扩展适用于反垄断法所规制的全部行为类型——不正当交易限制、私人垄断和不公正交易方法(联合抵制交易、差别对价、低价倾销、转售价格维持协议、滥用优势地位)(参见表 2)。在 2013 年之前,日本还通过实质性证据规则和新证据提出限制规则,赋予公正交易委员会针对垄断案件事实的专属认定权,并确认公正交易委员会的行政处罚决定具有准一审判决效力。当时,对公正交易委员会的行政处罚决定不服的当事人不能依据《行政不服审查法》提出不服申请,其只能向东京高等法院提起上诉。① 如此一来,通过针对取消

(接上页)度予算案における公正取引委員会の予算及び機構・定員について》,2010 年 12 月 24 日,https://www.jftc.go.jp/soshiki/kyotsukoukai/yosan/yosankessan/h23_files/101224.pdf;《平成 22 年度予算案における公正取引委員会の予算及び機構・定員について》,2009 年 12 月 29 日,https://www.jftc.go.jp/soshiki/kyotsukoukai/yosan/yosankessan/h22_files/09122502.pdf,访问日期: 2019 年 5 月 1 日。

① 在日本,普通的行政诉讼程序实行三审终审制,即不服一审判决的当事人可以向高等法院提起上诉审,不服上诉审的当事人可以向最高法院提起上告审。上告审为第三审,其仅对法律问题进行审查。在取消审决的行政诉讼中,日本没有采取三审终审制,而是确立了特殊的二审终审制,并且明确规定不服审决的当事人只能提起"上诉"。

审决行政诉讼中的受诉法院及二审终审制的特殊规定,日本从实质上确认了公正交易委员会做出的行政处罚决定具有与一审判决相同的效力。2013 年 12 月,公正交易委员会的审判程序因导致行政执法效率过低而被废止。在此背景下,日本完善了事前审查程序和意见听取程序,以保障公正交易委员会的行政处罚程序对涉嫌违法行为人的正当程序利益之维护,从而确立了公正交易委员会的中心地位。

表 2　课征金适用对象的逐步扩大

时间	适用对象
1977 年	不正当交易限制
2005 年	不正当交易限制、排除型私人垄断
2009 年	不正当交易限制、排除型私人垄断、支配型私人垄断、特定的不公正交易方法(联合抵制交易、差别对价、低价倾销、转售价格维持协议、滥用优势地位)

其二,公正交易委员会拥有对刑事案件的专属告发权。《禁止垄断法》第 96 条赋予了公正交易委员会对刑事案件的专属告发权。如果公正交易委员会没有告发相关的刑事案件,那么检察机关不得提起公诉。公正交易委员会于 1990 年发布了《刑事案件告发方针》,明确对下列案件积极地实施刑事告发:(1)对国民生活产生广泛影响的恶性不正当交易限制案件,即价格卡特尔、数量卡特尔、市场分割协议、串通招投标、共同交易拒绝等;(2)通过行政处罚不能实现反垄断法目标的,并且由反复实施违法行为或不服从排除措施的经营者所实施的违法案件。同时,为了确保公正交易委员会的专属告发权之积极运用,日本于 2005 年对公正交易委员会在刑事案件中的权限行使程序及配套权力进行了如下完善:(1)为解决专属告发权的程序正当性问题,公正交易委员会被赋予调查犯罪所必须具备的强制调查权;(2)为回应"借行政调查之名实施刑事告发"的质疑,公正交易委员会在其审查局内部增设了犯罪调查部,以确保行政调查机构与刑事调查机构的分离。

其三,公正交易委员会做出的行政处罚对民事诉讼程序有重要影响。在日本,受垄断行为侵害的当事人可以根据《禁止垄断法》第 25 条提起无过失损害赔偿诉讼,或者根据《民法》第 709 条提起普通的损害赔偿诉讼。①

---

① 受垄断行为侵害的当事人也可以根据日本《民法》第 709 条提起损害赔偿诉讼,依据《民法》提起的诉讼实行过错责任原则,其诉讼时效为自当事人知道损害和侵权人之日起 3 年或自违法行为发生之日起 20 年。依据《禁止垄断法》第 25 条提起的损害赔偿诉讼实行无过错责任原则,其诉讼时效为自公正交易委员会审决生效之日起 3 年。

在上述两种损害赔偿诉讼中,公正交易委员会均可对当事人的民事权利之行使施加一定的影响。首先,如果当事人根据《禁止垄断法》第25条提起无过失损害赔偿诉讼,那么其应当将公正交易委员会对垄断行为做出了生效审决(行政处罚决定)作为前提,即"生效审决前置主义"。如果行政审决尚未做出或生效,那么当事人不得提起反垄断法上的无过失损害赔偿诉讼。但是,当事人根据《民法》第709条提起普通损害赔偿诉讼的,不受上述限制。其次,无论当事人是依《禁止垄断法》第25条提起无过失损害赔偿诉讼,还是依《民法》第709条提起普通民事诉讼,公正交易委员会的生效审决中所认定的垄断案件事实均具有推定违法行为存在之效果,并对法院具有一定的影响力。公正交易委员会所认定的事实可被视为是原告方的举证,被告方对此享有反证的权利。① 第三,在因垄断行为而产生的损害赔偿诉讼中,关于损害赔偿数额的确定,东京高等法院实行职权探知主义。在受理案件后,东京高等法院会就损害赔偿的具体数额(损害、违法行为与损害的因果关系、损害金额)向公正交易委员会征求意见,并依职权确定具体的赔偿额度。《禁止垄断法》第84条规定,东京高等法院在损害赔偿诉讼中应发挥积极作用。在损害额的确定方面,东京高等法院应充分重视公正交易委员会的专业能力,尽快就因垄断行为而产生的损害额向其征询建议,以确定具体的赔偿数额。损害额征求意见制度使受害人利用公正交易委员会的专业判断来维护自己的权益成为可能,从而使原告不用再行就损害额度进行举证。

(二)反垄断刑事制裁和民事制裁的不断活化

进入21世纪后,日本不断完善和活用刑事制裁与民事制裁,以补充公正交易委员会的行政执法。在刑事制裁方面,日本不断加大对违法行为人的制裁力度。针对犯垄断罪的经营者,征收的罚金从500万日元提高至1亿日元(1993年);2002年,日本又将罚金提高至5亿日元。2009年,日本将犯垄断罪的自然人的刑事责任由3年以下有期徒刑提高为5年以下有期徒刑,并将200万日元以下的罚金提高为500万日元以下的罚金。同时,为了推动刑事制裁的积极运用,日本于2005年又完善了公正交易委员会的专属告发制度。其中,为解决专属告发权的程序正当性问题,公正交易委员会被赋予了一定的强制调查权;为回应"借行政调查之名实施刑事

---

① 〔日〕酒井紀子、〔日〕垣内晋治:《独占禁止法の審査·審判手続における経験則》,http://www.jftc.go.jp/cprc/english/cr-0407,访问日期:2008年3月12日。

告发"的质疑,公正交易委员会在审查局内部增设了犯罪调查部,以确保行政调查机构与刑事调查机构的分离。在民事制裁方面,日本建立了损害赔偿制度和请求停止制度。针对民事执行长期陷于停滞的状况(2000 年以前,日本未有一例胜诉的民事案件),日本强化了公正交易委员会对民事损害赔偿诉讼的支持制度。1991 年,日本制定了《有关反垄断违法行为损害赔偿请求诉讼的资料提供的方针》,明确公正交易委员会负有向受害人提供相关资料的义务;2009 年,日本在《禁止垄断法》中增设第 84 条,要求东京高等法院在损害赔偿诉讼中发挥积极作用。在损害额确定方面,东京高等法院应充分重视公正交易委员会的专业能力,尽快就因垄断行为而产生的损害额向公正交易委员会征询建议,以帮助受害方确定具体的赔偿数额。另外,针对行政排除措施仅适用于私人垄断行为和不正当交易限制行为之状况,日本于 2000 年又在反垄断法中引入了专门适用于不公正交易方法的民事请求侵害制度,从而构建起了针对上述三大违法行为的停止侵害制度体系。

(三) 垄断案件争议的最终解决权交由司法机关行使

在反垄断执法的演进进程中,日本从最初的强化公正交易委员会的一元执法,逐渐发展为强化行政与司法相结合的二元执法。同时,日本于 2013 年废除了公正交易委员会在行政处罚程序中的审判制度,并将垄断案件争议的最终解决权交由司法机关行使。

从 1947 年至 2013 年,日本一直推崇公正交易委员会的一元化执法。为了保障公正交易委员会的专业化、统一化的执法判断,日本赋予了公正交易委员会以准司法权,以使其做出的生效行政处罚决定具有一审判决的效力。这一时期,对公正交易委员会做出的征徵课征金、实施排除措施等行政处罚决定不服的违法行为人,必须通过公正交易委员会的"审判程序"参加复审。只有不服公正交易委员会的审判程序之复审结果的当事人,才可以向东京高等法院进行上告。此外,日本还通过创设实质性证据规则①和新证据提出限定规则②来赋予公正交易委员会对垄断案件事实进行认定的专属权限,从而限制了司法机关在后续的行政诉讼程序中对垄断案件事实进行重新认定。由此可见,这一时期,司法机关在反垄断执法中

---

① 所谓实质性证据规则,是指在请求撤销公正交易委员会的审决之行政诉讼中,如果有实质性证据证明公正交易委员会认定的事实存在,那么该事实对法院具有拘束力。

② 所谓新证据提出限定规则,是指在取消公正交易委员会的行政处罚审决之行政诉讼中,限定当事人提出新的证据。

的作用甚微,即使在行政诉讼程序中,其也不得对垄断事实进行重新认定。

2013年,日本废止了公正交易委员会的审判程序制度,并将对公正交易委员会行政处分不服的救济权直接交由司法机关行使,即由东京地方法院按照一审程序进行审理。与此同时,日本废止了实质性证据规则和新证据提出限定规则。审判程序及其配套制度的废除标志着公正交易委员会的准司法权之丧失,以及法院权力的进一步扩大。自此,日本实现了垄断案件的多元式执法,其将垄断案件争议的最终救济权交由司法机关行使。

五、反垄断执法手段的日益强化

(一)课征金的强化实施

1947年的《禁止垄断法》并未规定课征金制度。1977年,课征金制度首次被引入日本。随后,在强化竞争政策的背景下,日本不断扩大课征金的征缴对象,并持续提高课征金的征缴金额。在课征金的适用对象方面,1977年的课征金仅适用于不正当交易限制,日本于2005年将课征金扩展适用于不正当交易限制和支配型私人垄断。2009年,日本又将课征金扩展适用于结构规制(企业结合、垄断状态)之外的全部行为,即不正当交易限制、支配型私人垄断、排除型私人垄断和特定类型的不公正交易方法行为(联合抵制交易、差别对价、低价倾销、转售价格维持协议与滥用优势地位)。在课征金的征收比率方面,1977年的课征金征收比率为1.5%,1991年的课征金征收比率被提高至6%,2005年的课征金征收比率又被提高至10%,课征金的征缴从而具有了极强的惩罚性质。同时,日本引入并完善了额外征收50%课征金的加罚制度。2005年,日本首先对10年内再次实施垄断行为的经营者额外加罚50%的课征金;2009年,日本将加罚制度扩展适用于在卡特尔、串通投标等行为中起主导作用的经营者;2019年,日本又将加罚制度扩展适用于妨碍公正交易委员会的调查行为之经营者。在课征金的计算基准方面,日本于2019年在违法所得的基础上,增加了因违法行为而获得的不当得利,从而扩大了课征金的征缴基础。在课征金的算定期间方面,日本于2019年将算定期间从3年提高为10年,从而延长了课征金的征收期间。同时,征收课征金的除斥期间也由3年逐渐增加至2019年时的7年。

　　我们通过上述数据不难看出,在日本的反垄断执法体系中,课征金征缴已经成为反垄断执法的核心手段。随着竞争政策的强化,日本不断强化课征金的制裁力度,以提高课征金制度的威慑作用。2009 年,日本向 106 家经营者征收了课征金,征缴金额达 360 亿;2010 年,基于课征金制度的改革,公正交易委员会一年就向 156 家经营者征收了 720 亿日元的课征金,从而使 2010 年成为日本自《禁止垄断法》实施以来课征金征收得最多的年份。2013 年,公正交易委员会向 181 家经营者征缴了 301 亿日元的课征金,平均每个经营者缴纳了 1.670 8 亿日元的课征金。2014 年,公正交易委员会向 128 家经营者征收了 171 亿日元的课征金。之后,随着课征金减免制度的改革以及刑事制裁的多元化发展,课征金的征缴金额有所下降。2017 年,公正交易委员会向 32 家经营者征收了 18.9 亿日元的课征金。

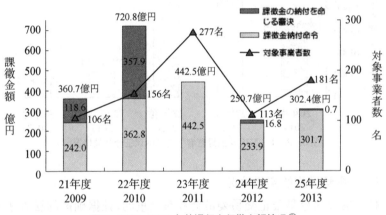

图 2　2009—2013 年的课征金征缴金额情况①

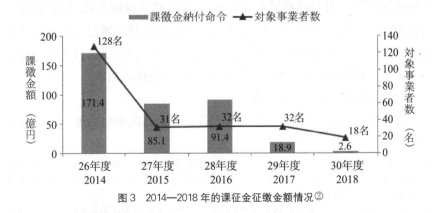

图 3　2014—2018 年的课征金征缴金额情况②

图 4　2009—2013 年的经营者平均缴纳课征金金额情况①

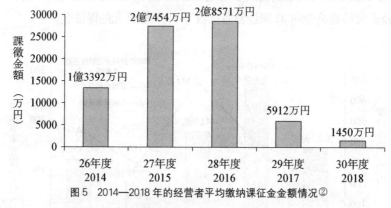

图 5　2014—2018 年的经营者平均缴纳课征金金额情况②

(二)排除措施的实施情况

排除措施命令是公正交易委员会针对严重的、证据确凿的私人垄断行为和不正当交易限制行为所实施的一种较为常见的行政处罚措施。法律上的排除措施主要包括废除违法协议(决议)或涉及的条款、停止违法行为、将来不作为的禁止命令等。在因认定不正当交易限制行为和私人垄断行为的违法事实之证据不足而不能采取法律措施的情况下,公正交易委员会一般会替代性地使用"警告""提醒"等一般性的排除措施。

(三)刑事制裁的强化实施

在刑事制裁方面,日本不断加大对违法行为人的制裁力度。针对犯垄

---

① 〔日〕公正取引委員會:《平成 25 年度における独占禁止法違反事件の処理状況について》,2014 年 5 月 28 日,https://www.jftc.go.jp/houdou/pressrelease/h26/may/140528.html,访问日期:2019 年 3 月 18 日。

② 〔日〕公正取引委員会:《平成 30 年度における独占禁止法違反事件の処理状況について》,2019 年 6 月 5 日,https://www.jftc.go.jp/houdou/pressrelease/2019/jun/190605.html,访问日期:2019 年 6 月 20 日。

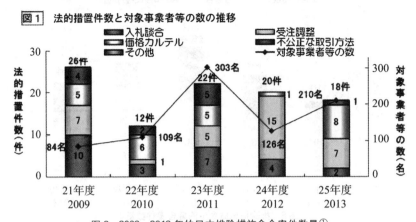

图 6　2009—2013 年的日本排除措施命令案件数量①

注释：入札談合：串通投标。　　　　　　受注調整：投标调整。
　　　価格カルテル：价格卡特尔。　　　不公正な取引方法：不公正交易方法。

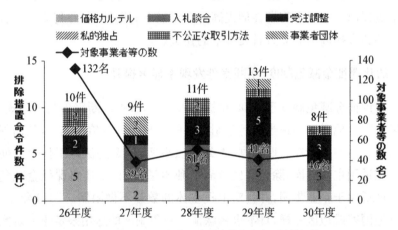

图 7　2014—2018 年的日本排除措施命令案件数量②

注释：入札談合：串通投标。　　　　　　受注調整：投标调整行为。
　　　価格カルテル：价格卡特尔。　　　不公正な取引方法：不公正交易方法。

①　［日］《独占禁止法の一部改正法（概要）—課徴金制度等の見直し》，https：//www.jftc.go.jp/
houdou/pressrelease/2019/jun/keitorikikaku/190619besshi1.pdf，访问日期：2019 年 6 月
20 日。
　　［日］公正取引委員会：《平成 25 年度における独占禁止法違反事件の処理状況について》，
2014 年 5 月 28 日，https：//www.jftc.go.jp/houdou/pressrelease/h26/may/140528.html，访
问日期：2019 年 3 月 18 日。
②　［日］公正取引委員會：《平成 30 年度における独占禁止法違反事件の処理状況について》，
2019 年 6 月 5 日，https：//www.jftc.go.jp/houdou/pressrelease/2019/jun/190605.html，访
问日期：2019 年 6 月 20 日。

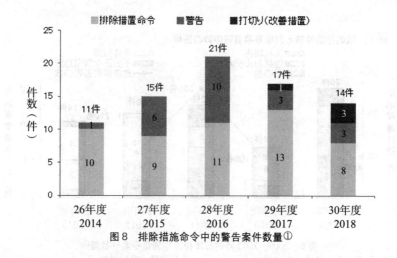

图8　排除措施命令中的警告案件数量①

断罪的经营者,征收的罚金从500万日元提高至1亿日元(1993年);2002年,日本又将罚金提高至5亿日元。2009年,日本将犯垄断罪的自然人的刑事责任由3年以下有期徒刑提高为5年以下有期徒刑,并将200万日元以下的罚金提高为500万日元以下的罚金。

六、活化课征金减免制度,垄断案件发现率显著提升

自课征金减免制度于2005年被引入以来,日本不断完善其适用规则,以最大限度地激励不正当交易限制行为的参与者进行检举揭发,从而保障了公正交易委员会在获取证据、查处违法事实、认定违法等工作上的便利性。在适用主体方面,除允许经营者单独申请外,日本还将课征金减免制度扩展适用于企业集团,并且对申报主体的数量不做限制。2019年之前,与其他国家或地区一样,日本也将课征金减免制度的适用限定于一定数量(前五位)的申请者。2019年,为了激励更多的经营者进行检举揭发,以提高不正当交易限制案件的发现率,日本废除了对申请者数量的限制,给予全部参与者通过协助执法机关调查来获得课征金减免之机会,此项做法乃日本独创。在课征金的减免幅度方面,除基于申请序位来设定固定幅度的减免率外,日本还独创性地基于申请者对调查活动的协助程度,设置了附加的、额外的40%或20%的课征金减免率(参见表3),从而极大地激发了申请者的检举揭发热情,并推动了申请者的后续协助调查。

---

① ［日］公正取引委員會:《平成30年度における独占禁止法違反事件の処理状況について》,2019年6月5日,https://www.jftc.go.jp/houdou/pressrelease/2019/jun/190605.html,访问日期:2019年6月20日。

表 3　2019 年 6 月 19 日之后的课征金减免率①

调查开始	申请序位	基于申请序位的减免率	基于协助程度的减免率
前	第一位	全额减免	＋最大 40％
	第二位	20％	
	第三位至第五位	10％	
	第六位及以后	5％	
后	前三位经营者	10％	＋最大 20％
	第三位以后	5％	

　　自被引入以来,课征金减免制度有效地解决了公正交易委员会在不正当交易限制案件中的执法困境,极大地提升了不正当交易限制案件的发现率与制裁效果。仅 2017 年,经营者申请课征金减免的案件数量就达 103 件。②

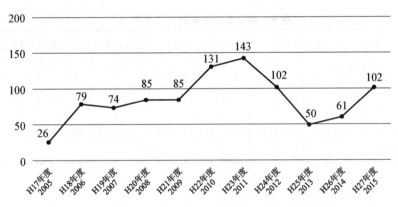

图 9　2005—2015 年的课征金减免申请案件数量之变迁

注:(1) 日本于 2005 年引入课征金制度,课征金申请数量于 2006 年迅速提升。
　　(2) 2009 年,日本修订课征金制度,课征金申请数量于 2010 年再次迅猛提升。
　　(3) 2011 年,因课征金制度存在弊端,申请数量下降;2013 年,日本再度修改课征金减免制度,课征金减免申请数量于 2014 年再度提高。

① ［日］公正取引委員會:《独占禁止法の一部改正法(概要)～課徴金制度等の見直し》,https://www.jftc.go.jp/houdou/pressrelease/2019/jun/keitorikikaku/190619besshi1.pdf,访问日期:2019 年 6 月 20 日。
② ［日］公正取引委員会:《平成 29 年(2017 年)度公正取引委員会年次報告について》,2018 年 9 月 18 日,https://www.jftc.go.jp/houdou/pressrelease/h30/sep/180918.html,访问日期:2019 年 5 月 12 日。

表4 课征金减免申请案件数量之变迁①

年度	2007	2008	2009	2010	2011	2012	2013	2014	2015	2016	2017	2018	累计
申请数量	74	85	85	131	143	102	50	61	102	124	103	72	1132

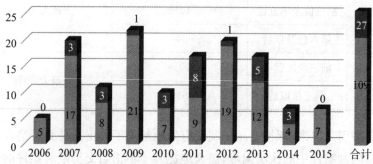

适用课征金减免制度的案件数
不适用课征金减免制度的案件数

图10 2006—2015年的课征金减免制度之适用情况

注：上述案件数量仅限于适用课征金减免制度的垄断行为的案件数量。

表5 课征金减免制度之适用情况②

年度	2007	2008	2009	2010	2011	2012	2013	2014	2015	2016	2017	2018	累计
适用课征金减免制度的案件数	17	8	21	7	9	19	12	4	7	9	11	7	131
适用课征金减免制度的经营者数量	37	21	50	10	27	41	33	10	19	28	35	21	332

① 表4数据来自下列两个文献：

[日]公正取引委员会：《平成30年度における独占禁止法違反事件の処理状況について》，2019年6月5日，https://www.jftc.go.jp/houdou/pressrelease/2019/jun/190605.html，访问日期：2019年6月20日。

《平成25年度における独占禁止法違反事件の処理状況について》，2014年5月28日，https://www.jftc.go.jp/houdou/pressrelease/h26/may/140528.html，访问日期：2019年3月18日。

② 表5数据来自下列两个文献：

[日]公正取引委员会：《平成30年度における独占禁止法違反事件の処理状況について》，2019年6月5日，https://www.jftc.go.jp/houdou/pressrelease/2019/jun/190605.html，访问日期：2019年6月20日。

《平成25年度における独占禁止法違反事件の処理状況について》，2014年5月28日，https://www.jftc.go.jp/houdou/pressrelease/h26/may/140528.html，访问日期：2019年3月18日。

第二节　日本反垄断法 70 年的经验启示

一、立足于本国实态的本土化改革

　　1947 年,在以美国为首的联合国军总司令部施加的强大压力下,没有任何反垄断法立法经验的日本以美国的反托拉斯法为蓝本制定了《禁止垄断法》。原始的《禁止垄断法》照搬了美国反托拉斯法的体例和内容,甚至将很多不符合日本国情的制度也移植到了日本的反垄断法之中,从而导致原始的《禁止垄断法》不适应现实的土壤,并且在内容上存在很多冲突性的规定。此后,经过持续的法律修订,日本使《禁止垄断法》扎根于本国的现实土壤之中,从而完成了以本国的经济、法治和文化为基础的制度创新。如今,虽然日本在立法结构、法的解释运用等方面借鉴了美国反托拉斯法的立法条例和制度结构,但是在实体规定和制度的实现方式上,日本与美国存在很大差异,日本的反垄断法处处体现着本国特色。

（一）立足于本国的经济构造特点来实现本土化创新

　　在《禁止垄断法》的本土化改革过程中,日本始终立足于本国的经济构造特点,以经济领域内的反竞争结构与反竞争问题为核心,有针对性地创设反垄断规制制度。日本的经济社会一直呈现着三大显著特点,而立法者正是针对日本经济社会的三大特点制定了独特的反垄断制度。

　　其一,财阀势力强大所导致的寡头垄断式的非竞争性市场结构。自财阀于 1900 年在日本开始形成至二战结束,日本的四大财阀(三井、三菱、住友和安田)和六个相对较小的财阀(日产、浅野、古河、大仓、中岛和野村)占有着全国 24.5% 的财富。日本的经济社会呈现出产业垄断化和经济力过度集中的市场结构特点。有鉴于此,在 1947 年的《禁止垄断法》所规定的私人垄断制度之基础上,日本不断改造与创新本国的经济力集中规制制度。

　　受到财阀寡占的市场经济结构的传统和特点之影响,日本的集中规制自成体系,并比其他国家更为严格。日本的反垄断法不仅对限制、阻害竞争的行为进行规制①,而且还根据本国的财阀经济之固有特点,着重对因

---

①　不正当交易限制属于限制竞争的违法行为,不公正交易方法属于阻害竞争的违法行为,两者对市场竞争的危害程度不同。当不公正交易方法行为严重到引发一定交易领域实质性限制竞争的后果时,其可以转化为不正当交易限制行为。

引发市场集中而危害竞争性市场结构的行为或状态①进行严厉规制。在实施本土化改造的过程中,日本专门设置了私人垄断、垄断状态和企业结合来解决本国特有的寡头垄断、经济力集中、非竞争性的市场结构之问题。其中,对私人垄断的规制属于行为规制,旨在规范和制裁促导集中形成、维持、强化的行为,以防止市场集中的形成与强化。相反,对垄断状态和企业合并的规制则属于结构规制。对垄断状态的规制旨在调整具有僵硬价格、高额利润等弊害的非竞争性市场结构,以使其回归竞争性的状态。虽然对企业结合的规制也属于结构规制,但是该种结构规制侧重于合并、股份保有等行为所引发的"人为"集中,其旨在预防因市场集中而出现非竞争性的市场结构。私人垄断、垄断状态和企业结合共同构成了日本控制市场集中的反垄断规制制度。

为了实现对经济力集中问题的有效规制,日本构建了非常完备的法律体系。1947 年 12 月,日本出台了《经济力过度集中排除法》,以辅助《禁止垄断法》对集中进行控制。1977 年,日本在《禁止垄断法》中引入了对"垄断状态"之规制。此后,日本又陆续出台了《关于审查公司合并等事务的处理基准》(1980 年)、《关于审查公司拥有股票事务的处理基准》(1981 年)、《关于审查零售业中的合并等意见》(1981 年)、《关于〈禁止垄断法〉第 9 条适用于风险资本的意见》(1994 年)、《关于认可金融公司持有股份的事务处理基准》(1994 年)、《关于〈禁止垄断法〉第 11 条规定的银行、保险公司保有决议权的认可等考量方法》(2002 年,制定 2014 年修订)②、《关于事业支配力过度集中的公司的考量方法》(2002 年制定,2010 年修订)③、《关于〈禁止垄断法〉第 11 条规定认可的债务股份化的考量方法》(2002 年制定,2015 年修订)④、《关于企业结合审查的反垄断法运用指针》(2004 年制定,

---

① 因导致集中而被反垄断法规制的行为类型包括私人垄断、垄断状态和企业合并。其中,私人垄断是因实施形成、维持、强化市场支配力的行为而引发市场集中问题,属于引发集中的行为;垄断状态与企业结合则是因引发市场集中的结构而被规制。

② [日]独占禁止法第 11 条の規定による銀行又は保険会社の議決権の保有等の認可についての考え方》,https://www.jftc.go.jp/dk/kiketsu/guideline/guideline/11guideline.html,访问日期:2017 年 6 月 2 日。

③ [日]《事業支配力が過度に集中することとなる会社の考え方》,https://www.jftc.go.jp/dk/kiketsu/guideline/guideline/9guideline.html,访问日期:2018 年 1 月 5 日。

④ [日]《債務の株式化に係る独占禁止法第 11 条の規定による認可についての考え方》,https://www.jftc.go.jp/dk/kiketsu/guideline/guideline/saimukabusikika.html,访问日期:2018 年 1 月 12 日。

2011 年修订)①、《关于企业结合审查程序的对应方针》(2011 年制定,2018
年修订)②等。如今,为了有效应对经济力集中问题,日本已颁布了 10 部专
门性指南(参见表 6)。

表 6　日本有关经济力集中的法律规范体系③

类　型		法　律　法　规
结构控制	垄断状态	《禁止垄断法》第三章(第 2 条之七)
	企业结合	《禁止垄断法》第四章(第 9 条至第 18 条)
		指　南 1.《关于企业结合审查的反垄断法运用方针》(2004 年/2011 年) 2.《关于企业结合审查程序的对应方针》(2011 年/2018 年) 3.《关于事业支配力过度集中的公司的考量方法》(2002 年/2010 年) 4.《关于〈禁止垄断法〉第 11 条规定的银行、保险公司保有决议权的认可等考量方法》(2002 年/2014 年) 5.《关于〈禁止垄断法〉第 11 条规定认可的债务股份化的考量方法》(2002 年/2015 年) 6.《关于〈禁止垄断法〉第 10 条第 3 款规定的从事保险业的公司外的公正交易委员会规则规定的公司的规则)》(2006 年/2009 年) 7.《关于〈禁止垄断法〉第 10 条第 3 款规定的其他国内公司外的公正交易委员会规则规定的公司的规则)》(2002 年/2014 年) 8.《关于〈禁止垄断法〉第 9 条至第 16 条规定的许可申请、报告及申报等规则》(1953 年/2019 年) 9.《关于〈禁止垄断法〉第 11 条第 1 款第 6 项规定的其他国内公司的事业活动不受拘束的规则》(2002 年)
行为规制	私人垄断	《禁止垄断法》第 2 条第 5 款、第二章(第 3 条至第 7 条之二) **指　南** 《排除型私人垄断的反垄断法指南》(2009 年)

　　其二,大企业与中小企业之间规模差异悬殊的二元经济结构。日本经
济社会的第二个特点是生产性高的大企业与生产性低的中小企业并存的
二元经济结构。④ 受到传统的财阀经济之影响,日本的大企业与中小企业

① ［日］《企業結合審査に関する独占禁止法の運用指針》,https://www.jftc.go.jp/dk/kiketsu/guideline/guideline/shishin01.html,访问日期：2018 年 8 月 3 日。
② ［日］《企業結合審査の手続に関する対応方針》,https://www.jftc.go.jp/dk/kiketsu/guideline/guideline/150401.html,访问日期：2018 年 12 月 5 日。
③ ［日］法令・ガイドライン等(独占禁止法),https://www.jftc.go.jp/dk/guideline/index.html,访问日期：2019 年 6 月 30 日。表中选取的是法律法规的最新修订时间。
④ ［日］铃木满：《日本〈分包法〉详解》,高重迎译,法律出版社 2013 年版,第 3 页。

393

之间一直存在着二级分化。与其他国家相比,在生产性、资金装备率等方面,日本的大企业与中小企业之间的规模差异更悬殊。因此,在日本的流通领域中,大企业滥用支配地位和优势地位侵害中小企业的情况广泛存在。大企业的滥用行为不仅侵害了中小企业的财产权,而且还严重阻碍和限制了中小企业的竞争权,从而在根本上破坏了流通领域中的竞争秩序。为此,在《禁止垄断法》的本土化改革过程中,日本引入了滥用优势地位行为规制制度,并于1956年专门颁布了《分包法》,以规范大企业与中小企业之间的分包关系,从而保障了中小企业能够受到公平对待并参与市场竞争。日本基于本国的大企业与中小企业之间规模差异悬殊的二元经济结构之特点所制定的《分包法》成为了《禁止垄断法》的必要补充,其充分保障了中小经营者的竞争权。

其三,封闭性、排他性的市场结构。日本的市场结构长期以来具有封闭性和排他性。1989年,日本与美国达成了《日美构造协议》,自此其承诺建立开放性的市场结构。但是,即便如此,在日本的流通领域中,经营者实施排他性交易和妨碍性交易的现象仍旧非常普遍。有鉴于此,日本在《禁止垄断法》中专门设定了规范流通领域中的阻害自由、公平竞争的行为之制度。1982年颁布的《不公正交易方法》(2005年修订)和1991年颁布的《关于流通与交易惯行的反垄断法指导方针》(2017年修订),对流通领域中的排他性交易、拒绝交易、附条件交易等一系列反竞争行为进行了系统化的规制。为了保障流通领域内的自由竞争与公平交易,日本制定了20余部法律(参见表7)。

表7　日本有关不公正交易方法的法律规范体系①

法律法规名称	颁布/修订时间
《关于流通与交易惯行的反垄断法指导方针》	1991年/2017年
《不公正交易方法》	1982年/2005年
《关于不正当低价销售在反垄断法上的考量方法》	2009年/2017年
《关于滥用优势地位在反垄断法上的考量方法》	2010年/2017年
《新闻业特定的不公正交易方法》	1999年
《特定委托货物运输或保管的特定的不公正交易方法》	2006年

---

① ［日］法令・ガイドライン等(独占禁止法),https://www.jftc.go.jp/dk/guideline/index.html,访问日期:2019年6月30日。表中选取的是法律法规的最新修订时间。

法律法规名称	颁布/修订时间
《大型零售商与供货商交易中的特定不公正交易方法》	2005 年
《酒类流通中的不正当低价销售、差别性价格等问题的对策》	2009 年/2017 年
《汽油流通中的不正当低价销售、差别性价格等问题的对策》	2009 年
《家用电器流通中的不正当低价销售、差别性价格等问题的对策》	2009 年/2017 年
《关于共同研究开发的反垄断法指南》	1993 年/2017 年
《关于在委托劳务交易中滥用优越地位的反垄断法指南》	1998 年/2011 年
《关于知识产权利用的反垄断法指南》	2007 年/2016 年
《关于适当的电力交易的指南》	1989 年
《关于天然气公正交易的指南》	2019 年
《关于促进电信事业领域竞争的指南》	2018 年
《关于特许经营在反垄断法上的考量方法》	2002 年/2011 年
《关于手机号码可携带性在反垄断法上的考量方法》	2004 年
《关于放宽金融机构分类和扩大业务范围的不公正交易方法》	2004 年/2011 年
《关于标准化专利技术形成在反垄断法上的考量方法》	2005 年/2007 年
《关于快速公交联合运营在反垄断法上的考量方法》	2004 年
《大型零售商与供货商交易中的特定不公正交易方法的适用准则》	2005 年/2011 年
《关于独占状态定义中事业领域的考量方法》	1977 年/2018 年
《经营者活动的事前咨询制度》	2001 年/2015 年
《关于农业协会活动的反垄断法指南》	2007 年/2018 年

（二）立足于本国法治体制和传统的制度改造与创新

立足于本国单一的执法体制和法治传统,日本不断改革与完善不符合国情的反垄断法制度,从而形成了自己独特的反垄断行为规制体系。1947年,在尚未完全厘清美国的两套执法体系(联邦贸易委员会体系和司法部反托拉斯局体系)之基础上,日本简单地将美国《联邦贸易委员会法》中的"不公正竞争方法"和《克林顿法》中的差别对价、附排他性条件的交易、搭售等制度引入了本国。之后,日本在《禁止垄断法》中设立了"不公正竞争方法",并将该行为定位为违反公共利益和限制竞争的垄断行为,从而导致了重复立法。1953 年,日本逐渐厘清了因移植美国法律而产生的混乱,其对"不公正竞争方法"进行了本土化改革,并将"不公正竞争方法"修改为"不公正交易方法"。在本土化改革中,日本立足于亚洲国家和大陆法系所秉持的预防为主的法治理念,将"不公正交易方法"重新定位为具有"公平竞争阻害性"的轻微的反竞争行为,从而使不公正交易方法成为了一种为预防私人垄断、不正当交易限制等垄断行为而设立的最低限度的反竞争行为,其是一种独立于私人垄断行为和不正当交易限制行为的新型制度。自此,日本立足于本国实际,创设了独特的垄断行为规制体系。如今,《禁止垄断法》的规制对象包括两大类别,即行为规制和结构规制。其中,行为规制涉及不正当交易限制、私人垄断和不公正交易方法。不正当交易限制与私人垄断属于垄断行为,它们以一定交易领域实质性限制竞争为要件;而不公正交易方法属于以预防私人垄断行为和不正当交易限制行为发生为目标的轻度反竞争行为。通过将美国的"不公正竞争方法"本土化为"不公正交易方法",日本有效地解决了原始的《禁止垄断法》所面临的制度内容冲突和重复立法之问题,并构建了预防功能与制裁功能兼具的垄断行为规制体系。

由此可见,在对移植于美国的《禁止垄断法》进行本土化改造和创新的过程中,日本时刻立足于本国的经济结构、法治传统和文化习惯之特点,以解决本国经济结构的特有问题为重心,突出问题导向,创设出了扎根于本国土壤的竞争政策和法治文化。日本以本国的经济、法治和文化为基础的竞争法治创新值得我国学习和借鉴。

二、防控自由裁量权滥用的量化立法

日本非常注重法律的确定性和可预测性,因此其要求立法应当明确具体。在反垄断法的立法过程中,日本通过明确各类行为的构成要件来设立法律适用标准,以实现法律的量化制定与标准化适用,从而防止因自由裁量权的运用而导致的执法不统一和寻租问题。

一方面,在各类垄断行为的违法性判定要件方面,日本没有采取美国等国家设定共性违法要件之做法。日本并非原则性、概括性地规定违法制定要件,并交由执法机关进行裁量,而是在立法上就尽可能地明确各类行为的要件,从而将违法判定标准内化在每个行为的构成要件中。即使是针对同一类行为,日本也会就不同的行为方式设定量化的违法要件。例如,不公正交易方法行为具有"公平竞争阻害性"这一本质危害性,但是日本并没有因此就通过一般化的"公平竞争阻害性"条款来认定全部的不公正交易方法行为,而是将"公平竞争阻害性"具体化,以使违法性判定要件内化在各类行为的构成要件之中。再如,《禁止垄断法》第 2 条第 9 款规定,差别对价行为是"根据地区和交易对象进行差别对价,持续性地提供商品或服务,可能导致其他经营者的经营活动陷入困境",因此其"公平竞争阻害性"之危害后果就被内化为了"导致企业经营者的经营活动陷入困难"之结构要件。针对不同的垄断行为来量化违法要件之做法,在日本所颁布的各类反垄断法指南中被展现得更为淋漓尽致。例如,在《关于经营者团体活动在反垄断法上的指南》《关于滥用优势地位在反垄断法上的指南》《关于串通投标行为在反垄断法上的指南》等文件中,日本将各类行为分为"白色标准的原则上不违法行为""灰色标准的可能违法行为"以及"黑色标准的原则违法行为",并针对不同类型的行为,分门别类地规定违法构成要件,从而限制了执法者的自由裁量权,实现了执法的统一性和可预测性。

另一方面,在反垄断法的各类制裁措施中,日本采取了量化立法的模式。在课征金的征缴比率和减免比率方面,日本并没有采取国际上通行的浮动比率制,而是选择了固定比率制。在日本,只要执法机关认定存在垄断行为,其就向违法企业征缴固定比率数额的课征金,即执法机关无任何自由裁量权。为了避免因固定比率不考虑经济实态的差异化而导致的僵化执法,在基本的固定比率制下,日本又根据不同行为、不同产业和不同规模之特点,设置了差异化的固定比率之征收基准,从而实现了量化执法与整齐划一之结合。

由此可见,为了保障执法的确定性、统一性和可预测性,日本采取了量化立法的模式。同时,在多元经济状态下,为了合理、公正、适当地对待各类情况,日本又分门别类地为各种行为与各类情况设定了具体的量化规则和标准。上述要素也是日本的反垄断法体系如此庞大详实的原因所在。从法的可操作性、可预测性、公正性等价值出发进行综合考虑,日本的量化立法模式值得我国学习和借鉴。

三、倚重官民协商共治来化解垄断问题

日本一直存在着官民协调化解社会问题的传统。在上世纪五六十年代的产业政策盛行时期,日本创设了"协调恳谈会",即通过政府与市场主体的协商来推进行政指导的实施。在反垄断法的实施过程中,日本也同样立足于本国的官民协调共治之传统来改造和创新反垄断法律制度。具体来看,日本在反垄断法中创设了许多鼓励经营者与作为反垄断执法机关的公正交易委员会进行事前协商的机制。

在企业结合的审查方面,《禁止垄断法》规定,企业结合违反禁止性规定的,公正交易委员会可以对经营者做出排除措施命令或征缴课征金。但

是,在有关企业结合的执法实践中,日本企业往往会主动履行排除措施,并与公正交易委员会进行协商,而公正交易委员会将基于企业提交的救济措施来批准企业结合。在日本,基本上没有因企业拒绝采取救济措施而被公正交易委员会处罚的案例。我们通过表 8 和表 9 可以看出,在执法过程中,公正交易委员会与企业构建起了良好的协商机制。一方面,公正交易委员会着力维护反垄断法所保障的竞争性市场结构;另一方面,公正交易委员会积极地通过救济措施来满足经营者的企业集中之需求,从而实现了对企业与市场的双重保护。

表 8 2012—2018 年公正交易委员会第一次申报案件受理情况

	2012	2013	2014	2015	2016	2017	2018
总案件数	349	264	289	295	319	306	321
第一次审查终结案件(注 1)	340	257	275	281	308	299	315
第一次审查禁止结合的案件	3	3	11	8	8	6	4
移送第二次审查的案件	6	4	3	6	3	1	2

注 1:如果第一次审查不存在触犯反垄断法的问题,那么公正交易委员会将不做出排除措施命令。

表 9 2012—2018 年公正交易委员会第二次审查处理情况①

	2012	2013	2014	2015	2016	2017	2018
第二次审查终结的案件(注 2)	5	3	2	4	3	1	3
以当事人提出措施为前提而终结的案件	3	1	2	1	3	0	2
采取排除措施命令的案件	0	0	0	0	0	0	0

注 2:如果第二次审查没有触犯反垄断法的情况,那么公正交易委员会将通知不采取排除措施命令而终结案件。
2018 年审查终结的案件包括 2017 年度移送的案件。

另外,在不公正交易方法的特殊指定中,公正交易委员会也会广泛地了解和听取行业经营者的意见,以确定不公正交易方法的类型。在课征金减免数额之确定方面,日本于 2019 年 6 月又在《禁止垄断法》中新设了公

---

① [日]公正取引委员会:《平成 30 年度における企業結合関係届出の状況》,2019 年 6 月 19 日,https://www.jftc.go.jp/houdou/pressrelease/2019/jun/kiketsu/03H30doukoupressrelease.pdf,访问日期:2019 年 6 月 28 日。
《平成 26 年度における企業結合関係届出等の状況》,2015 年 6 月 10 日,https://www.jftc.go.jp/dk/kiketsu/toukeishiryo/joukou_files/doukou26.pdf,访问日期:2019 年 6 月 28 日。

正交易委员会与申请者就协助内容和课征金额外附加减免比率之确定进行协商的制度。在协商程序中,执法机关与申请者就协助内容和附加的课征金减免比率进行沟通。如果双方达成合意,那么申请者必须根据协商内容提交证据,并实施协助行为。在申请者按照协商内容实施了协助行为后,公正交易委员会将依据协商比率,给予申请者附加的课征金减免。

由此可见,立足于本国的官民协商共治之传统,日本设置了很多执法机关与经营者进行事前协商的制度。上述执法模式促进了执法机关与经营者之间的协调沟通,并使反垄断执法更易于为被执法者所接受,从而使得执法更为高效,竞争秩序更为稳固。日本所实施的倚重官民协商共治来化解垄断问题之经验与做法,值得我国学习和借鉴。

四、依托适用除外制度来实现产业政策与竞争政策的协调发展

作为政府主导型的市场经济体制国家,在推动经济发展的过程中,日本应当根据不同的经济阶段需求来选择不同的经济政策措施。二战前,日本长期实行统制经济,即由政府促导经济发展。二战后,虽然日本被迫于 1947 年制定了《禁止垄断法》,但是基于当时的经济实态——财阀解体、产业不景气、物价飞涨,其继续实质性地推行产业政策。这一时期,通过一系列的产业政策,日本实现了经济的高速增长。为了解决因产业政策而导致的企业结合、共同行为触犯反垄断法等问题,即产业政策与竞争政策相冲突的问题,日本于 1953 在《禁止垄断法》中引入了针对经济危机卡特尔、合理化卡特尔、出口卡特尔、中小企业卡特尔等行为的适用除外制度。同时,日本颁布了大量的特别事业法律,以保障特别产业领域中的特定卡特尔豁免适用反垄断法。在 20 世纪 60 年代的产业政策之鼎盛时期,以保障产业政策的合法实施为目标的适用除外制度涉及 28 部法律共 47 种类型。进入 20 世纪 70 年代后,随着产业政策的弱化,尤其是在日本于 1977 年第一次强化修订《禁止垄断法》之后,竞争政策开始向强化实施的方向迈进,反垄断法的适用除外领域及适用除外制度开始收缩。1999 年颁布的《关于反垄断法适用除外制度的整理法案》废除了经济危机卡特尔和合理化卡特尔的适用除外制度,并将特别事业领域的适用除外法律缩减为 20 部,共涉及 35 种类型。进入 21 世纪后,随着竞争政策的经济宪法地位之强化,截至 2017 年,适用除外法律被缩减为 17 部,适用除外制度的类型被缩减为 24 种。

通过对反垄断适用除外制度的实施范围与实施强度之调整,日本有效地解决了产业政策与竞争政策相冲突的问题,实现了竞争政策与产业政

的协同发展。在产业尚未成熟,并且企业规模及竞争力尚显不足的情况下,日本通过反垄断适用除外制度的广泛运用来实现资源的高效配置和相关产业及企业的快速成长。在一国的市场经济体制日益健全,并且产业逐渐成熟的情况下,日本通过缩减和废止适用除外制度来促导竞争政策的全面实施,从而激活了市场主体的活力,确保了充分、有效的市场竞争。日本依托适用除外制度来实现产业政策与竞争政策的协同发展之路径与方法,值得我国学习和借鉴。

五、通过健全正当程序来实现控权和保障

在反垄断法律制度的构建过程中,日本不仅重视实体规则的详实和明确,而且关注程序规则的正当性。在日本,公正交易委员会做出排除措施命令和征缴课征金命令的行政处罚程序由"事前审查程序""意见听取程序""行政处罚决定做出程序"及"不服行政处罚决定的救济程序"四个部分构成,《禁止垄断法》第45条至第70条做出了详细的规定。在程序规范体系方面,日本除在《禁止垄断法》中规定了三分之一比例的程序规范外,还颁布了12部专门性的程序性指南(参见表10)。

表10　日本反垄断法程序规则

领域	程序规范	颁布/修订时间
审查程序规则	《关于反垄断法审查程序的指针》	2015 年
	《关于公正交易委员会审查的规则》	2005 年/2017 年
	《关于〈禁止垄断法〉第 47 条审查官指定的政令》	1953 年/2015 年
	《关于反垄断法调查程序中证人与鉴定人的旅费及津贴的政令》	1948 年/2019 年
	《关于违反〈禁止垄断法〉的涉嫌违法案件行政调查程序的概要》	2015 年
	《关于课征金减免提出报告及资料的规则》	2005 年/2009 年
	《关于公正交易委员会犯罪案件调查的规则》	2005 年
确约程序	《关于确认程序的指导方针》	2018 年
	《关于公正交易委员会的确约程序的规则》	2017 年
审判程序	《关于公正交易委员会审判的规则》	2005 年
	《关于公正交易委员会审判费用的政令》	1948 年/2004 年
	《企业结合审查程序的指导方针》	2011 年/2018 年

　　在程序规范内容方面,日本在许多的规制制度领域内设置了事前咨询程序。事前咨询程序不是反垄断法的必经程序,其仅仅是帮助申请者了解更多的信息,并指导申请者更有效地运用反垄断法律制度,如宽大制度中的事前咨询程序。同时,为了保障涉嫌违法行为人能够在行政处罚程序中享有充分的抗辩权利,日本于 2013 年又在公正交易委员会的行政处罚程序中设置了"意见听取程序"。2015 年,日本颁布了《关于公正交易委员会意见听取的规则》,以充分保障涉嫌违法行为人在行政处罚程序中的知情权和抗辩权,从而实现了对涉嫌违法行为人的正当程序利益之保护。另外,日本还建立了完备的公正交易委员会审决程序和针对不服行政处罚决定的当事人的事后救济程序(参见图 11)。通过正当程序规则的设立,日本不仅保障了涉嫌违法行为人的正当程序利益,而且实现了对公正交易委员会的公权力行使之约束和规范。自 2007 年以来,《中华人民共和国反垄

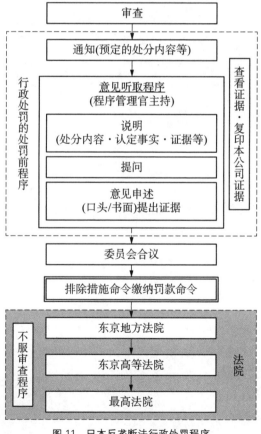

图 11　日本反垄断法行政处罚程序

断法》已经实施了十余年。今年,我国启动了《中华人民共和国反垄断法》的修订工作。日本反垄断法 70 年的实施历程为我国反垄断法的修订与完善提供了一定的经验。我国应当借鉴日本的相关经验,立足于中国的经济、法治和文化发展的实态,以解决我国经济结构的特有问题为重心,创新中国的反垄断法律制度体系。

附录：日文参考文献

一、著作

1. ［日］上杉秋则、［日］山田香織：『独禁法のフロンティア：我が国が抱える実務上の課題》,商事法務 2019 年。
2. ［日］神戸大学法政策研究会：『特集・独禁法と労働法』,信山社 2019 年。
3. ［日］日本経済法学会：『流通・取引慣行と独禁法：新たな課題に向けて』,有斐閣 2018 年。
4. ［日］野口文雄：『独禁法・景品表示法・下請法』,金融財政事情研究会 2018 年。
5. ［日］森・濱田松本、［日］伊藤憲二：『独禁法訴訟』,中央経済社 2017 年。
6. ［日］岡田羊祐、［日］川濱昇、［日］林秀弥：『独禁法審判決の法と経済学：事例で読み解く日本の競争政策』,東京大学出版会 2017 年。
7. ［日］神戸大学法政策研究会：『特集独禁法の域外適用』,信山社 2013 年。
8. ［日］越知保見：『独禁法事件・経済犯罪の立証と手続的保障：日米欧の比較と民事・行政・刑事分野の横断的研究』,成文堂 2013 年。
9. ［日］上杉秋則：『独禁法による独占行為規制の理論と実務：わが国の実務のどこに問題があるか』,商事法務 2013 年。
10. ［日］白石忠志：『独禁法講義』,有斐閣 2014 年。
11. ［日］村上政博、［日］栗田誠：『禁止垄断法の手続―平成 18 年施行の改正法をふまえて』,中央経済社 2006 年。
12. ［日］根岸哲、［日］舟田正之：『禁止垄断法概説』,有斐閣 2006 年。
13. ［日］金子晃、［日］根岸哲、［日］佐藤徳太郎：『企業とフェアネス―公正と競争の原理』,信山社 2000 年。
14. ［日］公正取引委員会编：『英国競争政策の現状・課題と日本の競争政策へのインプリケーション』,競争政策研究センター第 2 回公開セミナー 2004 年。
15. ［日］日本経済法学会编：『談合と禁止垄断法』,有斐閣 2004 年。
16. ［日］江藤勝：『規制改革と日本経済』,日本評論社 2002 年。
17. ［日］丹宗昭信、［日］岸井大太郎：『独占禁止手続法』,有斐閣 2002 年。
18. ［日］高橋岩和：『EU 競争法における制裁金及びドイツ GWB における過料の減免制度』,独占禁止研究会措置体系見直し検討部会 2002 年。
19. ［日］伊东光晴：『日本経済の変容』,岩波書店 2000 年。
20. ［日］总务廳编：『規制緩和白書』,大藏省印刷局 2000 年。
21. ［日］伊从寛：『禁止垄断法の理論と実践』,青林書院 2000 年。
22. ［日］日本律师联合会、［日］消费者问题对策委员会编：『美国招标制度报告书』,共同通信社 2000 年。

23. ［日］滝川敏明：『日米 EU の独禁法と競争政策』，青林书院 1996 年。

24. ［日］正田杉：『アメリカ EU 禁止垄断法と国際比較』，三省堂 1996 年。

25. ［日］長谷川俊明：『禁止垄断法と規制緩和』，東京布井出版 1995 年。

26. ［日］山根裕子：『EU/EC 法』，有信堂 1995 年。

27. ［日］村上政博：『EC 競争法』，弘文堂 1994 年。

28. ［日］山田、［日］大雄：『流通.取引慣行に関する禁止垄断法ガイドライン』，集英社 1991 年。

29. ［日］松下満雄：『アメリカ禁止垄断法』，東京大学出版會 1982 年。

30. ［日］正田彬：『全訂禁止垄断法』，評論社 1980 年。

31. ［日］今村成和：『禁止垄断法』，有斐閣 1978 年。

32. ［日］公取委事務局編：『改正禁止垄断法解説』，日本經濟新聞社 1954 年。

33. ［日］金井貴嗣、［日］川濱昇、［日］泉水文雄編集，《禁止垄断法》，弘文堂 2013 年。

二、期刊论文

1. ［日］土田和博：《禁止垄断法 70 年：日本型競争法の特徴と課題〈特集禁止垄断法施行 70 周年〉》，《公正取引》2017 年 801 号，第 4—11 页。

2. ［日］大橋弘：《70 年目を迎えた競争政策の評価と課題：経済学の観点〈特集・禁止垄断法施行 70 周年〉》，《公正取引》2017 年 801 号，第 12—18 页。

3. ［日］川合弘造：《禁止垄断法施行 70 周年：70 年の評価と今後の長期的な課題〈特集禁止垄断法施行 70 周年〉》，《公正取引》2017 年 801 号，第 19—25 页。

4. ［日］厚谷襄児：《事業者団体法の出版を終えて〈特集禁止垄断法施行 70 周年〉》，《公正取引》2017 年 801 号，第 26—31 页。

5. ［日］柴田章平：《高橋俊英委員長の決断〈初めての禁止垄断法強化改正〉〈特集禁止垄断法施行 70 周年〉》，《公正取引》2017 年 801 号，第 32—36 页。

6. ［日］公正取引委員会：《禁止垄断法施行 70 周年委員長談話を公表：公取委歴史的回顧と競争政策の意義述べ国民の理解求める》，《公正取引情報》2017 年 2582 号，第 1—7 页。

7. ［日］水野康明、［日］本田朋宏、［日］長谷一弘：《地方公共団体職員のための競争政策・禁止垄断法ハンドブックについて》，《公正取引》2019 年 824 号，第 45—53 页。

8. ［日］岡田律子、［日］大泉友香：《消費税の転嫁を阻害する行為等に関する消費税転嫁対策特別措置法.禁止垄断法及び下請法上の考え方」の改正について〈特集消費税引上げに伴う企業における留意点〉》，2019 年 824 号，第 4—8 页。

9. ［日］藤澤尚江：《禁止垄断法の適用排斥と外国裁判所を指定する専属的裁判管轄合意の関係［東京高裁平成 29.20.25 判決］》，《有斐閣》2019 年 1533 号，第 132—135 页。

10. ［日］伊永大輔：《課徴金算定における具体的競争制限効果の認定方法：山梨談合塩山地区審決取消訴訟》，《商事法務》2019 年 1145 号，第 51—57 页。

11. ［日］安藤利昭：《硬直的な課徴金制度の見直し：禁止垄断法改正案》，《参議院事務局企画調整室》2019 年 412 号，第 88—101 页。

12. ［日］大東泰雄：《禁止垄断法コンプライアンス・マニュアルの見直しの必要性と

仕方》，《公正取引》2019 年 822 号，第 17—22 页。

13. ［日］花田さおり、［日］藤本豪：《グローバルに展開する企業のための競争法コンプライアンス・プログラム》，《公正取引》2019 年 822 号，第 11—16 页。

14. ［日］川合弘造：《役員のための禁止垄断法コンプライアンス》，《公正取引》2019 年 822 号，第 4—10 页。

15. ［日］村上政博：《禁止垄断法と国際ルールへの道：基本体系の確立と協同組合への適用除外の枠組み》，《商事法務》2019 年 1141 号，第 53—60 页。

16. ［日］山田朋生：《フランチャイズ契約間におけるフランチャイズ法創設の必要性について：主として優越的地位の濫用を中心として》，《法政論叢法》2015 年 51 卷 2 号，第 207—223 页。

17. ［日］高橋英治：《スイスの企業結合法：概観と日本法への示唆》，《NBL》2019 年 1147 号，第 30—38 页。

18. ［日］根岸哲：《禁止垄断法〈第 5 回〉企業結合〈2〉》，《公正取引》2019 年 822 号，第 37—45 页。

19. ［日］小川聖史：《プラットフォームと競争法・競争政策：企業結合規制と確約手続の利用を中心に〈特集　プラットフォームと競争政策〉》，《公正取引》2019 年 821 号，第 13—18 页。

20. ［日］木村誠矢：《特許紛争の和解と禁止垄断法：米国におけるリバース・ペイメントの判例を素材として》，《立命館法政論集》2019 年 17 卷，70—115 页。

21. ［日］根岸哲：《禁止垄断法〈第 4 回〉企業結合〈1〉》，《公正取引》2019 年 820 号，第 63—71 页

22. ［日］五十嵐俊子、［日］原田郁：《企業結合ワークショップの概要について〈特集　国際競争ネットワーク〉》，《公正取引》2019 年 820 号，第 30—36 页。

23. ［日］村田淑子、［日］泉水文雄、［日］稗貫俊文：《企業結合規制の新たな課題平成 24 年度シンポジウムの記録》，《日本経済法学会年報》2013 年 34 卷，第 125—136 页。

24. ［日］中川晶比兒：《グローバル化時代の禁止垄断法：国際的な法形成起点と域外適用》，《社會科學研究》2018 年 69 卷 1 号，第 91—127 页。

25. ［日］岸井大太郎：《政府規制分野において公正取引委員会に期待される役割：公益事業分野の制度改革を中心に〈特集　2013 年公正取引委員会の課題〉》，《公正取引》2013 年 747 号，第 26—29 页。

26. ［日］岡田羊祐：《競争政策研究センターの活動・課題〈特集　2013 年公正取引委員会の課題〉》，《公正取引》2013 年 748 号，第 23—25 页。

27. ［日］南部利之：《競争政策の国際的展望〈特集　2013 年公正取引委員会の課題〉》，《公正取引》2013 年 747 号，第 18—22 页。

28. ［日］南部利之：《競争政策の国際的展望〈特集　2015 年公正取引委員会の課題〉》，《公正取引》2015 年 771 号，第 21—25 页。

29. ［日］中島秀夫：《公正取引委員会事務総局の本年の課題〈特集　2015 年公正取引委員会の課題〉》，《公正取引》2015 年 771 号，第 4—6 页。

30. ［日］横田直和：《企業結合規制における市場支配力と〈協調的行動による競争の実質的制限〉》，《關西大学法學論集》2017 年 66 卷 56 号，第 1375—1409 页。

31. ［日］山田弘：《競争政策の国際的展望〈特集　2018 年公正取引委員会の課題〉》，《公正取引》2018 年 807 号，第 19—24 页。

32. ［日］友岡：《事業（規制）法に基づく行政上の諸規制と独禁法の適用関係論再考—電気通信事業法上のエンフォースメントと"競争余地"をめぐり》，《史仁情報通信政策研究》2018 年巻 2 号，第 15—30 頁。

33. ［日］髙橋英治、［日］神作裕之：《改正会社法における企業結合規制の現状と課題》，《私法》2015 年 2015 巻 77 号，第 145—147 頁。

34. ［日］山本裕子：《景品表示法改正による課徴金制度の導入が保険業に与える影響》，《損害保険研究》2016 年 78 巻 3 号，第 27—53 頁。

35. ［日］成田礼子：《課徴金納付事例における会計判断と監査判断》，《現代監査》2015 年 2015 巻 25 号，第 86—94 頁。

36. ［日］土田和博：《審決・判決評釈山陽マルナカ事件審決の検討：優越的地位と濫用行為を中心に》，《公正取引》2019 年 823 号，第 39—48 頁。

37. ［日］山田優子：《告発・課徴金納付命令事案における内部統制報告・内部統制監査の実態と問題点》，《現代監査》2016 年 2016 巻 26 号，第 75—85 頁。

38. ［日］稗貫俊文：《禁止垄断法第二条五項所定の〈排除〉概念と〈逸脱人為性〉》，《北海学園大学法学部 50 周年記念論文集》2015 年 3 月 15 日，第 23—49 頁。

39. ［日］稗貫俊文：《禁止垄断法判例研究会〈35〉日新製鋼価格カルテル事件審決取消訴訟東京高裁判決〈平成 25・12・13〉の検討》，《NBL》2014 年 1036 号，第 68—75 頁。

40. ［日］稗貫俊文：《日本の禁止垄断法の運用に関する最近の動向について》，《学園論集》2014 年 161 号，第 1—18 頁。

41. ［日］稗貫俊文：《アジア競争政策の動向について〈特集　アジア競争政策の動向〉》，《公正取引》2017 年 796 号，第 2—7 頁。

42. ［日］栗田誠：《日本の禁止垄断法制度の行方と東アジア競争法への示唆》，《千葉大学法学論集》2014 年 29 巻 12 号，第 215—274 頁。

43. ［日］ヴァン・アーツル. ステーヴェン：《課徴金減免制度と日本の禁止垄断法：カルテルの防止になり得るか？ あるいは戦略的日和見主義の道具か？》，《法政研究》2014 年 81 巻 12 号，第 131—154 頁。

44. ［日］牧厚志：《入札談合事件：経済学と法学からの考察》，《三田商学研究》2018 年 61 巻 2 号，第 55—86 頁。

45. ［日］下津秀幸：《禁止垄断法の概要と公正取引委員会における調査手続》，《臨床法務研究》2017 年 19 巻，第 9—49 頁。

46. ［日］中村達也：《禁止垄断法と仲裁——仲裁可能性と仲裁判断の実体的公序審査》，《國士舘法學》2013 年 46 巻。

47. ［日］酒井紀子：《禁止垄断法第二条九項「公正競争阻害性」と要件事実》，《法学会雑誌》2013 年 54 巻 1 号，第 113—176 頁。

48. ［日］深津健二：《競争法と取引の公正化：禁止垄断法と消費者の利益・中小企業の利益との関係》，《法学会雑誌》2017 年 57 巻 1 号，第 1—41 頁。

49. ［日］厚谷襄児：《禁止垄断法における企業結合規制の若干の事例分析》，《北大法学論集》2015 年 66 巻 1 号，第 55—94 頁。

50. ［日］姜連甲：《〈独占的状態の規制〉に関する音楽著作権管理事業における再検討：禁止垄断法第二条第七項と第八条の四の法解釈と適用》，《北大法学論集》2016 年 67 巻 2 号，第 1—55 頁。

51. ［日］厚谷襄児：《禁止垄断法における確約手続についての若干の検討》，《北大法

学論集》2018 年 69 卷 2 号,第 467—490 页。

52. [日]林秀弥、[日]福田雅樹:《無線通信分野における免許人及び認定開設者たる地位の承継に関する経済法上の諸問題:電波法. 電気通信事業法. そして禁止垄断法》,《名古屋大學法政論集》2013 年 248 卷,第 1—79 页。

53. [日]鐘文興:《電気通信事業法と禁止垄断法〈1〉》,《六甲台論集·法学政治学篇》2015 年 61 卷 12 号,第 139—162 页。

54. [日]鐘文興:《電気通信事業法と禁止垄断法〈2〉》,《六甲台論集·法学政治学篇》2015 年 62 卷 1 号,第 95—118 页。

55. [日]泉水文雄:《独禁法における課徴金制度の機能. 問題点. 法改正のあり方〈特集〉エコノリーガル·スタディーズの展開:エンフォースメントを中心に》,《国民経済雑誌》2016 年 213 卷 1 号,第 1—20 页。

56. [日]中川丈久:《禁止垄断法における審判制度廃止の謎:なにが改正論議を迷走させたか》,《法律時報》2017 年 89 卷 1 号,第 37—45 页。

57. [日]飯田泰士:《禁止垄断法史の時期区分について》,《鹿児島大学法学論集》2016 年 11 卷 2 号,第 85—101 页。

58. [日]大槻文俊:《禁止垄断法違反の会社に対する法的な措置》,《専修大学法学研究所所報》2016 年 52 卷,第 31—39 页。

59. [日]土佐和生:《民間入札談合の諸形態と禁止垄断法》,《甲南法学》2016 年 56 卷 34 号,第 85—116 页。

60. [日]柳武史:《禁止垄断法上の不当廉売規制における正当化事由—「意図·目的」という考慮要素の意義》,《立正法学論集》2016 年 50 卷 1 号,第 163—191 页。

61. [日]鈴木孝之:《市場法の中の禁止垄断法の運用と解釈》,《白鴎大学法科大学院紀要》2014 年 8 卷,第 1—30 页。

62. [日]鈴木孝之:《禁止垄断法実体規定における行為要件の役割》,《白鴎大学法科大学院紀要》2015 年 9 卷,第 11—37 页。

63. [日]濱田弘潤:《情報の非対称性下の企業結合規制》,《新潟大学経済論集》2018 年 105 卷,第 1—18 页。

64. [日]岩本諭:《消費者基本法と禁止垄断法》,《慶應法学》2019 年 42 卷,第 21—45 页。

65. [日]島村健太郎:《禁止垄断法における行政手続及び司法審査の位置付け:ドイツ及び EU との比較法的検討》,《一橋法学》2019 年 18 卷 1 号,第 93—132 页。

66. [日]閑林亨平:《戦略的提携と禁止垄断法—航空機産業の場合—》,《中央大学経済研究所年報》2014 年 45 卷,第 283—298 页。

67. [日]横田直和:「事業者団体によるカルテル規制についての考察—公共の利益要件との関係を中心として」,『明治大学法学論叢』2010 年第 59 号。

68. [日]夏目健夫:「国際的な競争法執行強化を踏まえた企業·事業者団体のカルテルに係る対応策」,『公正取引』2010 年第 5 号。

69. [日]泉水文雄:「フォワーダーによる燃油サーチャージ等のカルテルと不当な取引制限,課徴金——公取委命令」,『ジュリスト』2009 年 1380 号。

70. [日]舟田正之:「禁止垄断法等の改正案に関する意見について」,『ジュリスト』2008 年 1357 号。

71. [日]矢吹公敏:「禁止垄断法の改正と審判制度」,『東京大学法科大学院ローレビュー』2008 年 3 期。

72. [日]公正取引委員会：「改正禁止独断法・課徴金制度の見直し」,2006年,http://www.jftc.go.jp/dk/kaisei/kaisei01.html.

73. [日]中山武憲：「韓国禁止独断法における事件処理手続」,稗貫俊文編：『競争法の現代的諸相〈下〉—厚谷襄児先生古稀記念論集』,信山社2005年,第1089—1114頁。

74. [日]厚谷襄児：「禁止独断法24条の規定に基づく差止請求制度に係る下級審判決例の論点の若干の整理」,『ジュリスト』2005年1297号。

75. [日]舟田正之：「独禁法改正—審判手続を中心に」,『日本エネルギー法研究所月報』2005年174号。

76. [日]横内律子：「消費者団体訴訟制度と適格団体の要件」,『調査と情報』2005年481号。

77. [日]金井貴嗣：「独禁法改正」,『日本経済法学会年報』2004年26号。

78. [日]栗田誠：「競争法の国際比較——禁止独断法改正論議への含意」,『ESP経済企画協会』2004年385号。

79. [日]金井貴嗣：「課徴金制度の見直しについて」,『ジュリスト』2004年1270号。

80. [日]舟田正之：「談合と禁止独断法」,『日本経済法学会年報』2004年25号。

81. [日]鹿野菜穂子：「消費者団体訴訟制度の意義と検討事項」,『消費者情報』2004年第50号。

82. [日]桜井裕介：「EU競争法における制裁金はいかに算定されるか」,『国際商事法務』2003年31号。

83. [日]和田建夫：「競争の実質的制限—競争の実質的制限の意義」,『ジュリスト』2002年1161号。

84. [日]塚田益徳：「海外におけるリーニエンシー制度の導入状況」,『国際商事法務』2002年30号。

85. [日]中藤力：「米国反トラスト法におけるリーニエンシー制度の現状と日本への導入の検討」,『公正取引』2002年617号。

86. [日]矢部丈太郎：「不正当取引制限概念の構成」,『阪大法学』2002年506号。

87. [日]野木村忠邦：「EU競争法違反と過料の免除・減額措置」,『国際商事法務』2000年28号。

88. [日]樋口嘉重：「入札談合と禁止独断法」,『ジュリスト』1999年759号。

89. [日]川浜昇：「カルテル規制の再検討合意の機能と協調促進的慣行」,『京都大学法学論叢』2013年6号。

90. [日]米山秀隆：「公共事業の談合入札・契約制度の改革:アメリカの公共事業システム学ぶ」,『FRI Review』1997年1巻3号。

91. [日]渡邊静二：「禁止独断法適用除外制度の現状及びその見直し」,『公正取引』1996年548号。

92. [日]駒村圭吾：「独立機關と権力分立、その總括—"關数としての権力分立"の觀点から」,『白鷗法學』1996年6号。

93. [日]和田健夫：「不当な取引制限の成立と立証」,『商学討究』2015年45巻3号。

94. [日]土田和博：「アメリカ反トラスト法における垂直的価格制限規制について」,『経済論集』1994年72号。

95. [日]藤田滲：「相手方による価格差別」,『公正取引』1994年520号。

96. ［日］谷原修身：「米国における入札談合の法規制」，『公正取引』1994 年 521 号。

97. ［日］瀧川敏明：「狀況證據によるカルテルの認定」，『公正取引』1993 年 513 号、514 号。

98. ［日］栗田誠、［日］澤田正、［日］南部利：「諸外国における競争法違反行為に対する制裁金制度について」，『国際商事法務』1991 年 19 号。

99. ［日］谷原修身：「米国の再販規制をめぐる最近の动向」，『公正取引』1989 年 465 号/466 号。

100. ［日］山木康孝：「主要国の談合入札規制について」，『公正取引』1988 年 378 号。

101. ［日］实方谦二：「竞争秩序的维持与消费者的权利」，『法律时报』1988 年 48 号。

三、网络文献

1. ［日］杉本和木(公正交易委員会委員長)：《禁止垄断法施行 70 周年に当たって》，2017 年 7 月 20 日，https://www.jftc.go.jp/soshiki/kyotsukoukai/kenkyukai/dk—kondan/kaisai_h29_files/208_1.pdf，访问日期：2019 年 1 月 25 日。

2. ［日］公正取引委員会事務総局課徵金減免管理官：《課徵金減免制度導入後の 10 年の成果と今後の在り方》，2016 年 12 月 22 日，https://www.jftc.go.jp/soshiki/kyotsukoukai/kenkyukai/dk—kondan/kaisai_h26_h28_files/205_3.pdf，访问日期：2019 年 3 月 8 日。

3. ［日］公正取引委員会：《禁止垄断法の一部改正法案(概要)—課徵金制度等の見直し方針》，2019 年 3 月 12 日，https://www.jftc.go.jp/houdou/pressrelease/2019/mar/keitorikikaku/190312besshi1.pdf，访问日期：2019 年 5 月 1 日。

4. ［日］公正取引委員会：《私的独占の禁止及び公正取引の確保に関する法律の一部を改正する法律案」の閣議決定等について》，2019 年 3 月 12 日，https://www.jftc.go.jp/houdou/pressrelease/2019/mar/190312.html，访问日期：2019 年 3 月 18 日。

5. ［日］禁止垄断法審查手続についての懇談会：《禁止垄断法審查手続についての懇談会報告書》，2015 年 12 月 24 日，https://www.jftc.go.jp/houdou/pressrelease/h27/dec/151225_1_files/sankou.pdf，访问日期：2019 年 2 月 16 日。

6. ［日］公正取引委員会：《平成 25 年度における優越タスクの取組状況》，2014 年 7 月 3 日，https://www.jftc.go.jp/houdou/pressrelease/h26/may/140528_files/2.pdf，访问日期：2019 年 3 月 8 日。

7. ［日］公正取引委員会：《禁止垄断法の一部改正法案(概要)—課徵金制度等の見直し方針》，2019 年 3 月，https://www.jftc.go.jp/houdou/pressrelease/2019/mar/keitorikikaku/190312besshi1.pdf，访问日期：2019 年 5 月 1 日。

8. ［日］公正取引委員会事務総局課徵金減免管理官：《課徵金減免制度導入後の 10 年の成果と今後の在り方》，2016 年 12 月 22 日，https://www.jftc.go.jp/soshiki/kyotsukoukai/kenkyukai/dk—kondan/kaisai_h26_h28_files/205_3.pdf，访问日期：2019 年 3 月 8 日。

9. ［日］公正取引委員会：「禁止垄断法違反に対する刑事告發に關する公正取引委員会の方針」，http://www.jftc.go.jp，访问日期：2017 年 12 月 25 日。

10. ［日］公正取引委員：《平成 29 年委員長と記者との懇談会概要》，2017 年 7 月，https://www.jftc.go.jp/houdou/kouenkai/kondankai1707.html，访问日期：2018 年 12 月 5 日。

11. [日]公正取引委员会:《平成 31 年度予算案における公正取引委员会の予算及び
機構・定員について》,2018 年 12 月 21 日,https://www. jftc. go. jp/soshiki/
kyotsukoukai/yosan/yosankessan/h31_files/31kikouteiin. pdf,访问日期:2019 年 2
月 7 日。

12. [日]公正取引委员会:《日米規制改革及び競争政策イニシアティブ・4 年目の報
告書》,https://www. mofa. go. jp/mofaj/area/usa/keizai/4_houkoku. html,访问日
期:2017 年 12 月 18 日。

13. [日]公正取引委员会:《独占禁止懇話会第 189 回会合議事録(平成 22 年反垄断法
的实施情况)》,2011 年 6 月 21 日,https://www. jftc. go. jp/soshiki/kyotsukoukai/
kenkyukai/dk—kondan/kaisai_h23_h25_files/189. pdf,访问日期:2017 年 1 月
5 日。

14. [日]公正取引委员会:《禁止垄断法研究会報告書について》,2017 年 4 月 25 日,
https://www. jftc. go. jp/soshiki/kyotsukoukai/kenkyukai/dk—kondan/kaisai_h29
_files/207_1. pdf,访问日期:2018 年 5 月 18 日。

15. [日]公正取引委员会:《平成 25 年度における禁止垄断法違反事件の処理状況に
ついて》,2014 年 5 月 28 日,https://www. jftc. go. jp/houdou/pressrelease/h26/
may/140528. html,访问日期:2019 年 3 月 18 日。

16. [日]公正取引委员会:《平成 26 年度における禁止垄断法違反事件の処理状況に
ついて》,2015 年 5 月 27 日,https://www. jftc. go. jp/houdou/pressrelease/h27/
may/150527_1. html,访问日期:2019 年 3 月 20 日。

17. [日]公正取引委员会《平成 27 年度における禁止垄断法違反事件の処理状況につ
いて》,2016 年 5 月 25 日,https://www. jftc. go. jp/houdou/pressrelease/h28/
may/160525. html,访问日期:2019 年 4 月 1 日。

18. [日]公正取引委员会:《平成 28 年度における禁止垄断法違反事件の処理状況に
ついて》,2017 年 6 月 7 日,https://www. jftc. go. jp/houdou/pressrelease/h29/
jun/170607_1. html,访问日期:2019 年 4 月 10 日。

19. [日]公正取引委员会:《平成 29 年度における禁止垄断法違反事件の処理状況に
ついて》,2018 年 5 月 23 日,https://www. jftc. go. jp/houdou/pressrelease/h30/
may/180523_1. html,访问日期:2019 年 4 月 22 日。

20. [日]公正取引委员会:《平成 30 年度における禁止垄断法違反事件の処理状況に
ついて》,2019 年 6 月 5 日,https://www. jftc. go. jp/houdou/pressrelease/2019/
jun/190605. html,访问日期:2019 年 6 月 20 日。

21. [日]公正取引委员会:《平成 25 年度年次報告》,2014 年 10 月 7 日,https://www.
jftc. go. jp/houdou/pressrelease/h26/oct/141007_files/h25nennpou. pdf,访问日期:
2019 年 3 月 16 日。

22. [日]公正取引委员会:《平成 26 年度年次報告》,2015 年 10 月 9 日,https://www.
jftc. go. jp/houdou/pressrelease/h27/oct/151009_2_files/h26nennpou. pdf,访问日
期:2019 年 3 月 16 日。

23. [日]公正取引委员会:《平成 27 年度年次報告》,2016 年 9 月 27 日,https://www.
jftc. go. jp/houdou/pressrelease/h28/sep/160927_1_files/h27nennpou. pdf,访问日
期:2019 年 3 月 16 日。

24. [日]公正取引委员会:《平成 28 年度年次報告》,2017 年 9 月 26 日,https://www.
jftc. go. jp/houdou/pressrelease/h29/sep/170926_1_files/170926. pdf,访问日期:

2019 年 3 月 16 日。

25. ［日］公正取引委员会：《平成 29 年度年次報告》,2018 年 9 月 18 日,https://www.jftc.go.jp/houdou/pressrelease/h30/sep/180918.pdf,访问日期：2019 年 3 月 16 日。

26. ［日］公正取引委员会：《平成 25 年度における企業結合関係届出の状況》,2014 年 6 月 11 日, https://www.jftc.go.jp/dk/kiketsu/toukeishiryo/joukou＿files/doukou25.pdf,访问时间 2016 年月 1 日。

27. ［日］公正取引委员会：《平成 26 年度における企業結合関係届出の状況》,2015 年 6 月 10 日, https://www.jftc.go.jp/dk/kiketsu/toukeishiryo/joukou＿files/doukou26.pdf,访问时间 2016 年 1 月 1 日。

28. ［日］公正取引委员会：《平成 27 年度における企業結合関係届出の状況》,2016 年 6 月 8 日, https://www.jftc.go.jp/dk/kiketsu/toukeishiryo/joukou＿files/doukou27.pdf,访问时间 2016 年 8 月 1 日。

29. ［日］公正取引委员会：《平成 28 年度における企業結合関係届出の状況》,2017 年 6 月 19 日, https://www.jftc.go.jp/dk/kiketsu/toukeishiryo/joukou＿files/doukou28.pdf,访问日期：2017 年 8 月 1 日。

30. ［日］公正取引委员会：《平成 29 年度における企業結合関係届出の状況》,2018 年 6 月 6 日, https://www.jftc.go.jp/houdou/pressrelease/h30/jun/180606＿01/180606_01.pdf,访问日期：2018 年 7 月 5 日。

31. ［日］公正取引委员会：《平成 30 年度における企業結合関係届出の状況》,2019 年 6 月 19 日, https://www.jftc.go.jp/houdou/pressrelease/2019/jun/kiketsu/03H30doukoupressrelease.pdf,访问日期：2019 年 6 月 28 日。

32. ［日］公正取引委员会：《平成 25 年度予算案における公正取引委員会の予算及び機構・定員について》,2013 年 1 月 29 日,https://www.jftc.go.jp/soshiki/kyotsukoukai/yosan/yosankessan/h25_files/13012902.pdf,访问日期：2019 年 1 月 8 日。

33. ［日］公正取引委员会：《平成 26 年度予算案における公正取引委員会の予算及び機構・定員について》,2013 年 12 月 24 日,https://www.jftc.go.jp/soshiki/kyotsukoukai/yosan/yosankessan/131224_files/131224.pdf,访问日期：2019 年 1 月 8 日。

34. ［日］公正取引委员会：《平成 27 年度予算案における公正取引委員会の予算及び機構・定員について》,2015 年 1 月 14 日,https://www.jftc.go.jp/soshiki/kyotsukoukai/yosan/yosankessan/150114kikouteiin_files/27kikouteiin.pdf,访问日期：2019 年 1 月 8 日。

35. ［日］公正取引委员会：《平成 28 年度予算案における公正取引委員会の予算及び機構・定員について》,2015 年 12 月 24 日,https://www.jftc.go.jp/soshiki/kyotsukoukai/yosan/yosankessan/h28_files/28kikouteiin.pdf,访问日期：2019 年 1 月 8 日。

36. ［日］公正取引委员会：《平成 29 年度予算案における公正取引委員会の予算及び機構・定員について》,2016 年 12 月 22 日,https://www.jftc.go.jp/soshiki/kyotsukoukai/yosan/yosankessan/h29_files/29kikouteiin.pdf,访问日期：2019 年 1 月 8 日。

37. ［日］公正取引委员会：《平成 30 年度予算案における公正取引委員会の予算及び

機構・定員について》,访问日期：2017 年 12 月 22 日。https：//www.jftc.go.jp/soshiki/kyotsukoukai/yosan/yosankessan/h30_files/30kikouteiin.pdf,访问日期：2019 年 2 月 7 日。

四、博士论文

1. ［日］権敬殷：《事業者等の不法行為による消費者被害の民事的救済：禁止垄断法上の損害賠償請求訴訟の日韓比較を中心に》,一橋大学博士论文,2014 年 3 月 24 日。

2. ［日］鄭元植：《日本の金融制度改革と禁止垄断法の機能》,明治大学博士论文,2016 年 3 月 26 日。

3. ［日］姜連甲：《音楽著作権管理事業における独占問題と禁止垄断法の適用：独占的状態規制の適用可能性に関する研究》,北海道大学博士论文,2015 年 6 月 30 日。

4. ［日］蒋雪勤：《アメリカ・日本・中国の禁止垄断法における企業結合規制の比較研究》,神户大学博士论文,2016 年 3 月 25 日。

5. ［日］趙瑞：《知的財産権と禁止垄断法との交錯について―技術標準に関わる禁止垄断法上の評価―》,神户大学博士论文,2016 年 3 月 25 日。

6. ［日］権金亮：《中国反壟断法(禁止垄断法)における企業結合規制―日本法との比較法的研究―》,早稲田大学博士论文,2014 年 2 月 28 日。

7. ［日］北博行：《わが国禁止垄断法と国際カルテル》,早稲田大学博士论文,2014 年 3 月 15 日。

8. ［日］徐楊：《標準必須特許を利用した単独行為と禁止垄断法―日米 EU 中における禁止垄断法と知的財産権の相互関係》,早稲田大学博士论文,2016 年 3 月 15 日。

9. ［日］岡野純司：《大規模小売業者に対する優越的地位の濫用規制―「優越的地位」及び「濫用行為」の認定を素材として―》,中央大学博士论文,2016 年 3 月 18 日。

10. ［日］林秀弥：《企業結合規制―禁止垄断法による競争評価の理論―》,京都大学博士论文,2013 年 9 月 24 日。

图书在版编目（CIP）数据

日本反垄断法的历史沿革与制度变迁：1947—2019 年/王玉辉著. —上海：上海三联书店，2021.5
ISBN 978 - 7 - 5426 - 7373 - 2

Ⅰ.①日… Ⅱ.①王… Ⅲ.①反垄断法－法制史－研究－日本－1947－2019 Ⅳ.①D931.332.9

中国版本图书馆 CIP 数据核字（2021）第 048454 号

日本反垄断法的历史沿革与制度变迁（1947—2019 年）

著　者／王玉辉

责任编辑／宋寅悦
装帧设计／一本好书
监　制／姚　军
责任校对／张大伟　王凌霄

出版发行／上海三联书店
　　　　　（200030）中国上海市漕溪北路 331 号 A 座 6 楼
邮购电话／021 - 22895540
印　　刷／上海惠敦印务科技有限公司

版　次／2021 年 5 月第 1 版
印　次／2021 年 5 月第 1 次印刷
开　本／710×1000　1/16
字　数／450 千字
印　张／26.5
书　号／ISBN 978 - 7 - 5426 - 7373 - 2/D·489
定　价／98.00 元

敬启读者，如发现本书有印装质量问题，请与印刷厂联系 021 - 63779028